TRUDEAU :
L'HOMME, L'UTOPIE,
L'HISTOIRE

Stephen Clarkson
Christina McCall

TRUDEAU : L'HOMME, L'UTOPIE, L'HISTOIRE

traduit de l'anglais par
Claire Dupond,
Michel Euvrard et
Jacques Vaillancourt

Boréal

Conception graphique : Gianni Caccia
Illustration de la couverture : Mark Summers

L'édition originale de cet ouvrage a été publiée sous le titre *Trudeau and our times*, vol. 1 *The magnificent obsession*, McClelland and Stewart Inc.

Copyright © 1990 Stephen Clarkson et Christina McCall

© Les Éditions du Boréal
Dépôt légal : 4ᵉ trimestre 1990
Bibliothèque nationale du Québec

Diffusion au Canada : Dimedia

Données de catalogage avant publication (Canada)

Clarkson, Stephen, 1937-
  Trudeau : l'homme, l'utopie, l'histoire
  Traduction de : Trudeau and our times.
  Comprend des références bibliographiques.
  Dépouil. : v.1 La magnifique obsession.
  ISBN : 2-89052-356-X (v.1).

1. Trudeau, Pierre Elliott, 1919-   . 2. Canada — Politique et gouvernement — 1968-1979. 3. Canada — Politique et gouvernement — 1980-1984. 4. Premiers ministres — Canada — Biographies. I. McCall-Newman, Christina, 1936-   . II. Titre.

FC626.T78C5214 1990   971.064'4'092   C90-096628-9
          F1034.3.T78C5214 1990

*Ce livre est dédié à
Alice Helene Mannaberg Clarkson
qui, de tant de façons, l'a rendu possible.*

AVANT-PROPOS

Il nous hante toujours. Six ans après avoir démissionné du poste de premier ministre, un quart de siècle après avoir gagné sa première élection, Pierre Elliott Trudeau occupe encore une position dominante au nord du 45e parallèle, où l'homme et ses idées constituent la pierre de touche à laquelle on mesure — et se mesurent eux-mêmes — tous ceux qui jouent un rôle sur la scène politique : penseurs, théoriciens et prétendants au pouvoir, présents et passés.

Cette position centrale de Trudeau dans la conscience de la nation paraît d'autant plus extraordinaire si l'on considère sa situation présente. Il a dépassé l'âge vénérable de soixante-dix ans, il s'est ménagé une paisible retraite au sein d'une étude légale sans éclat, dans sa ville natale. Son parti est tenu à l'écart du pouvoir, grevé de dettes et divisé. Son entourage se réduit à une poignée de fidèles qui ont partagé avec lui le pouvoir et qui partagent maintenant son exil. Ses théories interventionnistes d'inspiration libérale sont démodées depuis au moins dix ans. Son rêve d'une utopie fédérale canadienne a volé en éclats. Et il ne nourrit plus que de très rares liens avec les élites du Québec et du Canada anglais.

Il ne peut s'appuyer sur le grand capital, et il ne l'a d'ailleurs jamais fait. Dans un pays où les politiciens et les gens d'affaires vont d'un même pas, les riches — anciens et nouveaux — l'ont toujours trouvé profondément suspect. À son entrée en politique, il était indépendant de fortune et professait des opinions de gauche; il a depuis conservé son indépendance financière et continue, à ses propres yeux, de soutenir des idées tout aussi radicales. Pour un politicien qui aime se croire du côté des gens ordinaires, il n'a probablement jamais rien fait d'ordinaire de sa vie. C'est un intellectuel qui n'a exprimé que du mépris pour la pusillanimité de la classe intellectuelle canadienne, qui en retour en a fait la cible de sa colère.

Chacune de ses apparitions publiques — en romantique doté d'un sens aigu de la politique, il sait exactement quand se faire voir et entendre — produit un effet immédiat, éclatant, surprenant. Il codirige la rédaction d'un recueil d'essais très sérieux, et le livre tient alors des mois durant la tête des listes de best-sellers. Il assiste au congrès du parti où sera choisi le successeur de son successeur, et les caméras de télévision cherchent son visage avec une insistance presque amoureuse. Quand un accord constitutionnel soutenu par le gouvernement qui a succédé au sien échoue lamentablement, ce n'est pas le premier ministre qui est blâmé, mais bien Trudeau, même si ce gouvernement a obtenu la plus importante majorité jamais accordée à un parti fédéral et a été réélu grâce à son influence au Québec, le fief même de l'ancien chef libéral.

* * *

Ce livre traite du phénomène Trudeau. Il constitue une tentative pour comprendre son impact sur la réalité canadienne. Il est l'œuvre de deux personnes qui ont été des témoins privilégiés de son action politique, l'un politologue, activiste politique à ses heures, et l'autre journaliste, rédactrice d'un grand magazine. Ce projet a d'abord été conçu sous une forme fort différente. Ce devait être à l'origine une étude du Parti libéral durant les années 80, la suite de *Les Rouges*, paru en 1983, où Christina McCall brossait un portrait du parti de Pearson et de Trudeau alors à son zénith. Mais en y regardant de plus près, il est clairement apparu que le Parti libéral fédéral, à la fin de l'ère Trudeau, n'était plus qu'une coquille vide, la marque de commerce d'une façon de gouverner qui avait rempli de bons et loyaux services pour plusieurs générations mais dont le principe vital s'était évanoui. «Les rouges» n'étaient plus qu'un rassemblement de gens ambitieux qui dépendaient d'un homme qui se souciait bien peu du passé de leur parti, et encore moins de son avenir. Le Parti libéral était devenu le parti de Trudeau, et quand il s'est retiré de la politique, le parti s'est écroulé. C'était le leader qui était intéressant, et non les membres du parti, non son passé, mais les répercussions de cet homme sur le présent.

Bien que Trudeau en constitue le pivot, ce livre n'est pas une «biographie» dans le sens strict (le livre que la moitié des universitaires et des journalistes qui s'intéressent à la politique fédérale rêvent d'écrire, mais qui a peu de chances de voir le jour avant que le principal intéressé donne accès à ses archives, publie ses mémoires, ou les deux). Il s'agit plutôt d'une analyse des relations entre le politicien et la chose politique, entre l'élu et les électeurs. Les auteurs se penchent surtout sur les cinq dernières années où Pierre Elliott Trudeau a dirigé le gouvernement canadien, quand les questions avec lesquelles il s'était débattu toute sa carrière ont atteint leur point culminant, au cours d'une législature où étaient remises en question les limites mêmes du pouvoir de l'État.

Trudeau l'Homme, l'Utopie, l'Histoire est le premier tome de cette étude en deux parties. On y traite des antécédents socioculturels et intellectuels de Trudeau et de la façon dont ils l'ont mené, et avec lui le pays tout entier, au constitutionnalisme — c'est-à-dire à la volonté de résoudre les contradictions du Canada en tant qu'État-nation à travers un discours légaliste — entreprise qui a absorbé l'énergie et l'attention de Trudeau durant la plus grande partie de sa vie publique, et qui continue à préoccuper le pays longtemps après qu'il a laissé à d'autres le soin de le diriger.

Première partie

LA CRISE ET LE TRIOMPHE

Chapitre premier

L'ANNÉE DES MIRACLES

Selon le principe même de la démocratie, le pouvoir politique est l'affaire de tous, et cela n'est jamais plus vrai que le jour d'une élection générale, quand il risque de changer de camp et d'être enlevé à un groupe de politiciens pour être remis à un autre, au gré de l'électorat.

Le 22 mai 1979 fut justement, au Canada, l'un de ces jours-là. Depuis des mois, la campagne fédérale dont il marquait l'apogée était considérée comme l'une des plus importantes de toute l'histoire de la nation. D'un bout à l'autre du pays, on estimait qu'elle pourrait marquer la fin de l'ère libérale qui s'était amorcée en 1935, avant la naissance de la majorité des citoyens qui déposeraient leurs bulletins dans l'urne. Et on s'attendait à ce que le Parti progressiste conservateur, resté sur la touche pendant presque tout ce temps, puisqu'il n'avait détenu le pouvoir que durant six des quarante-quatre années précédentes, assume enfin sa destinée. À Ottawa, l'issue de l'élection avait fait l'objet de discussions particulièrement fiévreuses, devant les bureaux de vote des quartiers résidentiels dès le matin, autour d'un verre dans les restaurants du centre sur le coup de midi, dans les corridors des édifices gouvernementaux où, à 17 heures, les fonctionnaires se préparaient à rentrer chez eux. Dans les prochaines heures, des carrières seraient anéanties ou connaîtraient un essor fulgurant, des politiques seraient abandonnées, des dossiers deviendraient explosifs, des amitiés se dénoueraient, des bureaux seraient réquisitionnés, bref, des vies entières seraient bouleversées[1].

Lorsque, ce soir-là, l'horloge du Parlement sonna 20 heures et que les bureaux de vote fermèrent leurs portes au Québec et en Ontario, la capitale tout entière était en proie à une excitation faite d'un curieux mélange de crainte, d'espoir et d'attente. Le premier ministre sortant, Pierre Elliott Trudeau, était enfermé avec ses conseillers politiques les plus proches dans la résidence officielle du 24 Sussex Drive. Dans des dîners qui réunissaient le gratin, des diplomates et de hauts fonctionnaires échangeaient des plaisanteries subtiles et fébriles, avant de s'installer, café et eau-de-vie à portée de la main, devant la télé pour écouter les pronostics de la CBC. Dans les locaux loués par les comités pour la durée de la campagne, dans les salons de la banlieue et dans les bars de quartier, les gens se rassemblaient dans l'attente des résultats.

Le Parti libéral avait cette fois encore réservé la salle de bal du Château Laurier où, depuis des décennies, il célébrait ses victoires électorales. La soirée était encore jeune, mais tout était déjà en place pour les festivités : les agents de sécurité qui encadraient la porte pour contrôler les invitations ; les caméras de télévision qui, dès que l'issue de l'élection serait connue, diffuseraient le discours du chef à la nation ; le bar ; l'orchestre. Les écrans vidéo commençaient à présenter les premiers résultats provenant des Maritimes. Il y avait même, adossées contre le mur comme des figurants, quelques séduisantes personnes, de jeunes militants pour la plupart, qui n'avaient pas compris qu'il aurait fallu attendre la fin du dépouillement dans l'Ouest avant de se faire voir en ville.

D'autres libéraux, plus âgés, plus avertis, plus importants, se cantonnaient dans ce qui, appartement ou chambre d'hôtel, leur tenait lieu de pied-à-terre à Ottawa, ou encore multipliaient les allées et venues depuis une suite du cinquième étage du Château, louée par le parti au nom d'un éminent sénateur. Une demi-douzaine d'entre eux attendaient le coup de téléphone qui, « si cela se présente bien », leur intimerait d'aller retrouver un moment le premier ministre à sa résidence, avant qu'on ne le conduise à l'hôtel, d'où il remercierait ses électeurs.

Vers les huit heures, le moral était au beau fixe. « Le plus étrange, raconterait l'un d'eux par la suite, c'est que nous nous sentions en grande forme. Même si les sondages nous avaient été défavorables depuis plus d'un an et que la presse était montée contre nous, même si nous avions travaillé comme des forcenés, tenaillés par la crainte, pendant plus de deux mois pour cette saloperie de campagne, nous croyions néanmoins que nous allions gagner, que nous avions encore cette forme de savoir-faire politique dont les tories n'avaient jamais rêvé. Nous avions bien envisagé que nous pourrions être minoritaires, mais, bof, cela ne nous gênait pas. Quand les premiers résultats sont arrivés des Maritimes où nous étions toujours solides, puis du Québec où la situation était encore meilleure que nous ne l'avions espéré, nous avons repris du poil de la bête. Ouf ! avons-nous pensé, en nous voyant déjà en train de sabler le champagne au 24 Sussex à la fin de la soirée. C'est alors que nous avons commencé à entendre les mauvaises nouvelles de l'Ontario et, vers huit heures et demie, une idée s'est insinuée en nous : *nous pouvions perdre. Nous pouvions vraiment perdre.* Aussi fou que cela puisse paraître, cette simple vérité était réellement difficile à accepter. Je veux dire que nous, nous étions les libéraux. Les libéraux de *Trudeau*. Et Trudeau ne pouvait pas perdre. Cela faisait partie de sa légende[2]. »

Au moment où, vers minuit, Trudeau se faufila dans le Château par une porte latérale pour concéder la victoire, la foule savait déjà la simple vérité : les libéraux n'avaient remporté que 114 sièges contre 136 pour les conservateurs. Incommodés par la chaleur des projecteurs de la télévision, épuisés par cette longue soirée qui mettait fin à une campagne harassante, les militants du parti, comme Trudeau aimait les appeler, restaient muets, gênés par le souvenir de leur optimisme prématuré. Ils étaient nombreux à avoir les larmes aux yeux lorsque leur chef bondit sur une petite estrade et se lança dans l'une de ses prestations les plus remarquables. Le grand homme vaincu. Le héros tombé en disgrâce[3].

Le discours que prononça Trudeau était l'un des quatre textes préparés par ses adjoints pour faire face à chaque éventualité : majorité libérale, minorité libérale, majorité conservatrice, minorité conservatrice, cette dernière possibilité étant devenue réalité. Le texte lui avait été remis au 24 Sussex, dès que les derniers résultats de l'Ouest avaient été connus. Après avoir demandé à la poignée de fidèles réunis dans son salon s'ils voyaient une seule bonne raison pour qu'il refuse de concéder la victoire, il était monté à ses appartements privés, au premier étage, avait appris par cœur les grandes lignes du texte proposé, quitté son vieux T-shirt et son pantalon pour enfiler un élégant complet et, cédant à l'un de ses habituels élans de vanité, épinglé à sa boutonnière une rose cueillie dans la serre du gouverneur général.

Maintenant, sous les lustres de la salle de bal du Château, ses yeux brillaient d'émotion, son visage était étrangement lumineux, comme celui d'un martyr montant au bûcher. Les déclarations partisanes du discours qu'on lui avait préparé (« Le Parti libéral a livré une grande bataille et en livrera encore beaucoup dans le futur ») résonnaient dans sa bouche comme de véritables articles de foi. « Quant à moi, je serai un bon chef de l'opposition, déclara-t-il, (...) et ce pays aura besoin de nous dans l'avenir comme par le passé. » Et il conclut son allocution en citant impromptu quelques vers d'un poème prisé par son rédacteur de discours : « Malgré ses artifices et ses peines, ce monde n'en est pas moins merveilleux[4]. »

* * *

En dépit de ses promesses émues, Trudeau allait se révéler un chef de l'opposition assez morne. Mais le 22 mai 1979 ne marquait pas la fin de quelque chose, n'était pas le rêve déçu d'une seule nuit. Il marquait plutôt le début de l'année la plus extraordinaire de l'extraordinaire carrière politique de Trudeau, « l'année des miracles » où la chance effectuerait une volte-face tellement spectaculaire en sa faveur que, dès le mois de mai suivant, il serait catapulté des tréfonds de son désespoir jusqu'à de nouveaux sommets. Il attaquerait de front et réussirait à surmonter les graves difficultés de son mariage, qui avaient affligé sa vie publique pendant des années. Il démissionnerait comme chef du Parti libéral pour en reprendre la tête presque aussitôt. Il remporterait sa quatrième victoire électorale et obtiendrait, du même coup, une seconde chance d'atteindre ses objectifs. Et il affronterait son ennemi par excellence, René Lévesque, premier ministre de sa province natale et porte-flambeau du séparatisme québécois, qu'il vaincrait dans un référendum dont l'issue donnerait à penser pendant un moment que c'était la vision à lui du Canada qui façonnerait le sort de la nation[5].

Ces événements seraient amplement interprétés comme une série de gestes presque magiques, perpétrés par un surhomme qui, selon la réaction viscérale du commentateur, était présenté soit comme le dieu/héros soit comme le démon/vilain de la vie canadienne. Ce rôle — que Trudeau s'était vu systématiquement attribuer depuis sa première apparition sur la scène nationale dans les années 60 — renfermait bon nombre des contradictions et des inexactitudes qui avaient fait partie intégrante de son personnage depuis le début de sa carrière politique.

Les épisodes de la vie de Trudeau avaient été condensés en une version plus ou moins officielle ressemblant un peu à ceci : il était né à Montréal, dans une famille prospère, d'une mère mi-écossaise mi-canadienne et d'un père canadien-français qu'il perdit quand il était adolescent. Il avait fait de brillantes études, parcouru le monde, fréquenté de grandes universités, couru l'aventure sur tous les continents. Il était revenu au pays pour y mener une vie de dilettante, écrivant à l'occasion des articles pour une petite revue de gauche, voyageant par intermittence, pratiquant par à-coups le droit du travail, s'élevant de temps à autre contre l'emprise du clergé et l'injustice politique qui caractérisaient alors sa province natale. On soutenait généralement qu'il s'était lancé en politique à contrecœur, à l'âge de quarante-cinq ans, en compagnie d'autres Canadiens français plus connus qu'inquiétait la montée du séparatisme québécois, pour devenir premier ministre — toujours à contrecœur — sous l'effet d'une mystérieuse force appelée trudeaumanie et non dépourvue d'une certaine connotation sexuelle ; et on affirmait du même souffle qu'il avait suscité parmi la population de grandes espérances, bientôt dégonflées par sa métamorphose de playboy-politicien dilettante en leader-homme de fer arrogant. Pendant onze ans, il avait gouverné le pays, provoquant sur son passage des réactions nettement antagonistes. Ses détracteurs, qui incluaient maintenant la plupart des hommes d'affaires, des observateurs politiques et de l'élite universitaire du pays, le méprisaient et prédisaient que le Canada courrait à sa perte s'il continuait de le gouverner. Quant à ses partisans, qui comprenaient toute l'aile canadienne-française du Parti libéral, de même que la faction gauchisante de son aile anglophone, les hauts fonctionnaires fédéraux et une proportion encore importante de l'électorat tant au Canada français qu'au Canada anglais, ils considéraient que, même si ses nobles projets n'avaient pu se concrétiser, du fait de circonstances contraires, il s'était vaillamment battu pour la cause de l'unité canadienne[6].

Cette simplification à l'extrême de la vie de Trudeau découlait en partie de sa propre réserve, déjà manifeste avant son entrée en politique et qui tourna à l'obsession par la suite. Après la parution d'une kyrielle d'articles à l'occasion de sa première candidature au poste de premier ministre, en 1968, articles qui révélaient des détails sur son passé fournis par des parents et des amis, il entreprit de convaincre ses proches qu'ils devaient eux aussi garder les lèvres closes. Quiconque était soupçonné d'avoir divulgué la moindre information confidentielle sur lui tombait aussitôt en disgrâce. Dans les entrevues qu'il accorda au journaliste George Radwanski qui, sur les instances de ses adjoints, avait accepté, au milieu des années 70, de rédiger sa biographie dans le cadre d'un projet visant à ranimer sa popularité déjà vacillante, il se montra prudent dans ses réponses, maîtrisant parfaitement l'interprétation des divers épisodes de sa vie. En revanche, il traita avec mépris la plupart des autres chroniqueurs anglophones qui tentèrent de percer sa cuirasse. « Pourquoi ont-ils inventé toutes ces inepties, demanda-t-il des années plus tard, avec un étonnement calculé. Comment ont-ils pu se croire capables d'analyser ma vie, alors qu'ils ne pouvaient même pas établir correctement les faits et qu'ils connaissaient si peu le Québec[7] ? »

Rares sont les fois où l'on put persuader Trudeau de rencontrer des journalistes ou des analystes afin d' « établir correctement les faits ». Il était tellement résolu à préserver son intimité qu'il ne consentait à recevoir ses collègues du cabinet qu'avec réticence, quand il y était forcé par quelque raison officielle. Il semblait avoir fait sienne la maxime du général de Gaulle : un chef politique à avantage à demeurer distant et à ne divulguer, judicieusement, que ce qu'il veut bien révéler. Cette opacité lui permettait de protéger une composante importante de son efficacité comme leader, cette « faculté d'être autre » que les observateurs canadiens-anglais ne cessaient de lui accoler et qu'il en était venu lui-même à cultiver comme un élément essentiel de son magnétisme politique[8].

Loin d'être un magicien, un hors-la-loi solitaire, un Machiavel réincarné sous les traits de son propre Prince ou encore une colombe aux griffes de faucon — autant d'expressions forgées par des auteurs qui avaient tenté de pénétrer tout le romanesque de son côté volontairement énigmatique —, Trudeau était parvenu à dominer la vie canadienne depuis onze ans, quand il fut défait aux élections de 1979 (et il continuerait de la dominer pendant encore plusieurs années), parce qu'il était un politicien extraordinairement doué, obstiné et habile. Il était parvenu à établir une symbiose avec sa société parce qu'il avait passé sa vie à tenter d'en comprendre l'histoire et d'influer sur son avenir[9].

Trudeau avait choisi le Canada et le Canada avait choisi Trudeau — et continuerait de le choisir encore et encore — pour des motifs complexes découlant de besoins complémentaires. Depuis son adolescence, sur le plan personnel, Trudeau s'était efforcé de façon obsessionnelle de devenir un héros. En 1968, le Canada, cet État encore informe à la fois inquiet et plein d'espoir, était prêt à accepter un chef visionnaire qui le guiderait vers son deuxième siècle. Une attirance fatidique liait ces deux entités. Leurs besoins se confondirent, se heurtèrent et se confondirent encore pour donner naissance à l'une des époques les plus intéressantes de toute l'histoire du Canada.

Chapitre deux

LES ANNÉES D'APPRENTISSAGE

Le fait qu'en 1979, après tant d'années passées sous les projecteurs, Pierre Trudeau pût encore être auréolé de mystère était symptomatique de la présence des deux solitudes au sein du Canada. À l'aube de la décennie 80, soit une vingtaine d'années après que les Québécois eurent entrepris, en un effort concerté, d'instaurer l'égalité sociale et politique en procédant à une « révolution tranquille », les Canadiens anglophones comprenaient encore très mal le Québec, son histoire et sa culture. À l'extérieur de sa province natale, Trudeau demeurait plus ou moins un étranger, même si les Canadiens avaient souvent vu sa figure, entendu sa voix, subi sa dialectique agile. Chez lui, il était un des protagonistes d'un combat que ses compatriotes comprenaient d'instinct. Pour les Québécois, Trudeau n'avait jamais rien eu de mystérieux. Il était complexe. Un intellectuel-devenu-politicien, privilégié, sûr de lui, combatif, dynamique, maintenant au bord de l'oubli.

Leurs réactions à sa défaite électorale de mai 1979 furent tout aussi complexes. Même ses adversaires pouvaient saisir le caractère poignant de sa situation. Après la diffusion de son discours de renonciation, Pierre de Bellefeuille, écrivain et journaliste montréalais peu suspect de sympathie pour ses idées, déclara devant les caméras de la CBC : « Le goût du sophisme et l'arrogance sont les points faibles de Trudeau. Il y a bien eu quelques sophismes [dans son discours de ce soir], mais il nous a épargné l'arrogance. En dernière analyse, c'est un grand homme. »

De toutes les personnes qui observèrent Trudeau ce fameux soir, dans la salle de bal du Château Laurier ou à la télévision, seules quelques-unes auraient pu déduire de son comportement qu'il était plongé dans ce que le psychologue Erik Erikson a qualifié fort justement de crise d'identité. Selon la théorie d'Erikson, ce genre de crise survient lorsque la *persona*, le masque que l'individu arbore devant le monde, ne correspond plus au moi. À la fin du printemps de 1979, Pierre Trudeau souffrait — à l'âge respectable de cinquante-neuf ans — d'une crise d'identité longtemps différée, qui prenait des proportions humiliantes. Peu de temps avant sa défaite électorale, au cours d'une dispute avec son épouse Margaret Sinclair Trudeau dont il était séparé, il avait affirmé : « Je n'ai jamais perdu de toute ma vie et je n'ai pas l'intention de te perdre. » Maintenant, au moment même où sa carrière politique se soldait par ce qu'on qualifiait de fin ignominieuse, l'échec retentissant de son mariage défrayait la chronique aux quatre coins du monde. Margaret Trudeau qui, deux ans plus tôt, avait abandonné son mari et sa famille pour « se trouver », se donnait en spectacle à travers le Canada et les États-Unis pour faire la promotion d'un livre rédigé en Angleterre par un « nègre » et racontant sa vie avec Pierre. Pendant des semaines, les journaux canadiens avaient multiplié les anecdotes sur ses exploits, tandis qu'elle parlait dans toutes les grandes capitales de ses ambitions démesurées, de ses aventures avec les grands de ce monde et de ses expériences avec la drogue en un déballage exhibitionniste et narcissique qui, plus d'une fois, couvrit de honte son mari et ses jeunes enfants[1].

Trudeau avait touché le fond. Cette vie si soigneusement édifiée et qui, si longtemps, était apparue comme une réussite parfaite venait de voler en éclats. Le masque d'indépendance et de maîtrise de soi ne convenait plus à cet homme habité par la souffrance.

* * *

Tous les malheurs politiques et personnels de Trudeau en 1979 découlaient de la complexité de son milieu intellectuel et psychologique et de la nature de son rapport avec la société.

Trudeau avait grandi au sein d'une famille typique de la nouvelle bourgeoisie canadienne-française qui commençait à percer dans le Montréal des années 20. Cette classe capitaliste encore balbutiante s'efforçait alors de prendre pied dans une économie dont l'industrialisation avait été essentiellement le fait d'entrepreneurs britanniques, canadiens-anglais et américains, qui n'avaient cessé d'exploiter les ressources du Québec depuis la Conquête, en 1759. Lorsque les parents de Trudeau, Charles-Émile Trudeau et Grace Elliott se marièrent en 1915, ils tenaient fermement à se hisser le plus haut possible dans une société qui avait maintenu la majorité francophone dans un état d'infériorité depuis plus de cent cinquante ans.

À cette époque, Charles-Émile Trudeau était un jeune avocat sans ressources, le fils ambitieux d'un cultivateur québécois illettré du nom de Joseph Trudeau. Après avoir passé la moitié de sa vie à trimer du matin au soir, celui-ci avait vendu la terre que sa famille cultivait depuis neuf générations, sur la rive sud du Saint-Laurent, et s'était installé dans le village voisin de Saint-Rémi pour permettre à ses plus jeunes fils d'étudier dans un collège montréalais dirigé par les jésuites et de s'élever ainsi socialement et financièrement. La famille Trudeau vivait sous la férule de la femme de Joseph, dont le père avait été maire de son village et dont le frère était médecin. Malvina Trudeau avait décidé que sa progéniture connaîtrait une autre vie que la sienne et que celle de son mari, qui s'étaient acharnés à tirer une maigre subsistance de la vente, au marché Bonsecours, de leurs produits maraîchers et de leur sirop d'érable. Des huit enfants qui avaient survécu (cinq autres étaient morts en bas âge), quatre fils étudièrent dans un collège classique, dont deux devinrent avocats et un troisième dentiste, tandis qu'une des filles épousa un avocat et l'autre le propriétaire d'un magasin général. Huitième de la famille, « Charlie » Trudeau était le plus ambitieux et le plus dynamique des garçons.

La femme sur qui Charlie jeta son dévolu, Grace Elliott, était la fille de Philip Armstrong Elliott, un veuf qui devait sa prospérité à sa taverne et à des spéculations immobilières dans le centre de Montréal. Philip Elliott avait vu le jour dans une famille d'ascendance écossaise qui s'était établie en Nouvelle-Angleterre au XVIIIe siècle et qui, d'allégeance loyaliste, avait fui vers le nord au moment de la révolution américaine pour s'installer dans une ferme, au

Québec. Si ses ancêtres étaient des cultivateurs et des bûcherons qui tiraient le diable par la queue, Philip Elliott, lui, avait prouvé qu'il savait gagner de l'argent. Parvenu à la cinquantaine, il put se permettre d'envoyer sa fille unique au Dunham Ladies College, en Estrie, où elle alla « parfaire » son éducation aux côtés des filles de la haute société anglo-protestante du Québec, quoiqu'elle fût catholique. (La mère de Grace, Sarah Sauvé, était canadienne-française. Conformément à la coutume alors fréquente dans le cas des mariages mixtes, ses deux fils, Allan et Gordon, furent élevés dans le protestantisme à l'instar de leur père, tandis que sa fille fut baptisée à l'église catholique.) Grace apprit donc les bonnes manières au Dunham Ladies College, tandis qu'elle acquérait un solide sens pratique en vivant, après le décès de sa mère, au-dessus de la taverne de son père, *The Captain's Saloon*, rue Aylmer, et en travaillant comme secrétaire dans un bureau montréalais au sortir de son collège huppé. Elle rencontra Charlie Trudeau en assistant à la messe à la chapelle du collège Sainte-Marie où il étudiait, alors qu'ils étaient encore tous deux adolescents. Les Elliott déménagèrent sur la rive sud après l'incendie de leur taverne et Charlie Trudeau prit l'habitude de traverser à pied le fleuve gelé pour aller courtiser Grace pendant les soirées d'hiver.

Ils se fréquentèrent ainsi pendant près d'une décennie avant de pouvoir enfin se marier en 1915. De l'avis général, on n'aurait pu trouver deux caractères plus différents. Charlie débordait d'énergie, était audacieux, sociable, prodigue et bruyant. Grace était recueillie, pieuse, économe, patiente et d'un raffinement incontestable. Ils appartenaient à deux ethnies qui étaient en profond désaccord sur le rôle du Canada pendant la Première Guerre mondiale. Gordon Elliott, le frère de Grace, qui s'était enrôlé comme pilote, avait été grièvement blessé lorsque son avion avait été abattu. Pour sa part, Charlie Trudeau, qui aurait parfaitement pu s'engager (il était célibataire et n'avait que vingt-sept ans au début du conflit), préféra rester au pays et se consacrer à la pratique du droit afin de connaître le genre de vie dont sa mère avait rêvé pour ses enfants, au lieu d'aller se battre à l'étranger pour défendre l'Empire britannique[2].

Après la guerre, la petite étude que Charlie avait mise sur pied avec son frère et son beau-frère ne suffisait plus à calmer son impatience. En quête de moyens qui lui permettraient de gagner

LES ANNÉES D'APPRENTISSAGE

plus d'argent qu'un avocaillon pouvait l'espérer dans une ville où les francophones étaient exclus du monde des affaires, il eut l'idée de fonder l'Automobile Owners' Association (l'Association des propriétaires d'automobiles) qui, en échange d'une cotisation de dix dollars, offrait des remises sur l'essence, le remorquage et les réparations. C'était là une initiative audacieuse et visionnaire, qui tablait sur l'importance que l'automobile ne tarderait pas à prendre au sein de la classe moyenne. Le mode de vie américain était en train de s'insinuer dans la conscience du Québec encore assoupi, et Charlie Trudeau était bien déterminé à en profiter pour faire fortune.

À la naissance de Pierre, l'entreprise débutait à peine. Les années formatrices de son enfance se déroulèrent non pas dans l'opulence, mais au sein d'un foyer en proie aux tensions qui pèsent inévitablement sur des adultes accablés par une situation financière précaire et luttant pour surmonter des barrières sociales et des contraintes culturelles écrasantes. L'AOA tenait le coup grâce à la seule énergie de Charlie et à des emprunts contractés auprès d'amis et de son beau-père qui n'y consentait qu'avec réticence. Pendant plusieurs années, nul n'aurait pu prédire s'il réussirait. Grace Trudeau devait compter le moindre sou et feindre bravement l'optimisme devant les doutes exprimés par le clan Elliott et les exigences de sa petite famille en pleine croissance. Elle avait donné, très vite, naissance à quatre enfants : une fille (Suzette, née en 1918) et trois fils (le premier, né en 1916, était décédé peu après ; le deuxième était Joseph Philippe Pierre Yves Elliott, né en 1919 ; et le troisième, Charles Elliott, était né en 1922).

À cette époque, Grace Trudeau vivait dans un milieu majoritairement canadien-français. Elle avait fini par se résigner à l'esprit indépendant de son mari qui employait son formidable tempérament et son non moins formidable entrain à faire marcher une nouvelle entreprise dans le Montréal débridé des années 20. La corruption politique, les bars clandestins, les maisons closes, les bandes de voyous et les truands animaient le paysage quotidien d'une ville où la politique était canadienne-française. Mais les Anglais dominaient l'économie avec leurs banques, leurs grands magasins, leurs chemins de fer, leurs domaines de campagne, leurs collections d'œuvres d'art européennes, leurs clubs calqués sur le modèle britannique et leurs bals à la saison de chasse. La bourgeoisie francophone menait une tout autre vie. Ses comptables, avocats, médecins et commerçants faisaient des pieds et des mains pour joindre les deux bouts. Asservis par l'Église catholique, ils entretenaient une conception du pouvoir temporel filtrée par le clergé, presque aussi ignorant qu'eux-mêmes de ce qui se passait dans le reste du monde. Leur situation commençait tout juste à provoquer chez eux un certain ressentiment. L'amertume engendrée par la crise de la conscription durant la Première Guerre mondiale avait bien laissé quelques relents d'anglophobie, et la menace que faisait peser sur la survie du Canada français l'afflux de capitaux américains suscitait une appréhension grandissante, alimentée par le chanoine Groulx. Mais la prospérité des années 20 dissipa ces sentiments et, du moins en apparence, l'harmonie régnait entre les deux collectivités[3].

La famille Trudeau vivait modestement au 5779 de la rue Durocher, solide résidence de briques jaunes qui faisait partie d'une rangée de six maisons construites en 1913. En façade, un parterre de trois mètres ; à l'arrière, une ruelle, où passaient les éboueurs et où les écoliers se rassemblaient pour jouer et faire les quatre cents coups. Dans ce quartier relativement hétérogène, une poignée d'Irlandais catholiques et de Juifs vivaient aux côtés des Canadiens français, juste à l'intérieur des limites d'Outremont, nouveau fief de la classe moyenne dont l'expansion faisait peu à peu disparaître les terres agricoles qui, à peine une décennie plus tôt, s'étendaient sur des kilomètres. Tout près de là, il y avait l'imposante église Saint-Viateur, fréquentée par les Trudeau. Quelques rues plus loin se dressait fièrement une nouvelle école, l'académie Querbes, inaugurée en 1916 par le premier ministre de la province, Sir Lomer Gouin, en présence de l'archevêque de Montréal. Comme elle était destinée aux enfants de la bourgeoisie catholique montante, tant francophone qu'irlandaise, les cours y étaient donnés à la fois en français et en anglais. On y accordait une grande importance aux sports et aux autres activités parascolaires. L'enseignement était résolument axé vers l'avenir, sans point commun avec le style des écoles de campagne où, au siècle précédent, de naïfs curés apprenaient aux Canadiens français à lire, à écrire, à compter et à réciter le catéchisme. Les fils Trudeau furent inscrits à l'académie Querbes, d'abord dans la section anglaise, puis dans la section française. Ils apprirent à en apprécier les merveilles : la piscine, le bowling, la façade de pierre qui la dotait d'une aura de splendeur architecturale et en faisait l'égale du Lower Canada College et de Bishop, les deux grandes institutions réservées aux protestants anglophones[4].

La maison de la rue Durocher était également toute proche du garage principal de l'AOA, où Charlie arrivait de bonne heure et travaillait tard, abandonnant en grande partie l'éducation des enfants à sa femme. Sa petite entreprise connaissait enfin le succès. Accablé par les responsabilités, il jurait et vociférait à tout bout de champ ; on l'avait vu en venir aux poings avec ses mécaniciens. En revanche il n'hésitait pas à se glisser sous une voiture, à servir à la pompe ou à effectuer un changement d'huile quand il était à court de personnel. À mesure que son affaire prospérait, il délaissa peu à peu la pratique du droit et commença à frayer avec nombre d'entrepreneurs canadiens-français dont le goût des affaires était aussi vif que le sien[5].

« Charlie pouvait se montrer brutal, raconta bien des années plus tard un vieil ami de la famille. Il est possible que son bruyant aplomb ait amusé ses camarades avec qui il jouait au poker, au club Saint-Denis fondé par des Canadiens français, exclus des clubs anglais. Mais, pour sa famille, son entrain n'avait rien de drôle. Quand il piquait une crise ou que, complètement ivre, il se mettait à hurler, il était difficile de lui tenir tête[6]. »

Charlie savait combien il était ardu pour un Canadien français de prospérer. Il voulait faire de ses fils des hommes à la fois coriaces et malins ; il les poussait donc à apprendre la boxe, à concourir férocement dans tous les sports et à être des premiers de classe. Dans sa prime enfance, Pierre était fragile et sensible, ce qui inquiétait sa mère et irritait son père. Afin de répondre aux attentes de ce dernier, il entreprit de s'imposer une discipline rigoureuse et de surmonter ses faiblesses, s'adonnant à la gymnastique suédoise à l'extérieur, en plein hiver, jouant à la crosse et au hockey — deux sports où son père, agile et sociable, excellait, mais où lui-même se retrouvait souvent le plus petit de l'équipe. Il s'entraînait à dominer sa timidité innée en se forçant à poser des questions embarrassantes aux adultes, ripostant à coups de poing quand des voyous lui cherchaient noise sur le chemin de l'école et maîtrisant une tendance gênante à fondre en larmes, ce qui lui arrivait assez souvent en public quand il était plus jeune et moins aguerri.

À douze ans, il était sur le point d'entrer au collège Jean-de-Brébeuf, collège classique dirigé par les jésuites, chemin de la Côte-Sainte-Catherine, quand les Trudeau firent l'acquisition d'une nouvelle maison, avenue McCullough, au coût de vingt-trois mille dollars, une somme considérable pour l'époque. Haute de trois étages, cette résidence de briques brunes, dont le vaste terrain à l'arrière s'enfonçait au cœur d'Outremont, était plus imposante que la maison de la rue Durocher qui avait été vendue pour onze mille dollars seulement, mais elle n'en était pas moins sans prétention. Elle convenait au caractère distingué et réservé de la dame d'un certain âge qui présidait à sa destinée et y élevait trois enfants avec l'aide d'une bonne à tout faire venue de la campagne et d'un chauffeur-factotum du nom de Grenier, qui travailla pour les Trudeau pendant quarante ans. Certes, cette maison n'avait rien à voir avec les opulentes demeures que les Anglais avaient érigées dans le Golden Square Mile, au cœur de Montréal, ou avec les résidences grandioses qu'ils étaient en train de se faire bâtir dans leur nouvelle banlieue de Westmount, où ils vivaient cloîtrés comme dans un ghetto.

Les Trudeau continuèrent d'y habiter, même après que Charlie eut vendu son réseau de stations-service à l'Imperial Oil pour un peu plus d'un million de dollars et se fut mis à investir dans d'autres domaines qui convenaient mieux à son tempérament fanfaron : un parc d'attractions, un portefeuille de titres miniers, des immeubles d'habitation, une participation dans le club de baseball des Royaux de Montréal. Enorgueilli par ses prouesses financières, il dépensait sans compter pour promouvoir la carrière de boxeurs au talent prometteur, pour assister avec ses amis à des événements sportifs d'un bout à l'autre du continent, pour s'offrir des repas copieux et bien arrosés et pour parier avec entrain au stud poker et au bridge contrat. Les jésuites de Brébeuf se souvenaient encore des largesses de Charlie, plus de trente ans après sa mort. Il leur offrait de leur acheter des havanes pour offrir à la fin d'un banquet donné en l'honneur d'un délégué apostolique ou de leur faire livrer, à leur convenance, une caisse de whisky pour leur propre plaisir. « Vous n'aurez qu'à le faire porter sur mon compte », déclarait-il avec magnificence, en reconnaissance de leur attachement commun aux biens de ce monde. « Il n'y a aucune raison pour que vous n'ayez pas ce qu'il y a de mieux. » Cette ostentation se heurtait à la désapprobation de sa femme, plus économe, et semble avoir gêné son fils Pierre, à la sensibilité notoire, et dont les camarades de classe se souviennent qu'il n'aimait pas raconter qu'il avait passé les vacances de l'été 1933 en Europe avec sa famille pour célébrer leur accession à la richesse. Peu de Canadiens français, même parmi les familles bourgeoises qui envoyaient leurs fils à Brébeuf, pouvaient se permettre pareille extravagance au début des années 30[7].

Au lieu d'être ruiné par la crise, Charlie Trudeau avait réussi à s'enrichir encore plus en jouant d'audace, en refusant de spéculer en bourse et en faisant preuve d'une sagacité héritée de ses propres parents, qui n'avaient pas mis longtemps à comprendre quel genre de produits se vendraient le mieux au marché et quel genre de professions permettraient à leurs fils de se propulser dans un contexte socio-économique où ils partaient perdants. En politique, Charlie était resté conservateur ou « bleu », tout comme ses parents avant lui. Il avait appuyé le flamboyant maire de Montréal, Camillien Houde, quand celui-ci s'était présenté en 1929 à la direction de l'aile provinciale du Parti conservateur. Puis il avait levé des fonds pour Maurice Duplessis, ancien condisciple de la faculté de droit, qui, devenu chef du Parti conservateur, s'était par la suite allié à des libéraux dissidents et à des nationalistes pour former, en 1936, l'Union nationale. Des adjoints de Duplessis confièrent plus tard à son biographe Conrad Black que, si Charlie Trudeau avait vécu plus longtemps, « le Chef » l'aurait nommé au Conseil législatif après son élection comme premier ministre en 1936, en reconnaissance pour l'aide qu'il lui avait apportée. Malgré l'engagement inconditionnel de Charlie auprès de deux des plus grands dirigeants du Canada français de l'époque, tout ce que l'adulte Pierre Trudeau avait retenu de la politique québécoise d'alors était le fait que, tous les soirs d'élection, son père « maudissait la machine libérale », chaque fois que « les rouges » obtenaient une majorité au provincial comme au fédéral[8].

Au cours de ces années, Pierre était devenu un adolescent sec et nerveux. Une photo de famille prise sur le paquebot *Champlain* pendant le voyage transatlantique, en 1933, montre un garçon de qui émane une indéniable autorité et une fierté farouche, au regard intense, serrant les poings . Par contraste, sa sœur aînée Suzette, alors âgée de quinze ans, semble modeste et effacée, tandis que son frère cadet Charles (surnommé Tip) affiche l'expression gentille et docile d'un garçonnet de dix ans.

* * *

Peu à peu, le jeune Pierre avait commencé à se tailler une place dans l'univers de son père ; mais tout chavira subitement quand, deux ans après le voyage en Europe, celui-ci mourut à l'âge de quarante-sept ans. Charlie Trudeau décéda, en avril 1935, d'une pneumonie contractée au cours d'un séjour au camp d'entraînement de son club de baseball, en Floride. Sa disparition eut un effet déterminant sur la vie de son fils et bouleversa le cours de son développement. À tel point d'ailleurs que Pierre allait devenir un adulte bien différent de l'homme d'affaires prospère qu'il aurait pu être, si Charlie avait vécu une trentaine d'années de plus durant lesquelles il aurait continué d'exercer son influence sur son fils aîné.

La première réaction de Pierre à ce deuil fut d'adopter un comportement imprévisible, comme cela est fréquent chez l'adolescent qui n'a pas eu la possibilité de résoudre les habituels conflits qu'il entretient avec son père. Dans le cas de Pierre Trudeau, ces conflits furent encore plus prononcés à cause de la différence marquée de leurs deux tempéraments : le fils était d'un naturel timide et introverti, le père, lui, était extraverti, exigeant et terre à terre au point d'être fruste. Mais il était également affectueux et démonstratif. « Il aimait nous serrer dans ses bras », se rappellera Trudeau, quarante ans après sa mort.

Une autre fois, il déclarera devant un interlocuteur stupéfait : « En fait, je ne l'aimais pas beaucoup. On ne savait jamais à quoi s'attendre, avec lui. » Ces attitudes contradictoires reflètent l'ambivalence que Pierre a dû ressentir au moment où disparaissait, en le laissant en proie à un déséquilibre psychique, le personnage le plus marquant de toute son existence, ce géant qu'il commençait tout juste à défier dans ses efforts pour devenir un adulte à part entière. Il n'aurait jamais l'occasion de prouver une fois pour toutes qu'il était aussi intelligent, sinon plus, que Charlie, et tout aussi coriace, sinon davantage. Et jamais, non plus, il ne pourrait tenir tête à Charlie Trudeau quand celui-ci aurait voulu lui infliger une raclée pour avoir désobéi, pas plus qu'il ne verrait son père renoncer à le dominer pour admettre qu'il était effectivement devenu un homme[9].

Brusquement, à l'âge de quinze ans, Pierre Trudeau avait vécu un drame qui bouleverserait son développement affectif et ferait de lui un adulte dont l'évolution suivrait un cours inhabituel. Cette rencontre précoce avec la mort le doterait d'une grande force de caractère, en même temps qu'elle en ferait la proie de faiblesses[10].

Maurice Sauvé, qui assista aux funérailles de Charlie Trudeau comme membre de la garde d'honneur formée par la troupe scoute, n'a jamais oublié combien la famille était accablée de douleur : « Je ne connaissais pas Pierre, à l'époque. J'étais son cadet de quatre ans, mais il était scout lui aussi et c'est pourquoi nous sommes allés à l'enterrement ; et puis, à Outremont, on parlait souvent du chagrin des Trudeau. Pendant des années, leur maison est restée assombrie par le deuil, refermée sur sa tragédie[11]. »

Ce qui s'est passé derrière cette façade endeuillée, l'homme Trudeau a tout fait pour le dissimuler, se contentant d'admettre que la mort de son père l'avait touché si profondément que, même devenu adulte, il ne pouvait se retenir de pleurer aux enterrements. Mais les voisins et les amis de la famille Trudeau constatèrent qu'elle s'était repliée sur elle-même, se cantonnant dans son mutisme et adoptant même des goûts plus raffinés. Elle était bien révolue l'époque où les enfants Trudeau participaient à de grandes réunions familiales chez leurs grands-parents paternels, à Saint-Rémi, et où Pierre et Tip salissaient leurs costumes marins blancs en courant après les poules avec leurs cousins ; révolue aussi l'époque où les boxeurs, les joueurs de baseball et les compagnons de beuverie de Charlie envahissaient la maison de l'avenue McCullough où ils échangeaient des plaisanteries grivoises, parlaient sport et bâtissaient des châteaux en Espagne. Disparu, enfin, le fragile équilibre de la maisonnée qui oscillait entre ces deux pôles extrêmes qu'étaient le père et la mère.

Pendant qu'elle se rendait en Floride pour ramener la dépouille de son mari, Grace Trudeau avait confié à sa fille Suzette combien elle était inquiète à l'idée d'avoir à élever ses fils toute seule. C'est donc vers l'Église qu'elle se tourna en quête de réconfort et de conseils. Toujours très pieuse, elle le devint davantage à la suite de son deuil. Cette religiosité éloigna encore plus ses enfants de l'univers extravagant qui plaisait tant à Charlie Trudeau durant les dernières années de sa vie exubérante.

La famille continua de vivre confortablement, quoique sans ostentation, dans la maison de l'avenue McCullough, avec ses fidèles domestiques, au milieu des mêmes divans et fauteuils victoriens ornés de tapisseries au petit point, des mêmes superbes porcelaines de Saxe qui trônaient, inutilisées, dans le vaisselier. Maintenant que Charlie n'était plus là pour interroger les enfants sur leurs études, leurs sports, leurs amis, leurs ambitions, les Trudeau se parlaient presque uniquement en anglais. Pierre faisait écho à la piété de sa mère en l'accompagnant fréquemment à la première messe, développant ainsi un penchant pour les questions spirituelles qu'il conserverait toute sa vie. Il fit également sienne son attitude dédaigneuse envers toute forme de sensiblerie. « Lorsque mon père était encore là, confiera-t-il un jour, nous vivions dans une ambiance marquée par les effusions, les rires, les embrassades, les étreintes. Mais, après sa mort, notre style de vie s'anglicisa quelque peu et nous en vînmes même à nous moquer ou à rire de certains de nos cousins, voisins ou amis — canadiens-français — qui se montraient toujours très expansifs en famille et avec leurs mères, et ainsi de suite[12]. »

Cette malheureuse concomitance entre le chagrin de sa mère veuve et son propre désarroi d'adolescent renforça sa tendance à refuser toute intimité avec les autres, ce qui demeurerait l'un de ses traits de caractère dominants. Il ramenait rarement des camarades de classe à la maison. Un large fossé séparait son moi intime de son moi social. Chez lui avec sa mère ou en public avec les amis de la famille, il conservait la même attitude paisible, se montrant timide, peu communicatif, poli, « anglais » pour tout dire.

Néanmoins, avec ses copains, au collège ou dans les rues de Montréal, il continuait d'imiter le comportement outrancier de son père, se montrait insolent, débrouillard, injurieux, n'hésitait pas à provoquer des étrangers dans des pugilats, mais restait constamment sur ses gardes. On aurait dit qu'il tentait d'égaler le machisme excessif de Charlie Trudeau, tout en donnant libre cours à sa colère rentrée contre ce père qui l'avait définitivement abandonné en mourant, forme de colère qu'on associe souvent aux premiers stades de la douleur, mais dont il ne réussit jamais à se libérer complètement[13].

Le psychiatre montréalais André Lussier a confié à Edith Iglauer — qui a publié en 1969 dans la revue *New Yorker* un remarquable portrait de Trudeau — que l'ambivalence de Pierre Trudeau, face à la mort de son père, s'accompagnait probablement d'un sentiment irrationnel de crainte et de culpabilité qui aurait accentué son besoin compulsif de s'affirmer comme un être unique, comme « un original », selon l'expression même de Trudeau. Le passage à l'acte est assez commun chez un adolescent qui cherche à se forger une identité distincte de celle de ses parents ; mais ce qu'il y a de remarquable dans le cas du jeune Pierre, c'est le côté extrémiste de ses réactions. Tout au long de son adolescence et de sa vie adulte, Trudeau, toujours parfaitement maître de lui, serait néanmoins sujet à de brusques accès de colère ou à des recours au sarcasme dont l'effet s'avérerait aussi dévastateur pour ses victimes que pour lui-même. C'était comme si une autre personnalité, très forte, restait tapie dans l'ombre, prête à saboter par de soudaines crises d'agressivité ou de combativité ses efforts pour demeurer discret, rationnel, flegmatique[14].

Durant cette phase de son adolescence, Pierre Trudeau feignit de renoncer à prendre son père comme modèle. Il abandonna le parler populaire de Charlie et opta plutôt pour le français classique de Molière et de Racine, prenant même des cours de diction après ses heures de classe pour perfectionner son accent. Il modifia son nom pour s'appeler successivement Pierre-Philippe Trudeau, puis Pierre Esprit Trudeau (sur le modèle de l'explorateur Pierre Esprit Radisson) et, finalement, Pierre Elliott-Trudeau, liant par un trait d'union les patronymes qui témoignaient de sa dualité ethnique. Il se détourna des sports populistes tant prisés par son père (le baseball, le hockey, la crosse, la boxe) et annonça avec emphase que, désormais, il ne se mesurerait plus qu'à lui-même dans des activités comme le plongeon, le ski et le canoë. Il se lança à corps perdu dans ces sports éminemment solitaires, renforçant cet individualisme et ce perfectionnisme qui, plus tard, caractériseraient son comportement dans d'autres domaines. Il commença à manifester une profonde aversion pour les gens qui boivent sans retenue, une répulsion qui, plus d'un demi-siècle plus tard, ne l'a toujours pas quitté. Un spécialiste des sciences humaines qui a fort bien connu Trudeau au début des années 60 interprète cette attitude de la façon suivante : « J'ai toujours pensé que si Pierre éprouvait une telle antipathie pour le monde des affaires, c'était, entre autres raisons, parce que bon nombre d'hommes d'affaires de sa génération buvaient immodérément, comme le faisait son propre père, et qu'il ne pouvait manifestement pas supporter la façon dont les gens se conduisent quand ils sont sous l'emprise de l'alcool[15]. »

La progression sociale des Trudeau se poursuivant toujours à la fin des années 30, Pierre fut envoyé au camp Taylor Statten, dans le nord de l'Ontario, où les fils de l'élite anglophone étaient parqués durant leurs vacances estivales. Ces enfants de riches furent stupéfaits de voir ce garçon tout en jambes, venu de Montréal, rivaliser avec eux au plongeon et à l'aviron, tout en citant Baudelaire. Pour Pierre, il s'agissait là de sa première rencontre prolongée avec la haute bourgeoisie canadienne qui singeait encore les Britanniques comme elle le faisait depuis l'époque coloniale[16].

À Montréal, il n'avait à peu près jamais l'occasion de côtoyer des Anglo-Canadiens. Même si sa famille parlait surtout anglais, il vivait dans un milieu où tout se déroulait essentiellement en français. Les prêtres que les siens fréquentaient, ses professeurs, ses amis — tout comme ceux de sa mère, de sa sœur et de son frère — étaient presque tous francophones. À Brébeuf, les jésuites se flattaient d'éduquer l'élite francophone du Québec et ne cessaient de répéter à leurs élèves qu'ils étaient la crème de la crème. L'accent était mis sur l'étude rigoureuse des grands classiques, la faculté de raisonner méthodiquement et la certitude de faire partie d'un petit groupe de privilégiés. La supériorité morale des Canadiens français était présentée comme un don, une force qui venait compenser leur évidente infériorité économique. Bien entendu, le jeune Trudeau trouvait dans la fierté qu'aiguillonnait pareille attitude un prétexte commode pour masquer la confusion dans laquelle il se débattait et l'ambivalence croissante qu'il ressentait à l'idée d'être canadien-français. Il s'était joint à un groupe de jeunes effrontés qui s'appelaient eux-mêmes « Les Snobs ». Son esprit rebelle et frondeur lui valait parfois de se faire mettre à la porte de la classe pour insubordination.

C'est durant les années formatrices de la fin de son adolescence que Pierre découvrit le plaisir de jouer avec les concepts et trouva dans l'intellectualisation le moyen de surmonter les doutes terrifiants qui le hantaient depuis la mort de son père. Il subit surtout l'influence du père Robert Bernier, jeune prêtre franco-manitobain aux idées larges et aux goûts éclectiques, qui lui inculqua la conviction qu'on pouvait parfaitement être canadien-français sans avoir pour autant l'esprit de clocher. L'antipathie de Pierre pour l'autorité et son besoin de certitude étaient séduits par le postulat cartésien selon lequel il faut, pour parvenir à la vérité, faire table rase des idées reçues et reconsidérer toute chose avec un esprit neuf. Pierre apprit à se servir de son intelligence comme d'une arme, luttant agressivement pour la première place avec des élèves qui ont laissé à Brébeuf le souvenir d'une classe particulièrement brillante, usant dans des joutes verbales des artifices jésuistiques du sophisme et de la rhétorique, rivant leur clou à des camarades intellectuellement moins agiles. Cet élan irrésistible qui le poussait à contredire tout le monde sur n'importe quel sujet avait le don d'agacer — « Il devait toujours avoir le dernier mot », confierait plus tard son frère Tip à l'une de leurs relations — et lui fournissait un moyen de plus pour échapper à toute forme de rapprochement avec les autres[17].

Hors de l'univers en vase clos de Brébeuf, les effets de la crise se faisaient durement sentir au Québec. En 1932, à Montréal seulement, quelque deux cent cinquante mille personnes étaient inscrites sur les listes du Secours direct ; la plupart venaient des régions rurales ou de petites villes où les filiales des usines américaines avaient soit ralenti leurs activités soit carrément fermé leurs portes. Tandis que la désagrégation sociale se poursuivait, le nationalisme québécois reprenait de la vigueur, alimenté non seulement par les difficultés économiques, mais également par la crainte ravivée que le démantèlement progressif de l'empire britannique après la Première Guerre mondiale — concrétisé au Canada par l'adoption en 1931 du Statut de Westminster — ne fût le prélude à l'absorption du Canada français par les États-Unis. Dans les journaux, des éditoriaux soulignaient d'un ton méprisant l'incapacité pour le Canada anglais de survivre sans la protection de la *Pax britannica* et manifestaient un attrait inhabituel pour les idéologies latinisantes de Mussolini et de Franco. L'Église catholique du Québec voyait dans le corporatisme prôné par ces fascistes européens une formule qui lui permettrait de conserver son hégémonie, tout en « civilisant » les capitalistes et en s'assurant de la docilité de la classe ouvrière. C'est pendant la vague de mécontentement qui marqua le milieu des années 30 que Maurice Duplessis fut élu premier ministre de la province, à la tête de l'Union nationale, parti réformiste ne manquant pas d'audace et d'énergie, et qui promettait de défendre l'intégrité du Québec contre le paternalisme centralisateur que le nouveau gouvernement libéral de Mackenzie King était en train de mettre en place.

À Brébeuf, la politique était un sujet ignoré ou abordé avec grandiloquence dans une perspective historique. Au cours des débats parmi les professeurs et les étudiants, opposant les pan-Canadiens qui se réclamaient d'Henri Bourassa et les nationalistes laurentiens qui adhéraient aux idées de l'abbé Groulx, Pierre Trudeau adoptait parfois une position profédérale, applaudissant, par exemple, à la victoire de Wolfe sur Montcalm ou invitant tout le monde à entonner le « *Rule Britannia* » et à rentrer chez soi au lieu de poursuivre une discussion à saveur nationaliste qu'il jugeait fastidieuse. À d'autres moments, il optait pour une attitude contraire et se joignait aux élèves nationalistes de Brébeuf pour brûler l'Union Jack. Pour ses professeurs, ces éclats étaient moins l'expression de son anglophilie ou de son anglophobie que de ses efforts pour attirer l'attention et se démarquer de ses camarades.

Ce comportement, aux antipodes de celui qu'il avait en présence de sa mère, pouvait être attribué en partie à l'habituelle quête du garçon parvenu à la fin de l'adolescence qui cherche à se tailler une place dans la société en se forgeant diverses identités. Mais dans le cas de Pierre, qui arrivait au terme de son adolescence, rien ne permettait de croire que ce processus pourtant normal finirait par se résoudre aisément. Il manifestait encore des conflits internes anormalement aigus, dus apparemment à son incapacité de concilier, d'une part, les valeurs intrinsèquement différentes de celle de ses parents et, d'autre part, sa propre douleur et le sentiment de culpabilité engendrés chez lui par la mort de son père[18].

* * *

Une fois diplômé de Brébeuf, en 1940, Trudeau s'inscrivit à la faculté de droit de l'Université de Montréal où son père avait étudié trente ans plus tôt, mais il ne tarda pas à regretter sa décision. « L'ambiance à la faculté de droit était épouvantable, déclarerait-il plus tard. Les cours, qui ne sortaient pas du cadre d'un enseignement étriqué, portaient sur des points de droit sans importance et n'abordaient jamais aucune des grandes questions. » De toute évidence, l'opinion de son père, pour qui un diplôme d'avocat permettait de réaliser toutes ses aspirations, était on ne peut moins fondée. Il décida donc que l'étude du droit au Québec, au cours des années 40, ne menait à rien de plus qu'à « une vie minable parmi des gens incapables d'aligner deux idées[19] ».

Pour ajouter à ses malheurs, la Seconde Guerre mondiale, qui faisait alors rage en Europe, l'obligeait à prendre parti dans les violentes querelles raciales provoquées par la conscription ; cette question obsédait les Québécois francophones qui, pour la plupart, ne voyaient dans la guerre qu'un conflit spécifiquement britannique et qui ne les concernait nullement. Plutôt que de laisser parler son atavisme anglais et de s'enrôler, Pierre se contenta d'observer la lettre de la loi et s'inscrivit au Corps-école d'officiers canadiens, rattaché à l'Université de Montréal, subterfuge utilisé par bon nombre de Canadiens de la classe moyenne pour éviter d'aller se battre outre-mer.

À un camp d'entraînement estival du CEOC, il provoqua un incident qui reflétait de façon éloquente son attitude ambivalente envers la guerre, l'autorité et sa dualité raciale. Charles Lussier, son condisciple à la faculté de droit, qui deviendrait plus tard un grand commis de l'État, servait dans le même corps : « Un jour, l'un des élèves officiers, qui avait le grade de capitaine, nous conduisit au dépôt pour y déplacer des obus. L'officier responsable était anglais et il nous indiqua quoi faire dans sa langue, même si nous étions tous les huit des Canadiens français (...) ; évidemment, nous nous pliâmes à ses ordres. En réalité, nous ne fûmes que sept à obéir. Pierre, lui, ne broncha pas. Lorsque l'élève capitaine lui demanda ce qui n'allait pas, il répondit dans un français impeccable : " Je n'ai pas compris un traître mot de ce qu'il a dit. " L'élève capitaine le répéta à l'officier qui redonna les mêmes ordres dans un français hésitant. Pierre l'écouta bafouiller, puis déclara dans un anglais tout aussi impeccable que son français : " Parfait, maintenant, je vous comprends. Souvenez-vous qu'ici, au Canada, nous avons le droit de recevoir des ordres dans les deux langues. " » Et c'est seulement ensuite qu'il se mit au travail, devant ses camarades à la fois fiers et nerveux. « Après tout, conclut Lussier, le pays était en guerre, nous étions des soldats dans un camp militaire et, lui, il était là en train de défier les ordres d'un officier à seule fin de défendre nos droits linguistiques ! » Du même coup, il n'avait pu s'empêcher, une fois de plus, de faire étalage de sa supériorité — supériorité face aux francophones, face aux anglophones et, surtout, face à la mentalité coloniale dont étaient imprégnés les deux Canada de l'époque[20].

Pendant toute la durée de la guerre, les adversaires et les partisans de la participation au conflit ne cessèrent de s'affronter au Québec. Le maire de Montréal, Camillien Houde, qui avait reçu l'appui de Charlie Trudeau lors de ses campagnes électorales, fut incarcéré pour avoir incité ses compatriotes à ne pas s'inscrire pour le service militaire. Deux ans plus tard, quand Mackenzie King tint son fameux référendum sur la conscription, le Canada anglais vota massivement en faveur de l'enrôlement obligatoire et le Canada français se prononça de façon écrasante contre, ce qui ne fit qu'exacerber davantage les tensions entre les deux races. Trudeau lui-même prit parti contre la conscription, participant à des manifestations et à des meetings, se déclarant publiquement du côté des Canadiens français de sa génération. Au cours de l'automne 1942, à l'occasion d'une élection partielle à Outremont, il fut invité à prendre la parole devant une assemblée publique pour appuyer le candidat anti-conscriptionniste, un jeune avocat du nom de Jean Drapeau, qui se présentait contre le major-général Léo Laflèche, militaire prestigieux soutenu par le Parti libéral fédéral. Le lendemain, *Le Devoir* reprit à la une le jeu de mots acerbe de Trudeau, jugé suffisamment percutant : « Finie la flèche du conquérant, vive le drapeau de la liberté ! » Ayant franchi le cap de la vingtaine, Trudeau semblait enfin capable de résoudre l'ambivalence raciale qui avait marqué son adolescence et d'assumer son identité. Néanmoins, si l'on pense à son tempérament combatif, il devait sûrement se sentir un peu honteux d'adopter une position pacifiste face à un conflit que les anglophones percevaient comme un juste combat contre une tyrannie monstrueuse ; par la suite, d'ailleurs, il fut forcé de justifier sa décision[21].

Au sortir de la faculté de droit, en 1943, Trudeau passa un an comme stagiaire dans une étude montréalaise et s'aperçut alors que de pratiquer le droit l'ennuyait plus que de l'étudier. Pendant l'été 1944, tandis que la controverse au sujet de la guerre battait toujours son plein — alimentée, cette fois, par la reprise de la mobilisation en prévision des campagnes décisives qui allaient mettre fin au conflit —, Trudeau cherchait un moyen de fuir la profession juridique, ses propres confusions et l'atmosphère étouffante du Québec. Maintenant, à l'âge de vingt-quatre ans, il nourrissait des ambitions encore plus vastes et se percevait comme un héros solitaire. « Je me souviens d'avoir entendu quelqu'un déclamer l'une des fameuses tirades de Cyrano de Bergerac, une tirade qui se terminait par ces mots : " Ne pas monter bien haut peut-être, mais tout seul ", et, soudain, j'y ai trouvé l'expression même de ce que j'étais et de ce que je voulais être », devait-il raconter par la suite[22].

Le fait que ce rationaliste à tous crins ait fait sien le rêve de Cyrano, le prototype même du romantique, est révélateur des contradictions qui l'habitaient. Tout Canadien français instruit de sa génération connaissait sur le bout des doigts les exploits de Bergerac, gentilhomme français du XVIIe siècle, bretteur redoutable, passé à la légende grâce à la pièce d'Edmond Rostand. Sous la plume de ce dernier, Bergerac apparaissait comme un homme brillant, intelligent et poète, protecteur des faibles, ennemi des riches et des puissants, adversaire de la tyrannie, capable d'affronter cent brutes et de l'emporter contre toute attente, un homme qui refusait de s'abaisser aux compromis, aux chichis et à la flagornerie. La tirade, qui avait tant impressionné le jeune Trudeau qu'il en reparlerait encore à plus de soixante ans, débute par une déclaration énergique du héros, qui entend se passer des faveurs des puissants et se termine par l'exposé de ses intentions :

(...) Mais... chanter,
Rêver, rire, passer, être seul, être libre,
Avoir l'œil qui regarde bien, la voix qui vibre,
Mettre, quand il vous plaît, son feutre de travers,
Pour un oui, pour un non, se battre - ou faire un vers !
(...) Bref, dédaignant d'être le lierre parasite,

Lors même qu'on n'est pas le chêne ou le tilleul,
Ne pas monter bien haut peut-être, mais tout seul[23] !

En s'identifiant à Cyrano, Trudeau se dotait définitivement d'un modèle mythique, donnait corps au rêve dont tout jeune adulte drape ses aspirations. À l'instar de celles d'autres candidats à l'héroïsme, cette vie rêvée se devait d'être spectaculaire : il accomplirait des exploits surprenants et mériterait des distinctions extraordinaires. Il n'aurait d'autre but — ainsi qu'il le reconnaissait ouvertement — que de monter tout seul à la conquête des sommets[24].

Ce qu'il y avait de si particulier dans le cas de Trudeau, c'était le fait qu'il possédait l'argent nécessaire à l'accomplissement de son rêve, quelque irréaliste ou improbable celui-ci ait pu paraître à ses contemporains, dans ce Montréal de la Guerre. Au terme de quinze années marquées par la crise et le conflit mondial, sa famille, aux yeux d'Outremont, connaissait l'opulence, même si Grace Trudeau se refusait à vivre dans le faste. Au cours des trois années qui avaient précédé sa mort, son mari avait presque triplé le montant reçu en paiement de ses stations-service et avait laissé une fortune évaluée à trois millions de dollars. Après son décès, la gestion de sa fortune avait été confiée à des administrateurs compétents qui continuaient de la faire fructifier.

« À une époque où tout le monde, parmi la classe moyenne, comptait le moindre sou, trois millions de dollars représentaient une somme colossale », relève Jean de Grandpré, un copain de Trudeau à Brébeuf et qui était resté très lié avec sa sœur Suzette après être devenu un éclatant symbole de la réussite au sein des milieux juridiques et financiers québécois. « L'argent de sa famille faisait de Pierre un être à part. Cela signifiait que des voies s'offraient à lui, qui nous étaient inaccessibles. Il pouvait se mettre en quête de son identité. Les gens comme moi — mon père dirigeait les bureaux québécois de deux compagnies d'assurances américaines, mais avait vu ses revenus diminuer du tiers durant la dépression — étaient forcés par la conjoncture économique d'exercer une profession, d'aller à McGill pour améliorer leur anglais parce que c'était la langue des affaires, de décrocher un diplôme en droit et de se mettre à pratiquer sur-le-champ. La plupart d'entre nous s'étaient mariés très tôt et avaient commencé à élever une famille, ce qui les obligeaient à gagner leur vie. Célibataire fortuné, Pierre était capable de passer des années " à la recherche de son identité[25] ". »

De Grandpré avait mis le doigt sur ce que bon nombre d'hommes qui se sont mesurés à Trudeau ne manqueraient pas de souligner avec envie tout au long de sa carrière : son refus de se laisser enchaîner par les conventions, caractéristique des hommes mus par des aspirations grandioses et par un besoin intense de nier leur propre mortalité[26].

Mais il y avait un prix à payer pour ce non-conformisme. En se dérobant à une carrière ordinaire, Trudeau se soustrayait du même coup à l'évolution affective normale qui va de pair avec un engagement contracté dans le cadre de l'amour, du mariage et de la famille. Étudiant en droit et vivant encore parmi les siens alors qu'il avait déjà atteint la vingtaine, il entretenait de ternes idylles, parfaitement « correctes », avec de jeunes Canadiennes françaises fort distinguées qui avaient été agréées par sa mère ; mais ces idylles prenaient toujours fin au seuil du mariage (quoiqu'il ait été brièvement fiancé en une occasion) et n'étaient pour ainsi dire jamais empreintes de ce sens de l'intimité qui naît de la révélation de soi. Au sein de la bourgeoisie outremontaise, les femmes ne le trouvaient pas très attirant, en partie parce qu'il était gêné par son apparence. (Il avait encore le visage marqué par l'acné de son adolescence et regrettait de ne pas être grand et costaud ; plus tard, par contre, la gent féminine se laisserait charmer par ces cicatrices presque effacées, et son corps souple et musclé lui donnerait un air de jeunesse par comparaison avec ses contemporains plus corpulents.) Socialement, il restait immature et d'une incorrigible timidité qu'il essayait parfois de masquer par des excentricités, comme lorsqu'il faisait le poirier au beau milieu d'un salon où se pressaient les invités, ou par des remarques sarcastiques qui l'éloignaient encore plus des femmes. (Il déclara une fois à une amie qu'il avait invitée chez lui pour prendre le thé : « Si j'avais des hanches comme les tiennes, je renoncerais aux pâtisseries[27]. »)

En septembre 1944, un mois avant de célébrer son vingt-cinquième anniversaire, Trudeau quitta Montréal pour l'Université Harvard, à Cambridge dans le Massachusetts, où il avait décidé de faire sa maîtrise. Sa longue adolescence perturbée était enfin derrière lui. Ce changement de cap marquait le début d'une pénible quête — affective, intellectuelle et professionnelle — qui durerait près de vingt ans[28].

* * *

Comme s'il avait voulu effacer de son esprit tout souvenir du Québec déchiré par la guerre, Trudeau suspendit à la porte de sa chambre, à Harvard, une pancarte qui proclamait : « Pierre Trudeau, citoyen du monde ». Mais il ne tarda pas à s'apercevoir, à son grand dam, qu'il était fort mal préparé pour cette forme de citoyenneté. Malgré les prétentions des jésuites de Brébeuf, la plupart des étudiants américains en savaient bien plus long que lui à ce chapitre. Au lieu de s'exercer à briller dans des débats et d'échafauder des théories sur l'essence de l'Art et l'existence de Dieu, ils avaient fait des sciences sociales leur pain quotidien tout au long de leurs études du premier cycle.

Soucieux de parvenir à l'excellence, Trudeau avait opté pour le centre intellectuel des États-Unis, qui étaient en train de s'affirmer comme le principal pôle politique, économique et culturel de l'après-guerre et de vivre ce que l'écrivain Gore Vidal a qualifié de « zénith grandiose de l'Amérique impériale ». À Harvard, Carl Friedrich, l'auguste politologue, professait que les constitutions écrites étaient le rempart dont toute société démocratique avait besoin pour garantir les libertés individuelles et pour se protéger contre les menaces des extrémismes politiques. Quand ils n'étaient pas à Washington pour élaborer les politiques des démocrates de Roosevelt, ses professeurs d'économie enseignaient à Cambridge, analysaient les théories provocantes de l'économiste britannique John Maynard Keynes, selon lesquelles seules des méthodes de gestion technocratiques permettaient de prévenir la réapparition cyclique des récessions. L'esthétique du modernisme était prônée par des architectes de premier plan et par les initiateurs du mouvement, dont Walter Gropius auprès de qui le Canadien anglais John C. Parkin et Tip Trudeau, le frère de Pierre, avaient travaillé comme architectes stagiaires[29].

Tout cela avait quelque chose d'enivrant pour un jeune homme qui, l'année d'avant, s'efforçait de supporter la routine fastidieuse d'une étude juridique montréalaise en s'acharnant à trouver, chaque jour, un nouvel endroit pour déjeuner. Trudeau se plongea dans ses études avec la frénésie d'un homme souffrant d'une soif inextinguible. Après avoir terminé quatre semestres de sa scolarité de maîtrise axée sur l'économie politique et les gouvernements, il s'était amplement familiarisé avec les sciences sociales américaines, d'inspiration positiviste. Des huit cours en économie qu'il avait suivis, deux portaient sur les théories économiques et étaient donnés par Wassily Leontief, émigré russe qui recevrait le prix Nobel pour son analyse de l'économie américaine ; deux autres étaient donnés par Alvin Hansen, le champion américain des théories keynésiennes, à qui Washington devait ses politiques fiscales de l'après-guerre ; un autre encore traitait du système bancaire central avec, comme professeur, Joseph Schumpeter, analyste des cycles économiques dont la pensée faisait école.

Le programme comprenait également huit autres cours en sciences politiques ; deux étaient donnés par le grand constitutionnaliste Carl Friedrich et un autre par Charles McIlwain, éminent historien de la pensée politique, partisan de la doctrine libérale selon laquelle il existe des droits individuels qui sont tellement sacrés que même un gouvernement ne devrait pas avoir le droit d'y toucher. D'après Louis Hartz, qui étudia avec Trudeau à Harvard et allait devenir plus tard le grand historien du libéralisme américain, Pierre était captivé par les fondements de cette théorie politique. Pour ce transfuge intellectuel du Québec collectiviste, la constatation que son individualisme instinctif et passionné trouvait sa confirmation dans une longue tradition de la pensée occidentale était extraordinairement excitante. Elle s'avéra un moment décisif dans son itinéraire intellectuel qui, jusque-là, s'était situé aux antipodes des concepts de gauche[30].

Muni de son diplôme de Harvard, Trudeau s'embarqua pour la France et s'inscrivit à l'École libre des sciences politiques, établissement réservé à l'élite et dont les places étaient convoitées par les rejetons de la bourgeoisie française. On était en 1946 et Paris vivait en pleine effervescence politique et intellectuelle. Trudeau assista aux cours de deux figures dominantes du milieu universitaire français de l'après-guerre, l'économiste François Perroux et le sociologue conservateur Raymond Aron, qui s'opposait avec acharnement à des sympathisants du marxisme comme Jean-Paul Sartre, dont les positions idéologiques et l'appui aux causes de l'extrême gauche semblent avoir eu peu d'effets sur le jeune catholique libéral venu du Québec[31].

Parallèlement, Trudeau menait, selon sa propre expression, une vie de bâton de chaise. Loin des mœurs compassées d'Outremont, il concoctait des blagues mémorables pour la plus grande joie des autres pensionnaires de la Maison des étudiants du Canada, dont la plupart n'avaient pas un sou vaillant et étaient venus à Paris poussés par l'envie irrésistible de découvrir et de comprendre le monde de l'après-guerre. Ensemble, ils sillonnaient les rues de la capitale, s'attardaient dans les bistros et, friands d'art, de musique et d'architecture, planifiaient des excursions à travers l'Europe au moment des congés universitaires. L'oncle de Trudeau, Gordon Elliott, vivait dans un village du Midi de la France et il le présenta, un jour, à son célèbre voisin, le peintre cubiste Georges Braque. Lorsque Trudeau vint passer le week-end avec son camarade Roger Rolland, chevauchant sa Harley-Davidson vrombissante, madame Braque confectionna un gâteau décoré d'une feuille d'érable en sucre glace pour souligner l'arrivée des jeunes Canadiens.

À la fin de l'année universitaire, Trudeau quitta Paris. Les cours du premier cycle à « Sciences-Po » étaient loin de valoir ceux qu'il avait suivis à Harvard au moment de sa maîtrise et il décida de poursuivre ses études à la London School of Economics, où il effectua un imprévisible virage à gauche. Là, il devint le disciple du personnage le plus marquant de la LSE, Harold Laski, théoricien politique et porte-parole incontesté du socialisme en Grande-Bretagne. Haut dirigeant du Parti travailliste britannique, Laski ne cessait de presser le gouvernement d'adopter un train de réformes sociales et économiques beaucoup plus radicales que celles que le prudent premier ministre, Clement Attlee, se sentait capable d'imposer. Guidé par Laski, Trudeau se lança dans la rédaction d'une thèse intitulée « Les libertés dans la province de Québec » et, à en croire son compatriote Robert McKenzie, adhéra de façon décisive aux idées politiques de la gauche[32].

Le caractère inusité des pérégrinations de Trudeau tenait moins à cette tournée des grandes facultés du monde occidental qu'à la façon dont il profita de toutes ces années passées à l'étranger. Normalement, il aurait dû se préparer à exercer une profession, en apprendre les fondements, en maîtriser la terminologie, puis obtenir ses diplômes et suivre la voie hiérarchique. Au lieu de cela, il se mit en quête de quelque chose d'une portée infiniment plus vaste que les diplômes qui lui auraient ouvert les portes d'une carrière en relations internationales, comme le donnaient à penser les institutions et les cours qu'il avait choisis : comprendre le monde et ses mécanismes, comprendre comment son propre destin pourrait s'y intégrer.

« En un sens, j'aurais dû être un philosophe », déclara-t-il d'un ton pensif, une quarantaine d'années plus tard, au cours d'un déjeuner à Montréal. « Je cherchais constamment les réponses aux grandes questions. Pendant la crise, c'était : " Où est passé tout cet argent ? " Ensuite, je me suis demandé : " Qu'est-ce qui pousse les gens à obéir ? " Ce sont là des questions essentielles pour l'étude de l'économie, de la politique et du droit constitutionnel aussi bien que de la philosophie, et c'est dans le cadre de ces disciplines que j'ai commencé à chercher les réponses[33]. »

Outre ces questions temporelles, Trudeau était aux prises avec d'autres encore plus complexes, d'ordre spirituel cette fois, comme les rapports entre Dieu et les hommes, ou les devoirs des croyants envers leur société ; ces questions puisaient leur origine dans les attitudes nouvelles affichées par certains catholiques cultivés, tant nord-américains qu'européens, qui remettaient en question l'emprise intellectuelle de la hiérarchie ecclésiastique. Elles l'accompagnèrent tout au long du voyage qu'il fit, en 1948-1949, au Moyen-Orient et en Asie, dans le cadre d'un tour du monde en solitaire entrepris sous le prétexte de se documenter pour sa thèse à laquelle, en fait, il ne travailla jamais sérieusement. Au cours de ce long périple, il eut l'occasion de discuter avec des moines bouddhistes et des gourous, de découvrir d'autres cultures et systèmes politiques, et de s'imposer des épreuves de méditation, de force et d'endurance. Poursuivant sa route vers l'Est, il se laissa pousser la barbe, opta pour les turbans, les longues tuniques flottantes et les sandales, et adopta le salut oriental qui consiste à incliner la tête, les mains jointes, en un geste qui signifie : « Je salue l'esprit divin qui réside en vous. »

Même si Trudeau se trouvait aussi loin de chez lui qu'il était possible de l'être, il n'en demeurait pas moins en butte à ses conflits personnels. Une semaine, il s'abandonnait dans la contemplation ; la suivante, son agressivité reprenait le dessus. Quoique son père ne fût plus là pour l'obliger à poser des questions embarrassantes à ceux qui avaient autorité sur lui, il continuait pourtant d'interroger tout responsable susceptible de lui répondre par la négative, provoquant parfois des incidents à seule fin de satisfaire son besoin persistant de plastronner. C'est ainsi qu'il aboutit en prison une ou deux fois, fut poursuivi par la police, intercepté par des gardes frontaliers.

Trudeau approchait maintenant de la trentaine. Dans une expérience commune à tous ceux qui partent loin de chez eux à la recherche de leur identité, il avait mené à bien — en cédant, bien sûr, à son goût pour l'exagération — cette tâche essentielle qui consistait à déterminer ce qu'il *n'était pas*. Il avait déjà rejeté l'idée de marcher sur les traces paternelles en devenant avocat ou homme d'affaires, deux carrières où son héritage lui aurait facilement permis d'égaler ou de dépasser son père. Mais, en dépit de toute la hardiesse que sous-entendait la pancarte fixée sur sa porte à Harvard, il lui était impossible de devenir un citoyen du monde. Et malgré tous les pays qu'il avait visités et toutes les révolutions auxquelles il avait assisté, vêtu à la mode indigène, il lui restait encore à trouver quelle était sa nationalité. Même si son français impeccable ne portait plus la moindre trace de ses origines canadiennes-françaises, il n'avait aucunement l'intention de s'exiler en France à l'exemple de son oncle Gordon. Pendant ses études à Sciences-Po, il avait pu juger de la condescendance des Français à l'endroit des Québécois, attitude qui lui serait toujours insupportable. Il s'était pris de passion pour la pensée politique britannique, mais, contrairement à son contemporain Robert McKenzie, il était incapable de se percevoir comme un « presque-Anglais », quelqu'un qui aurait pu enseigner à la London School of Economics et vivre la vie d'un universitaire britannique.

Au cours de l'été 1949, presque cinq ans après son départ, résolu à élaborer de grandes théories et à vivre de grandes choses, il revint à Montréal, ne sachant toujours pas ce qu'il allait faire de sa vie. Il avait assimilé et fait sienne la vision globale du monde, propre à la génération idéaliste de l'après-guerre qui commençait à faire sa marque dans les démocraties occidentales, génération devenue internationaliste par réaction aux horreurs de la dernière guerre, rationaliste dans sa façon d'envisager les politiques démocratiques, moderniste dans sa vision culturelle, keynésienne dans sa pensée économique et généralement favorable à l'égalitarisme social. Et s'il revenait chez lui sans tambour ni trompette, il n'en était pas moins complètement transformé sur le plan intellectuel.

Chapitre trois

EN QUÊTE D'UNE CAUSE À DÉFENDRE

Le Québec de 1949 semblait à Trudeau encore plus arriéré que le souvenir qu'il en avait conservé. Les contrastes y étaient saisissants. Gouvernée d'une main de fer par Maurice Duplessis qui en était à son troisième mandat, la province connaissait la prospérité et la paix sociale. Le premier ministre avait entrepris d'orienter l'économie du Québec vers une industrialisation frappée au sceau de la dépendance, en courtisant les investisseurs anglo-canadiens et américains, en même temps qu'il perpétuait le mythe faisant de sa province une société pastorale, un éden catholique voué à Dieu et aux valeurs éternelles de la vie familiale[1].

Né dans une notable famille conservatrice de Trois-Rivières et habité dès l'enfance par des ambitions politiques, Duplessis avait perfectionné pendant ses années de formation comme avocat le style enflammé du démagogue. Après un premier mandat mouvementé à la fin des années 30, il avait perdu le pouvoir et ne l'avait repris qu'en 1944. Il allait le conserver pendant les quinze années qui suivirent en faisant preuve d'une telle habileté à gouverner que, de son vivant, son parti semblerait invincible. La machine politique, issue de son sens inné de la façon dont il devait manipuler ses compatriotes pour les faire adhérer à ses idées, comptait pour beaucoup dans sa réussite. Grâce à un système de récompenses à la fois ingénieux et insidieux, il avait la haute main non seulement sur les candidatures dans les circonscriptions et les nominations des ministres et des fonctionnaires, mais également sur l'attribution des bourses d'études, des postes dans l'enseignement, des pensions et de l'aide sociale, tout autant que sur le choix des municipalités qui auraient droit à un pont, à un hôpital ou à un bout de chemin et des entrepreneurs qui décrocheraient les contrats de construction. Soutenu par la hiérarchie ecclésiastique dont il s'était adroitement acquis la complicité, ainsi que par les magnats canadiens-anglais de la finance, il était devenu « le Chef » d'une société arriérée en habituant l'électorat, qui continuait de le réélire, à aimer ses mythes et à accepter son sort[2].

Après la fin des hostilités, Duplessis avait, pour faire régner la paix sociale, fait adopter une législation antigrève particulièrement sévère qui avait fait grogner la classe ouvrière. Au cours de l'hiver 1949, juste avant que Trudeau ne rentre de son tour du monde, les revendications des travailleurs à propos des salaires et des conditions de travail avaient hâté le déclenchement d'une grève dans la ville minière d'Asbestos ; pendant des semaines, le gouvernement avait tenté de mettre fin au conflit en recourant d'abord à l'arbitrage, puis à la force. Trudeau décida d'aller observer la situation sur place en compagnie de son ami Gérard Pelletier qui suivait les événements pour le compte du *Devoir*. Un jour d'avril, tous deux partirent dans une voiture sport cabossée pour Asbestos où ils vécurent une aventure qui se prolongerait pendant trois semaines et qui aurait un effet catalytique sur la vie de Trudeau. Ce bref séjour ferait plus tard partie de sa légende : comment Pelletier et lui avaient été détenus brièvement par la police ; comment Trudeau avait harangué les mineurs réunis dans une salle paroissiale avec une virulence telle que Jean Marchand, responsable syndical et organisateur de la grève, en avait eu froid dans le dos ; comment les grévistes avaient surnommé Trudeau « saint Joseph » à cause de sa barbe et de sa ferveur oratoire.

Non seulement la grève d'Asbestos constitua un épisode héroïque de l'odyssée de Trudeau, mais encore elle lui fit mieux comprendre la réalité québécoise d'alors. Cet événement illustrait de façon frappante ce qu'il avait étudié à la LSE : la naissance d'une classe dans une société capitaliste en pleine émergence. Les travailleurs avaient vu leur liberté niée par les forces mêmes qui avaient créé leurs emplois : le capital étranger et l'État québécois. Même si la riposte brutale du gouvernement n'avait pas déclenché de véritable révolution — et même si sa propre participation n'avait pas tout à fait la même importance que le rôle joué par John Reed dans *Dix jours qui ébranlèrent le monde* —, Trudeau fut à même d'observer à Asbestos ce qu'il qualifia plus tard dans l'un de ses écrits de « point tournant dans toute l'histoire religieuse, politique, sociale et économique de la province de Québec[3] ».

Compte tenu de son interprétation des événements, il n'est donc pas étonnant que Trudeau, avec sa passion pour la liberté et son intérêt pour la politique, se soit tourné vers le gouvernement fédéral, en quête d'un autre centre d'action. À Brébeuf, il avait acquis, entre autres vérités certaines, la conviction que la démocratie était la forme de gouvernement la plus noble. Puis, s'appuyant sur les théories de Lord Acton étudiées à Harvard et à la LSE, il en était venu à la conclusion que le fédéralisme était l'expression suprême de la démocratie. Maintenant, ces concepts se renforçaient parce que, dans le Québec du milieu du siècle, les progressistes engagés dans l'action sociale confirmaient l'importance du gouvernement central comme contrepoids susceptible d'atténuer les pires excès du duplessisme[4].

Afin de vérifier le bien-fondé de ces idées — et de se familiariser avec les réalités gouvernementales —, Trudeau réussit grâce à l'intervention d'une relation universitaire à se faire engager à Ottawa, comme fonctionnaire attaché au Conseil privé. Par la suite, tout ce que son supérieur immédiat, Gordon Robertson, put se rappeler à ce propos, c'était que « les Québécois faisaient désespérément défaut » au sein du Conseil privé ; aussi, quand ce Canadien français au bilinguisme impressionnant, formé en droit, en sciences économiques et en sciences politiques s'était présenté, on l'avait aussitôt engagé. Malgré son éducation éclectique et son âge relativement avancé, Trudeau occupait, dira-t-il, « un poste vraiment très subalterne » dans la hiérarchie bureaucratique, puisqu'il fut relégué sous les combles de l'édifice de l'est et affecté à « un tas de tâches exigeantes dont personne d'autre n'avait le temps de s'occuper[5] ».

La connaissance des rouages gouvernementaux que Trudeau allait acquérir pendant les deux années qui suivirent s'avérerait fort utile pour sa carrière politique, mais, à l'époque, il trouvait ses fonctions singulièrement humiliantes. Il lui fallait se consacrer sans relâche à un travail anonyme, fastidieux, épuisant pour les yeux, du type même qu'il avait fui pendant des années. Jack Pickersgill, le fonctionnaire qui dirigeait le bureau du premier ministre — tout autant que le pays, selon certains — ne savait même pas qui était Trudeau. Celui-ci rencontrait d'autres fonctionnaires canadiens-français pour discuter des événements qui se déroulaient au Québec et à Ottawa ; le groupe se désignait souvent par un nom de code, « les Grecs » , par réaction au fait que, même sous Louis Saint-Laurent, le premier Canadien français à devenir chef du gouvernement en près de quarante ans, ses compatriotes étaient encore traités comme une caste inférieure dans la capitale fédérale. Ils devaient lutter pour survivre en se comportant soit comme des « vendus » au sein de la fonction publique soit, selon l'expression qu'emploierait Trudeau à leur endroit, comme des « ânes savants » quand, élus à la Chambre des communes, il leur fallait se soumettre au fouet de leurs maîtres canadiens-anglais. Vers la fin de 1951, Trudeau tira les conclusions qui s'imposaient : son avenir résidait au Québec, même si le contexte politique y était étouffant[6].

Sa décision de revenir à Montréal était intimement liée à une révélation d'une importance capitale. Bien des années plus tard, il déclarerait ouvertement que cette renaissance « survenue à la fin de la vingtaine ou au début de la trentaine » était *la* chose la plus exaltante et la plus importante qui lui fût jamais arrivée — plus exaltante et plus importante que son élection comme premier ministre, que son mariage, que la naissance de ses fils, que l'aboutissement de la réforme constitutionnelle ou que tout autre événement majeur de sa carrière mouvementée. Ce qu'il avait vécu était en effet une sorte de transfiguration spirituelle qui avait accompagné le moment critique du passage de la trentaine. Il avait compris qu'il était « une personne à part entière, (...) [s]on propre juge et [s]on propre maître. » Trudeau qualifia ce phénomène de reconnaissance et d'acceptation du « concept d'incarnation (...) comme disent les personnalistes ». Bref, il avait adhéré aux préceptes du personnalisme, doctrine catholique radicale qui s'était imposée en France comme la principale rivale idéologique de l'existentialisme[7].

Le lien intrinsèque entre le comportement de Trudeau et ses croyances religieuses demeurait généralement imperceptible à ceux qui se laissaient abuser par son masque public. Étant donné l'ambiance résolument laïque du Canada de l'après-guerre, il était facile d'oublier que Trudeau avait grandi au Québec à l'époque où l'Église catholique était au sommet de sa puissance. Pendant toute la jeunesse et au début de la vie adulte de Pierre Trudeau, la vie des Canadiens français était encore dominée par la hiérarchie ecclésiastique, depuis la conception jusqu'à la tombe. L'Église était indissociable du système politique. Elle dirigeait l'enseignement, dominait l'aide sociale par ses hôpitaux et autres œuvres de bienfaisance, régissait la vie culturelle et intellectuelle, allant même jusqu'à décider des livres qu'on pouvait publier, des tableaux et des sculptures qu'on pouvait exposer, des pièces de théâtre qu'on pouvait présenter[8].

Jean Le Moyne, ami de Trudeau dont il était aussi presque le contemporain, a expliqué la nature de cette omnipotence dans une série d'essais pénétrants : si le clergé avait pu exercer une telle domination sur le Québec, c'était parce qu'après la Conquête les chefs politiques, militaires, commerciaux et religieux étaient retournés en France en abandonnant les colons à leur destinée britannique. De ce fait, l'Église catholique était demeurée la seule institution en place. Et si les habitants avaient pu résister à l'assimilation au sein d'un continent anglophone qui les cernait de toutes parts, c'était grâce à l'abnégation des prêtres. « Nous ayant autrefois sauvés des dangers de l'extinction (...) (ils) en avaient gardé le pli, mais ils cherchèrent par la suite à nous sauver de la vie. » Au XXe siècle, l'emprise du clergé sur la vie tant intellectuelle que spirituelle, de même que son insistance à dissocier l'esprit de la chair, créa un dualisme redoutable qui, lui-même, engendra des sentiments de culpabilité, de peur et d'aliénation de soi ; ces émotions, selon Le Moyne, expliquaient la tension névrotique, morbide, qui transparaissait dans la vie et la littérature québécoises. Il ressort de son analyse que cette forme de catholicisme méprisait les femmes, rejetait les aspects exaltants du christianisme et dénonçait comme autant de péchés l'amour sensuel, le bonheur terrestre et la liberté de pensée[9].

Pendant des décennies, les artistes et les intellectuels se sont discrètement révoltés contre la répression cléricale. Le père de Le Moyne, qui avait étudié à Paris avant la Première Guerre mondiale, en avait rapporté des idées libérales qui avaient grandement influencé son fils de même que son cercle d'amis composé d'écrivains talentueux. Mais pour ces jeunes gens qui avaient grandi au cours des années 20 et 30 et dont le centre d'intérêt était *La Relève*, revue littéraire qu'ils avaient fondée, « la seule liberté résidait dans la méditation et la discussion ». Mais la puissance du clergé était telle qu'on n'osait exprimer sa dissidence que dans l'intimité ; les révoltes n'avaient d'autre exutoire que la poésie et la spéculation intellectuelle ; la seule façon d'échapper vraiment à ce carcan consistait à quitter le Québec.

Celui qui voulait être libre était condamné à l'exil — exil intérieur, comme celui que Le Moyne acceptait, ou extérieur, ce qui était le lot de tant d'écrivains et d'artistes québécois qui avaient dû s'expatrier. Le plus connu de ces exilés était Paul-Émile Borduas, célèbre peintre moderniste qui avait refusé le réalisme conventionnel imposé par l'Église catholique. Après la publication du *Refus global*, manifeste au ton particulièrement acéré qui appelait à la révolte contre toutes les formes d'autorité, Borduas avait été mis à la porte de l'École des beaux-arts où il enseignait et était parti pour l'étranger, d'abord à New York, puis à Paris. Peu de temps après son retour d'Europe, Trudeau était allé le voir en compagnie d'un ami commun, Roger Rolland. Ils l'avaient trouvé dans son atelier en train d'emballer ses affaires, les larmes aux yeux, effondré à l'idée de devoir, lui qui n'était plus jeune, repartir à zéro dans une ville étrangère où il lui faudrait affronter la solitude et les vicissitudes financières.

La réaction de Trudeau face à l'autoritarisme manifesté par l'Église avait toujours été d'un autre ordre. Quand il était adolescent, il l'avait combattu au même titre que tout autre. À Brébeuf, ses professeurs le qualifiaient de « catholique protestant » à cause de son habitude de toujours contester leur enseignement doctrinal au nom de la liberté de pensée. Simultanément, sa mère lui avait inculqué la foi et la pratique religieuse ; aussi, contrairement à tant d'autres de sa génération et de celle qui suivit, quand il se rebellait contre l'autorité des prêtres, il ne rejetait pas les dogmes de l'Église. Il cherchait essentiellement à concilier les certitudes de sa foi *et* l'obsession pour les libertés individuelles qui dominait son esprit.

Le personnalisme permettait d'harmoniser ces besoins apparemment contradictoires. Il s'agissait d'un christianisme renouvelé, d'une incontestable vigueur intellectuelle, qui avait vu le jour en

France à la fin des années 30, dans la recherche d'une troisième voie entre le capitalisme et le communisme. Alors que la guerre tirait à sa fin, il était devenu un catholicisme militant de gauche et avait fait de nombreux adeptes parmi l'élite intellectuelle de France. Selon l'interprétation d'Emmanuel Mounier, chef de file du mouvement, le personnalisme s'opposait ouvertement au sentimentalisme du catholicisme démodé et bourgeois, à sa représentation du Christ sous les traits d'un Jésus dégoulinant de mansuétude, à ses fidèles moutonniers, à son intransigeance — justement le type de catholicisme qui se pratiquait au Québec[10].

Mounier exhortait les jeunes catholiques à repenser leur foi dans une perspective d'engagement personnel et de réforme sociale, à faire preuve de force plutôt que d'humilité dans leur spiritualité. Son enseignement donna naissance, dans la France d'après-guerre, au phénomène des prêtres-ouvriers qui abandonnèrent leur soutane et partirent travailler en usine afin de proposer une praxis chrétienne plus radicale à une classe ouvrière de plus en plus aliénée de l'Église bourgeoise. Les personnalistes considéraient que les laïques étaient capables de vivre les idéaux chrétiens sans avoir à se prosterner devant la hiérarchie ecclésiastique. C'était là une réponse militante aux terribles contradictions sociales du milieu du XXe siècle et à l'incapacité des anciennes doctrines à y faire face.

Trudeau trouva dans ces idées une logique qui lui permit de résoudre plusieurs des dilemmes qui le hantaient depuis des années. En adhérant à la croyance presque protestante qu'il est possible d'incarner le Divin en soi, il pouvait canaliser vers l'action ses émotions conflictuelles — son impuissance à entretenir des liens étroits, le sentiment de culpabilité engendré par sa fortune, son mépris des capitalistes, son hostilité à l'endroit de l'autorité, son ambivalence à propos de son identité canadienne-française. Il revint au Québec en 1952 animé par cette ferveur presque messianique, implicite dans le concept personnaliste d'incarnation. Maintenant qu'il était devenu un militant capable de vivre selon le credo chrétien, il pouvait retrouver ses compatriotes et leur frayer la voie vers le XXe siècle en les tirant de l'obscurantisme datant d'avant le Siècle des lumières où, selon lui, ils se morfondaient depuis la Conquête. Il pouvait transcender leur culture étriquée, leur arriération politique, même leur « français pouilleux », grâce à la noblesse de ses motivations et à la clarté de son esprit. Il pouvait se comporter en prêtre-ouvrier intellectuel au milieu des « habitants » de l'Amérique du Nord francophone, en se mesurant aux élites de la province — la hiérarchie ecclésiastique, le milieu des affaires canadien-anglais et, surtout, le gouvernement de Duplessis, dont le nom était devenu pour les progressistes québécois le symbole de tout ce qui allait de travers dans leur société. En s'en prenant à Duplessis, cette incarnation du démon, il pouvait interpréter un type de héros très particulier, celui d'un Cyrano personnaliste. Il n'aurait plus à se plier à des normes créées par d'autres ni à se soumettre à un travail abrutissant, à un patron abusif, à un groupe de collègues à l'esprit étroit. Il pourrait se faire le chmpion de nobles idéaux[11].

Cette décision d'appliquer les préceptes du personnalisme au contexte socio-politique du moment signifiait pour Trudeau qu'il prendrait part à l'effervescence qui a caractérisé le Québec des années 50. Même si la force de la réaction « semblait éternelle », comme le soulignerait l'écrivaine Alec Pelletier, le régime duplessiste n'en était pas moins attaqué par des groupes de toute nature qui, pour la plupart, œuvraient à l'extérieur du système des partis. Les plus importants étaient les centrales syndicales qui, sous la gouverne de Gérard Picard et de Jean Marchand et de concert avec les associations d'enseignants, commençaient tout juste à contester l'autorité de l'Église et à préconiser la solidarité entre les travailleurs organisés et autonomes ; il y avait également la faculté des sciences sociales, à l'Université Laval, dont l'âme dirigeante était le père Georges-Henri Lévesque, dominicain qui avait inspiré le mouvement coopératif ; les caisses populaires qui ouvraient aux travailleurs québécois de nouveaux horizons grâce à la mise en commun de leurs économies ; le tout nouveau réseau de télévision de Radio-Canada, dont les commentateurs, tel René Lévesque, mettaient fin à l'isolement des Canadiens français en leur apportant, jusque dans leur salon, des nouvelles et des images du monde entier ; l'influent *Devoir*, alors catholique, mais anti-duplessiste et penchant à gauche, géré par le bouillant directeur Gérard Filion et guidé par son rédacteur en chef — personnaliste lui aussi — André Laurendeau ; enfin, un groupe minuscule mais tenace de Québécois anglophones avides de réformes, dont le plus connu était F.R. Scott, poète, militant social et professeur de droit à McGill, champion infatigable des libertés individuelles et du droit des artistes à s'exprimer librement, qui utilisait habilement les tribunaux pour saper le pouvoir de Duplessis[12].

Quantité négligeable au début, le Parti libéral provincial devenait peu à peu une force avec laquelle il faudrait désormais compter, tout comme son chef Georges-Émile Lapalme. Parachuté à ce poste par le caucus de l'aile fédérale, celui-ci refusa d'en être la marionnette. Il ne tarda pas à prendre ses distances avec les libéraux fédéraux et, en 1955, restructura le parti provincial qui devint la Fédération libérale du Québec, organisation de masse dotée d'une constitution démocratique. Même s'il perdit les élections de 1952 et de 1956 et que, découragé, il se résigna à démissionner de la tête du parti en 1958, Lapalme laissa à son successeur, Jean Lesage, un parti ouvert aux réformateurs impatients d'affronter Duplessis[13].

Pendant des années, tous ces groupes animés par une volonté de changement ont tenté de faire jaillir la lumière dans une époque qu'on qualifierait plus tard de « grande noirceur ». Ils prenaient part aux premières manifestations d'une floraison intellectuelle et artistique sans précédent, qui aurait besoin d'encore une décennie pour parvenir à son épanouissement politique[14].

* * *

Trudeau avait fini par connaître à peu près tous ceux qui œuvraient dans les coalitions plus ou moins structurées qui formèrent le mouvement réformiste des années 50. Mais il était surtout identifié à un groupe de personnalistes auquel il s'était joint ouvertement dès la parution, en juin 1950, du premier numéro d'une revue montréalaise, *Cité libre* [15].

Plusieurs des membres du premier comité de rédaction de la revue étaient des anciens de la Jeunesse étudiante catholique, la branche étudiante de l'Action catholique canadienne, mouvement de renouveau spirituel très présent au Québec depuis les années 30. La plupart des « jécistes » étaient recrutés dès l'adolescence par leurs professeurs, prêtres ou religieuses, qui avaient remarqué leur intelligence et leur dévotion. Selon Jeanne Benoît — qui, avant de devenir Jeanne Sauvé, avait été l'une des élèves les plus brillantes des Sœurs Grises d'Ottawa pendant la dépression —, décider de travailler à plein temps comme propagandiste au siège montréalais du mouvement, ainsi qu'elle l'avait fait à vingt ans au début des années 40, représentait un engagement presque aussi important que de prendre le voile, et tout aussi définitif. Il lui avait fallu quitter sa famille et son emploi de secrétaire au gouvernement fédéral et aller vivre en communauté avec d'autres jécistes qui, comme elle, faisaient la tournée des écoles secondaires du Québec pour inciter les élèves à vivre leur foi en la canalisant vers des actions concrètes[16].

En général, les jécistes étaient considérés comme des grenouilles de bénitier par ceux qui n'appartenaient pas au mouvement. « Leur piété me révoltait, devait déclarer Maurice Sauvé par la suite. Ce n'était qu'un ramassis de bien-pensants, des salutistes catholiques qui paraissaient vivre selon des idéaux qui étaient anti-vie, anti-plaisir, anti-tout. Lorsque j'ai fait la connaissance de Jeanne [qui deviendrait sa femme], j'ai découvert que j'étais à cent lieues de la vérité, mais c'était tout de même là l'opinion qui avait cours parmi mes contemporains[17]. »

À l'époque de la fondation de Cité libre, les anciens jécistes qui faisaient partie de la rédaction étaient au début de la trentaine, menaient une vie « civile », occupaient des emplois modestes, élevaient leur petite famille. Mais ils demeuraient des idéalistes, des catholiques engagés, soucieux d'égalité sociale et du bien-être de la classe ouvrière. Ils étaient convaincus qu'il fallait attaquer de front le conservatisme du clergé québécois et son aveuglement complice devant les abus de l'Union nationale. Prenant pour modèle la revue Esprit dirigée à Paris par Mounier, ils avaient donc décidé de publier leur propre revue qui aurait pour but de contester l'élite cléricale et d'aider à « rompre le silence » en amenant les Canadiens français à prendre conscience des problèmes du Québec. Ils trouvèrent en Trudeau un allié dont les antécédents et le style étaient aux antipodes des leurs, mais qui partageait leurs préoccupations et dont l'agilité intellectuelle les laissait souvent sans voix.

Gérard Pelletier, le grand inspirateur de la revue, servait de trait d'union entre Trudeau et ses vieux camarades jécistes pour qui celui-ci incarnait le genre de snobisme auquel on pouvait s'attendre de la part d'un ancien des jésuites. Pelletier avait brièvement rencontré Trudeau quand il étudiait encore à Montréal, mais c'était en Europe, après la guerre, qu'il avait appris à mieux le connaître alors qu'ils s'étaient découvert une même admiration et pour Mounier et pour E*sprit*. C'était animé de l'esprit militant du personnalisme que Trudeau avait accompagné Pelletier à Asbestos. C'était également ce dernier qui l'avait amené à se rendre compte, à l'époque où il travaillait à Ottawa, qu'en sa qualité de catholique militant préconisant des changements politiques et sociaux sa place était au Québec[18].

Pelletier, fils d'un chef de gare à Victoriaville, serait probablement le plus proche et le plus fidèle des amis de Trudeau. Il y avait, chez lui, un mélange de douceur et de farouche engagement social qui freinait ce goût compulsif de Trudeau pour la compétition. Trudeau admirait Pelletier pour son engagement et son militantisme. Pelletier admirait Trudeau pour sa culture, son élégance, son intelligence. Rappelant l'amitié durable qu'il noua avec lui et avec Jean Marchand à la fin des années 40 et qui aurait une importance déterminante sur leur cheminement politique, il écrirait : « L'amitié, tout comme l'amour, a toujours quelque chose d'un peu miraculeux. » Selon des amis communs, Pelletier, par ses conseils, aida Trudeau tout au long de sa carrière politique à laisser s'exprimer son altruisme, à maîtriser le comportement agressif qui lui servait souvent de masque, à retrouver les principes du personnalisme auxquels tous deux adhéraient, à se montrer sous son aspect le plus positif, le plus humain[19].

La décision de Trudeau de quitter la fonction publique et de faire cause commune avec l'équipe de *Cité libre* ne manqua pas d'étonner ses pairs. Il y avait tout un monde entre l'image conflictuelle qu'il continuait de projeter et les objectifs on ne peut plus sérieux de la revue. Les anglophones d'Ottawa l'avaient considéré comme un jeune homme timide et compétent, obsédé par son travail, indéniablement « raisonnable » (l'éloge favori des bureaucrates) et promis à une brillante carrière. À Outremont, il jouait encore au motard casse-cou, comportement qui remontait aux années 40 et qu'on jugeait à la fois romantique et anticonformiste[20].

Bien des années plus tard, Jean Le Moyne se rappellerait à quel point il avait été déconcerté par le contraste entre Trudeau, le célibataire riche et raffiné, et Trudeau, le personnaliste engagé. Il l'avait souvent rencontré à Montréal, au cours des années 40, escortant « sa maman, ou une jeune fille, ou les deux » à des bals ou à des concerts fréquentés par la bourgeoisie canadienne-française. Mais il n'avait jamais parlé sérieusement avec Trudeau, jusqu'au jour où celui-ci était venu chez lui en compagnie de Pelletier, au début des années 50, pour le convaincre de leur confier pour *Cité libre* l'un de ses articles où il s'en prenait au clergé, mais que son confesseur lui avait déconseillé de publier. Les deux hommes l'invitèrent à assister à des réunions qu'ils tenaient régulièrement, ayant décidé de gérer la revue de façon communautaire.

« Dix-huit personnes étaient assises autour d'une longue table, dans le sous-sol de Charles Lussier, se souvint Le Moyne. Je pouvais voir, dans la faible lumière, une petite bouteille de vin à chacune de ses extrémités et un dominicain, homme à la fois austère et paternaliste, qui avait pris place au centre. Jamais, à *La Relève*, on n'aurait vu un tel personnage. Le débat était extrêmement élevé, mais tellement sérieux et pontifiant que j'eus envie de m'enfuir. Nos réunions étaient très différentes. Elles se déroulaient autour d'un fantastique repas et étaient entrecoupées de rires et de discussions littéraires. À la fin de la soirée, nous nous retrouvions tous sous la table, grisés par le bon vin et les grands idéaux. J'étais en train de penser à tout ça [à ce contraste] quand le dominicain me demanda subitement d'où je venais et je lui répondis : " De sous la table, mon père. " Évidemment, personne ne put comprendre l'allusion, mais s'ils l'avaient comprise, je n'ai pas l'impression qu'elle les aurait fait rire[21]. »

C'était le cri de ralliement lancé par Pelletier qui avait poussé Trudeau à se joindre à l'équipe de *Cité libre* ; le journaliste soutenait en effet que leur génération ne devait plus s'expatrier pour trouver la liberté ou pour s'épanouir, mais plutôt « rester au pays et changer les choses de l'intérieur ». Maintenant Pierre n'hésitait pas, dans les pages de la revue, à pourfendre les autorités québécoises dont il avait eu à subir les foudres. Les liens qu'avait noués Trudeau avec Laski à la LSE, sa participation à la grève d'Asbestos, le reportage impartial qu'il avait publié dans *Le Devoir* après avoir assisté à une conférence dans le Moscou de Staline et ses féroces critiques du gouvernement dans *Cité libre* ne tardèrent pas à attirer sur lui l'attention des élites politiques et religieuses du Québec, qui en conclurent que, pour une raison ou pour une autre, le fils de Charlie Trudeau avait très très mal tourné. À une époque où la peur du communisme constituait un élément clé de l'emprise de l'Union nationale sur l'électorat, son comportement paraissait délibérément provocant. Le communisme athée guettait aux frontières, attendant son heure, affirmait Duplessis à ses brebis crédules. Il détruirait l'Église, l'ordre social, ce mode de vie tant prisé qui, dans un monde menaçant, avait fait du Québec un asile sûr. Et ceux qui avaient la foi devaient se rappeler que le communisme — à l'instar des autres manifestations du démon à travers le monde — pouvait revêtir de nombreux visages. Ainsi, Georges-Émile Lapalme, le chef du Parti libéral provincial, faisait preuve de mollesse à cet égard. Et Le Devoir, ce journal polémiste, en propageait les idées pernicieuses. Même le régime libéral de Louis Saint-Laurent, à Ottawa, était incapable de comprendre comment le communisme s'y prenait pour infiltrer les sociétés démocratiques ; ses ambitions centralisatrices de même que sa nouvelle législation sociale risquaient de saper la résistance du Québec. Ceux qui avaient subi des influences étrangères étaient les dangereux porteurs de théories séditieuses. Dans son argumentation, Duplessis ne le cédait en rien au sénateur américain Joseph McCarthy ; il était même plus éloquent et plus convaincant[22].

Conséquence de l'acquiescement général aux idées ainsi véhiculées, Trudeau se vit refuser tant que durèrent les années 50 le poste de professeur qu'il convoitait à l'Université de Montréal, parce que le gouvernement se réservait le dernier mot sur la nomination des enseignants par l'entremise de la hiérarchie ecclésiastique. C'est donc dans cette atmosphère extrêmement lourde que, pendant les quelques années qui suivirent, Trudeau réussit à influer sur le cours des événements grâce à son association avec Cité libre, ce que n'aurait pu faire aucun professeur contraint de se soumettre à la volonté du pouvoir ; en fait, son influence fut beaucoup plus grande que ne l'auraient laissé prévoir le faible tirage et la parution irrégulière de la revue. D'un numéro à l'autre, on pouvait y lire une analyse rigoureuse de la société québécoise, fondée sur des prémisses soigneusement étayées. Pendant les réunions de l'équipe de la revue, chacun des membres discutait plus particulièrement des sujets qui l'intéressaient personnellement, mais le produit fini issu de leur autocritique collective était une publication d'une telle cohérence quant au style et à la pensée qu'on finit par accoler l'étiquette de « citélibristes » aux journalistes et à leurs adeptes, comme s'ils avaient appartenu à un parti politique. Ce qui, d'ailleurs, n'était pas loin de la réalité. Leurs articles se faisaient l'écho de l'impatience de leur génération devant la faillite intellectuelle des élites dirigeantes de la province, génération parvenue à la force de l'âge, mais qui frappait en vain aux portes verrouillées des institutions clés de sa société[23].

L'audace dont les citélibristes faisaient preuve en diffusant leurs idées en plein régime duplessiste ne resta pas longtemps sans écho. Peu de temps après les débuts de *Cité libre*, Pelletier et Trudeau furent convoqués à l'archevêché de Montréal pour s'expliquer devant Mgr Paul-Émile Léger. L'entretien donna lieu à une sorte de joute digne de la scolastique médiévale. Léger affirma que, s'il devait condamner la revue, ce serait à son plus grand regret. Trudeau, plus catholique protestant que jamais, l'interrompit pour rétorquer que le comité de rédaction en appellerait alors auprès de Rome, « comme c'est notre droit [24] ».

L'aplomb belliqueux de Trudeau irritait Léger et Duplessis au plus haut point. Selon Conrad Black, le biographe de ce dernier, le premier ministre « détestait entre tous Pierre Elliott Trudeau qu'il trouvait paresseux, gâté et subversif ». Au cours de 1954, Léger écrivit à Duplessis pour le remercier de son « intervention énergique (...) lors du " scandale Trudeau " ». Quand, bien des années plus tard, Black interrogea Léger sur la nature et du scandale et de l'intervention, l'illustre prélat ne put s'en souvenir, mais il émit l'hypothèse que c'était l'opposition manifeste de Trudeau à l'endroit du gouvernement et de l'Église qui l'avait tant courroucé[25].

Outre l'audace que son tempérament et sa sécurité financière lui permettaient d'afficher, Trudeau fit bénéficier le collectif de *Cité libre* de sa connaissance des théories démocratiques acquise à Harvard et à la LSE ainsi que de sa réputation d'homme capable de pénétrer les arcanes de l'économie. Les citélibristes surmontèrent rapidement la gêne qu'ils éprouvaient en sa présence, même s'il semblait toujours un peu distant, comme un homme « qui se contentait de passer nous voir de temps en temps[26] ».

Pendant toute la décennie suivante — surtout dans *Cité libre*, mais également dans *Vrai*, l'hebdomadaire réformiste de Jacques Hébert, dans *Le Devoir*, dans des ouvrages auxquels il collaborait ainsi que dans divers essais savants —, Trudeau rassembla une véritable somme sur l'économie politique des problèmes du Canada français, en s'inspirant de la critique collective du Québec faite par les citélibristes ainsi que de certains principes relatifs au fédéralisme canadien énoncés par F.R. Scott dans ses cours et dans ses écrits consacrés au droit constitutionnel. Ses essais et articles, rédigés dans un style travaillé et percutant, débouchaient sur une analyse accablante du Québec qui l'avait vu grandir, d'un monde qu'il ne voulait ni rejeter ni accepter, mais transformer.

Il ressortait clairement de ses travaux qu'il s'efforçait d'établir un calendrier détaillé des changements à implanter. Pendant des années, il s'était acharné à combler ses propres lacunes en tant que Canadien français, mais il ne lui suffisait pas de travailler à son salut personnel. Il voulait amener sa société tout entière à transcender ce qui, à ses yeux, constituait l'ignominie de son passé. Il se proposait de faire sortir ses compatriotes du « wigwam ».

Pour Trudeau, l'Église et les politiciens formaient une élite répressive qui se maintenait au pouvoir en niant l'existence du monde moderne et en privilégiant une idéologie régressive. L'industrialisation du Québec par des capitaux étrangers, qui s'était poursuivie pendant la majeure partie du siècle, imposait au prolétariat qu'elle avait engendré des épreuves sans nom, des souffrances dont les élites refusaient de tenir compte. Trudeau était d'avis que les syndicats les plus puissants constituaient une avant-garde sociale, capable d'exiger d'un système beaucoup trop antidémocratique pour se soucier de l'opposition parlementaire qu'il apportât un remède à ces maux. Il préconisait de faire table rase puis d'adopter un « fonctionnalisme », qui permettrait de réorganiser rationnellement le système fédéral en répartissant les juridictions entre les gouvernements central et provinciaux, selon leurs capacités respectives. Mais, plus encore, il voulait voir s'instaurer une démocratie authentique, d'où les pratiques électorales corrompues seraient bannies et qui mettrait l'accent sur les objectifs fondamentaux de la justice sociale et de l'épanouissement individuel.

Partout ailleurs au Canada, dans les années 50, on aurait difficilement reconnu la moindre trace de provocation dans ces principes d'inspiration libérale et, même au Québec, plus personne ne s'en formaliserait à peine quelques années plus tard. Mais, à l'époque et dans cette province, et venant d'un homme qui aurait pu si aisément s'intégrer à l'establishment qu'il dénonçait, l'individualisme de Trudeau, son anticléricalisme, son égalitarisme apparaissaient comme des comportements fort radicaux. Ils constituaient la base logique de sa future carrière politique et sous-tendraient tous ses gestes publics.

Tout au long des années 50, Trudeau eut amplement de quoi étayer son analyse et soutenir son militantisme. Le gouvernement Duplessis ne cessant de multiplier les violations des libertés individuelles et les scandales politiques — la Loi du cadenas et le tollé qui s'ensuivit, l'affaire Roncarelli, l'effondrement du pont de Trois-Rivières, le scandale du gaz naturel, la grève de Murdochville, le procès de Wilfrid Coffin. Outre sa collaboration à *Cité libre*, il trouva d'autres formes de contestation et d'engagement. De temps à autre, il plaidait au civil dans des causes qui relevaient des droits de l'homme et qui l'intéressaient, surtout pour les syndicats, souvent sans demander d'honoraires. Se dotant du double titre d'économiste et de conseiller, il rédigeait des documents d'orientation politique, là encore surtout pour les syndicats. Persistant dans son militantisme, il participa à la mise sur pied d'organismes d'enseignement public, comme l'Institut canadien des affaires publiques. Il fut l'un des fondateurs et animateurs du Rassemblement provincial des citoyens, mouvement qui essayait de regrouper en une coalition structurée les diverses factions opposées au régime dévastateur de Duplessis, à l'occasion du scrutin provincial de 1956[26].

La même année, il rédigea dans un style particulièrement brillant l'introduction et la conclusion de *La Grève de l'amiante*, ouvrage consacré à la grève d'Asbestos dont il avait coordonné la publication ; son analyse, qui s'inspirait quelque peu de l'interprétation pénétrante de F.R. Scott sur les contradictions du Canada français, fut largement acclamée et lui valut d'être invité à prononcer des conférences, tandis que les médias le réclamaient pour commenter l'actualité. L'année suivante, il écrivit pour *Vrai* une série d'articles d'une remarquable clarté sur la nature de l'autorité politique, reprenant les théories de Hobbes, Locke et Rousseau, étudiées à l'université, pour mieux dénoncer les prétentions du clergé à exercer une autorité temporelle et pour étayer ses attaques contre les abus de pouvoir de Duplessis ainsi que son argumentation en faveur de l'instauration d'une véritable démocratie au Québec. En

1959, l'University of Western Ontario lui décerna la Médaille du Président, une récompense prestigieuse, pour le meilleur essai savant de l'année[28].

* * *

Malgré les manifestations impressionnantes de son activité réformiste, de nombreux collaborateurs de Trudeau continuaient de s'interroger sur la nature de son engagement. Il avait une curieuse façon de rester émotivement détaché comme s'il craignait d'aliéner son indépendance. Même s'il était de presque toutes les grandes batailles réformistes, on le tenait pour un homme capable de partir de nouveau pour l'Europe ou l'Asie, dès l'instant où la tâche qu'on lui avait confiée deviendrait fastidieuse ou que les dissensions internes d'un groupe de militants risqueraient de le fatiguer émotivement[29].

« À l'époque, il y avait chez lui quelque chose d'immature, quelque chose d'anormalement juvénile pour un homme dans la trentaine, déclarerait plus tard un ancien citélibriste. Pour la plupart d'entre nous, toute notre vie était assujettie à notre volonté d'obtenir des réformes. Mais, dans le cas de Pierre, cela ressemblait davantage à un jeu complexe auquel il s'adonnait sans réserve pendant un moment, avant de passer à autre chose. Même le syndicaliste Jean Marchand, qui avait fait sa connaissance à Asbestos et l'avait revu souvent pendant les années 50 pour discuter de problèmes syndicaux, le trouvait jeune pour son âge. Même s'ils n'avaient que dix mois de différence, il semblait parfois qu'une génération les séparait[30]. »

Les contemporains de Trudeau retrouvaient chez lui les traits de l'archétype psychologique jungien du *puer æternus*, ou l'éternel adolescent, celui qui « conserve trop longtemps la psychologie de l'adolescent (...) les caractéristiques affectives normales chez un jeune de dix-sept ou dix-huit ans persistent dans la vie adulte et s'accompagnent, dans la plupart des cas, d'une trop grande dépendance à l'endroit de la mère ». Presque tous les camarades de Trudeau étaient maintenant accaparés par les responsabilités normales du début de l'âge mûr : hypothèques, enfants adolescents, avancement professionnel. Mais lui continuait de vivre avec sa mère, avenue McCullough, et de se comporter en fils attentionné, accompagnant Grace Elliott Trudeau à des concerts et à des soirées, séjournant avec elle en Europe ou s'arrangeant pour que des amies comme Thérèse Casgrain les invitent à voyager à l'étranger. Sa sœur et son frère, Suzette et Tip, étaient mariés depuis longtemps et, puisqu'ils ne s'intéressaient nullement aux affaires, Pierre gardait un œil sur la gestion de la fortune familiale et prenait soin de sa mère[31].

Pourtant, Grace Trudeau n'avait rien de la mère tentaculaire. Dynamique, élevant rarement la voix, elle était entourée d'amis et s'intéressait à beaucoup de choses. Après la mort de Charlie Trudeau, elle avait donné libre cours à sa passion pour les arts ; elle siégeait au conseil d'administration de l'Orchestre symphonique de Montréal et enrichissait sa collection de peintures, deux activités qui convenaient autant à son tempérament qu'à son statut de chef de famille prospère. Néanmoins, son deuil et sa solitude prématurés avaient profondément affecté l'aîné de ses fils, et si le dévouement qu'il lui témoignait semblait admirable aux yeux des amies de madame Trudeau, il plongeait dans la consternation les amis de Pierre Trudeau. Ils s'inquiétèrent quand celui-ci renonça à la possibilité d'enseigner à l'Université Laval, pendant les années 50, parce que Québec était trop loin d'Outremont. Trudeau avait beau répéter que sa mère l'avait toujours encouragé à agir à sa guise, le confort douillet de l'avenue McCullough leur apparaissait comme une prison dorée.

L'un de ses amis se souvient avec précision d'un jour où il avait été invité à prendre un verre chez les Trudeau, en compagnie d'intellectuels de passage à Montréal pour assister au congrès des Sociétés savantes. Parmi les invités, il y avait Donald Creighton, historien increvable de l'Université de Toronto, francophobe notoire et grognon, qui ne cessait de répéter d'un ton exagérément mielleux combien c'était aimable de la part de ces Canadiens *français* de recevoir avec autant de grâce ces étrangers *anglophones*. Trudeau perçut la note condescendante dans la voix de Creighton et répliqua, sans dissimuler son mépris : « Cela fait un certain temps que nous sommes civilisés, vous savez. » Sur ces entrefaites, Grace Elliott entra dans le salon. Trudeau la prit par le bras et la présenta avec beaucoup de charme à tout le monde, y compris à Creighton. « Il en était métamorphosé, raconte son ami. Lui qui venait tout juste de passer du sarcasme acéré à une tendre sollicitude. C'était un Trudeau que je n'avais encore jamais vu. Il était visible qu'il l'adorait et je me souviens que l'un de nos amis murmura alors : " Sa mère est le grand amour de sa vie. " [32] »

Célibataire ayant franchi depuis longtemps le cap de la trentaine, Trudeau continuait de sortir avec des adolescentes. Soucieux d'effacer son ancienne réputation d'asociabilité, il était devenu très mondain et était la cible préférée des jeunes filles de bonne famille qui en faisaient des gorges chaudes dans les couloirs des couvents d'Outremont. « Nous habitions à deux coins de rue des Trudeau, se rappellera une dame d'Outremont, et mon frère aîné avait été en classe avec lui. Certaines de mes amies adolescentes disaient qu'elles savaient qu'il était rentré de voyage parce qu'elles l'avaient vu passer en moto ou en voiture sport dans la rue ; et elles en éprouvaient un délicieux frisson. Elles ne cessaient de comploter comme de petites folles, en se racontant comment elles s'y prendraient pour " le prendre au piège ". Il avait tout de la vedette de cinéma, mais, d'une façon ou d'une autre, nous savions probablement qu'il ne se laisserait pas " prendre au piège ". Pourtant, il alimentait nos fantasmes en dansant avec des jeunes filles de seize ans dans les soirées et en racontant à leurs mères qu'il n'était toujours pas marié parce qu'il n'avait pas encore trouvé " celle qui [lui] conviendrait " [33]. »

La psychologue jungienne Marie-Louise von Franz s'est penchée sur ce type de comportement : « Les deux déviations typiques d'un homme (...) [souffrant] d'un complexe maternel sont l'homosexualité et le donjuanisme. Dans ce dernier cas, il recherchera chez toutes les femmes l'image de la mère — la femme parfaite qui se dévoue corps et âme pour un homme et n'est affligée d'aucun défaut. Cette quête d'une déesse fait que, chaque fois qu'il est fasciné par une femme, il finit toujours par s'apercevoir qu'elle est simplement un être humain normal [et] (...) sa fascination s'évanouit, le laissant déçu, prêt à projeter de nouveau cette image sur d'autres femmes, les unes après les autres. » Selon Mme von Franz, le don Juan affiche « cette attitude romantique de l'adolescent », alors que celle-ci est devenue depuis longtemps incongrue pour un homme de son âge[34].

Quand, au cours des années 60, Trudeau devint un homme

public, des campagnes de salissage orchestrées par ses adversaires politiques le présentèrent à la fois comme un homosexuel et comme un don Juan. La première accusation l'a toujours choqué. « J'ai eu beaucoup d'amis homosexuels dans ma vie, qui appartenaient aux milieux artistiques et intellectuels, déclarera-t-il en 1986. Mais je ne l'ai jamais été. Et j'ai toujours trouvé dégoûtant que mes ennemis politiques utilisent cette étiquette pour me calomnier. » Sa femme tout comme nombre d'amies très proches ont toujours démenti avec la plus grande énergie cette réputation d'homosexuel qui le poursuivait. « Sentimentalement, il a toujours été attiré par les femmes, même à l'époque où il était encore jeune et timide, dira l'une d'elles. Il a été mon premier amant et, d'après mon expérience, il est un amoureux incomparable. Aucun Canadien français qui le connaît bien n'a jamais cru qu'il pourrait être homosexuel — ce sont les Anglais qui ont répandu ce bobard et ses ennemis séparatistes leur ont emboîté le pas[35]. »

Trudeau n'était pas non plus un véritable don Juan. Il a fréquenté quantité de femmes avant de se marier à cinquante et un ans, ainsi qu'après sa séparation et son divorce survenus alors qu'il approchait de la soixantaine. Et il s'est montré extrêmement correct et galant avec la plupart d'entre elles ; il n'avait définitivement rien du tombeur vorace. Cela dit, il est vrai qu'il prenait suffisamment plaisir à passer pour un audacieux coureur de jupons pour se complaire dans ce rôle avec une fréquence accrue à partir des années 50. Il en fit une sorte de sport où il connaissait un succès notoire. Il commença à se montrer dans les bistros et les cafés de Montréal au bras d'actrices, de mannequins, de journalistes et d'étudiantes, toutes infiniment plus séduisantes que les jeunes filles bien élevées que, plus jeune, il fréquentait avec la bénédiction de sa mère. Aucune de ces liaisons ne revêtait un caractère exclusif, mais, au milieu des années 50, il noua une amitié romantique avec Madeleine Gobeil, jeune étudiante qu'il continua de voir régulièrement pendant les quatorze années qui suivirent. Il avait davantage l'habitude de sortir quelques fois avec une femme, puis de rester des semaines ou des mois sans lui téléphoner pour, finalement, sonner à sa porte, prêt à renouer avec elle. Même quand il jouait les amants évanescents, il continuait de se montrer tour à tour incroyablement timide et affreusement sarcastique. L'une et l'autre attitudes, qui lui permettaient de garder ses distances face à autrui, relèvent du type *puer*, dont le comportement contradictoire reflète une répugnance profondément enracinée à s'engager de quelque façon que ce soit, tout en répétant que cela viendra bien un jour ou l'autre. Un jour, bientôt, il choisira une carrière et une compagne, puis entreprendra d'élever une famille, de se faire un nom et d'édifier sa fortune. Entre temps, il mène « une vie provisoire », comme si une vitre le séparait en permanence de la réalité du moment[36].

Pour l'homme remarquable qui appartient à ce type — et Trudeau agissait toujours de façon remarquable —, le comportement *puer* présente des aspects positifs. Son désengagement affectif lui permet, comme le relève l'analyste d'inspiration jungienne Daryl Sharp, d'approfondir « ses sentiments religieux et d'acquérir une réceptivité spirituelle qui le rend plus sensible à la révélation ». Encouragé par sa mère, qui croit que son fils peut parvenir à la grandeur, il pourra entretenir les aspirations les plus nobles et être disposé à des sacrifices pour ce qu'il juge être « le bien » ou « la vérité ». Il pourra se montrer persévérant, opiniâtre, animé par une saine curiosité et, comme l'écrivait Carl Jung lui-même, faire preuve « d'un esprit révolutionnaire qui cherche à transformer le monde[37] ».

Toutes ces caractéristiques étaient présentes chez Trudeau, à l'époque où il luttait pour la démocratisation du Québec, en attendant de savoir ce qu'il ferait de sa vie. Mais, en 1959, l'année de son quarantième anniversaire, même ses proches croyaient qu'il ne ferait jamais une fin, qu'il ne trouverait jamais un emploi stable ou n'entretiendrait jamais une relation durable, et qu'il continuerait de « gaspiller ses étonnants dons intellectuels dans une bohème futile » et dans des voyages incessants[38].

Chapitre quatre

LE FÉDÉRALISME, UNE FOIS POUR TOUTES

Subitement, les choses changèrent du tout au tout — et pour le Québec et pour Trudeau. En septembre 1959, Duplessis mourut pendant qu'il visitait les mines de la compagnie Iron Ore, à Schefferville, au cours de l'une de ses tournées habituelles dans son fief. Quatre mois plus tard, Paul Sauvé, qui lui avait succédé comme premier ministre, succomba lui aussi à une crise cardiaque et, aux élections du mois de juin suivant, l'Union nationale fut battue de justesse par les libéraux, dirigés par leur nouveau chef, Jean Lesage[1].

Cette élection décisive du 22 juin 1960 marqua le début d'un nouveau chapitre dans le développement du Québec, en remettant le pouvoir politique et bureaucratique entre les mains de la génération réformiste de l'après-guerre. Simultanément, elle mit fin à un chapitre de la vie de Pierre Trudeau en le privant, à première vue, d'une cause à défendre. Avec l'éviction de l'Union nationale — même si celle-ci avait été à deux doigts de conserver le pouvoir — sa croisade appartenait désormais au passé. Rien ne l'empêchait de poursuivre son combat contre les abus de pouvoir continuels de la hiérarchie ecclésiastique ou de signer des articles sur la nécessité pour les vrais démocrates de demeurer sur un pied de guerre afin d'obliger les libéraux à conserver une orientation de gauche. Il le pouvait et il le fit. Mais, à en juger par le ton des brefs commentaires politiques qu'il publia dans *Cité libre* en 1960 et en 1961, le cœur n'y était plus. Croiser le fer symboliquement était devenu un sport insipide depuis que la revue soutenait le parti au pouvoir [2]. Comme il lui était arrivé de critiquer vertement les libéraux, Trudeau n'avait pas été invité à se joindre à l'équipe de Lesage, contrairement à d'autres partisans du progrès, comme les avocats Paul Gérin-Lajoie et Pierre Laporte ainsi que l'animateur de télévision René Lévesque, pour qui on avait trouvé des circonscriptions. L'Université de Montréal le nomma plutôt professeur de droit — « avec une hâte presque indécente », préciserait-il lui-même —, dès qu'on sut clairement dans quelle direction soufflait le vent de la politique[3].

En 1961, Trudeau prit possession de son bureau dans le nouvel Institut de recherches en droit public, rattaché à l'Université, et entreprit d'enseigner le droit constitutionnel et de participer aux réunions de la direction de l'établissement. Rapidement, les anecdotes à son sujet se répandirent parmi ses collègues et ses étudiants : comment il s'était présenté à des réunions pédagogiques qui se tenaient dans l'après-midi, en réclamant du café comme s'il venait de sauter du lit ; comment il avait été intercepté par la garde côtière américaine, pendant qu'il ramait de la Floride vers Cuba et Fidel Castro ; comment il avait expédié de Sardaigne le bref commentaire qu'on lui avait demandé sur une communication savante ; comment on l'avait vu dans une discothèque au bras d'une blonde « piquée » à l'un de ses étudiants en droit et comment il avait dansé avec plus de panache que tout le monde, même s'il avait une bonne vingtaine d'années de plus que la plupart d'entre elles. Mais, pendant que Trudeau s'abandonnait à sa vie de bohème, les changements se multipliaient dans tous les domaines, à mesure que les divers secteurs de la société québécoise étaient gagnés par l'obsession du « rattrapage » — par le besoin urgent de vivre au même rythme que le monde moderne[4].

La victoire libérale s'était accompagnée d'une énorme explosion d'énergie. La génération talentueuse, dont l'idéal réformiste avait alimenté les pages de *Cité libre* pendant les années 50, était bien résolue à utiliser la machine de l'État dont elle détenait enfin les commandes pour moderniser la société québécoise. Poussé par ses ministres impatients et par leurs dynamiques alliés de la fonction publique, Jean Lesage s'était lancé dans une kyrielle de réformes. Dès leurs deux premières années au pouvoir, les libéraux avaient adopté un nouveau code du travail qui reconnaissait aux fonctionnaires le droit de se syndiquer et de faire la grève ; ils avaient invité le monde ouvrier et le milieu des affaires à participer au processus de planification des politiques gouvernementales ; ils avaient étendu le droit de vote aux jeunes en abaissant la majorité de vingt et un à dix-huit ans ; ils avaient réformé le système électoral et l'Assemblée législative ; ils avaient créé un ministère des Affaires culturelles, dont un service était spécifiquement chargé de protéger la langue française ; ils avaient établi l'assurance-maladie pour tous[5].

Tandis que l'implantation de ces changements suivait son cours, René Lévesque, l'audacieux ministre des Ressources hydrauliques et des Travaux publics, qui brûlait d'en découdre avec les compagnies d'électricité anglo-canadiennes installées au Québec, persuada Lesage de convoquer une élection surprise à la fin de 1962. Adoptant le slogan nationaliste « Maîtres chez nous », les libéraux balayèrent la province. Puis ils entreprirent de nationaliser les entreprises d'électricité et les regroupèrent au sein de l'Hydro-Québec, société d'État qui ne tarderait pas à devenir l'un des principaux outils de croissance de l'économie provinciale, exploitant les ressources hydrauliques, stimulant la formation d'ingénieurs compétents et fournissant des emplois autant aux cadres qu'aux ouvriers francophones. Fort de cette deuxième victoire électorale, le gouvernement s'enhardit jusqu'à créer un ministère de l'Éducation, geste fort symbolique puisqu'en laïcisant le système d'enseignement il mettait fin à l'autorité de l'Église en ce domaine[6].

Plusieurs des intimes de Trudeau étaient devenus des figures dominantes du nouveau Québec. Gérard Pelletier était devenu directeur du quotidien montréalais *La Presse* ; André Laurendeau, rédacteur en chef du *Devoir*, jouissait d'un poids encore plus considérable ; et on ne pouvait oublier Jean Marchand qui, à la tête de la Confédération des syndicats nationaux récemment déconfessionnalisée, était le plus puissant des chefs syndicaux de la province. En compagnie de ces trois amis de longue date, Trudeau commença à rencontrer fréquemment René Lévesque avec qui ils s'entretenaient longuement. Les universités québécoises étaient elles aussi gagnées par le vent du changement. Les sciences sociales — sciences politiques et économiques, sociologie et psychologie — prenaient le pas sur les disciplines classiques. On aurait pu croire qu'en sa qualité d'ancien de Harvard et de la LSE Trudeau se serait senti à l'aise dans ce nouveau contexte intellectuel, mais il était en pleine mutation, délaissant la gauche idéologique pour le centre politique. Séduits par les théories socialistes et gagnés par l'euphorie nationaliste, les étudiants qui se pressaient dans les amphithéâtres de l'Université de Montréal éprouvaient peu d'intérêt pour l'étude du fédéralisme et du libéralisme constitutionnel. Trudeau provoquait les plus radicaux d'entre eux dans des joutes verbales qui se déroulaient aussi bien en classe qu'en dehors des cours. Ces étudiants firent de lui la cible d'attaques qui le déprimaient, comme il le confia à son ami Charles Taylor. Un jour, en un geste qui ne manquait pas d'audace, mais qui tenait à la fois de la censure et d'une attitude curieusement conservatrice, il arracha un tract nationaliste des mains d'un étudiant qui était plongé dans sa lecture ; il lui demanda s'il avait lu Platon et, sinon, pourquoi il perdait son temps avec de pareilles stupidités[7].

Il semblait bien que le rêve de devenir un héros, que caressait Trudeau dans sa jeunesse, se résumerait à conduire sa voiture sport un peu trop vite ou à porter les cheveux un peu trop longs. Parvenu à la quarantaine, il n'était qu'un professeur de droit parmi d'autres professeurs de droit et ne pouvait même pas se flatter d'être le plus doué ni le plus écouté. Cette double réputation appartenait encore à Frank Scott, qui venait d'être nommé doyen de la faculté de droit à McGill, sur l'autre versant du mont Royal. Faute d'avoir pu réaliser, si peu que ce fût, ses aspirations héroïques, Trudeau risquait de devenir un rebelle sans cause, avec, devant lui, un avenir sans surprises. S'il put échapper au destin tant abhorré d'être simplement comme tout le monde, ce fut grâce à la réapparition inattendue, sous un jour nouveau, d'un vieil ennemi. Cet ennemi était le nationalisme canadien-français, et lutter contre ses manifestations dans le Québec post-duplessiste allait devenir le grand combat de toute sa vie[8].

Pendant les années 50, Trudeau le polémiste s'était attaché à démontrer que le nationalisme chauvin qui avait gagné le Québec durant la première moitié du siècle était le fait de la petite bourgeoisie : avocats, commerçants, petits hommes d'affaires et cultivateurs prospères, de même que les autorités ecclésiastiques, se sentaient menacés par la montée de l'industrialisation. Ce groupe répandait son idéologie, axée sur l'autonomie politique et la « survivance » culturelle dans les écoles, des tribunes électorales et du haut de la chaire, et, pour justifier son hégémonie, n'hésitait pas à brandir le spectre du protestantisme anglais prêt à fondre sur le Canada français catholique. Maintenu dans cette crainte, le peuple n'avait aucun mal à croire que, sans la protection de ses élites, son mode de vie serait anéanti par l'Anglais maudit ou par l'Américain maraudeur.

Et maintenant, dans l'atmosphère fébrile des années 60, Trudeau le professeur s'inquiétait d'entendre de semblables appels en faveur de l'autonomie du Québec, émanant de la frange d'étudiants, d'intellectuels et d'artistes radicaux qui, anciens lecteurs de *Cité libre*, trouvaient ses analyses dépassées en comparaison de celles de *Parti pris*, revue rivale qui affichait ouvertement son allégeance socialiste. Alors que *Cité libre* n'avait pas renié le catholicisme en dépit de ses critiques de la hiérarchie ecclésiastique, la nouvelle intelligentsia nationaliste faisait du laïcisme son cheval de bataille. Et tandis que, pour les citélibristes, les réformes passaient par la voie de la démocratie libérale, pour les nouveaux nationalistes, le salut des « Québécois » — nouvelle dénomination à la mode et à la symbolique éloquente — résidait dans l'avènement de l'État du Québec. Trudeau décida que ce qu'il entendait là était l'appel obstiné et de plus en plus égoïste d'une nouvelle bourgeoisie, la classe urbaine montante, inquiète de voir son essor freiné par la domination persistante des Anglo-Canadiens et des Américains dans le monde des affaires, où l'anglais était la langue de travail et où des antécédents WASP constituaient une condition quasi indispensable pour accéder à un conseil d'administration. Et il estimait que le gouvernement libéral installé à Québec cédait sans coup férir aux exigences autoglorificatrices de cette nouvelle classe sociale[10].

Les libéraux de Lesage s'étaient emparés du pouvoir, en 1960, en s'adressant à de nombreux segments de l'électorat. Leur programme réformiste leur avait valu l'appui des classes urbaines, tant professionnelles qu'ouvrières. Mais ils avaient également courtisé les groupes nationalistes traditionnels qui avaient maintenu Duplessis au pouvoir tout au long des années 50. Et ils s'apercevaient maintenant que, loin de s'émousser, la « question nationale » prenait de plus en plus d'ampleur. Sous l'effet de la modernisation, les mœurs et les institutions sociales du Québec commençaient à ressembler à celles qui prévalaient dans le reste de l'Amérique du Nord. Les Canadiens français constataient que leur progrès était freiné au sein de leur propre société, car les anglophones dominaient encore l'économie et détenaient les meilleurs postes. Bientôt, le gouvernement Lesage se vit en train de réagir à un nouveau nationalisme, qui était passé de la défensive à l'affirmation de soi ; il décida de s'y rallier dans ses rapports avec Ottawa.

Si Québec voulait se doter de tous les éléments de l'État-providence moderne, promis par les libéraux, il fallait alimenter le trésor public. Plutôt que d'augmenter les impôts et de voir baisser leur popularité, ceux-ci décidèrent d'obtenir d'Ottawa une part accrue des recettes fiscales. Du même coup, ils commencèrent à réclamer davantage de pouvoirs pour le Québec au sein de la fédération canadienne, y compris le pouvoir de décision en matière de politique extérieure, surtout au chapitre des relations avec la France[11].

Stimulés par l'aplomb dont faisait preuve le gouvernement provincial, les nouveaux nationalistes poussèrent l'audace jusqu'à réclamer, comme strict minimum, la reconnaissance d'un statut constitutionnel particulier pour le Québec. Les plus radicaux d'entre eux revendiquèrent même la souveraineté pleine et entière. Le mouvement séparatiste québécois — qui allait dominer la vie politique canadienne pendant des décennies — devint rapidement un interlocuteur avec qui il fallait compter.

Face à ces événements, Trudeau n'éprouvait que du mépris. Loin d'insuffler un peu de rationalisme à la politique, la Révolution tranquille — cette expression qui désignait les changements tumultueux en cours au Québec avait acquis droit de cité partout — incitait les Canadiens français à faire étalage de cette émotivité dont il avait tellement horreur. « Soyons froidement intelligents », avait-il exhorté ses compatriotes dans son tout premier article paru dans *Cité libre*, et c'était là l'attitude que, maintenant, il voulait passionnément les voir adopter. Aiguillonné par Jean Marchand, il entreprit d'organiser une contre-attaque intellectuelle. Au cours des quelques années qui suivirent, il produisit une demi-douzaine d'essais énergiques qui reprenaient à l'encontre des nouveaux nationalistes les arguments mêmes qu'il avait employés pour contrer le duplessisme pendant la décennie précédente. Ces essais mariaient invectives virulentes et théorie magistrale, style dont Trudeau avait fait sa spécialité[12].

Le nationalisme, estimait-il, était une force rétrograde, responsable des pires guerres de toutes. À son avis, il était inacceptable d'exalter des revendications politiques collectives au détriment des droits individuels. Le nationalisme causait le gaspillage de la précieuse énergie politique de la population, qui risquait ainsi d'être ramenée à la mentalité d'état de siège qui caractérisait le Québec quand l'Église le maintenait sous son joug. Trudeau reprenait la position individualiste de Cité libre et affirmait que, dans une société postcoloniale comme le Québec, les libertés personnelles devraient avoir préséance sur des droits collectifs comme ceux revendiqués par les néo-nationalistes. Qui plus est, le nationalisme était logiquement indéfendable puisque toute collectivité qui se considérait comme une « nation » abritait en son sein des minorités ethniques encore plus restreintes et qui pouvaient elles aussi exiger leur indépendance. Poussé à sa conclusion logique, le nationalisme fragmentait les sociétés à un point inacceptable. La solution résidait dans une définition élargie et non rétrécie de la collectivité[13].

À l'occasion du congrès annuel de l'Association canadienne de science politique qui se tint à Charlottetown en 1964, il reprit ces idées en les enjolivant dans un essai savant sur le fédéralisme. Avec, comme point de départ, son affirmation que l'Acte de l'Amérique du Nord britannique représentait un compromis judicieux entre les juridictions centrale et provinciales, il avançait la thèse quasi hégélienne du fédéralisme tenant de la raison et de la volonté en politique, tandis que le nationalisme était une expression concrète du chauvinisme ethnique. Le fédéralisme était bien plus propice au plein épanouissement des Canadiens français et de leurs aptitudes, que ne l'était l'isolationnisme linguistique. En instaurant un État nationaliste à l'intérieur des limites territoriales d'un Québec ethnique, le séparatisme renverrait les Canadiens français sous le wigwam et freinerait la modernisation indispensable à l'évolution de leur province. « Ouvrons nos frontières, griffonna-t-il. Notre peuple est en train de mourir d'asphyxie[14] ! »

Compte tenu de la nature même de la fédération canadienne, le Québec pouvait aisément échapper à cette asphyxie. Trudeau soutenait qu'en vertu de l'Acte de l'Amérique du Nord britannique, la province détenait déjà tous les pouvoirs nécessaires à la réalisation de ses buts culturels, sociaux et économiques légitimes. À une époque où les nations devenaient de plus en plus interdépendantes, il serait irresponsable de détruire le fédéralisme qui, selon lui, constituait un prototype exemplaire de ce que le Canada pouvait offrir à l'humanité — une expérience significative et réussie dans la façon de gouverner une société pluriethnique.

Les essais et les communications savantes rédigés au début des années 60 montraient Trudeau au sommet de sa forme comme écrivain et faisaient de lui *le* théoricien québécois par excellence du fédéralisme — non pas un simple membre de l'équipe de *Cité libre*, mais une voix distincte. En écrivant ses textes, il fit du fédéralisme et de son corollaire, l'antinationalisme, des principes immuables auxquels il ne dérogerait jamais. Le fédéralisme deviendrait son principe directeur, l'antinationalisme sa nouvelle croisade. Il sauverait ses compatriotes des périls du nouveau nationalisme tout comme il avait contribué à leur éviter d'être écrasés par l'ancien.

La logique de l'attaque en règle menée par Trudeau contre le nationalisme canadien-français — qu'il assimilait à l'esprit de clocher — était d'une telle force qu'elle s'ancra en lui pour le reste de sa vie publique. Il était incapable de voir les changements positifs que le nationalisme québécois avait déjà apportés et tout ce qu'il comportait de valable sous sa nouvelle forme. On avait beau célébrer la Révolution tranquille comme l'amorce d'une ère nouvelle, les germes n'en avaient pas moins été semés au cours des années 40 et 50. Et plutôt qu'une révolution, les réformes des années 60 constituaient une évolution — incontestablement bruyante — dont les prémices remontaient à Maurice Duplessis et à sa défense de l'autonomie de l'État du Québec. En résistant aux interventions d'Ottawa, Duplessis avait renforcé le gouvernement provincial en réglementant les subventions provinciales aux institutions catholiques (écoles, hôpitaux, etc.) et, par le fait même, affaibli le pouvoir relatif de l'Église qu'il avait amenée à dépendre de l'État plutôt qu'à le diriger[15].

Ces changements avaient constitué la condition préalable à l'adoption des importantes réformes sociales réclamées par Trudeau dans *Cité libre* et que les libéraux étaient maintenant en train d'implanter. Malgré cela, celui-ci n'en continuait pas moins de taxer aveuglément de rétrograde toute réforme reliée de près ou de loin au nationalisme. Reprenant à son compte les positions pancanadiennes défendues par Henri Bourassa pendant la première moitié du siècle, il commençait à dénoncer avec une vigueur croissante l'orientation xénophobe du Québec. Le nationalisme était une hérésie. Il appartenait aux justes de l'extirper. En attaquant les idéologues du néo-nationalisme, Trudeau devenait lui-même un idéologue.

* * *

Vers le milieu des années 60, l'atmosphère politique du Québec fut secouée par les bombes semées plus ou moins au hasard par le Front de libération du Québec, petit groupe terroriste formé sur le modèle des mouvements anti-impérialistes du tiers monde, entre autres le Front de libération nationale algérien. Au moment où, peu à peu, les Canadiens anglais se rendaient compte que le calme de l'après-guerre était chose résolue, les fédéralistes canadiens-français s'inquiétaient de plus en plus à l'idée que l'évolution tapageuse de leur province ait pu engendrer une véritable révolution qui ferait éclater les structures fédérales. En mars 1963, les libéraux dirigés par Lester Pearson avaient évincé du pouvoir les conservateurs de John Diefenbaker, dont le régime s'était révélé rien moins que catastrophique. Ancien diplomate et prix Nobel de la paix, Pearson avait formé un gouvernement minoritaire dont le programme réformiste détaillé avait été élaboré et affiné par les conseillers politiques du parti, pendant que celui-ci occupait les banquettes de l'opposition, le journaliste Tom Kent et le conseiller en gestion torontois Walter Gordon[16]. Mais, en dépit des points forts de leurs idées et des efforts prodigués par un cabinet énergique pour les mener à bien, le gouvernement Pearson fut rapidement taxé d'incompétence et de maladresse, à cause de son apparente incapacité à traiter avec le Québec nouvelle version et des vigoureuses attaques de l'opposition conservatrice. La crainte de voir s'effondrer le système gouvernemental canadien gagna tout le pays.

Témoin des difficultés des libéraux fédéraux, Marc Lalonde, jeune avocat montréalais, commença à faire part à quelques-uns de ses amis de sa profonde inquiétude face aux relations entre Québec et Ottawa. Fils de cultivateur et catholique personnaliste, Lalonde avait milité dans l'action sociale. Au sortir de son collège classique en 1950, il avait travaillé à plein temps pour l'Action catholique, puis avait fait son droit à Montréal avant de partir pour Oxford où, titulaire d'une bourse, il s'était consacré à l'étude de la philosophie et de l'économie politique. De retour au Canada, il avait passé une année fort instructive à Ottawa, en qualité d'adjoint au ministre de la Justice. « Pendant toutes ces années-là, *Cité libre* a été ma bible », se souviendra-t-il. Mais contrairement à la plupart des premiers sympathisants personnalistes de la revue, qui avaient une dizaine d'années de plus et qui avaient grandi dans la conviction que la politique était un furoncle sur la face de la société, Lalonde croyait à la nécessité d'intervenir directement dans l'arène politique. L'État moderne jouait un rôle crucial dans la vie des gens ; et le citoyen engagé se devait de le défendre. Lalonde craignait qu'en dépit de ses nobles intentions le gouvernement Pearson ne soit bloqué dans son action par le Québec. Pearson avait une expérience limitée de la politique canadienne. Diplomate de carrière, il avait passé la majeure partie de sa vie à se préoccuper de questions internationales plutôt que nationales. Il ne parlait pas français ; trop mous ou trop encroûtés, ses adjoints québécois étaient incapables de le conseiller adéquatement ; et sa décision de créer la Commission royale d'enquête sur le bilinguisme et le biculturalisme, présidée conjointement par André Laurendeau et par le Canadien anglais Davidson Dunton, s'avérait une façon louable mais maladroite d'apporter des solutions à des problèmes urgents. Lalonde décida de réunir un groupe d'intellectuels pour s'entretenir de la situation[17].

Trudeau se joignit tout naturellement au groupe, même s'il avait dix ans de plus que les autres membres tous âgés de moins de trente-cinq ans. Lalonde connaissait bien ses idées pour avoir lu ses articles dans *Cité libre* et ils avaient des amis communs dans le milieu personnaliste. Ils s'étaient brièvement rencontrés en 1950, au moment où Lalonde se demandait dans quelle branche poursuivre ses études supérieures ; on lui avait conseillé d'en discuter avec Trudeau, alors en poste à Ottawa. À cause de sa position fédéraliste dure et pure, Trudeau attirait maintenant de plus en plus l'attention. Les journalistes québécois en avaient fait leur invité de prédilection lorsqu'ils voulaient attiser le débat nationalisme/fédéralisme. Sa maîtrise de l'anglais séduisait leurs confrères anglophones qui accouraient à Montréal dans l'espoir de trouver une réponse à la question qui intriguait le reste du Canada : « *What does Quebec want*[18] ? »

Pendant l'hiver 1963-1964, le groupe Lalonde se réunit chaque semaine ; au printemps, il décida de lancer un appel en faveur de l'action politique, après s'être doté du nom de Comité pour une politique fonctionnelle. Dans un geste d'une rare habileté, le manifeste parut simultanément en anglais et en français, dans les grands quotidiens aussi bien que dans *Cité libre* et dans *The Canadian Forum*, son équivalent au Canada anglais. Aux yeux de Trudeau, les membres les plus marquants du comité étaient Albert Breton, économiste qui partageait sa vision du nationalisme ; Lalonde, dont l'expérience à Ottawa était plus récente que la sienne et qui était très proche de lui par ses idées catholiques progressistes, sa force de caractère et son penchant pour l'internationalisme ; Michael Pitfield, autre avocat montréalais attaché au ministère fédéral de la Justice en même temps que Lalonde et qui était maintenant affecté à la Commission royale d'enquête sur la taxation. Les discussions passionnées du comité encouragèrent l'émergence d'un groupe fidèle de fédéralistes engagés qui restèrent aux côtés de Trudeau pendant vingt ans, habités par la conviction inébranlable que sa vision de l'État canadien était la Vérité[19].

Après la publication du manifeste du comité, en mai 1964, les partisans de Trudeau commencèrent à parler avec une insistance croissante de la nécessité de se lancer dans l'action partisane afin de contrer l'agitation séparatiste. Trudeau lui-même en venait à penser qu'il était temps pour lui de « replonger dans la mêlée ». Toute la question était de savoir quand et comment. Contrairement à d'autres fédéralistes de sa génération, comme Maurice Lamontagne et Maurice Sauvé, qui avaient sauté le pas bien des années auparavant, il n'avait jamais vraiment adhéré à un parti. Selon Charles Taylor, le philosophe politique qui avait fait sa connaissance à la fin des années 50, Trudeau était convaincu qu'il devait jouer le rôle d'un leader intellectuel, mais sa timidité l'empêchait d'acquérir l'aisance indispensable aux politiciens dans leurs relations interpersonnelles. Pour d'autres de ses amis, son mépris de la lutte des partis s'expliquait par sa tendance à vivre une vie toujours différée : pas plus qu'il n'avait trouvé la femme ou la carrière idéales, il n'avait encore trouvé le parti politique idéal[20].

Au cours des années 50, Trudeau s'était senti attiré en même temps que plusieurs de ses amis syndicalistes, dont Pelletier et Marchand, par la Cooperative Commonwealth Federation ; il espérait que ce mouvement social-démocrate, essentiellement anglophone, finirait par devenir un parti travailliste électoralement viable, un peu sur le modèle de son pendant britannique. Mais, en dépit des efforts de deux sociaux-démocrates éclairés, Thérèse Casgrain et F.R. Scott, pour l'amener à s'engager plus activement, son intérêt ne dépassa jamais le niveau d'un flirt mitigé. Le fils unique de Scott, le critique et poète Peter Scott, racontera avec amusement comment il avait fait campagne avec Trudeau pour Thérèse Casgrain, chef du Parti social démocratique du Québec, l'aile canadienne-française du CCF, au début des années 50, lorsqu'elle avait brigué un siège au fédéral. Leur rôle s'était réduit à rouler à toute vitesse dans les rues de Montréal dans la décapotable sport de Trudeau, armés d'un porte-voix. Ils régalaient les passants de slogans du CCF, en faisant assaut de mots d'esprit dans les deux langues, Scott inventant la version française et Trudeau y ajoutant quelques fioritures en anglais[21].

Dans ses mémoires, Mme Casgrain qualifie le Trudeau de cette époque de sympathisant quelque peu inconstant. « [Trudeau] avait la réputation à l'époque d'être un peu dilettante et, tout en ayant une intelligence transcendante, de manquer de persévérance. Il se plaisait à lancer des idées ou des mouvements, pour ensuite s'en désintéresser et se tourner vers autre chose. Cette attitude (...) fut probablement pour quelque chose dans la désagrégation du Rassemblement [la coalition anti-duplessiste mise sur pied en 1956]. Pendant qu'il en assumait la présidence, il fit un voyage outre-mer et, à son retour, le Rassemblement n'existait plus[22]. »

Quoi qu'il en soit, le CCF, dont la base était essentiellement anglophone et protestante, n'avait jamais réussi à s'implanter dans le Québec francophone et catholique. Aussi, quand, au début des années 60, le Nouveau Parti démocratique lui succéda en lançant la formule de deux-nations-réunies-au-sein-d'un-État-unique, Trudeau se déclara dégoûté par ce qu'il considérait comme une décision dangereuse qui faisait le jeu des séparatistes. Mais, compte tenu des positions rétrogrades des deux autres partis, les progressistes conservateurs et les créditistes, il commençait à se demander si la seule formation acceptable pour lui et ses amis n'était pas le Parti libéral fédéral, si prompt à consentir à des compromis et qu'il avait si vigoureusement dénoncé. Tout bien considéré, se disaient-ils, le parti était enraciné au Québec depuis le XIXe siècle et il avait fait preuve d'une grande ouverture d'esprit à l'endroit des Canadiens français dont les suffrages, pendant tout le XXe siècle, lui avaient permis de remporter la victoire. En dépit de ses lacunes idéologiques, le Parti libéral avait eu deux premiers ministres canadiens-français, Sir Wilfrid Laurier et Louis Saint-Laurent. Ses dirigeants canadiens-anglais avaient toujours fait grand cas de leurs lieutenants québécois[23].

Le cheminement de Trudeau vers le libéralisme avait été facilité par son amitié avec Jean Marchand. À cause de son prestige au sein du mouvement ouvrier, celui-ci avait été systématiquement sollicité à la fin des années 50 et au début de la décennie suivante par les libéraux de Lesage, à Québec, et par ceux de Pearson, à Ottawa, qui voulaient le voir se présenter à une élection sous leurs bannières respectives. Au début, Marchand avait refusé de rallier le camp de Lesage parce que le mouvement syndical, pensait-il, avait encore besoin de lui ; plus tard, il avait été déçu de voir les libéraux provinciaux opter pour le nationalisme. Il se montrait tout aussi méfiant à l'endroit de l'aile fédérale qui avait cédé aux exigences de Duplessis sous le régime Saint-Laurent et à cause de sa propre expérience comme syndicaliste unilingue, quand il avait dû se rendre dans l'Ottawa de Louis Saint-Laurent, à la tête de diverses délégations. Mais, après que des militants comme Lévesque et Laporte eurent prouvé que le parti était capable d'entreprendre des réformes sérieuses au niveau provincial et que Trudeau l'eut convaincu qu'il fallait contrer la menace séparatiste en s'engageant dans l'action politique au niveau fédéral, le Parti libéral à Ottawa commença à lui paraître attirant, du fait qu'il permettait d'accéder au pouvoir. À plusieurs reprises déjà, René Lévesque avait prévenu Marchand de se faire accompagner d'alliés en adhérant au parti, pour éviter de se retrouver isolé au milieu des politiciens professionnels ; aussi, à la fin de 1962, il fut question qu'une douzaine de réformistes anti-duplessistes, y compris Trudeau, se présenteraient sous la bannière libérale pour renforcer la position de Marchand[25].

En ce qui concerne les élections générales de 1963, le projet fut saboté par une décision prise précipitamment et unilatéralement par Pearson en janvier de la même année ; celui-ci avait en effet prévu dans son programme électoral que l'armée canadienne serait équipée d'ogives nucléaires américaines, geste qui provoqua la colère de nombreux citoyens, dont Marchand, qui y vit la preuve que Pearson était loin d'être l'homme de principes que laissait croire sa réputation. Devant cette volte-face, Trudeau réagit en faisant campagne en faveur de son ami néo-démocrate Charles Taylor, et en publiant dans Cité libre un article particulièrement cinglant où il dénonçait « les réflexes antidémocratiques de l'aboulique troupeau libéral » et tombait à bras raccourcis sur son chef : « Le pouvoir s'offrait à M. Pearson. Il n'avait rien à perdre, fors l'honneur. Il l'a perdu. Et tout son parti l'a perdu lui aussi[25]. »

Une fois encore, Trudeau ne put s'empêcher de lancer une attaque fulminante contre l'establishment. La guerre nucléaire était sans contredit une perspective horrible, mais se tenant en dehors de l'action politique il ne pouvait rien faire à cet égard — ni à l'égard de toute autre question d'intérêt public. Comme c'était à prévoir, il répugnait à s'engager dans une action relevant de la vraie vie et fustigeait Pearson pour s'être trouvé aux prises avec un dilemme auquel il se voyait lui-même confronté. Par ailleurs, le pouvoir s'offrait à lui aussi. Et il était inexorablement poussé vers lui par la situation qui se détériorait au Québec, par le fait qu'il approchait de la cinquantaine et par les jeunes fédéralistes du groupe Lalonde, qui voyaient en lui un futur chef. En définitive, il lui faudrait consentir à des compromis.

Au cours de l'été de 1965, il devint évident que, si jamais Trudeau avait l'intention de se lancer dans l'arène politique, l'heure était venue. Pendant toute l'année, son vieil ami Jean Marchand avait abondamment discuté de son propre avenir avec les libéraux fédéraux. Il avait été nommé membre de la commission Laurendeau-Dunton sur le bilinguisme et le biculturalisme, dès sa création en 1963, mais la lenteur de la commission avait épuisé sa patience. L'expérience acquise à l'époque où il avait réformé le mouvement syndical québécois l'avait convaincu qu'il était possible d'en faire autant avec le Parti libéral. Il savait que Pearson était pressé par son ministre des Finances et principal conseiller politique, Walter

Gordon, de déclencher une élection à l'automne de 1965 afin d'obtenir la majorité dont, selon ce dernier, les libéraux avaient besoin pour obtenir la haute main sur la Chambre des communes et sur l'ordre du jour politique[26].

Mais pour remporter la majorité des sièges, le parti avait désespérément besoin d'une nouvelle équipe venue du Québec. Non seulement les lieutenants québécois de Pearson — Lionel Chevrier, Maurice Lamontagne et Guy Favreau — avaient fait la preuve de leur incompétence, mais le reste du caucus québécois avait été éclaboussé par une série de scandales sordides que le chef conservateur, John Diefenbaker, s'était empressé de monter en épingle pour discréditer les libéraux et leur députation canadienne-française. Avec sa réputation de populiste, son talent oratoire et sa maîtrise de l'art de s'entendre avec les gens, Marchand apparaissait comme un sauveur aux yeux de Gordon et de Pearson. Néanmoins, Marchand refusait catégoriquement de venir seul à Ottawa. À ce moment-là, son équipe qui, en 1963, aurait pu se composer de douze candidats solides n'en comptait plus que deux : Pelletier et Trudeau qui, ni l'un ni l'autre, n'avaient une réputation susceptible de séduire les organisateurs libéraux. Même s'il était en position de force, Marchand dut faire des pieds et des mains pour convaincre ces derniers d'accepter la candidature de ses deux amis. Il s'attendait à leurs objections et put les réfuter habilement. Mais ce qu'il n'avait pas prévu, c'était que Trudeau lui-même lui donnerait du fil à retordre.

Tout au long du printemps et de l'été de 1965, quand Marchand discutait avec les libéraux, puis évaluait leurs propositions en tête à tête avec Pelletier et Trudeau, ce dernier s'était montré catégorique. Sa décision était prise, le temps était venu pour lui de descendre dans l'arène. Au terme de pourparlers compliqués, les trois hommes annoncèrent leurs intentions lors d'une conférence de presse annoncée à grands renforts de publicité qui se tint à Montréal, à l'hôtel Windsor, au début de septembre 1965 ; ils seraient candidats pour le Parti libéral du Canada à l'occasion des élections fédérales qui avaient été fixées au 5 novembre.

Devant la désapprobation de certains de leurs amis scandalisés, Pelletier et Trudeau décidèrent de justifier leur décision et rédigèrent ensemble une longue explication qui parut dans le numéro d'octobre 1965 de *Cité libre* ; ce fut la dernière fois qu'ils collaborèrent à la revue. « En mettant à contribution mes idées et la plume alerte de Pelletier », comme le dirait modestement Trudeau par la suite, ils entreprirent d'étayer par des arguments rationnels leur conversion au Parti libéral. Leur décision était purement pragmatique, soutenaient-ils en citant l'aphorisme de Platon, selon lequel le prix à payer pour ceux qui se tiennent à l'écart de la politique est « d'être gouvernés par des gens pires qu'eux-mêmes », et en rappelant à leurs lecteurs qu'ils prônaient depuis quinze ans une conception personnaliste de la société. Pour contrer la menace que le néo-nationalisme représentait pour le fédéralisme canadien, il fallait renforcer les pouvoirs d'Ottawa. Ni Trudeau ni Pelletier n'avaient renoncé à un seul de leurs idéaux : « Le parti politique n'est pas une fin, mais un moyen. » Et ils concluaient en affirmant que : « L'option libérale, pour des Québécois animés par la préoccupation d'un fédéralisme dynamique et d'une politique sociale progressiste, [est] aujourd'hui la plus réaliste et la plus constructive[27]. »

Malgré cette justification aussi officielle que logique, Trudeau hésitait encore à s'engager. Même si, forcés par Marchand, les organisateurs libéraux lui avaient attribué à contrecœur la circonscription de Mont-Royal où son élection ne serait qu'une formalité, et qu'on avait prévu à son intention une campagne efficace, il tenta à deux reprises de se retirer de la course. À un moment donné, Marchand dut venir à Montréal où il passa six heures avec lui pour le convaincre de ne pas lâcher. « Je lui parlai comme un père, racontera-t-il. Il était complètement à bout [parce qu'il se présentait contre son vieil ami Charles Taylor, qui était le candidat néo-démocrate] et il avait grandement besoin d'être rassuré[28]. »

Peu après avoir été élu en novembre, Trudeau s'envola faire du ski en Europe, comme s'il tenait à prouver qu'il n'y avait pas grand-chose de changé dans sa vie et qu'il était toujours libre comme l'air. Au début de 1966, quand Lester Pearson lui téléphona à Londres, où il avait décidé de célébrer le Nouvel An après son séjour en Suisse, et lui proposa de devenir son secrétaire parlementaire, il tenta de décliner et l'honneur et la responsabilité. Informé de son refus, Marchand obtint quelques minutes plus tard la communication Ottawa-Londres et entreprit de le convaincre de se comporter en adulte et d'accepter le poste. Il balaya du revers de la main toutes les objections de Trudeau qui soutenait ne pas être venu à Ottawa pour détenir le pouvoir, mais pour bénéficier d'une plate-forme pour ses idées, et lui démontra qu'il avait justement besoin du pouvoir pour donner corps aux dites idées. Marchand l'ayant finalement convaincu que la proposition de Pearson était importante pour leur cause, Trudeau se lança avec enthousiasme dans la politique parlementaire, où il ne tarda pas à s'affirmer comme le jouteur le plus habile de sa génération.

Chapitre cinq

LA MONTÉE DU CHARISME

Ottawa, quand Trudeau la retrouva au début de son premier mandat comme membre du Parlement, était une ville en ébullition, la capitale perturbée d'un pays en proie aux tensions de la transition. Même si le Canada d'autrefois, le Canada colonial qui avait été sous la protection (et à l'entière disposition) de la Couronne britannique n'existait plus depuis longtemps, les petites villes et les régions rurales anglophiles des Maritimes et de l'Ouest avaient du mal à accepter cette réalité. Au cours de la législature précédente, la question de l'adoption d'un drapeau distinctif avait fait l'objet de débats tumultueux, qui avaient révélé l'intensité des craintes et de la colère que le simple fait pour le pays de se détacher peu à peu de son passé britannique avait provoquées chez un grand nombre de Canadiens anglais âgés, d'allégeance conservatrice et dont le sens de l'identité nationale était encore lié à l'Union Jack.

Parallèlement, la génération de Canadiens qui avaient guidé le pays à un important moment de son histoire, soit pendant sa transition du statut de colonie à celui d'État-nation, vivait une crise d'autorité. Cette élite anti-impérialiste et pro-américaine regroupait des politiciens, des fonctionnaires et des hommes d'affaires qui gravitaient autour du Parti libéral et qui, après s'être alliés pour gouverner le pays pendant les années 30 et 40, avaient vu leur influence atteindre son point culminant pendant les années 50. Mais la formule qui avait assuré leur réussite — imposer le Canada comme une puissance moyenne et comme gardien de la paix à l'échelle internationale, tout en se pendant aux basques de la prospérité américaine à l'échelon continental — ne donnait plus du tout d'aussi bons résultats[1].

Les services du Canada à titre de médiateur n'étaient plus requis aussi souvent qu'au lendemain du second conflit mondial. Faisant fi de toute courtoisie diplomatique, le président égyptien Gamal Abdel Nasser avait irrespectueusement donné à entendre, dix ans après la crise de Suez, que les forces canadiennes chargées de maintenir la paix dans la bande de Gaza trouveraient plus facilement grâce à ses yeux si elles renonçaient à leurs chapeaux de scouts et rentraient chez elles. Qui pis est, une rumeur grandissante voulait que le rôle du Canada dans le conflit pourrissant du Viêtnam s'apparentât moins à celui de gardien de la paix qu'à celui de porte-parole des États-Unis, et peut-être même d'espion à leur solde[2].

Le pays tout entier s'interrogeait sur la nature de ses relations avec son voisin du Sud, et le désarroi engendré par sa participation dans la politique extérieure américaine n'était qu'une des causes de cette remise en question. Depuis qu'en 1957, alors qu'il présidait la Commission royale d'enquête sur les perspectives économiques du Canada, Walter Gordon s'était publiquement déclaré inquiet de la dépendance excessive du Canada à l'égard de l'économie américaine, les appréhensions de la population ne cessaient de croître en dépit du mépris qu'elles suscitaient parmi les économistes orthodoxes. L'absorption récente, en toute impunité, d'entreprises canadiennes avait coïncidé avec les efforts de Washington pour rallier les filiales américaines installées à l'étranger à ses efforts pour rééquilibrer sa balance des comptes devenue déficitaire par suite de son intervention militaire en Asie du Sud-Est. Le sentiment de désintégration sociale consécutif à l'assassinat de John Kennedy, à la crise des droits civils et au cauchemar vietnamien se répercutait au Canada, devenu le refuge des Américains fuyant la conscription, et alimentaient de nouvelles inquiétudes accentuées par le spectacle quotidien, sur les écrans de télévision, des émeutes raciales qui éclataient dans les ghettos noirs des États-Unis. La grande société démocratique — enviée et imitée par des générations de Canadiens — n'avait plus rien d'attirant ; l'apparente impuissance de nos élites face aux graves problèmes économiques et sociaux ne faisait qu'aggraver la crainte de voir le pays gagné par la même anarchie dans l'opulence que celle qui menaçait les Américains. En contrepoint du malaise qui s'emparait des Canadiens âgés ou conservateurs, leurs concitoyens jeunes ou progressistes affichaient un optimisme provocant, issu de la certitude que des changements encore imprécis ne tarderaient pas à transformer le pays. Une fois que les vieux, avec leurs idées d'un autre âge, leurs attachements démodés, leurs peurs ridicules, auraient été évincés du pouvoir et que les jeunes, combatifs et énergiques, les auraient remplacés, on assisterait alors au règne de l'amour, l'amour, l'amour — ou de quelque chose de très proche, qui prendrait la forme d'un gouvernement plus démocratique et plus ouvert, d'une société plus juste, plus compatissante et intellectuellement plus dynamique. De jeunes professeurs remettaient en question le statut de puissance modérée perçu comme une panacée et préconisaient en politique extérieure une attitude plus indépendante, moins respectueuse[3].

Pour leur part, les jeunes journalistes commençaient à écrire comme si le Canada allait devenir un paradis terrestre. « J'appartiens à une génération de Canadiens qui ont grandi sans souffrir d'un sentiment d'infériorité », déclara l'écrivain Peter Desbarats et, d'un bout à l'autre du pays, ses pairs reprirent son affirmation. Nés après la guerre, ces Canadiens avaient atteint leur majorité pendant les années d'expansion, avaient étudié plus longtemps et en plus grand nombre que leurs parents et leurs grands-parents, avaient voyagé plus loin et plus souvent, avaient été influencés par les immigrants venus massivement d'Europe à la fin du conflit mondial ; ils avaient partagé le rêve audacieux d'un nouvel ordre social, né au sein de la jeunesse des deux nations qui avaient servi de mentors au Canada anglais : les États-Unis et le Royaume-Uni. Leurs aspirations et leur vitalité trouvaient leur expression dans la peinture et la sculpture modernes qu'on pouvait découvrir dans les galeries d'art de Toronto et de Vancouver, dans la poésie et les romans qui, s'inspirant des réalités contemporaines du Canada, commençaient tout juste à être publiés, dans les pièces de théâtre écrites par des dramaturges canadiens et présentées expérimentalement dans des usines et des lofts désaffectés, ainsi que dans l'originalité et l'audace de quelques-uns des films produits pour l'Office national du film et pour Radio-Canada. Faisant écho à ce jaillissement général de créativité, *This Hour Has Seven Days*, l'émission d'affaires publiques diffusée le dimanche soir par CBC-TV, avait le même effet explosif sur le Canada anglais que le *Point de mire* de René Lévesque avait eu sur le Québec, une dizaine d'années plus tôt[4].

Ces réactions conflictuelles à l'évolution de la société — craintes continuelles et espoirs démesurés — se fondirent en un crescendo confus au moment où le Canada célébra son centième anniversaire en 1967. C'était l'année de l'Expo 67, cette grande foire internationale qui se tenait à Montréal et qui avait soulevé l'intérêt enthousiaste de la communauté internationale, l'année où les Canadiens avaient suspendu plus de drapeaux, construit plus d'auditoriums et de patinoires de hockey, entendu plus de discours patriotiques aux envolées lyriques et accueilli plus de chefs d'État et de visiteurs prestigieux qu'au cours de tout le siècle précédent.

Tandis que les célébrations du Centenaire remontaient le moral du pays, au Québec, le mécontentement couvait toujours. La Commission Laurendeau-Dunton avait déposé un rapport intérimaire dans lequel elle avertissait les Canadiens que les frustrations subies par la majorité francophone du Québec, à cause de son infériorité linguistique et économique, risquaient de provoquer « la pire crise de toute l'histoire [du Canada] ». Le pays continuait de réclamer à cor et à cri un nouveau leadership politique. L'opposition conservatrice avait amorcé le processus impitoyable qui aboutirait à l'expulsion de son chef, John Diefenbaker, et, oubliant leur admiration pour ses succès passés, les libéraux, au pouvoir, commençaient à murmurer entre eux que les inepties de Lester Pearson mèneraient le parti à sa perte[5].

Bref, le système de légitimation traversait une mauvaise passe. La société canadienne avait contracté ce que le grand sociologue Max Weber appelle un « potentiel d'aliénation » — c'est-à-dire un ensemble de conditions propices à un changement radical de leadership. Le fait que ce changement fût imminent et que le Canada aborderait une nouvelle ère sous la direction d'un intellectuel québécois, réputé pour son non-conformisme et pour sa vision complexe et inflexible du fédéralisme, aurait laissé pantois même les plus audacieux des futurologues, en ce début de 1967[6].

À Ottawa, si tant est que son arrivée y eût soulevé le moindre intérêt, Trudeau était encore perçu comme un néophyte en politique, comme le moins marquant des deux « colombes » qui avaient sauté dans l'arène fédérale en même temps que Marchand, recruté par les libéraux qui voyaient en lui la véritable dynamo de leur aile québécoise. Trudeau ne fit pas grand-chose pour modifier cette perception. Socialement, il demeurait presque invisible, menant une existence paisible au Château Laurier et réservant pour ses fins de semaine à Montréal la fréquentation des discothèques et ses virées tapageuses en élégante compagnie. Ses fonctions comme secrétaire parlementaire de Lester Pearson, de même que ses rapports avec Marc Lalonde et Michael Pitfield qui connaissaient bien Ottawa, lui donnèrent l'occasion de rafraîchir sa connaissance des mécanismes gouvernementaux, acquise quinze ans plus tôt dans les bureaux du Conseil privé, et lui évitèrent d'avoir à passer par une période d'apprentissage, ce qui était le lot de Gérard Pelletier, député d'arrière-ban. Marchand continuait d'aplanir le cheminement politique de Trudeau en le protégeant contre l'hostilité des vieux routiers du caucus québécois, indignés de l'avoir vu accéder à une position privilégiée dans le bureau de Pearson[7].

La nomination au poste de secrétaire parlementaire d'un adversaire aussi acharné de la reconnaissance d'un « statut particulier » pour le Québec avait provoqué les protestations de Jean Lesage, inquiet à l'idée que Trudeau pourrait en profiter pour exposer, dans le sanctuaire même du pouvoir, sa conception intransigeante du fédéralisme. Lesage savait que Trudeau était encouragé dans son attitude par deux alliés enthousiastes, attachés eux aussi au bureau du premier ministre. Tom Kent, conseiller politique de Pearson, et Gordon Robertson, greffier du Conseil privé — de même que le nouveau ministre des Finances, Mitchell Sharp — exerçaient des pressions auprès de Pearson pour qu'il trouvât le courage de résister aux exigences du gouvernement québécois, apparemment insatiable, en refusant d'autoriser la province à se retirer des futurs programmes fédéraux, comme elle l'avait déjà fait en 1964 dans le cas du Régime de pensions du Canada[8].

Cette fermeté toute nouvelle au bureau du premier ministre n'avait pas empêché les relations Ottawa-Québec de se détériorer encore plus, loin de là. En juin 1966, le gouvernement Lesage, que le fédéral tenait pour dangereusement autonomiste, avait cédé la place à l'Union nationale, d'un nationalisme encore plus virulent, qui avait repris du poil de la bête sous la gouverne du bouillant Daniel Johnson. En adoptant le slogan « Égalité ou indépendance », le nouveau premier ministre avait ouvertement affirmé son intention de chevaucher les montures jumelles du nationalisme conservateur et du néo-nationalisme radical. Sous son égide, ou le Québec obtiendrait l'égalité avec le Canada anglais ou il proclamerait son indépendance. Peu de temps après son élection, Johnson s'était rendu en France pour presser le président Charles de Gaulle d'user de son immense prestige pour soutenir sa cause.

Aussitôt, Marcel Cadieux, le sous-secrétaire d'État aux Affaires extérieures, était intervenu pour étouffer dans l'œuf cette tentative d'obtenir une reconnaissance internationale par le biais de relations indépendantes avec la France. Il confia au plus brillant de ses protégés, le juriste Allan Gotlieb, la tâche de mettre sur pied un comité officieux qui serait chargé de surveiller les agissements du Québec sur la scène internationale et que Cadieux considérait comme une façon détournée d'accéder à la séparation. Lalonde et Pitfield, devenus entre temps les conseillers de Pearson, faisaient partie du comité, présidé par Trudeau. Au début de 1967, ce dernier s'envola pour l'Afrique afin d'évaluer comment Ottawa pourrait tirer parti de ses relations avec les États francophones, alors en train de détendre leurs attaches coloniales avec la France, pour freiner la progression du Québec vers une reconnaissance internationale. Après avoir passé des années à théoriser et à protester, Trudeau découvrait le côté exaltant de la grande politique et se révélait extraordinairement habile à en suivre les méandres[9].

Impressionné par la prestation de Trudeau — et une fois encore sur les instances de Marchand —, Pearson le nomma ministre de la Justice en avril 1967, seize mois seulement après son élection au Parlement. À la grande surprise de ses détracteurs québécois qui avaient prédit que, comme pour d'autres causes dans le passé, il se lasserait de la politique fédérale, Trudeau se consacra à ses nouvelles fonctions comme s'il s'y était préparé toute sa vie — ce qui était effectivement le cas. Pendant tout le printemps et tout l'été, tandis que ses collègues du cabinet participaient aux fastueuses célébrations du Centenaire qui tenaient Ottawa et Montréal en haleine, il resta terré dans les bureaux du ministère, surmenant

Pierre Trudeau à soixante ans, Pierre Trudeau à douze ans : le premier ministre et l'écolier, les multiples facettes d'une personnalité complexe — détermination, sensibilité, dandysme.

Dans le giron familial : Pierre Trudeau à trois ans, avec sa sœur, Suzette, et son petit frère, Tip ; à treize ans avec toute la famille, y compris le grand-père, Philip Elliott, à bord du paquebot *Champlain*, au départ de la traversée pour l'Europe, en juin 1933.

Le savant musclé : Pierre Trudeau à dix-huit ans dans la pose du *Penseur*, et à vingt ans, diplômé du cours classique.

Les deux maisons où Pierre Trudeau a grandi : la première, modeste, de la rue Durocher, où il a vécu jusqu'à l'âge de douze ans, et la seconde, la demeure sans prétention de Grace Elliott, où il a vécu avec celle-ci jusqu'à quarante ans.

Les institutions où Pierre Trudeau a reçu sa première formation scolaire : l'académie Querbes, son école élémentaire, et Jean-de-Brébeuf, le collège des jésuites, où se sont révélés ses dons pour la logique et les langues.

Le giron familial : Ci-haut Pierre Trudeau à trente-trois ans, avec sa famille à Montréal (sa mère, sa sœur Suzette Rouleau, son frère Tip Trudeau et l'épouse de celui-ci, Andrée), puis à quarante ans, en 1960, quand la famille est réunie à l'occasion du mariage d'un ami. En page de droite : Pierre Trudeau à trente-deux ans portant sa mère sur ses épaules.

Le grand dieu des routes : curieux et intrépide, en compagnie de Jacques Hébert, dans la Chine de Mao.

Famille Trudeau

Le prophète du changement : Pierre Trudeau, dans la trentaine et la quarantaine, a pratiqué le droit du travail et a été l'un des brillants polémistes de la revue *Cité libre*, avant de se joindre au Parti libéral fédéral en 1965, poussé par « une hâte irrépressible de changer la réalité ».

impitoyablement ses hauts fonctionnaires et ne s'épargnant nullement lui-même. Ses amis commençaient à dire qu'ils ne l'avaient encore jamais vu aussi heureux. Sa timidité ne perçait plus que rarement et il semblait avoir enfin trouvé un exutoire dans son acharnement au travail, ce qui est la seule façon pour l'individu du type *puer* de se débarrasser de ses conflits. En transposant son combat contre le nationalisme canadien-français sur la scène fédérale où il trouvait à mettre à profit sa maîtrise de l'anglais et son agilité intellectuelle, il pouvait enfin transcender ses doutes en devenant ce qu'il avait toujours rêvé d'être : un homme d'action efficace, une force intellectuelle créatrice, un meneur capable d'agir à la fois sur l'opinion et sur les hommes[10].

Même si Trudeau évitait les feux des projecteurs, ses idées commençaient à éveiller l'attention des initiés. Les constitutionnalistes — et plus particulièrement ceux que le comité du ministère de la Justice avaient chargés de conseiller le nouveau ministre sur la réforme de l'Acte de l'Amérique du Nord britannique — éprouvaient beaucoup de respect pour sa vision du fédéralisme et pour l'étendue de ses connaissances en matière de droit constitutionnel. Quelques journalistes, qui l'avaient interviewé sur le Québec et avaient été frappés par sa clarté et ses certitudes, commençaient à parler de ses dons exceptionnels. Certains fonctionnaires étaient impressionnés par son esprit analytique, par sa capacité de travail une fois que son intérêt était éveillé et par le caractère inflexible qui se cachait derrière des dehors polis. La plupart de ses collègues du cabinet reconnaissaient sa supériorité pendant les débats, de même que l'indomptable arrogance intellectuelle qu'il affichait au Conseil privé, quelques mois à peine après avoir commencé à participer à ses réunions[11].

Mais si le Canada anglais avait plus ou moins entendu parler de lui, c'était surtout à cause de John Diefenbaker, le chef conservateur, qui avait critiqué la façon dont il s'habillait pour siéger à la Chambre des communes. C'est qu'un jour Trudeau était arrivé en coup de vent au Salon vert pour un vote inopiné, vêtu comme un avocat parisien aux goûts dispendieux, en route pour un déjeuner dominical en plein air : sandales de cuir aux pieds, veste et pantalon sport, foulard passé dans le col de sa chemise. Aux yeux de Diefenbaker, toujours habillé comme un avocat de province guindé qui se rendrait participer au culte dans une église baptiste, cet accoutrement était une preuve éloquente de l'influence étrangère et de Dieu sait quelle autre diablerie. Pour les politiciens professionnels relativement plus raffinés de son propre parti, Trudeau était moins un démon qu'un excentrique, un cérébral aux intérêts énigmatiques, un prétendant totalement impensable à la succession libérale. Leurs regards se tournaient vers des candidats plus conventionnels, des politiciens chevronnés aux ambitions légitimes, qui allaient bientôt avoir le choc de leur vie.

Même si c'est devenu un lieu commun d'affirmer que Pierre Elliott Trudeau est devenu le treizième premier ministre du Canada à cause de son charisme inné, même Max Weber, qui avait défini ce concept, n'aurait pu voir un aspirant aux plus grands honneurs dans le Trudeau encore un peu gauche de ses deux premières années à Ottawa. La crise politique canadienne n'avait pas encore atteint l'acuité qui inciterait la population à reconnaître qu'il lui fallait un dirigeant hors du commun, et Trudeau n'avait pas encore révélé la personnalité audacieuse qu'il avait rodée pendant des années à Montréal et qui le rendrait célèbre dans tout le pays. Nul ne pouvait prévoir que, sous l'effet combiné du contexte alarmant où évoluait la société canadienne et de ses propres capacités parfaitement adaptées à la situation, il deviendrait moins d'un an plus tard un leader véritablement charismatique et d'un genre jusque-là inconnu des habitants opiniâtres de ce froid pays boréal[12].

Mais pour qu'un tel changement pût se produire, le potentiel d'aliénation du Canada devait d'abord se convertir en une crise clairement ressentie. Avant d'être prêts à admettre que la terre de leurs aïeux était sur le point de se désagréger, les Canadiens avaient besoin d'un peu plus que l'éloquente mise en garde contenue dans le rapport préliminaire de la Commission royale d'enquête sur le bilinguisme et le biculturalisme. Il leur fallait des preuves. Celles-ci leur furent fournies de façon tout à fait inattendue, en plein milieu de l'été du Centenaire, par suite de l'ingérence du président de la République française dans les affaires canadiennes.

Conformément à sa stratégie internationale, Daniel Johnson avait invité Charles de Gaulle à s'arrêter au Québec avant de se rendre à Ottawa, dans le cadre de sa visite officielle à l'occasion du Centenaire. Pour des raisons connues de lui seul, le général avait été enchanté de l'invitation. Après avoir méprisé les Canadiens français à cause de leurs sympathies vichyssoises pendant la Seconde Guerre mondiale, il constatait maintenant que la ferveur nationaliste des Québécois pouvait servir son propre dessein impérial visant à restaurer la grandeur de la France en sapant l'hégémonie américaine et en bâtissant une francophonie à l'échelle mondiale. Sa venue avait fait l'objet de préparatifs minutieux et, le 23 juillet 1967, de Gaulle remonta le Saint-Laurent jusqu'à Québec, à bord du croiseur *Colbert*. Le lendemain, il partit pour Montréal au milieu d'un cortège triomphal qui emprunta l'ancien Chemin du Roy, sur la rive nord du Saint-Laurent, traversant les villes et les villages abondamment pavoisés, salué par les acclamations des Québécois qui se pressaient tout au long de la route. Lorsqu'il arriva à l'hôtel de ville de Montréal sur le coup de midi, l'excitation ambiante avait atteint son paroxysme. Réagissant avec une apparente spontanéité à la griserie de l'immense foule massée devant l'édifice, de Gaulle émit le désir de prononcer quelques mots[13].

Même si le programme ne prévoyait aucun discours à ce moment-là, un micro était déjà installé sur le balcon de l'hôtel de ville et le général saisit à la fois l'appareil et l'occasion que l'Histoire lui offrait. Après quelques phrases où il évoqua l'esprit de la Libération, en 1944, ainsi que l'affection que son pays ressentait de nouveau pour « les Français du Canada », il dessina un V de ses grands bras, en un geste qui lui était familier, et amorça l'espèce de litanie qui caractérise la péroraison des discours officiels des élus français. Ce fut tout d'abord « Vive Montréal ! », ce qui déclencha les hourras de la foule. Puis il s'écria « Vive le Québec ! », ce qui donna lieu à une clameur encore plus forte et plus longue. Le général fit alors une pause avant d'enchaîner avec son dernier vivat qui éclata comme une bombe : « Vive le Québec... libre ! »

L'audace manifestée par de Gaulle en reprenant le slogan incendiaire du mouvement séparatiste québécois sema aussitôt la consternation. La foule, d'où émergeaient d'innombrables pancartes indépendantistes, explosa en une joie indicible. En quelques minutes, les services télégraphiques répandirent à travers le monde l'incroyable nouvelle de cette intervention provocante dans la politique du Canada, ancienne colonie de la France et son allié au sein de l'OTAN. Sur le balcon de l'hôtel de ville de Montréal, le premier ministre Daniel Johnson fit observer à son invité qu'il venait de lancer le slogan de ses adversaires politiques. Pressé parmi les officiels, René Lévesque, qui était encore député libéral mais commençait à tendre l'oreille aux appels du séparatisme, ne savait trop quoi penser ; « C'était un mot de trop », déclarerait-il à un journaliste français, donnant à entendre qu'il avait trouvé l'intervention excessive, avant d'ajouter d'un ton songeur : « Ça allait accélérer beaucoup de choses. »

Le geste sciemment prémédité du général accéléra effectivement les choses. Il constitua un moment clé de la crise québécoise, au cours des années 60. Célèbre pour son héroïsme pendant la guerre et pour avoir, par ses efforts épiques, sorti la Ve République de l'impasse pendant la décennie précédente, de Gaulle était un monstre sacré de la scène internationale. Et maintenant, il donnait à la cause de l'indépendance une dimension spectaculaire en annonçant au monde entier que la France, par sa voix, favorisait l'éclatement de l'État canadien[14].

Publiquement du moins, Trudeau ne joua pas un rôle prédominant dans la réaction du gouvernement fédéral au geste intempestif du général. Mais, le lendemain du fameux discours, Trudeau et Lalonde l'emportèrent auprès de Pearson sur Paul Martin, son ministre des Affaires extérieures, dont l'attitude était plus conciliante ; la déclaration du président de Gaulle fut qualifiée d' « inacceptable » et le général, par le fait même, *persona non grata*. De Gaulle s'envola pour Paris sans être passé par Ottawa, manifestement ravi d'avoir jeté de l'huile sur le feu. Fermé aux subtilités de la politique canadienne, il avait provoqué une réaction qui ferait finalement avorter son projet à long terme. Son audace amena les Canadiens à se concentrer si fortement sur la crise qui frappait la Confédération qu'ils furent nombreux, même au Québec, à se montrer plus réceptifs au type de fédéralisme pur et dur prôné par Trudeau[15].

Six semaines plus tard, lorsqu'il fit à Québec sa première grande déclaration à titre de ministre de la Justice à l'occasion du congrès annuel du Barreau canadien, Trudeau avait acquis une réputation d'autorité et commençait à s'affirmer comme le prophète d'un ordre nouveau. Devant un auditoire composé de membres de sa profession, il prononça un discours pondéré sur la nécessité pour le Canada d'enchâsser les droits linguistiques collectifs aux côtés des droits individuels dans une constitution rapatriée, doublée d'une charte des droits de la personne. C'était là, déclara-t-il, la façon de résoudre le problème du Québec, la façon de faire du Canada un État plus moderne, plus égalitaire. C'était la voie vers le fédéralisme renouvelé dont il s'était fait le champion dès l'instant où la séparation du Québec avait commencé à sembler possible.

Plus tard, pendant la conférence de presse convoquée à la demande des journalistes qui voulaient l'entendre développer cette question, Trudeau prouva qu'il n'était pas un politicien doué qui débitait des discours soporifiques. Il était émotivement gagné à ces idées au point d'en perdre toute retenue. Comme les journalistes le poussaient à aller plus loin, il explosa carrément. Il déclara que ses adversaires idéologiques — qui avaient ridiculisé son projet de charte des droits dans la presse québécoise et qui étaient en quête d'un statut particulier chimérique — étaient les auteurs éhontés d'un gigantesque canular, d'une farce monumentale. Cette sortie n'ayant pas réduit les journalistes au silence, il monta d'un cran et rejeta le concept de statut particulier en le qualifiant de « connerie », terme d'une vulgarité telle, selon les journalistes anglophones, qu'ils renoncèrent à le traduire dans leurs comptes rendus. C'était là la première manifestation publique du style paradoxal de Trudeau, qui deviendrait rapidement familier à tous. Un instant, il était un législateur posé, ayant tout du mandarin, le digne fils de Grace Trudeau, le type même du gentilhomme raffiné. L'instant d'après, il était la réincarnation de Charlie Trudeau, invectivant l'assistance dans les mêmes termes qu'un mécanicien maculé de cambouis, prêt à démolir le premier qui oserait lui tenir tête[16].

À Ottawa, Pearson était consterné par le comportement de Trudeau. Mais son éclat, si étranger aux mœurs des politiciens canadiens, prouvait combien il tenait à ses idées. Pendant l'automne, tandis qu'il répétait inlassablement que la Confédération représentait pour le Québec sa meilleure chance de survie et de développement démocratique, il commença à attirer de plus en plus l'attention de la presse. À force de faire les manchettes, il éveilla également l'intérêt des politiciens préoccupés par la succession libérale. Au Canada anglais, quelques libéraux plus futés entreprirent de se rapprocher du cercle de Québécois qui se demandaient déjà comment installer Trudeau à la tête du parti[17].

À la fin de novembre, Charles de Gaulle vint obligeamment et inconsciemment prêter main-forte à Trudeau. Au cours d'une des conférences de presse, peu fréquentes mais soigneusement préparées, qu'il donna à Paris, le général réitéra l'assurance que la France soutiendrait « ses enfants » dans leur « effort d'émancipation » qui « aboutirait nécessairement à l'accession du Québec au rang d'État souverain ». Dès lors, il ne subsistait plus le moindre doute que le Canada traversait une crise[18].

C'est à ce moment-là que survint un événement qui allait permettre à Trudeau de devenir le leader nouveau et charismatique réclamé par un Canada traumatisé. Au début de décembre — quelques jours après que Pearson eut enfin annoncé sa retraite —, Trudeau déposa à la Chambre des communes un projet visant à modifier la législation sur le divorce ainsi que plusieurs amendements au Code criminel qui visaient à libéraliser les articles relatifs à l'avortement et à l'homosexualité. Même si le ministère de la Justice avait entrepris depuis des années de remanier la législation sociale, Trudeau s'en appropria la paternité quand il déclara devant les caméras de télévision, à l'extérieur de la Chambre : « L'État n'a rien à faire dans les chambres à coucher de la nation. » Personne ne remarqua qu'il avait emprunté cette phrase à un éditorial de Martin O'Malley, paru la même semaine dans *The Globe and Mail*. Prononcée par un ministre de la Couronne, vêtu d'une veste de cuir et coiffé à la César, celle-ci eut un effet électrisant sur l'imaginaire populaire. Elle exprimait le besoin largement ressenti de moderniser le Canada selon des modalités que tout le monde pouvait comprendre. Et voici que se présentait un homme qui n'hésitait pas à se déclarer contre l'ordre établi, un homme qui affirmait que le Canada n'avait pas à être un bled victorien, un musée d'idées révolues. Les Canadiens n'avaient pas à accepter l'ingérence condescendante de maîtres impérialistes, anciens ou futurs. Le Canada devait, pouvait et, s'il n'en tenait qu'à Trudeau, *ferait* un gigantesque bond en avant qui le propulserait dans une ère nouvelle[19].

Presque aussitôt, on commença à parler de Trudeau comme d'un candidat possible à la succession de Pearson, même s'il n'était pas encore très connu. Pendant les vacances parlementaires de

Noël, Trudeau fit à Tahiti un séjour, consacré à la plongée, qui lui valut plus d'articles que les plus sincères des gestes politiques de tous les autres prétendants libéraux. À son retour, son ascension vers la direction du Parti libéral et le titre de premier ministre du Canada s'accéléra de façon surprenante. Dès les premiers mois de 1968, tout portait à croire qu'il était l'enfant chéri de la Fortune. Tout d'abord, il obtint l'appui tacite du premier ministre sortant. Bien au fait de l'histoire du parti et de sa longue tradition d'élire alternativement des chefs francophones et anglophones, échaudé par sa propre expérience dans la crise du Québec, Lester Pearson était déjà convaincu que son successeur devait être un Canadien français. Ses préférences allaient vers Jean Marchand, son lieutenant québécois. Mais il devint vite évident que non seulement Marchand était affligé d'une santé chancelante et que son anglais était médiocre, mais également qu'il n'avait guère envie d'entrer en lice ; aussi l'ancien chef syndical pressa-t-il Pearson d'endosser plutôt la candidature de Trudeau. Il fut imité par Marc Lalonde qui avait vu son autorité s'accroître au cours de l'année précédente à titre de conseiller pour le Québec. De même que par Maryon Pearson, l'épouse du premier ministre, femme dynamique et aux idées raffinées, qui s'était déclarée impressionnée par la verve de Trudeau. Âgé de soixante-dix ans, Pearson était épuisé par les difficultés de sa charge et déçu par les exigences de la politique. Il voulait laisser le souvenir d'un dirigeant progressiste et remettre le Parti libéral à un francophone capable d'endiguer la menace séparatiste. Il fit taire en lui les doutes qu'il entretenait à l'endroit de Trudeau et lui donna à entendre, devant Marchand, qu'il approuverait son élection à la tête du parti ; après quoi, déclara-t-il : « Je fis savoir à quelques amis que j'étais bien disposé à son égard[20] ».

Du coup, après avoir obtenu la bénédiction de Pearson à la mi-janvier, Trudeau put parcourir le pays, en sa qualité de ministre de la Justice, pour visiter chacune des capitales provinciales et s'entretenir avec les premiers ministres du projet de réformes mis au point en prévision d'une conférence constitutionnelle convoquée pour le début de février, devant l'urgence de la situation engendrée par le problème du Québec. À chacune de ses escales, Trudeau fit les manchettes et opéra de nombreuses conversions dans le cadre de sa campagne en faveur d'un Canada intégralement fédéraliste.

Cela lui donna un avantage qui mécontenta les candidats officiels à la succession qui, à cause de la situation précaire du gouvernement minoritaire, s'étaient vu intimer de rester à Ottawa et de s'occuper de leurs dossiers. Cette directive ne s'appliquait pas au voyage fort remarqué de Trudeau à travers le pays puisque, comme il le précisa, il ne convoitait pas la direction du parti, mais luttait plutôt « pour désamorcer le nationalisme explosif du Québec — en faisant en sorte que le Québec ne soit pas le ghetto des Canadiens français, mais que le Canada tout entier leur appartienne[21] ».

Plus tard au cours du mois, au moment du premier congrès d'orientation, à Montréal, de l'aile québécoise du Parti libéral du Canada nouvellement restructuré, Trudeau fut propulsé au premier rang grâce à l'intervention de Marchand. Après avoir fait, une fois encore, l'apologie du fédéralisme inconditionnel, il eut droit à une ovation de la part de l'assistance qui chantait « Il a gagné ses épaulettes ». Au Canada anglais, sa popularité était en hausse et il avait gagné le respect d'un grand nombre de ses anciens accusateurs au sein de l'aile québécoise du parti. Pour « les rouges », impatients de remporter une autre victoire électorale comme contrepoids à l'orientation inquiétante imprimée au Québec par une Union nationale régénérée, il s'affirmait de plus en plus comme un vainqueur[22].

Le 5 février, Pearson, visiblement nerveux, inaugura à Ottawa la conférence constitutionnelle des premiers ministres en avertissant les participants que c'était la survie même du Canada qui était en jeu ; il espérait alors que la situation serait traitée délicatement, diplomatiquement, à l'image de son attitude lors des conférences internationales qui, plus tôt dans sa carrière, lui avaient valu une telle notoriété. Les téléspectateurs de tout le pays eurent plutôt droit à une passe d'armes entre son ministre de la Justice et le premier ministre du Québec. Johnson rejetait catégoriquement la déclaration des droits proposée par Trudeau, la ramenant au rang d'un simple outil propre à satisfaire ses ambitions politiques. Même s'il maniait habilement le sarcasme, il n'avait pas compris que la vigoureuse défense des principes fédéralistes à laquelle Trudeau se consacrait depuis des années cadrait avec l'état d'esprit de la population canadienne, aussi bien qu'avec son intention toujours non déclarée de se hisser à la tête du parti. Face aux caméras, Trudeau était l'image même du courage et de la conviction parce que, après des années de réflexion approfondie, il était parvenu à une totale certitude. En réponse aux pointes que lui lançait Johnson, il reprit ses arguments, rendant coup pour coup, jusqu'à ce que tout le monde convînt qu'il avait dominé et le débat et la conférence.

Pour l'historien Jean-Louis Roy, la rencontre Trudeau-Johnson s'avéra « l'un des duels les plus spectaculaires de toute la politique canadienne » et fit de Trudeau « en moins d'une heure, [un candidat assuré] de succéder à Lester Pearson, dans le cœur et l'esprit d'un grand nombre de Canadiens ». Les tenants du fédéralisme avaient été tellement sensibilisés à la menace séparatiste que, dès ce moment, Trudeau devint le grand favori du public pour diriger le pays[23].

À la mi-février, après une valse-hésitation qui, pour la plupart de ses amis, n'était qu'une rechute dans ses anciennes habitudes, il déclara officiellement qu'il serait candidat et amorça une campagne de six semaines, marquée autant par une aimable modestie (« À quel point souhaitez-vous devenir premier ministre, Monsieur Trudeau ? — Bof, pas tant que ça. ») que par une hardiesse incontestablement aguichante (« J'aime m'amuser dans la vie », affirma-t-il d'un ton insouciant après avoir descendu un escalier en glissant sur la rampe et être retombé sur ses pieds avec la grâce d'un acrobate qui aurait eu la moitié de son âge.) Excités par l'attention que lui témoignaient les médias, les délégués libéraux firent table rase de tout ce qu'ils avaient pu entendre sur le mépris qu'il leur témoignait autrefois et rallièrent son camp par centaines. Pratiquement inconnu de la base en novembre, Trudeau était devenu l'homme à abattre quand, en avril, il se présenta au congrès de direction, à Ottawa. Au milieu de l'ambiance survoltée — Trudeau était constamment submergé par une foule de délégués qui voulaient le toucher comme s'il était une sorte de messie —, on entendit l'un de ses adversaires, John Turner, le jeune ministre de la Consommation et des Corporations, faire cette remarque : « Mais, enfin, qu'est-ce qu'il a de plus, ce gars-là[24] ? »

Ce que Trudeau avait révélé, pendant l'hiver et le printemps — et qui avait été monté en épingle par les journalistes de la presse écrite et électronique qui voyaient en lui la réponse aux espoirs et aux craintes de la population —, c'était un éventail impressionnant des caractéristiques qui, d'après les disciples de Weber, constituent les éléments fondamentaux du charisme politique : un soupçon d'exotisme, quelques imperfections physiques et morales flagrantes, un rang social élevé, un élément de mystère à connotation sexuelle, une facilité à occuper l'avant-scène, un style de vie hors du commun et, surtout, une vocation extraordinaire doublée de l'allure combative du croisé préconisant des changements sociaux[25].

Les cameramen de la télévision filmaient Trudeau comme s'il s'était agi de la version masculine de Garbo. Sous leurs projecteurs, on voyait s'illuminer son visage marqué par l'acné de l'adolescence et ses pommettes saillantes, probablement héritées d'un ancêtre indien. L'homme qui, jusque-là, avait refusé de paraître à la télévision se révélait tout naturellement un maître du médium. Les journalistes lui consacraient une prose orgasmique, s'émerveillant devant la lucidité de son intelligence, le romanesque de ses voyages, l'aisance de ses exploits sportifs, la magie de l'attrait qu'il exerçait sur les femmes, le courage de ses convictions, l'étrange combinaison de son ascétisme et de sa fortune. Voraces, les médias faisaient leurs choux gras de la moindre anecdote.

Simultanément, des personnalités respectées commençaient à faire des déclarations extravagantes à son endroit. John Porter, le premier sociologue de la « mosaïque verticale » du Canada, ne tarissait pas d'éloges sur son œuvre intellectuelle qui, Trudeau l'aurait reconnu sans hésiter, était pourtant beaucoup moins impressionnante que la sienne. Sur les instances de ses amis, la militante politique Ethel Teitelbaum et de son mari, l'artiste Mashel Teitelbaum, Ramsay Cook, l'historien le plus doué de sa génération et le seul universitaire canadien-anglais que Trudeau connût bien, avait lancé à Toronto un mouvement d'appui à sa candidature, qui attira une kyrielle d'intellectuels et d'artistes appartenant à diverses disciplines. John Saywell, l'éminent collègue de Cook à l'Université York, publia une traduction anglaise des essais de Trudeau, dans laquelle il salua son analyse politique « magistrale » qui, souligna-t-il, « s'appuyait sur des prémisses philosophiques sur la nature de l'homme, de la société et de l'État ». Marshall McLuhan, l'intellectuel des médias électroniques, écrivit que si Trudeau passait si bien à la télévision, c'était parce que « le médium [ne peut pas] tolérer un visage réel. Il faut porter un masque[26] ».

McLuhan était plus perspicace qu'on ne l'aurait cru. Le véritable Trudeau était en voie d'être dénaturé. Ce que le public voyait était effectivement un masque, une image héroïque à laquelle il voulait croire, mais qui convenait mal à un homme dont le caractère complexe était ignoré de ses admirateurs euphoriques. L'exagération de ses qualités intellectuelles et physiques pendant la campagne au leadership — et à laquelle Trudeau, tout bien considéré, s'était prêté de bon gré — était le dernier élément qui allait faire de lui un personnage charismatique. Mais elle sema simultanément les germes des problèmes qu'il connaîtrait plus tard tant dans sa vie privée que dans sa vie publique.

Quelques signes avant-coureurs s'étaient déjà fait jour. L'avocat Jean de Grandpré, l'ancien rival de Trudeau à Brébeuf, nommé depuis peu à la vice-présidence de Bell Canada, demanda à le rencontrer au début de 1968, dans l'espoir de le dissuader de se présenter à la tête du parti. Libéral convaincu depuis des années, de Grandpré redoutait la catastrophe — à la fois pour le parti, qu'il percevait comme une coalition de centre droite susceptible d'être minée par la tendance gauchisante de Trudeau, et pour Trudeau lui-même, trop timide, pensait-il, pour supporter de voir son intimité violée par les exigences de la vie publique. Il discuta avec lui pendant une heure ou deux, en lui exposant ses arguments avec tact. Trudeau l'écouta attentivement. Mais sa réponse fut sans équivoque. S'il ne se présentait pas, lui déclara-t-il, cela reviendrait à renier tout ce qu'il avait écrit sur le fait que les Canadiens français étaient responsables de leur propre impuissance parce que, même si la constitution leur en reconnaissait le droit, ils s'étaient montrés peu disposés à participer pleinement au gouvernement de la fédération canadienne. Comme Marchand ne pouvait pas se présenter à cause de sa santé précaire, il n'y aurait aucun candidat canadien-français si lui-même ne répondait pas au défi. Sans une voix puissante à Ottawa, le Québec deviendrait la proie des nouveaux nationalistes ; on assisterait alors à la fin de cette noble expérience vieille de deux cents ans, qui avait vu deux ethnies cohabiter au sein d'un État unique. Pour Trudeau, la situation revêtait la forme d'impératifs absolus : il fallait terrasser le démon du séparatisme ; un effort héroïque s'imposait ; les circonstances l'avaient désigné pour cette tâche. Ce qu'il ne mentionna évidemment pas, c'est le fait que les circonstances comblaient ce besoin de se comporter en héros qui avait fait partie de sa psychologie depuis au moins un quart de siècle et lui fournissaient l'occasion de fondre ses origines anglaises et françaises en une unité psychique qui ferait écho au besoin criant manifesté par le pays, en quête d'une direction unificatrice et même visionnaire[27].

L'élection de juin 1968 ayant été déclenchée peu de temps après la course à la direction, Trudeau se lança dans une campagne habilement orchestrée par des politiciens professionnels, conscients du poids qu'aurait le petit côté tête brûlée de Trudeau dans les isoloirs. Entre deux discours philosophiques sur la nécessité d'instaurer une société juste et une démocratie de participation, on l'encourageait à exécuter des sauts carpés dans les piscines et à embrasser toutes les filles qui passaient à sa portée, à se montrer aussi provocant dans ses déclarations que l'exigeait son propre besoin de se mettre sur la sellette. Personne ne révélait aux spectateurs éblouis qu'il était souvent envahi par le trac au moment d'entrer dans une salle pleine de militants libéraux ou qu'il détestait qu'on viole son intimité, qu'il était effrayé par l'intensité des exigences de ses admirateurs et préoccupé par le côté éphémère de l'adulation que lui témoignait la population. En apparence, on ne voyait que des roses et toujours des roses, et la victoire décisive qu'il remporta le 25 juin eut presque l'effet d'une déception.

Par la suite, quand les analystes, universitaires et journalistes, eurent perdu leurs illusions, ils affirmèrent dans des ouvrages et des articles que son accession au pouvoir avait été un mélange de ruse politique et de vaudou télévisé, et qu'il avait fallu quatre tours de scrutin avant qu'il soit élu à la tête du parti, ce qui démontrait bien qu'il avait eu affaire à une opposition tenace dès le début — autant d'allégations qui sous-entendaient que son charisme n'était rien d'autre qu'une manœuvre politique habilement calculée. Ignorant son importance comme élément positif de la démocratisation et niant également l'état d'esprit qui habitait les Canadiens à ce moment-là, certains auteurs allèrent jusqu'à dire que ce charisme n'avait jamais existé[28].

En 1968, les Canadiens connurent des craintes extraordinaires et des espoirs qui l'étaient tout autant. Les événements avaient clairement démontré que le pays ne pouvait échapper plus longtemps à l'histoire en se raccrochant à une mentalité coloniale et à un rôle de laquais sur la scène internationale. Le Canada n'avait jamais véritablement intéressé les Britanniques, qui l'avaient abandonné depuis longtemps. Contrairement aux attentes de nombreux Canadiens, les Américains étaient loin de tenir un rôle de grand défenseur de la démocratie ou de grand frère bienveillant. La vision de Charles de Gaulle d'une francophonie mondiale offensait les anglophones et embarrassait les francophones. En tant que collectivité, les Canadiens savaient qu'il leur fallait passer un autre stade dans le développement de la nation, mais ils ne savaient trop comment s'y prendre. Mais il y avait cet homme, dont la supériorité était incontestable, qui affirmait explicitement dans ses déclarations — et implicitement par sa personnalité — qu'il connaissait la voie à suivre. Le pays n'avait plus besoin d'être protégé par les superpuissances ou de s'identifier à elles. Il pouvait devenir une puissance à part entière, modeste bien sûr, mais dotée d'assises morales enviables grâce à son rêve tout à fait plausible de devenir un État fédéré véritablement bilingue et biculturel — une « Société juste », selon l'expression empruntée par Trudeau à Frank Scott et qu'il utilisait pour décrire son Utopie. En 1968, Trudeau croyait à ces idées et d'innombrables Canadiens croyaient en lui. D'un côté comme de l'autre, la naïveté régnait, comme les événements le confirmeraient le temps venu[29].

Chapitre six

LE POUVOIR GONFLE, L'ORGUEIL DÉTRUIT

Dès son arrivée au pouvoir en juin 1968, Trudeau voulut tenir sa promesse de moderniser l'État. Tout semblait alors lui réussir et il se montra fort avisé dans la composition de son cabinet : les « hommes nouveaux aux idées neuves » que Trudeau désirait amener à la politique y côtoyaient les ministres expérimentés du cabinet Pearson, dont la plupart de ses concurrents à la direction du parti (Robert Winters, l'homme d'affaires torontois arrivé deuxième au dernier tour de scrutin du congrès, était la seule exception notable : il avait préféré retourner au secteur privé). Les gains du Parti libéral dans l'Ouest, la forte représentation de l'Ontario, le petit noyau des provinces de l'Atlantique permettaient un bon équilibre régional. Quant aux alliés fédéralistes de Trudeau au Québec, ils arrivaient évidemment au pouvoir à ses côtés, prêts à servir d'accoucheurs à l'ère nouvelle et à apporter au régime Trudeau le soutien aussi bien de leur admiration pour le style victorieux du chef que de leur foi aux objectifs qu'il avait clairement définis[1].

Placé à la tête du bureau du premier ministre, que Trudeau voulait renforcer, Marc Lalonde y devint rapidement son alter ego et la terreur de quiconque était assez mal avisé pour s'opposer à la marche du progrès. Michael Pitfield fut promu secrétaire adjoint du Conseil privé, chargé de surveiller la réorganisation des comités interministériels, essentielle, selon Trudeau, à la modernisation du mécanisme de prise de décisions du gouvernement. Les juristes

Ivan Head, Barry Strayer et Carl Goldenberg, anciens membres du comité constitutionnel du ministère de la Justice sous Trudeau, avaient suivi leur chef pour le conseiller sur ce dossier important. Ses vieux amis du milieu intellectuel, Roger Rolland, Jean Le Moyne et le jeune avocat montréalais Tim Porteous étaient chargés de fournir des idées et de rédiger ses discours ; de jeunes libéraux comme Gordon Gibson, Eddie Rubin, Jim Davey et Pierre Levasseur, très actifs dans la campagne électorale, furent nommés à des postes importants dans son équipe.

Brillaient en revanche par leur absence les politiciens professionnels du régime Pearson, que Trudeau méprisait ouvertement ; des hommes comme Keith Davey, l'organisateur des campagnes électorales, et son jeune protégé James Coutts, même l'ancien ministre des Finances (et mentor de Davey) Walter Gordon, et d'autres libéraux de gauche canadiens-anglais allaient se retrouver sur la touche pendant quatre ans et observer de leur exil ce qui se passait à Ottawa avec impatience et inquiétude. En dépit de leurs convictions progressistes et de leur expérience, ces militants chevronnés étaient maintenant considérés comme les défenseurs des vieilles idées, autant de bagages du temps de Pearson dont on ne voulait pas pour le voyage avec Trudeau.

Dans l'euphorie d'avoir remporté la première majorité libérale des quinze dernières années, les trudeauistes mirent aussitôt les bouchées doubles pour appliquer leur programme. Dans certains secteurs clés où ils savaient exactement ce qu'ils voulaient, ils agirent sans hésitation. Sur la question de la place du Canada français dans la Confédération — qui était au cœur des préoccupations du premier ministre — ils attaquèrent avec décision sur trois fronts : le projet de loi sur les langues officielles, déposé en octobre 1968, créait le poste de commissaire aux langues officielles, sorte d' « ombudsman » linguistique, et faisait une obligation aux institutions fédérales dans tout le pays d'offrir leurs services aux citoyens dans les deux langues. Ensuite, Trudeau et Lalonde nommèrent rapidement à des postes importants dans la fonction publique des Québécois compétents, prouvant ainsi leur détermination que l'égalité des chances ne soit pas un vain mot pour les francophones à Ottawa. Enfin, un comité spécial sur les questions constitutionnelles entreprit d'examiner une par une les clauses de l'AANB en vue de négociations avec les premiers ministres provinciaux au sujet d'une révision complète de la constitution devant servir de base à un fédéralisme renouvelé[2].

Ces initiatives spectaculaires illustraient la volonté de Trudeau de briser la « mosaïque verticale » canadienne dominée par les WASP. Les premiers bénéficiaires avec les Canadiens français de cette volonté d'ouverture furent les Juifs, nommés en nombre sans précédent à des postes de ministre, de juge et de sous-ministre, à la direction d'offices nationaux et dans les cabinets ministériels. Pour donner un contenu concret au slogan de la société juste, Trudeau créa le ministère de l'Expansion économique régionale, à la tête duquel il plaça Jean Marchand, son allié politique le plus sûr et Tom Kent, le haut fonctionnaire le plus progressiste du régime Pearson. Il confia au ministre des Finances, Edgar Benson, la réforme radicale des impôts, et au secrétaire d'État, son ami Gérard Pelletier, la tâche d'innover dans le domaine du développement communautaire. Un plan ambitieux, conçu pour associer l'aile non parlementaire du Parti libéral à l'élaboration de la politique gouvernementale, traduisit l'engagement de Trudeau en faveur de la démocratie de participation. Les députés se virent attribuer un budget de recherche afin d'être mieux à même de remplir leur fonction de protecteur des citoyens de leur comté, et des livres blancs devaient permettre au public de participer à l'élaboration des programmes législatifs du gouvernement[3].

Là où ils ne savaient pas exactement ce qu'ils voulaient, les trudeauistes comptaient sur leur rationalisme pour fournir les réponses. Comme si quelque Être suprême cartésien avait décidé qu'il fallait faire table rase, ils annoncèrent que dans certains domaines — logement, relations extérieures, obligations militaires, affaires indiennes — les prémisses sur lesquels était fondée la politique gouvernementale étaient sujets à un examen systématique.

Pour ceux qui avaient lu ses écrits, Trudeau semblait avoir entrepris de réorganiser la pratique politique canadienne suivant les principes de l'évangile selon *Cité libre*. Les idées qu'il avait défendues pendant la première moitié de sa vie allaient être mises en pratique. Soudain, il était devenu le prototype du Canadien de l'avenir, le modèle de l'homme bilingue et biculturel. Au Québec, on le respectait davantage, ne serait-ce que parce qu'il se montrait capable de remettre les Canadiens anglais à leur place. Au Canada anglais il était l'objet de quelque chose qui ressemblait à de l'adulation ; comme le disait sa sœur Suzette : « Mon Dieu ! Pierre est comme un Beatle. » L'intellectuel austère s'était métamorphosé en séducteur dans l'œil du public. Les jeunes femmes de la bonne société WASP, qui ne s'intéressaient pas particulièrement à lui quelque vingt ans plus tôt quand il travaillait au BCP, les filles de juges, de diplomates et de ministres se ralliaient maintenant à son étendard au grand amusement des membres de son bureau, à qui le plaisir que causait à Trudeau son succès nouveau auprès des femmes rappelait l'euphorie qu'ils avaient connue en deuxième année d'université [4] !

Il ne s'agissait pas d'une effervescence d'étudiants, mais de l'effet aphrodisiaque du pouvoir. Trudeau occupait le plus haut poste du pays ; il allait pouvoir y démontrer l'excellence de sa formation en philosophie et en pratique du pouvoir, ses capacités linguistiques et sa connaissance du monde.

Cet homme d'âge mûr, qui n'avait jamais occupé d'emploi à plein temps avant d'être nommé ministre en 1967, se trouvait maintenant à la tête d'une machine gouvernementale de plusieurs milliards, se déplaçait, escorté de motocyclistes, conduit par un chauffeur dans une limousine blindée ornée de fanions ; des foules admiratives l'attendaient devant son bureau de l'édifice de l'Est, des hordes de photographes, professionnels et amateurs, guettaient ses moindres apparitions, de nombreux domestiques le dorlotaient, des experts lui préparaient ses dossiers quand il devait participer aux conférences internationales rassemblant reines, shahs et hommes d'État. À ces rencontres, où l'on admirait son intelligence, le comportement parfois peu protocolaire de « l'autre Trudeau » était rapporté par les chroniqueurs comme la manifestation spontanée et rafraîchissante d'une personnalité « libérée ». Les étoiles du spectacle étaient attirées par son rayonnement : Barbra Streisand pensait être amoureuse de lui ; Yoko Ono et John Lennon lui rendirent visite. Des penseurs célèbres recherchaient sa compagnie : Marshall McLuhan, J.K. Galbraith, Henry Kissinger et André Malraux offraient et demandaient des conseils.

Cette situation, comme c'était prévisible, lui monta à la tête. Le Trudeau de la vie privée, cultivé et contemplatif, aimant et dévoué avec les siens, l'idéaliste aux convictions ardentes, l'ami généreux et spirituel, fut englouti par l'homme public gonflé par le succès. À l'évidence, le nouveau premier ministre aimait le pouvoir, et, de la façon la plus banale, le pouvoir lui enfla la tête : il commença à manifester l'orgueil démesuré qui tend à affliger ceux qui se retrouvent subitement dans une position dominante[5].

Tandis que les récits de ses aventures excitaient encore l'imagination du public — et allaient continuer à le faire pendant toute sa carrière politique, même quand les électeurs furieux le rendraient responsable du déclin économique du pays —, la classe politique se sentit bientôt offensée par cette nouvelle arrogance du pouvoir. Quelques mois à peine après avoir pris ses fonctions, Trudeau avait trouvé le moyen d'insulter des membres de la presse parlementaire (qui avait pourtant suivi son ascension avec beaucoup de zèle) en les traitant de « minables », et en demandant à ses ministres et à son personnel de ne pas accéder à leurs demandes de renseignements. Il se mit à dos l'opinion progressiste en se moquant d'un groupe d'activistes qui le pressaient d'intervenir dans le sanglant conflit du Nigéria : il leur demanda d'un ton condescendant : « Et où se trouve le Biafra ? » comme s'ils ne le savaient pas et lui, évidemment, oui. Il dénigra ses collègues de la Chambre des communes en déclarant que les membres de l'opposition « n'étaient plus personne à cinquante mètres de la colline parlementaire ». Il découragea les défenseurs les plus convaincus de la démocratie de participation dans son propre parti, qui lui demandaient de tenir compte du travail qu'ils accomplissaient en son nom, en leur disant : « Rappelez-vous Harold Laski » — énigmatique référence à son ancien maître de la London School of Economics, rappelé à l'ordre pour avoir attaqué Clement Attlee au nom du Parti travailliste ; Trudeau entendait apparemment signifier que les efforts des libéraux, nécessairement dérisoires en comparaison de ceux du grand Laski, étaient téméraires et sans intérêt[6].

Considérées une par une, ces petites manifestations d'irascibilité restaient faciles à minimiser : le premier ministre, expliquait son entourage, avait des milliers de choses à faire, il était épuisé par la tâche entreprise de moderniser le Canada, les journalistes étaient mal informés, l'opposition pleine de perturbateurs polissons, et les activistes du parti trop impatients. Mais avec le temps, des difficultés plus sérieuses et moins facilement explicables se manifestèrent. Plusieurs des grands projets majeurs du gouvernement trébuchèrent les uns après les autres devant une réalité politique têtue, et Trudeau fut incapable de réagir correctement aux critiques réfléchies de gens sérieux. Au ministère des Affaires extérieures, on avait travaillé dur et longtemps à l'examen de la politique étrangère du Canada ; pourtant le document déposé en grande pompe en 1970 n'abordait même pas les relations canado-américaines et préparait encore moins le gouvernement et l'opinion publique à la surprise que leur réservait le président Nixon en s'en prenant comme il allait le faire à la position d'allié privilégié des États-Unis occupée par le Canada. L'augmentation, au nom de la « société juste », des prestations d'assurance-chômage rendit le système de sécurité sociale vulnérable aux abus des « chômeurs de luxe » qui se servaient de leurs prestations pour aller sur les pentes améliorer leur « schuss » aux frais des contribuables et au grand scandale des petits commerçants et entrepreneurs. Les tentatives de démocratisation du processus de prise de décision firent long feu quand les loyaux membres du Parti libéral adoptèrent des résolutions — sur l'avortement sur demande, sur la légalisation de la marijuana, sur une politique nationaliste de défense de la souveraineté économique et culturelle du Canada — qui se heurtaient aux convictions personnelles de Trudeau et qui n'aboutirent à rien pour cette raison. Les livres blancs, destinés à faciliter la participation du public au processus politique, tournèrent à l'avantage des grandes entreprises plutôt que des simples citoyens. La complexe restructuration des comités interministériels, qui devait rétablir l'autorité des hommes politiques sur la fonction publique et renforcer la collégialité au sein du ministère, eut surtout pour résultat de lier les mains des fonctionnaires et des ministres frustrés, dont plusieurs, se voyant impuissants, démissionnèrent. Le groupe d'hommes de talent (on n'y comptait aucune femme) nommés à des postes importants au bureau du premier ministre pour le conseiller et pour appliquer ses idées en vint à être vu comme un vivier de technocrates, un cercle de privilégiés ignorants, de la politique et des besoins des gens ordinaires, qui avaient adopté l'attitude arrogante de leur chef. En essayant de contourner la bureaucratie, Trudeau avait transformé le Bureau du Conseil privé en un gouvernement parallèle dont il était devenu malgré lui le prisonnier[7].

Mais il y avait pire : le bilinguisme officiel, timidement inauguré au Canada anglais, et le « French Power » à Ottawa n'avaient pas suffi, du moins à court terme, à désamorcer les revendications des nationalistes québécois, qui aboutirent à la crise d'octobre 1970, consécutive à l'enlèvement d'un diplomate britannique et à l'assassinat du ministre du Travail du Québec par les terroristes du FLQ. Trudeau parlait en privé de ses affres de démocrate contraint de sacrifier les libertés individuelles à l'intervention de l'armée. Lui qui avait été l'étudiant de Carl Friedrich — enfant de la république de Weimar qui avait succombé au terrorisme nazi parce qu'elle ne disposait pas de pouvoirs d'exceptions — il invoqua bel et bien cependant la Loi sur les mesures de guerre, et s'adressa encore une fois aux journalistes sur le ton de quelqu'un qui pense : « Je suis d'une autre trempe que vous, les gars ! » À ceux qui lui demandaient jusqu'où il était prêt à aller pour venir à bout du terrorisme, il lança un provocant « regardez-moi agir ! » Ce comportement scandalisa les intellectuels, qui se désolidarisèrent en groupe de Trudeau, et commencèrent à publier des livres intitulés, par exemple, *Bleeding Hearts, Bleeding Country* et *Rumours of War*[8].

Son attitude résolue face au terrorisme valut néanmoins à Trudeau une réaction presque unanimement favorable de l'opinion publique tant au Québec qu'au Canada anglais ; les sondages, qui enregistraient un regain de sa popularité, confirmèrent ses collaborateurs dans la conviction que Trudeau n'était pas arrogant, mais mal interprété. Selon eux, les critiques que les médias et les universitaires adressaient à ses méthodes étaient la meilleure preuve de sa réussite : les élites étaient déconfites parce que Trudeau était effectivement en train de donner le pouvoir au peuple. Lorsque, quelques mois après la crise d'Octobre, il épousa soudainement une belle jeune femme qui l'adorait, on pouvait croire que la trudeaumanie allait se rallumer et que l'idylle n'aurait pas de fin.

Mais dans les dix-huit mois qui suivirent, la confédération allait rester chancelante, l'économie commencer à donner des signes de fatigue et le public devenir inconstant — comme Trudeau l'avait craint, avant que le pouvoir lui enflât la tête. (Il avait dit en 1968 à un militant qui observait que ses partisans attendaient beaucoup de lui : « Le truc sera d'en faire assez, et assez vite, avant que les gens ... soient déçus ».) Le mythe de Trudeau-sauveur-du-pays, qui savait comment s'y prendre avec le Québec, s'effondra quand Robert Bourassa, élu premier ministre libéral du Québec en 1970, rejeta l'entente constitutionnelle en forme de plus petit commun dénominateur dont Trudeau et les premiers ministres anglophones avaient péniblement accouché en juin 1971 à Victoria. Le bruit très répandu que Trudeau ne s'intéressait pas aux préoccupations des citoyens ordinaires comme le chômage et l'inflation, contribuait aussi au déclin de sa popularité, mais les trudeauistes n'en tenaient pas compte, persuadés que c'était une chimère propagée par les médias. Ils avaient l'air de croire qu'il suffirait à Trudeau, pour gagner les prochaines élections en 1972, de grimper sur la tribune et de dialoguer avec la population, et que les bulletins de vote libéraux feraient déborder les urnes. Aussi furent-ils visiblement surpris de constater, le 22 octobre 1972, que les libéraux ne conservaient le pouvoir que par deux petits sièges, devant les conservateurs dont le chef, le peu charismatique Robert Stanfield, avait fait campagne avec obstination sur les questions économiques[9].

Pour son deuxième mandat, Trudeau se retrouvait à la tête d'un gouvernement minoritaire qui avait besoin de l'appui du NPD pour survivre. Il effectua alors un surprenant virage, et devint un politicien pragmatique. Au bureau du premier ministre, les fidèles du parti remplacèrent les technocrates, remerciés de leurs services, les projets controversés furent mis en veilleuse, et de nouveaux conseillers nommés. Piétinant son orgueil, Trudeau accepta l'aide des libéraux torontois aguerris de l'ère Pearson, les Coutts, Davey et leurs hommes. Ils lui apportèrent cette connaissance pragmatique de la chose politique et ce sens de la manœuvre et du compromis qu'il dénonçait quand il était encore un réformateur déclaré et un amateur en politique. En suivant leurs conseils d'arrondir les angles de son personnage, en acceptant de présenter les projets de loi progressistes que lui demandait le chef du NPD, le talentueux David Lewis, il arriva à recoller les morceaux de son image publique. À la fin du printemps 1974, il était prêt à rompre l'alliance avec le NPD et à affronter de nouvelles élections.

Après une campagne habile, caractérisée par des engagements électoraux nationalistes et un style go-go qui devaient plus à un groupe torontois de relations publiques qu'aux propres convictions de Trudeau, il triompha une nouvelle fois le 8 juillet 1974, obtenant un troisième mandat et une majorité nette.

Cet été-là, Trudeau semblait avoir atteint un nouveau sommet. L'homme que beaucoup de ses contemporains considéraient comme un brillant oisif à quarante ans, qui ne s'était sérieusement engagé ni dans une carrière ni avec une femme, était à nouveau, à cinquante-quatre ans, le personnage le plus puissant du pays, l'incarnation de la réussite en politique et dans sa vie privée.

Mais le dégonflage allait commencer.

* * *

L'effritement du masque que Trudeau s'était soigneusement composé se manifesta dans sa vie personnelle avant de devenir visible sur le plan politique. En septembre 1974, tout juste deux mois après la victoire électorale qui marquait un nouveau triomphe dans la carrière de son mari, Margaret Sinclair-Trudeau entrait à l'Hôpital général de Montréal. Elle souffrait de ce qu'un communiqué du bureau du premier ministre appelait « un stress émotionnel grave ». Quelques semaines plus tard, interviewée par le réseau CTV, elle parlait longuement de ses difficultés à assumer son rôle d'épouse du premier ministre. L'hospitalisation de Margaret Trudeau et l'explication *ad usum delphini* qu'elle donna de ses difficultés lui attirèrent des sympathies nombreuses. C'était la première indication que tout n'était pas rose dans ce qu'on imaginait être le paradis du 24 Sussex, résidence officielle du premier ministre.

Ce qu'était la vie dans « cette grande maison froide et terne », comme la décrivit Margaret Trudeau, ne fut connu dans le détail que des années plus tard. Mais quand elle le raconta, dans une série d'entrevues remarquables de la fin des années 70 et dans deux livres enregistrés au magnétophone et rédigés par un « nègre », on comprit ce qui s'était passé. Deux êtres obstinés, demeurés sur le plan affectif au stade de l'adolescence, s'étaient rencontrés et reconnus ; ils allaient se séparer au terme d'un douloureux conflit conjugal qui, pendant les cinq années à venir, saperait l'énergie que Pierre Trudeau consacrait normalement à la politique. Ils s'étaient mariés, chacun pour des raisons liées à ses besoins personnels, en entretenant des illusions l'un sur l'autre, et cela allait avoir des conséquences horribles, tant privées que publiques[10].

Quand Trudeau avait épousé Margaret Sinclair en mars 1971, le choix était apparu heureux sur les deux plans personnel et politique. La mariée était, disait-on, une jeune femme bien de son temps, la fille, convenablement rebelle, d'un membre authentique de la vieille élite libérale. Son père, James Sinclair, avait été un ministre des Pêches habile et populaire dans le ministère Saint-Laurent ; elle incarnait à la perfection le type de jeunes bourgeois qui avaient fait de Trudeau une idole publique en 1968. On disait qu'elle avait reçu une bonne éducation, qu'elle avait beaucoup voyagé, qu'elle était vive et intelligente et en même temps modeste et féminine ; elle avait cousu sa robe de mariée et cuit le gâteau de noces ; elle adorait la danse et la poésie et se pensait faite pour être mère. Qui se préoccupait de la différence d'âge de vingt-neuf ans entre les mariés ? Pas la mère de Margaret, Kathleen Sinclair, qui avait quarante-neuf ans, deux ans de moins que Trudeau, et répondait aux objections le jour du mariage : « Il est peut-être plus vieux qu'elle, mais de cœur c'est un jeune homme ! » On entrait dans un nouvel âge : l'important, c'était l'amour, la liberté, la fin des conventions paralysantes. Pour Marshall McLuhan, ce mariage était le fait d' « un magicien ... la transformation de la scène politique en une noce », le signe du sens du jeu, de la créativité de Trudeau ; mieux encore, « les Américains allaient commencer à nous envier ». « Wow ! se disaient les Canadiens anglais, ce type-là, c'est quelqu'un[11] ! »

Les Québécois se disaient, comme d'habitude, quelque chose de différent. Plusieurs Canadiens français de la génération de Trudeau firent remarquer avec un sourire entendu qu'il épousait Margaret Sinclair parce qu'elle était écossaise comme Mme Trudeau mère, et de bonne famille. Ils pensaient que ces choses-là comptaient pour Trudeau ; sa fréquentation des bistrots et son engagement à gauche ne l'empêchaient pas de garder, à leurs yeux, quelque chose du snob d'Outremont. Ces Canadiens français n'avaient qu'en partie raison. James Sinclair, le père de Margaret, était bien le fils d'un instituteur de Glasgow qui avait émigré à Vancouver avec sa famille quand « Jimmy » avait deux ans, et qui avait tout fait pour que son fils bénéficie de ce que le Nouveau Monde avait à offrir de mieux en fait d'éducation. Devenu adulte, James Sinclair réussit remarquablement, par son dynamisme, non seulement en politique, mais dans les affaires puisqu'il était, au moment du mariage de sa fille, président de la multinationale Les Ciments Lafarge. Mais Margaret, la quatrième de ses cinq filles, n'était ni écossaise, ni riche (Sinclair avait un revenu élevé, mais pas de fortune à partager entre ses enfants), et ce n'était certainement pas une « dame » dans la tradition édouardienne de Grace Elliott. C'était un pur produit de la Colombie-Britannique d'après-guerre, la « Bee-Cee » du boom économique, la Californie du Nord. Au début des années 60, elle avait été l'écolière type d'une institution secondaire d'un quartier riche de Vancouver, intelligente, populaire, préoccupée par la mode et par les fêtes, heureuse d'être remarquée par ses pairs. À l'université, elle avait fréquenté d'abord des vedettes du football, puis des activistes, avait assimilé la rhétorique révolutionnaire des années 60, avait eu des aventures, et tâté de la drogue à Vancouver même, puis au Maroc qu'elle avait visité après ses études. En 1970, elle était donc assez aguerrie pour s'attacher Pierre Trudeau comme aucune couventine d'Outremont n'en avait été capable.

Trudeau avait donc épousé non pas une réincarnation de sa mère, mais une jeune femme dont le tempérament extroverti la rapprochait davantage de Charlie Trudeau. Margaret avait rencontré Trudeau pour la première fois à Tahiti : il y avait pris des vacances pour décider s'il se lançait ou non dans la course à la direction du Parti libéral, et elle y passait Noël en famille. Elle l'avait revu brièvement au congrès libéral de 1968, où son père était délégué et partisan d'un autre candidat ; elle avait attiré l'attention des journalistes en sortant avec lui lors d'une courte visite officielle à Vancouver en 1969 ; avait répondu à son invitation de venir le voir si jamais elle se trouvait à Ottawa (invitation que Trudeau lançait alors volontiers aux jeunes et jolies femmes) en y déménageant exprès quelques semaines plus tard et en y obtenant un poste pour six mois dans un ministère grâce aux relations de son père. Après être sortie en public avec lui pendant des mois, se joignant ainsi à la série de jeunes Canadiennes anglaises avec lesquelles Trudeau se montra dans les premières années de sa vie politique, et après avoir passé en secret plusieurs fins de semaine dans la maison de campagne du premier ministre au lac Harrington, elle l'avait finalement amené au mariage dont elle rêvait depuis leur première sortie et leur premier baiser[12].

Inquiet de leurs différences, Trudeau avait été assailli de

doutes ; au cours de leurs fiançailles soigneusement tenues secrètes, pendant qu'elle était retournée à Vancouver pour quelques mois, pour se convertir au catholicisme et préparer le mariage, il lui téléphonait souvent pour lui demander si elle n'avait pas changé d'idée. Mais il avait finalement succombé à son désir de fonder une famille, à la conviction de Margaret qu'ils feraient un bon couple, et à la surprenante passion qu'il éprouvait pour elle. Il était pour la première fois, confia-t-il à un intime, véritablement amoureux. De toute évidence, la solitude de sa vie de célibataire l'avait frappé ; il avait plus de cinquante ans, sa mère allait mourir (quand il lui présenta Margaret à Noël 1970, Grace Trudeau, souffrant d'artériosclérose, ne quittait plus son lit et n'était lucide que par intervalles) ; son frère et sa sœur avaient leur famille et leur vie à Montréal. Les gens de sa génération avaient des petits-enfants, et il vivait encore comme un jeune homme et sortait avec de jeunes femmes[13].

De vieux amis de Trudeau firent remarquer plus tard que si Margaret avait été canadienne-française, Trudeau ne se serait jamais laissé prendre à ses discours volubiles sur les Voyages de la liberté, sur William Blake et Krishnamurti, sur l'ardeur de sa quête spirituelle ; il aurait bien vu que c'était une jeune fille immature, un peu exhibitionniste, aimant le luxe et recherchant la célébrité pour impressionner ses amis, sa famille et surtout son père — à qui la politique avait fait négliger sa nombreuse famille, et dont l'intérêt et l'attention avaient ainsi manqué à Margaret — sans avoir à faire beaucoup d'efforts pour réussir. Elle reconnut plus tard qu'elle avait toujours été « trop mignonne et trop sexy pour son bien », et qu'elle avait « toujours obtenu tout ce qu'elle voulait ». Les amis de Trudeau pensaient qu'il avait été ébloui, comme tant d'hommes d'âge mûr le furent à la fin des années 60 et au début des années 70 — avant que Nixon et la crise de l'OPEP bouleversent l'économie mondiale, et que la vague néo-conservatrice modifie la philosophie politique des démocraties occidentales — par la liberté et la vitalité de la génération du « baby boom ». L'idéalisme de sa génération avait trouvé en Margaret Sinclair un emballage merveilleusement séduisant, rehaussé par son apparente adoration pour Trudeau[14].

Trudeau semblait séduit par la façon dont Margaret accentuait l'image paradoxale qu'il offrait déjà de l'anticonformisme au pouvoir.

Tout se passait comme si, bien qu'il *sût* que la liberté véritable exige une discipline, il *sentait*, comme beaucoup de gens de son âge, la nostalgie du monde merveilleux que les jeunes prétendaient habiter. En épousant Margaret, il détiendrait, semblait-il croire, la panoplie complète du héros : pouvoir, sagesse, vie familiale stable, tout ce qui vient avec l'âge, aussi bien que l'enthousiasme et la spontanéité de la jeunesse. L'admiration de Margaret pour le Trudeau gonflé par le pouvoir exagérait encore son sentiment de toute-puissance.

Cependant, malgré les débuts fracassants du couple, y compris la naissance de leur premier enfant le jour de Noël 1971, les premiers signes que Trudeau commençait à se désenchanter de son enchanteresse apparurent assez vite. Même au début de leur mariage, le don Juan qu'il y avait en lui voulait rivaliser avec ses cadets pour éveiller l'intérêt des jolies femmes qu'il rencontrait dans l'exercice de ses fonctions ; mais en même temps, l'homme sérieux caché sous le masque du viveur s'inquiétait de l'infantilisme et de la vacuité de sa jeune femme. Pour elle, « la culture c'était la musique rock » comme elle l'admit plus tard. Pour lui, une conversation sur la culture — ou sur la politique, ou sur leur sanglant carrefour — consistait à parler intensément de Malraux, de Canetti, de Braque ou de Schœnberg, généralement en français, langue que sa femme comprenait à peine. « Ne vous inquiétez pas pour elle », avait-il dit à des amis étonnés au cours d'un dîner au début de leur liaison, « elle ne comprendrait pas ce que nous disons même si nous parlions anglais »[15].

Ils le crurent sur parole et ne s'inquiétèrent pas pour elle, mais ils ne tardèrent pas à s'inquiéter pour lui, parce qu'ils se virent progressivement exclus de son cercle. « Il ne se passa pas deux ans avant qu'apparaissent nettement des signes que Pierre n'était pas heureux », raconte un de ses plus vieux amis, qui s'est lui-même marié tardivement. « Au moment où il envisageait de se marier, il m'avait demandé ce que j'en pensais, et je lui avais dit que c'était une excellente idée. Mais je ne connaissais pas Margaret et je ne m'étais pas interrogé sérieusement sur la nature de ses liaisons antérieures. J'ai conclu plus tard que s'il n'avait jamais eu une relation profonde avec une femme d'âge adulte, il devait y avoir une raison. C'est que pour aimer vraiment quelqu'un, il faut se confronter à sa réalité ; et pour se confronter à une femme mûre, il faut d'abord s'être confronté à soi-même[16]. »

Toute sa vie, Trudeau avait regardé en face ses besoins intellectuels et spirituels, mais n'ayant jamais dans son âge adulte vécu avec quelqu'un si ce n'est sa mère, il n'avait jamais eu à se confronter à lui-même sur le plan affectif, dans l'intimité d'une dépendance mutuelle entre égaux. Le mariage ne semblait pas, dans son esprit, comporter l'engagement d'effectuer des changements véritables dans son attitude ou son comportement. Il restait rigide, introverti, et sévère dans son jugement d'autrui. « L'une des grandes qualités de ma mère, c'est qu'elle ne me dérangeait jamais (dans mon travail) », répliqua-t-il à sa femme qui se plaignait qu'il était obsédé par le travail. Si le mariage exigeait une adaptation, c'était à Margaret de s'adapter[17].

Malheureusement pour eux, Margaret était loin d'avoir la maturité qui lui aurait permis de supporter les bouleversements liés au mariage. C'était encore « une jeune écervelée », comme elle le dit elle-même. Jeune femme d'à peine plus de vingt ans, ayant mené une existence passablement frivole, elle n'était guère préparée à vivre avec un homme dont la fonction comportait pour elle des obligations qu'elle jugeait trop contraignantes. Elle avait été fascinée par le pouvoir de Trudeau — le pouvoir que son père avait convoité — et par les histoires extravagantes qu'on racontait sur son « style » et sur sa richesse. Grande lectrice de romans d'amour, elle rêvait de recevoir des chefs d'État, de dîner avec des rois et des reines, de voir les photographes se bousculer à chacune de ses apparitions publiques, de s'habiller à Rome, d'être enviée par les autres femmes que fascinaient aussi la fonction et la réputation de son mari. Mais elle ne supportait pas d'échanger des banalités avec les hommes politiques et les diplomates dans les réceptions et les banquets officiels, d'être constamment protégée par des policiers, de ne pas pouvoir dire ce qu'elle pensait et d'avoir à observer scrupuleusement l'obligatoire routine des résidences officielles[18].

En outre, elle ne savait absolument pas — elle le reconnut elle-même — comment se comporter en privé avec un homme qui était par tempérament un solitaire, par formation un intellectuel, et que les circonstances rivaient à son travail. La lune de miel terminée, Trudeau eut peu de temps à lui consacrer ; même le soir, il passait des heures à lire les documents officiels se rapportant à ses fonctions. Après quelque temps de vie commune, elle dit qu'elle trouvait de plus en plus absurdes les histoires qui présentaient Trudeau comme un viveur « playboy ». Il était méthodique, absorbé par son travail, se soumettait à un entraînement physique rigoureux, observait ses devoirs religieux, était d'une frugalité qu'elle trouva d'abord décourageante et qui la poussa ensuite aux excès[19].

En 1972 déjà, pendant la campagne électorale, enceinte de son deuxième fils, Margaret s'était écriée devant un groupe de journalistes stupéfaits qu'elle se sentait devenue « notre bonne vieille mère la terre » ; cette image quelque peu alarmante dans la bouche d'une jeune femme de vingt-quatre ans révélait l'étendue de sa désillusion. En réaction à son ennui, à son insatisfaction et à sa solitude, elle se mit bientôt à malmener les domestiques et à se quereller avec eux, à consacrer des sommes extravagantes à l'achat de vêtements et à la décoration, à se plaindre amèrement que ses obligations officielles l'empêchaient de trouver son épanouissement personnel dans la poursuite d'une grande carrière encore indéterminée, à parler sans cesse au petit groupe de femmes, épouses de bureaucrates pour la plupart, qui étaient ses « meilleures amies » de la difficulté qu'elle éprouvait à vivre avec Pierre, et du fait que « la vive attraction physique qu'ils ressentaient l'un pour l'autre commençait à en souffrir sérieusement.[20] »

Tout n'était pas noir, cependant. Elle adorait flirter avec le prince Charles et avec Fidel Castro, passer des vacances avec Pierre aux Caraïbes, sur la Méditerranée ou au Moyen-Orient, sur les yachts ou dans les villas des riches et des puissants. La maternité la comblait et la préoccupait tour à tour. Elle aimait donner le sein et faire des confitures, c'étaient des manifestations de son affinité avec « notre mère la terre » et de son admiration pour les mœurs rustiques préconisées par sa génération.

Elle connut les plus belles semaines de sa vie conjugale pendant la campagne électorale de 1974 durant laquelle elle devint, par ses propres moyens, presque une vedette. Jusque-là, le couple Trudeau avait tenu la presse à distance, parce que le premier ministre tenait à ce que sa vie privée reste privée. Mais au cours du printemps et de l'été 1974, Margaret se trouva pendant six semaines sous le feu des projecteurs de la campagne électorale, et cela satisfaisait évidemment aux exigences de son tempérament extraverti. Les libéraux torontois qui dirigeaient la campagne étaient sûrs qu'il était possible d'utiliser au bénéfice du parti une jeune épouse et une jeune mère aussi belle et aussi dévouée. Elle avait elle-même envie de jouer un rôle politique depuis l'élection précédente ; après un départ chancelant, elle prit goût aux tréteaux et aux rites électoraux, prononça des discours, serra la main des militants libéraux de chaque localité, parla avec les électeurs dans la rue, et se répandit en déclarations ingénues sur son mari, ses enfants, sa philosophie de la vie, ce dont elle rêvait[21]...

Les journalistes et les commentateurs commencèrent à dire qu'il allait falloir tenir compte du « facteur Margaret » dans les calculs électoraux, et lors de la célébration de la victoire libérale au Château Laurier le soir des élections, Trudeau remercia galamment de son aide sa femme, qui se tenait à ses côtés sous les projecteurs, rayonnante de la joie de leur victoire commune. Elle tenait pour une fois le bon rôle dans la bonne pièce. Elle dit par la suite : « Je m'étais si bien lancée dans la vie politique que je rêvais de me présenter dans l'ancien district (sic) de mon père à North Vancouver aux prochaines élections[22]. »

Mais l'euphorie ne dura pas. Le lendemain de l'élection, Pierre retourna à son bureau et aux masses de dossiers qui l'encombraient ; les professionnels de la politique prirent quelques jours de repos avant de retourner aux questions de programme et de postes à pourvoir dans le nouveau gouvernement, les reporters et les photographes passèrent à d'autres sujets, et plus personne n'appela l'héroïne de l'heure — toutes les heures à l'heure juste — pour lui dire qu'elle avait été sensationnelle. Margaret se retrouva sur la galerie de la seule pièce « libérée » de sa « prison » du 24 Sussex, devant le déjeuner servi par les domestiques haïs, à regarder les ennuyeux voiliers évoluer sur la rivière qui scintillait sous sa fenêtre et à se dire qu'on l'avait « utilisée »[23].

« Quelque chose s'est brisé en moi ce jour-là » devait-elle dire au coauteur de ses livres. Ses rêves de gloire, un moment réalisés, étaient de nouveau étouffés. Par qui ? Par les professionnels de la politique ? En entrevue et dans la conversation, elle leur attribuait souvent ses déboires, mais quand leur stratégie la plaçait sous les feux de l'actualité, elle était bien contente. Par son mari ? Elle se plaignait rarement directement que Trudeau la mît sous le boisseau, mais des comptes rendus ultérieurs de leurs conversations semblent indiquer qu'ils s'étaient enfermés dans une sorte de concurrence quant à leur efficacité dans la vie publique — espèce d'affrontement qui se produit le plus souvent dans l'adolescence, entre amoureux qui rivalisent comme les enfants d'une même famille pour obtenir l'attention des adultes. Par elle-même ? Elle ne fut capable de reconnaître qu'elle était en partie responsable de ses propres difficultés que plus tard[24].

Quoi qu'il en soit, à partir de juillet 1974 elle lutta constamment avec son mari pour obtenir l'attention dont elle avait besoin comme d'une drogue. Sans le prévenir elle partit seule en vacances en Europe, à la recherche d'un ancien amant qu'elle ne trouva pas. Elle tomba amoureuse d'un sénateur américain (il s'agissait, on l'apprendra plus tard, d'Edward Kennedy) à un tournoi de tennis pour célébrités à New York ; lorsque Trudeau l'interrogea sur leur rencontre elle menaça de se tuer avec un couteau de cuisine, ce qui conduisit à son hospitalisation en 1974. À mesure qu'on s'éloignait de l'élection, sa conduite en public, au Canada et à l'étranger, devint progressivement plus scandaleuse. Au Venezuela, elle se mit à chanter au beau milieu d'un dîner officiel ; on la vit à Cuba dans un T-shirt transparent sous lequel elle ne portait rien ; à Tokyo, elle hurla : « Va te faire foutre ! » devant un groupe de dignitaires japonais, qui assistèrent bouche bée à l'une des querelles de plus en plus vives qu'elle avait avec Trudeau. À la maison, elle fumait beaucoup de marijuana, bien qu'elle sût que Trudeau détestait cette pratique et que les agents de la Gendarmerie royale assignés à la surveillance de la résidence se rendaient bien compte qu'elle se livrait régulièrement à une activité illégale. « On en arriva au point où Pierre, en rentrant du bureau le soir, montait non pas pour m'embrasser mais pour me sentir », confiera-t-elle plus tard[25].

Rien ne semblait aider Margaret à surmonter sa déception, ni son hospitalisation, ni les consultations psychiatriques qui suivirent, ni les leçons d'un photographe professionnel, ni la possession d'une ligne téléphonique privée et de sa propre voiture, ni la délivrance de la surveillance policière qui la révoltait tant, ni la naissance en octobre 1975 d'un troisième fils, ni le consentement de son mari à ce qu'elle voyage où elle voulait et étudie ce qu'elle voulait. Les relations entre les Trudeau devinrent de plus en plus acerbes en privé et tendues en public. En mars 1977, ils se résolurent à une séparation à l'essai qui reçut une publicité spectaculaire parce que Margaret l'inaugura en prenant impulsivement l'avion pour Toronto pour assister à un concert des Rolling Stones, et qu'elle participa à une fête improvisée en l'honneur des vedettes du rock qui fut à l'origine d'une crise mineure au bureau du premier ministre.

Tandis que le conflit conjugal des Trudeau se déroulait dans sa triste réalité, le premier ministre se trouva aux prises avec une nouvelle série de problèmes politiques. Il avait beau essayer de séparer sa vie publique de sa vie privée, il avait de plus en plus de difficulté à s'intéresser à son travail et à se consacrer à ses fonctions tant qu'une question particulièrement pressante ne le forçait pas à s'y replonger. Alors que pour ce troisième mandat il disposait d'une solide majorité et aurait dû être à même de donner sa pleine mesure, il fut constamment trop perturbé pour concentrer ses facultés sur les défis du pouvoir, à un moment pourtant où le gouvernement devait affronter crise après crise. Comme son orgueil lui interdisait d'admettre, même à ses plus proches collaborateurs, avec quelles difficultés conjugales il était aux prises, peu de gens comprirent que ce qui apparaissait comme de l'indifférence à la détérioration de la situation politique était en fait une sorte de paralysie due au chaos émotionnel dans lequel il se débattait. Entre 1974 et 1979, dans les principaux domaines de son activité politique, tout s'effondra pour Pierre Trudeau.

Il était revenu un temps à ses grandes idées de roi-philosophe. Fort de sa majorité retrouvée, bercé par des prophéties irréalistes qui voyaient l'ère Trudeau se poursuivre jusqu'à la fin du siècle, il donna son aval à une nouvelle entreprise utopique de planification rationnelle. L'opération de détermination des priorités de 1974-1975, censée établir la stratégie gouvernementale pour les décennies à venir, eut surtout pour résultat que la première année, du nouveau mandat, d'une importance cruciale, fut perdue. Le nouveau système de comités interministériels, dirigé par Michael Pitfield, promu entre temps secrétaire du Conseil privé, qui devait être plus démocratique, favorisa en fait l'immobilisme bureaucratique plutôt que le dynamisme politique.

Après avoir écrasé les conservateurs en 1974 en se moquant de l'irréalisme de Robert Stanfield qui prônait le blocage des prix et des salaires, à peine un an plus tard Trudeau se trouva forcé par l'accentuation des pressions inflationnistes d'imposer ce même blocage et une politique monétariste restrictive. Il perdit la maîtrise de la question québécoise au profit de Robert Bourassa d'abord, quand ce dernier décréta le Québec unilingue français au mépris du bilinguisme fédéral, puis de René Lévesque, son ex-allié réformiste, qui, après avoir fondé le Parti québécois indépendantiste en 1968, se fit élire premier ministre en 1976, faisant mentir Trudeau, qui s'était dit certain que le « séparatisme » était mort.

Pour ajouter à ses difficultés, Trudeau se retrouvait de plus en plus isolé à la tête du gouvernement. Ses propres accès d'agressivité et des difficultés proprement politiques avaient amené plusieurs ministres importants à démissionner, dont John Turner, le populaire ministre des Finances. Son vieil ami Gérard Pelletier avait quitté Ottawa pour l'ambassade du Canada à Paris, où il fallait défendre les positions fédéralistes en face des prétentions du Québec à être traité par la France comme un État indépendant. Jean Marchand, son mentor en politique, malade et fatigué, avait démissionné du ministère des Transports. D'autres ministres loyaux et expérimentés comme Donald MacDonald, Charles Drury et Mitchell Sharp, qui entretenaient en outre des relations utiles dans le monde des affaires, épuisés par les exigences de leur charge, allaient aussi partir. De plus en plus, Trudeau devait s'appuyer sur les deux ministres sûrs qui restaient, Marc Lalonde qui s'était fait élire en 1972 pour devenir ministre de la Santé et du Bien-être, et Allan MacEachen, ancien du régime Pearson, leader du gouvernement dont la connaissance des règlements de la Chambre des communes était sans prix.

Lorsque Margaret se sépara de son mari en 1977, la digne réaction de Trudeau devant ses agissements scandaleux lui valut dans les rangs des libéraux une sympathie accrue. Comme l'inquiétude causée par le phénomène Lévesque dans l'opinion avait replacé le Parti libéral en tête dans les sondages, on pressait Trudeau de déclencher des élections anticipées. Il refusa ; il n'était pas en assez bonne forme moralement, dit-il, pour faire face aux rigueurs d'une campagne électorale. La plupart des libéraux acceptèrent sa décision de bonne grâce, mais il apparut bientôt que la sympathie ne l'emporterait pas indéfiniment sur l'intérêt personnel. Or, à l'automne 1978, une série de scandales mesquins au sein du gouvernement et la continuation du marasme économique provoquèrent une désaffection du public, et le parti devait plutôt s'attendre à être défait que réélu.

Les libéraux n'étaient alors au pouvoir que dans une seule province, l'Île-du-Prince-Édouard ; ils avaient perdu l'hégémonie dont ils avaient joui pendant plus de quarante ans sur la scène politique canadienne. Dans les provinces de l'Ouest, qu'ils dominaient autrefois, le ressentiment à leur égard était devenu chronique : on les trouvait obsédés par le Québec et incapables de répondre aux besoins de la région. Les hommes d'affaires libéraux — le peu qu'il en restait, alors qu'ils constituaient naguère une composante importante du parti — étaient assaillis de réclamations de la part de leurs collègues, qui en étaient venus à détester Trudeau et ses idées. Aux yeux de la plupart des hommes d'affaires à la fin des années 70, « les gens capables » du Parti libéral de Louis Saint-Laurent et de C.D. Howe était devenu « la bande d'incapables » de Pierre Trudeau. Enfin, parmi le noyau de « rouges » progressistes qui venaient aux réunions de comté et faisaient fonctionner la machine non parlementaire du parti entre les élections, la façon dont Trudeau était passé sous la coupe des politiciens professionnels qui avaient remplacé autour de lui le super-groupe de technocrates des années 1968-1972 avait causé la consternation générale.

Ce nouvel entourage du premier ministre était dominé par James Coutts, le conseiller en gestion de Toronto que Trudeau avait choisi comme premier secrétaire en 1975, et par le sénateur Keith Davey, que Trudeau avait, à contrecœur mais sagement, nommé président national de la campagne de 1974 et gardé auprès de lui comme futur président de la prochaine campagne.

Malgré leurs années d'expérience et de loyaux services, ces éminences grises et leurs subordonnés étaient considérés comme beaucoup trop astucieux pour leur propre bien. C'étaient avant tout leurs subtils calculs électoraux, disait-on, qui avaient incité Trudeau à sacrifier les principes du libéralisme à la survie politique, même sur des questions qui lui tenaient à cœur comme l'abolition de la peine de mort. On craignait beaucoup que la réputation d'intégrité inattaquable de Trudeau, l'un de ses atouts politiques les plus constants, eût été endommagée sans remède.

Ces difficultés incitèrent Trudeau et ses conseillers à ne pas déclencher une élection générale en 1978, l'année où elle aurait normalement dû avoir lieu, mais plutôt à tenir des élections complémentaires pour quinze sièges vacants. À leur grande déception, ces élections complémentaires d'octobre 1978 furent une quasi-déroute : les libéraux ne gagnèrent que deux sièges sur quinze ; le gouvernement avait l'air d'un moribond en sursis. Les élections générales qu'il faudrait obligatoirement tenir en 1979 semblaient promettre la défaite, un « *Gritterdämmerung* », un « Crépuscule des rouges », disait une vieille plaisanterie que se répétait le tout-Ottawa[26].

* * *

Face à l'adversité, l'entourage du premier ministre serra les rangs. Coutts et Davey avaient assemblé un excellent état-major politique dont, vers la fin des années 70, les membres les plus en vue étaient Tom Axworthy, politologue de Winnipeg, spécialiste de l'histoire du Parti libéral, et Colin Kenney, surnommé le colonel Klink à cause de son autoritarisme mais considéré comme le meilleur des organisateurs. Ils pouvaient aussi compter sur les conseils de deux Torontois avec lesquels ils travaillaient depuis des années, Martin Goldfarb, spécialiste éminent des techniques de sondages, et Jerry Grafstein, avocat libéral et expert en communications. Coutts et Davey savaient, d'après les enquêtes de Goldfarb, que Trudeau restait l'atout majeur du parti. Ils n'étaient pas portés aux spéculations intellectuelles — le peu de théorie sociale et politique dont ils avaient besoin leur était fourni par Grafstein, fondateur et directeur, pendant sa brève existence dans les années 60, du *Journal of Liberal Thought*, et par Goldfarb, qui avait une formation d'anthropologue. Mais ils savaient d'instinct qu'il restait quelque chose à Trudeau du charisme qui avait envoûté le public de la fin des années 60. Cette « volonté passionnée », indispensable selon Max Weber au dirigeant qui veut être efficace dans une démocratie, était toujours présente chez Trudeau et lui valait encore le respect de la population. Beaucoup d'électeurs le détestaient, mais il y en avait tout autant qui continuaient à admirer son intelligence, sa force de conviction, ses positions politiques. La vie politique étant dominée par la télévision, où les qualités de chef l'emportaient sur tout autre facteur, le magnétisme du personnage pouvait encore emporter la décision, d'autant plus qu'il serait opposé à Joe Clark, le jeune chef conservateur qui avait remplacé Robert Stanfield en 1976, encore mal assuré et peu persuasif [27].

Même Coutts et Davey, pourtant optimistes, croyaient peu probable que Trudeau puisse arracher une majorité cette fois encore maintenant que « le facteur Margaret », qui l'avait, à leur yeux, indubitablement aidé en 1974, lui nuisait. Depuis l'incident des Rolling Stones en 1977, Margaret Trudeau avait plusieurs fois traversé l'Atlantique et sillonné le continent du nord au sud, tâté de différents hommes, de différents emplois et de différents hallucinogènes, dans un déchaînement de publicité apparemment machiné pour la venger du mari qui l'avait emprisonnée, enceinte et richement entretenue, dans sa forteresse ministérielle. Quand elle se trouvait à Ottawa, elle occupait, au 24 Sussex, un appartement au troisième étage, se disputait avec son mari pour des questions d'argent ou pour d'autres raisons, rendait visite à ses amis pour leur raconter ses aventures à l'étranger, mais se tenait à l'écart des réceptions officielles qu'elle détestait tant. Au bureau, le personnel savait toujours qu'elle était là, en voyant la mine défaite de Trudeau, et ses exploits internationaux défrayaient la chronique dans les médias canadiens. À New York, à Londres ou à Paris, elle descendait dans des hôtels de luxe, chez ses nouveaux amis, chez des amants de passage ; dépensait sans compter l'argent qu'elle avait gagné en jouant dans deux ou trois films plutôt minables tournés à Montréal et dans le Midi de la France, ou comme photographe pigiste pour le magazine *People*, qui cependant se passa de ses services dès que ses relations avec les grands de ce monde se révélèrent trop éphémères pour lui permettre de s'introduire, elle et son appareil, au palais de Buckingham ou dans la villa d'Elizabeth Taylor. Elle était arrivée par son comportement à désorienter Trudeau, qui avait jusque-là réussi, durant toute sa vie adulte, à mettre une distance entre lui et le tumulte de ses émotions. Le problème n'était pas l'éducation de leurs trois jeunes fils, car il s'était découvert un talent paternel inné, c'était de savoir quel comportement adopter avec leur mère, qui tantôt se conduisait d'une façon scandaleuse, tantôt lançait des appels pathétiques à la compréhension auxquels ni son mari ni ses amis ne savaient comment répondre. Un moment, ils essayèrent de négocier une réconciliation. Trudeau promit de quitter Ottawa et la politique à la fin de 1978, mais à la dernière minute Margaret se déroba, se rendant compte qu'elle ne serait pas capable, avec ou sans la politique, de partager avec lui une existence harmonieuse.

Pendant quelques semaines cependant, la possibilité d'une réconciliation signifia que les collaborateurs de Trudeau ne savaient même plus si le « boss », comme ils l'appelaient, mènerait la prochaine campagne électorale ; mais ils s'accrochèrent à leur plan d'action, établirent le calendrier de ses interventions publiques, s'employèrent à le réconforter, comme ferait son habilleur avec une vedette vieillissante qu'il veut persuader de remonter une dernière fois sur les planches. « Il n'y a que vous pour sauver le pays », dirent-ils au chef libéral, dans l'espoir de le pousser à un dernier combat contre les forces du mal — en l'occurrence le Parti québécois et son projet de référendum sur l'avenir du Québec, qui devait se tenir moins d'un an plus tard.

Ils le « chauffèrent » pour un discours de deux heures à la Chambre des communes, brillante attaque contre les conservateurs dans laquelle il se moquait de la faiblesse de Clark, rappelant implicitement aux Canadiens que Trudeau restait le chef le plus solide du pays. Ils le préparèrent pour des entrevues télévisées où il ne fit pas de quartier aux journalistes indiscrets (Question : « Et vos difficultés conjugales, Monsieur Trudeau ? » Réponse : « Je vous en parlerai si vous me parlez des vôtres ! »). Ils organisèrent pour lui un voyage en Europe et des consultations avec différents chefs d'État, pour rappeler à la population canadienne son envergure internationale. Ils l'aidèrent à organiser deux nouvelles conférences constitutionnelles dans l'espoir, qui se révéla vain, qu'il atteindrait son objectif de rapatrier l'AANB avec une charte des droits.

Mais en mars 1979, tandis que Trudeau s'acheminait vers la fin de son mandat majoritaire, leurs efforts ne semblaient guère avoir donné de résultats. La dernière invention de Margaret Trudeau pour gagner de l'argent et se faire de la publicité était d'écrire ses mémoires, et la publication de À *cœur ouvert* à Londres et à New York coïncidait fâcheusement avec le début de la campagne électorale. Le lancement du livre fut accompagné d'une série d'entrevues fracassantes avec des personnalités de la télévision et des journalistes américains, au cours desquelles, comme une enfant bête et méchante, elle enjoliva le récit de ses aventures avec les gens célèbres de manière à attirer l'attention sur elle, tout en tournant le fer dans la plaie infligée à son mari. Ses incartades constantes avaient finalement réussi à entamer la dignité personnelle de Trudeau aussi bien que sa réputation comme leader politique. Les commentateurs politiques et les animateurs de tribunes téléphoniques demandaient à qui mieux mieux : « Comment faire confiance à un homme qui a un si mauvais jugement[28] ? »

Les titres interrogatifs ou alarmistes des livres publiés alors (Must Canada Fail ?, Canada in Crisis) faisaient écho à l'opinion largement répandue que l'expérience canadienne avait fait fausse route, et que s'il y avait un moyen de sortir le pays de l'impasse, ce n'était pas à Trudeau qu'il fallait le demander. Tout le monde disait que le gouvernement Trudeau était fatigué, ébranlé par les scandales, sans scrupule et incapable. Sa liste de candidats était peu impressionnante et allait le rester, puisque plusieurs des candidats de prestige recrutés pour renforcer l'équipe libérale s'étaient désistés pendant la longue période d'attente qui avait précédé l'annonce de la date de l'élection, ou avaient été battus aux élections complémentaires et avaient renoncé à se présenter de nouveau. Les relations de Trudeau avec les médias et avec le milieu intellectuel restaient rien moins que catastrophiques ; les dirigeants syndicaux continuaient à l'attaquer sur sa politique de blocage des prix et des salaires, qu'ils jugeaient injuste et répressive et dont ils constataient qu'elle avait beaucoup mieux réussi à contenir les revendications syndicales qu'à ralentir la hausse des prix[29].

Les seules choses qui jouaient en faveur de Trudeau à l'approche des élections — dont la date fut enfin fixée, le 26 mars, au 22 mai 1979 — étaient les bataillons électoraux québécois, dont son collègue Marc Lalonde avait su maintenir la cohésion depuis qu'il avait succédé à Jean Marchand au poste de lieutenant du premier ministre pour le Québec trois ans plus tôt, le professionnalisme de ses organisateurs torontois, et sa propre bravade. « Je pourrais perdre, mais je ne perds jamais », dit-il à un groupe de journalistes, qui prirent cette déclaration pour une provocation, quand c'était le défi d'un homme courageux se présentant devant les électeurs avec la quasi-certitude d'être battu[30].

Ces atouts n'étaient pas suffisants pour faire réélire Trudeau. Tout ce que les libéraux réussirent à faire, au terme d'une campagne rendue difficile par l'hostilité des médias, fut d'arracher une mince défaite au gouffre béant de l'annihilation politique. Grâce à la discipline de fer imposée par Lalonde à l'organisation libérale du Québec, à la subtile maîtrise de la manipulation électorale du groupe torontois et à l'emprise que gardait Trudeau sur l'imagination collective, les libéraux réussirent à accroître suffisamment la représentation québécoise et à garder assez de sièges au Canada anglais pour empêcher les conservateurs d'obtenir une majorité[31].

Debout sur l'estrade de la salle de bal du Château Laurier, le soir du 22 mai, Trudeau promit qu'il serait encore là pour la prochaine bataille. Il pouvait espérer que le pire était passé, mais il allait connaître d'autres vicissitudes. Battu dans la vie politique, il ne pourrait plus prétexter les exigences du pouvoir pour ne pas regarder en face les pénibles conséquences de la crise existentielle à laquelle l'avaient mené des difficultés conjugales non encore résolues.

Chapitre sept

DÉFAITE, HUMILIATION, DÉMISSION

Dans les mois qui suivirent, tandis que les conservateurs minoritaires se préparaient à gouverner comme s'ils avaient une majorité, les libéraux prirent leurs quartiers dans les bureaux du chef de l'opposition. Pierre Trudeau garda le silence sur l'effet dévastateur de la double défaite que venaient de lui infliger l'électorat et son épouse. Le lendemain du vote, des journaux du monde entier avaient publié une photo d'agence qui montrait sa femme dansant dans une boîte à la mode de New York, le Studio 54. La photographie avait été prise aux petites heures du matin le 23 mai, au moment où Trudeau accusait le coup de sa défaite, et on y voyait Margaret, bras ouverts et jambe haut levée, un sourire idiot figé sur ses belles lèvres. « ... avec mon pantalon corsaire rose et mes escarpins de danse (...) Je pensais que je surmonterais toutes mes désillusions (...) si seulement je pouvais *sourire* et *danser* ! » L'image symbolisait si bien la chute de Trudeau que tout commentaire aurait été inutile, et les légendes que lui donnèrent les journalistes furent presque toutes pince-sans-rire. Margaret Sinclair Trudeau était devenue au Canada une figure mythique : l'araignée dans le plafond national, la « hippie » déchaînée[1].

Devant cette dernière bordée de trahisons, Trudeau, comme à son habitude, avait gardé le silence, mettant la distance de la dignité entre lui et les écarts de sa femme et soutenant obstinément que sa vie privée ne regardait que lui. Ses conseillers politiques avaient essayé de l'empêcher de lire le livre de Margaret ; pendant la campagne, ils avaient été horrifiés de le trouver la nuit, dans sa chambre d'hôtel, plongé dans les extraits qu'en publiaient les journaux. Après la défaite, Margaret était revenue à Ottawa, en principe pour déménager ses affaires du 24 Sussex et de la maison de campagne du premier ministre à Harrington Lake, et pour réconforter les trois enfants pendant le déménagement à Stornoway, résidence du chef de l'opposition. Comme d'habitude, sa présence provoqua des scènes à répétition. Un vieux libéral venu consulter Trudeau fut accueilli par un spectacle fort embarrassant. Margaret avait improvisé une fête d'adieu pour le personnel du 24 Sussex, y compris les agents de sécurité de la Gendarmerie royale ; elle essayait d'en persuader deux d'apporter leur contribution à l'hilarité générale en jetant l'ex-premier ministre dans la piscine. Trudeau refusant de se laisser faire, les deux policiers eurent recours à la force. Les témoins eurent l'inoubliable privilège de voir l'intellectuel-homme d'État se cramponner des deux mains au montant d'une porte, et les deux colosses lui faire lâcher prise pour le jeter à l'eau tout habillé[2] !

Les conseillers politiques de Trudeau, réduits au rôle de gardes du palais, s'étonnaient qu'il pût subir de tels outrages en privé et se montrer parfois encore aussi insouciant en public. Il se rendit faire sa visite d'adieu protocolaire au gouverneur général dans une Mercedes décapotable qu'on ne l'avait pas vu conduire depuis 1968 ; quand les formalités furent terminées, il sauta dans la voiture et démarra en trombe, juste avant que Joe Clark et les membres de son cabinet arrivent à leur tour pour la prestation de serment. C'est dans la même disposition d'esprit qu'il assista au somptueux mariage de la fille de l'ambassadeur des États-Unis, Thomas Enders ; à la réception, il porta des toasts au champagne à ses ministres déposés, dansa galamment avec toutes les demoiselles d'honneur, s'assurant ainsi, comme l'écrivit Sandra Gwyn dans *Saturday Night*, que tous les invités saisissaient le message : « Vous me regretterez quand je ne serai plus là[3] ».

Mise à part la conférence de presse du mois de juillet où il répondit aux questions qu'on lui posait sur son avenir par un provocant : « Je considère que je suis, aujourd'hui, le meilleur (chef possible du Parti libéral) », il se retira de la politique outaouaise pour se livrer durant tout l'été à ses occupations favorites, comme s'il essayait de retrouver la saveur de sa vie d'avant la politique. Il participa à une dure expédition en canoë dans les Territoires du Nord-Ouest, pagayant toute la journée avec des compagnons de vingt ou trente ans plus jeunes ; il se laissa pousser la barbe, se montra plusieurs fois en public avec la séduisante guitariste classique Liona Boyd, fit en Chine avec son ami l'architecte Arthur Erickson un voyage qui, s'il n'était plus du style « sac-au-dos » puisqu'il comporta des rencontres avec des personnalités officielles à Beijing, ressemblait davantage à des vacances aventureuses qu'à une visite officielle[4].

Mais au début de l'automne, après ce long été d'évasion et de négation de la réalité, celle-ci le rappela à l'ordre sur les deux fronts, personnel et politique. Margaret, qui s'était tenue tranquille pendant l'été, provoqua de nouveau la controverse. Le magazine américain *Playgirl* publia en septembre, entre les habituels articles semi-pornographiques et les non moins habituelles photos d'hommes nus, une interview avec elle contenant des « révélations » qui l'intronisèrent championne toutes catégories de l'indiscrétion. Margaret Trudeau avait confié au magnétophone du rédacteur des souvenirs et des réflexions qu'elle n'avait pas cru bon d'inclure dans son livre. Elle racontait les occasions qu'elle avait eues de faire l'amour avec des célébrités (sport assez semblable au « tennis des célébrités », à ceci près qu'il se pratique sur des terrains variés : la banquette arrière d'une Daimler ou les toilettes pour hommes d'un hôtel cinq étoiles) ; l'avortement qu'elle avait subi adolescente ; comment maintenant elle achetait elle-même son caviar et refusait de respirer du nitrate d'amyle, comme la personne distinguée qu'elle voulait devenir ; le plaisir qu'elle éprouvait à violer l'intimité de Trudeau en décrivant les détails de leur vie commune indifféremment à des intimes ou à des étrangers. Peu après ces révélations, un autre magazine, *High Society*, publia une photographie qui montrait de nouveau Margaret dans une boîte de New York, assise, jambes écartées, ne portant pas de dessous[5].

Tandis que le monde politique faisait des gorges chaudes de ces derniers exploits, on accélérait les préparatifs pour la première session du trente et unième parlement, retardée de plus de quatre mois par le premier ministre fraîchement élu Charles Joseph Clark pour permettre à son cabinet de néophytes de mieux se préparer à gouverner. Le très honorable Pierre Elliott Trudeau, député, devrait affronter la chambre dans les rôles inhabituels pour lui de chef de l'opposition officielle et de plus célèbre cocu du pays. Aussi n'est-il guère surprenant qu'il ne s'y soit pas montré souvent (les journalistes calculèrent qu'en octobre et au début novembre il ne passa à la Chambre qu'à peu près un cinquième du temps qu'elle siégea), et que sa contribution aux débats, mis à part un vigoureux discours pour le « jour des chefs de parti » écrit par Tom Axworthy, ait été, de l'avis quasi général, sans relief. Les chroniqueurs des journaux et de la télévision ne cessèrent pendant ce temps de claironner leur conviction que Trudeau ne serait plus jamais premier ministre, et que le Parti libéral n'était plus que l'ombre de lui-même[6].

La gravité de la situation se répercuta dans les rangs libéraux et attisa le mécontentement au sein du parti. Après avoir été traité pendant des années comme des fantassins ignorants qui doivent se mobiliser pour les élections et se contenter entre temps d'acquiescer en silence, les militants qui, au cours des années 70, pendant le déclin du gouvernement, avaient manifesté publiquement leur loyauté tout en bouillant intérieurement d'impatience, exigeaient maintenant d'être écoutés tant à l'intérieur qu'à l'extérieur des structures officielles du parti. Dans les derniers mois, l'exécutif national du parti avait été le théâtre d'une bataille sans merci entre les libéraux canadiens-anglais, qui voulaient écarter Trudeau pour rebâtir le parti sous la direction d'un chef plus ouvert à leurs préoccupations, et les trudeauistes canadiens-français qui, tout en désapprouvant l'étouffement que Trudeau faisait subir à l'aile non parlementaire du parti, cherchaient désespérément à lui éviter d'être répudié. À la réunion trimestrielle de la direction nationale en juillet, il fallut toute l'habileté procédurière de Jean Marchand, maintenant sénateur et représentant du Québec à la direction, pour faire reporter un vote crucial qui était devenu le nœud de la campagne anti-Trudeau des anglophones : il s'agissait de la date du prochain congrès biennal, au cours duquel, selon la constitution du parti, les participants auraient à voter à bulletin secret sur l'opportunité de tenir un congrès à la direction. Comme la révision du leadership pouvait devenir un mécanisme impersonnel leur permettant d'évincer Trudeau, la plupart des membres anglophones de l'exécutif national voulaient qu'il ait lieu le plus tôt possible. Les Canadiens français voulaient attendre au moins jusqu'à l'automne

1980, après le référendum au Québec. Le vote fut serré ; les francophones obtinrent un sursis jusqu'à la prochaine réunion en novembre. Les anglophones dissidents pleuraient de rage d'avoir été contrecarrés, mais respectueux de la discipline, ne dirent rien aux journalistes.

À peine la question de l'examen du leadership temporairement écartée, un autre feu de brousse se déclara. Le « Grindstone Group », réunion officieuse de réformistes, rassemblait des militants de l'aile non parlementaire, certains anciens adjoints de ministres et quelques membres du caucus qui se rencontraient depuis des années pour parler de l'avenir du libéralisme. Le groupe prit la décision, puisque la direction du parti refusait de le faire, d'organiser un congrès d'orientation en vue de lancer le processus de rénovation idéologique qui devrait, selon ses membres, précéder, et non suivre, le choix d'un nouveau chef. Il passa commande de huit documents de politique générale destinés à servir de base de discussion et lança à deux cents des militants les plus dynamiques du parti, tant anglophones que francophones, et à quelque deux douzaines de députés et d'anciens ministres une invitation à se réunir à Winnipeg pour une fin de semaine de réflexion et de discussion, dans le but d' « élargir le débat au sein du parti, en formulant des idées fraîches et progressistes et en prenant des initiatives susceptibles de ranimer le Parti libéral ». Brillaient par leur absence le chef du parti, son premier secrétaire, son principal conseiller politique, son ancien organisateur en chef et son lieutenant au Québec[7].

Ces absences en disaient long sur la désaffection du parti pour ses dirigeants. Alors qu'il avait été élu chef en s'affirmant partisan d'une démocratie de participation, Trudeau était devenu la proie de la loi d'airain de l'oligarchie. Le petit cercle fermé que les membres du parti appelaient les « initiés » du bureau du premier ministre était l'illustration parfaite de l'analyse fameuse de Robert Michels sur la façon dont un dirigeant se laisse isoler par sa « camarilla », par la garde du palais de ses conseillers. Dans l'atmosphère moins enrégimentée de la défaite, les militants libéraux exprimèrent plus franchement leur hostilité virulente envers l'entourage du premier ministre, dont les conseils avaient, selon eux, conduit le parti au désastre. Leur colère contre Trudeau s'exprimait moins ouvertement ; ils n'en parlaient qu'à voix basse dans les couloirs et les cafés de l'hôtel où se tenait le congrès[8].

Trudeau avait fait un effort pour assister à des réunions du parti dans les différentes régions du pays au cours de l'été et au début de l'automne, mais le cœur n'y était pas. Il résistait aux pressions de son entourage, qui aurait voulu qu'il se fasse valoir auprès des dirigeants provinciaux du parti, ces « hommes d'action de seconde zone », disait Trudeau. « Ils savent qui je suis », répondit-il à James Coutts, resté, dans l'opposition, son premier secrétaire. Il ne se présenta même pas à une réunion importante, un rassemblement de fin de semaine des libéraux de Colombie-Britannique à Vancouver ; il avait fait dire qu'il avait la grippe, mais des photographes le virent à New York entrer dans une boîte de nuit avec une compagne. Même sans cette anicroche, il était à peu près certain qu'à la prochaine réunion de l'exécutif national il y aurait vote, malgré l'opposition des conseillers de Trudeau et de leurs alliés francophones, sur la question de savoir si le congrès — dont l'ordre du jour inclurait obligatoirement un vote sur la question du chef — aurait lieu le printemps suivant. Le moral des militants était si bas que l'exécutif voterait certainement oui et que Trudeau subirait l'humiliation d'avoir à se battre pour garder son poste[9].

Au milieu de ces remous, Trudeau s'était refermé sur lui-même. Il n'affichait plus son insouciance coutumière, ne portait plus de rose à sa boutonnière ; il souffrait d'accès de dépression. Pour la première fois, son apparence et son discours accusaient le poids de l'âge et de la défaite. Coutts avait vaillamment essayé de chasser ses humeurs sombres, en lui disant qu'il suffirait que les libéraux jouent bien leurs cartes pour que le gouvernement conservateur soit battu et qu'il redeviendrait premier ministre. Trudeau écouta ses encouragements sans réagir, comme si les promesses d'avenir ne le concernaient plus. Finalement, le 21 novembre, trois jours avant la réunion de la direction, il convoqua ses principaux collaborateurs à neuf heures du matin, ce qui était inhabituellement tôt, pour leur annoncer sa démission. Il avait envoyé au président du parti, le sénateur Alasdair Graham, une lettre suggérant à l'exécutif national de convoquer un congrès pour lui choisir un successeur[10].

L'annonce de sa démission surprit le pays, mais on reconnut bientôt qu'elle était inévitable. Après tout, l'ère Trudeau avait duré onze ans et avait effectivement pris fin le 22 mai précédent ; Trudeau était l'homme d'hier. Les journaux et les émissions d'affaires publiques de la télévision sortirent les photos et séquences classiques qui illustraient le mieux sa brillante carrière ; les éditorialistes et les chroniqueurs lui rendirent un hommage le plus souvent quelque peu réticent. Il resterait une énigme, un premier ministre qui n'avait pas tenu tout ce qu'il promettait, le défenseur entêté d'un rêve impossible, un politicien raté qui allait maintenant connaître l'oubli où s'enfoncent les patriarches[11].

* * *

Pour les gens de la camarilla, ces « notices nécrologiques », comme ils les appelaient, étaient exaspérantes. Tom Axworthy, qui était devenu le principal conseiller politique du bureau du chef de l'opposition, racontait qu'il n'avait pas pu dormir cette nuit-là : « Je frappais du poing mon oreiller en criant à ma femme : " Le salaud ! il n'aurait pas dû. Nous le lui aurions redonné " . »

Le sentiment de fidélité exacerbé par l'adversité qu'exprimait Axworthy régnait dans les bureaux de l'opposition depuis que les hommes de Trudeau y avaient emménagé en mai après la défaite. Ils avaient laissé dans le bureau du premier ministre un écriteau portant l'inscription : « Nous reviendrons ». James Coutts, qui se targuait de garder son calme en toutes circonstances, avait passé l'été et l'automne à répéter à qui voulait bien l'entendre : « Nous avons été battus, mais pas anéantis. » Mais il ne disait à personne en dehors de son petit groupe qu'il avait soigneusement préparé une stratégie pour remettre la main sur le pouvoir. D'ailleurs, très peu de gens étaient disposés à écouter ses déclarations optimistes ou à partager ses projets de revanche[12].

Depuis deux ou trois ans, Coutts n'était plus tenu en odeur de sainteté dans le petit monde cancanier de la politique canadienne. Les ambitieux et les puissants qui avaient d'abord vu en lui un garçon drôle et sympathique, un politicien habile et serviable, le considéraient maintenant comme un super-manipulateur, un intrigant politique sans principes et, pire encore, comme quelqu'un dont les intrigues avaient fait long feu. Pendant l'été et l'automne 1979, le tout-Ottawa se dit heureux de les voir, lui et son patron, quitter le pouvoir, estimant qu'ils n'avaient que ce qu'ils méritaient. Coutts subit courageusement l'hostilité de ceux qui naguère recherchaient ses faveurs, tirant consolation des enseignements de sa longue carrière, en particulier de cette maxime désabusée qu'aimait citer Lester Pearson : « Soyez gentils avec ceux que vous croisez en montant, vous les retrouverez en descendant. »

Dans les circonstances, Coutts ne s'attendait pas à être félicité pour son travail comme bras droit de Trudeau pendant la campagne de 1979. Pourtant, de bien des façons, il avait rendu à son chef, au cours de cette morne saison électorale, des services plus remarquables que tout ce qu'il avait fait au cours de plus d'un quart de siècle de dévouement à la cause libérale, depuis son adolescence dans une petite ville de l'Alberta. Étudiant en droit, organisateur provincial, secrétaire adjoint de Pearson, étudiant de MBA à la Harvard Business School, conseiller en gestion à Toronto, enfin premier secrétaire de Trudeau, il était resté fidèle au Parti libéral. Petit homme dont l'expression souriante cachait un esprit calculateur, Coutts savait parfaitement que les chances de victoire libérale à l'élection de 1979 étaient presque nulles. Autour de lui, tout le monde jouait les Cassandres, mais Coutts restait calme. Au cours de cette campagne particulièrement difficile, pendant huit semaines de tournée épuisante, il avait piloté Trudeau sans rien perdre de sa détermination d'utiliser toutes les astuces dont ses collaborateurs et lui disposaient pour tenter d'empêcher les conservateurs d'emporter une majorité. Une seule fois, il s'était laissé aller en public, et on l'avait vu les larmes aux yeux (elles étaient dues, prétendit-il, non au désespoir mais à l'émotion causée par le discours de Trudeau). Coutts savait que, si les Canadiens avaient fait confiance au Parti libéral pendant plus de quarante ans, c'était parce que celui-ci avait démontré sa capacité de gérer les affaires du pays, tandis qu'ils se méfiaient du chef conservateur, jeune et manquant d'assurance. Coutts avait un programme à long terme, dont le premier point était de limiter les pertes du Parti libéral, de façon à conserver des chances de victoire future. Le 22 mai, les libéraux se retrouvèrent avec vingt-deux sièges de moins que les conservateurs, mais vingt de ces sièges n'avaient été perdus que par moins de mille voix ; et le pourcentage des voix était de 40 % pour les libéraux, 36 % pour les conservateurs, 18 % pour le NPD et 5 % pour le Crédit social[13].

Fort de ces résultats, Coutts entreprit aussitôt de préparer la prochaine élection, qui ne pouvait manquer, pensait-il, d'avoir lieu dans un an au plus tard. Tandis que presque tous les libéraux étaient désespérés par leur défaite, Coutts s'était remis au travail. C'est lui qui avait conseillé à Trudeau de se montrer peu pendant l'été, de laisser Clark profiter de sa lune de miel avec la presse et le public ; il avait insisté pour que le bureau du chef de l'opposition fonctionne autant que possible comme celui d'un premier ministre en exil, tienne chaque semaine une réunion de stratégie et prépare pour Trudeau des dossiers approfondis ; il avait, avec l'aide experte de Tom Axworthy, supervisé la composition du cabinet fantôme et des comités politiques du caucus libéral qui devaient entretenir le dynamisme des députés ; c'était lui qui tenait en respect les « crocodiles », tâchant de contenir les ennemis de Trudeau au sein du parti en recourant à toutes les manœuvres procédurières imaginables pour retarder les délibérations de l'exécutif national, persuadant les députés fidèles de se rendre nombreux à Winnipeg pour « noyer dans l'amour » le congrès d'orientation organisé par les « réformateurs », répondant aux questions sur des querelles intestines par des déclarations lénifiantes sur la démocratie au sein du parti et le besoin de participation et de renouvellement ; c'était lui enfin qui soutenait que Clark et les conservateurs allaient être les artisans de leur propre défaite[14].

Coutts n'éprouvait que dédain pour le nouveau premier ministre conservateur depuis qu'ils avaient été étudiants et avaient fait de la politique en même temps à l'Université de l'Alberta ; dans un « parlement-école », Clark avait joué le chef de l'opposition conservatrice face au premier ministre libéral Coutts. Coutts avait vu Clark abandonner deux fois ses études de droit, travailler pour Robert Stanfield sans se signaler particulièrement, puis atterrir un jour aux Communes, à titre de député de la circonscription de Rocky Mountain et devenir un consciencieux député d'arrière-ban. Après l'élection-surprise de Clark à la direction du Parti progressiste conservateur en 1976 à trente-six ans, Coutts, premier secrétaire de Trudeau, fit tout pour exploiter son inexpérience et nourrir le scepticisme général quant à ses capacités de chef. Il veilla à ce que les députés libéraux du premier rang le harcèlent à la Chambre des communes, convainquit Trudeau d'attribuer, tant qu'il fut premier ministre, des postes convoités aux principaux députés conservateurs qui auraient pu seconder efficacement Clark dans sa tâche de chef de l'opposition. Il s'employa à propager les innombrables plaisanteries sur « Joe qui ? » dont s'amusait le gratin de la politique et des affaires à la fin des années 70 ; il en inventait lui-même à l'occasion. Ces plaisanteries, vite reprises par les journaux, contribuaient à former l'opinion que le public se faisait du chef conservateur. En voici un exemple : Joe Clark marche dans une rue de sa ville natale, High River en Alberta, un canard sous le bras. « Qu'est-ce que tu fais avec cette dinde ? demande un passant. — Ce n'est pas une dinde, répond Clark avec bienveillance, c'est un canard. — Ce n'est pas à toi que je parle, idiot, rétorque le passant, c'est au canard[15] ! »

Lorsque Clark fut installé au gouvernement et que les observateurs politiques commencèrent à prophétiser que les conservateurs pourraient bien rester au pouvoir jusqu'à la fin du siècle, Coutts se rassurait et rassurait son entourage en prédisant que le triple syndrome conservateur — manque d'expérience du pouvoir, conflits internes, hostilité du Québec — déclencherait le même processus d'autodestruction qui avait eu raison de tous les gouvernements conservateurs depuis la Première Guerre mondiale. Il minimisait le fait que Clark, au terme d'une campagne habilement conçue et dirigée par son ami Lowell Murray, avait gagné l'élection grâce à une superbe organisation et à une stratégie impeccable, battant les libéraux à leur propre jeu. Il préférait attribuer la défaite libérale à la perte d'orientation politique survenue au cours des années 70. Cette interprétation sous-entendait que le Parti libéral continuait à être le détenteur légitime du pouvoir, dont il n'était écarté que temporairement. C'était ce que les libéraux pensaient depuis des décennies ; les journalistes parlementaires d'Ottawa n'étaient pas loin de croire la même chose, à en juger par le ton de leurs commmentaires sur l'action du gouvernement pendant l'été et au début de l'automne 1979, quand les conservateurs faisaient l'apprentissage du pouvoir après seize années dans l'opposition[16].

Le caucus conservateur comptait une pléthore de députés des provinces de l'Ouest tandis que le Québec y était sous-représenté ; Clark avait pourtant réussi à composer un cabinet plus progressiste et plus prometteur que le troisième cabinet Trudeau. Espérant que sa substantielle minorité lui permettrait de se maintenir au pouvoir pendant deux ou trois ans, Clark avait choisi de procéder prudemment : il avait donné quatre mois à ses ministres pour préparer le programme législatif qu'ils présenteraient en Chambre ; il était revenu sur la menace qu'il avait brandie pendant la campagne de purger la fonction publique des hauts fonctionnaires réputés libéraux (non sans avoir limogé Michael Pitfield, le secrétaire du Conseil privé, dont on disait qu'il devait son poste à l'amitié de Trudeau). Mais il avait conservé le système de comités ministériels mis en place par Pitfield et suivi ses conseils sur la façon d'en corriger les défauts. Les procédés de Clark lui gagnèrent l'appui des hauts fonctionnaires qui, d'abord sceptiques, en vinrent à le trouver plus efficace pour présider son cabinet que Trudeau à la fin des années 70. Malheureusement, en dehors des cercles politiques d'Ottawa, la façon mesurée dont Clark abordait ses nouvelles fonctions fut interprétée moins comme de la prudence que de la timidité[17].

Quand s'ouvrit la session parlementaire en octobre, l'idée que Clark était une « lavette » s'était d'autant plus facilement imprimée dans l'esprit de la population qu'il avait de la difficulté à tenir ses engagements électoraux. Sa promesse de diminuer les impôts pour stimuler l'économie avait été sabotée par son propre ministre des Finances John Crosbie, rapidement converti par les fonctionnaires de son ministère aux préceptes du conservatisme fiscal ; celle de déménager l'ambassade du Canada en Israël de Tel Aviv à Jérusalem s'était heurtée aux réalités politiques du Moyen-Orient, plus précisément aux menaces de représailles économiques des puissances pétrolières arabes. Son engagement à privatiser Pétro-Canada, création des libéraux, avait soulevé l'opposition têtue des fonctionnaires du ministère de l'Énergie, soucieux de minimiser les répercussions de la nouvelle crise pétrolière qui avait éclaté plus tôt dans l'année. La question de l'énergie était également à l'origine d'une difficulté encore plus sérieuse : l'incapacité où s'était trouvé Clark, malgré ses vœux pieux de remplacer rapidement, dans le domaine des relations fédérales-provinciales, la politique de confrontation de Trudeau par des rapports de coopération. Dans les rencontres fédérales-provinciales de l'été et de l'automne, il n'avait pas su tenir tête à l'agressivité hautaine de Peter Lougheed, premier ministre conservateur de l'Alberta riche en pétrole. En paraissant prêt à céder à ses demandes de hausse du prix du pétrole, il avait indisposé William Davis, premier ministre conservateur de l'Ontario industriel, consommateur d'énergie. Aux antagonismes des années Trudeau, succédaient des mécontentements d'une autre nature[18].

En dépit de ces difficultés, Clark et ses proches conseillers continuaient à penser que la prudence était la bonne méthode et qu'ils allaient réussir à se maintenir au pouvoir, à plus forte raison après la démission de Trudeau en novembre. C'était compter sans les machinations de James Coutts et la volonté de vaincre de Pierre Trudeau.

Chapitre huit

RESTAURATION, TRANSFORMATION
ET RÉSURRECTION

Quand Pierre Trudeau décida de démissionner, en novembre 1979, James Coutts se trouva temporairement démoralisé. Il laissa paraître son dépit un jour ou deux. Le lendemain de la démission, au cours d'un dîner avec un ami, Coutts avait fumé cigarette sur cigarette, intarissable de commentaires, essayant à peine de faire contre mauvaise fortune bon cœur. Étant donné l'animosité générale que leurs efforts en faveur de Trudeau avaient suscitée, Coutts et ses proches alliés voyaient le départ de ce dernier non seulement comme la fin d'une ère, mais aussi comme la fin — du moins à court terme, peut-être définitive — de leur propre influence politique[1].

En moins d'une semaine, toutefois, Coutts avait retrouvé toute son insouciance. Le 29 novembre, une fête fut organisée à Toronto en l'honneur de Sylvia Ostry, économiste du gouvernement. La présence des deux principaux candidats à la succession du chef libéral, Donald Macdonald et John Turner, donnait un piquant supplémentaire à la soirée. Coutts se promenait avec aisance d'un invité à l'autre, régalant ses amis de ses aphorismes et confondant ses critiques avec esprit. Vers le milieu de la soirée, Murray Frum, promoteur immobilier, fin observateur du jeu mondain, demanda à un ami : « Comment se fait-il que Coutts soit de si bonne humeur ? Il est sûrement au courant de quelque chose que nous ignorons[2]. »

Ce que Coutts connaissait, c'étaient les résultats encore inédits d'un sondage qui allaient confirmer ce qu'il avait répété à

Trudeau tout l'automne. Les pourcentages révélaient que les libéraux pourraient remporter une élection précipitée, même avec Trudeau toujours à leur tête. Coutts savait aussi qu'il y avait de bonnes chances que le gouvernement conservateur soit renversé au cours du vote de confiance auquel on procéderait normalement à la Chambre des communes le mois suivant, à l'occasion du débat sur l'exposé budgétaire[3].

Décembre commença sous d'heureux auspices : les journaux publièrent les résultats d'un sondage Gallup montrant que les libéraux avaient la faveur de 47 % des électeurs décidés. Les conservateurs récoltaient 28 % des intentions de vote, les néo-démocrates 23 %. Ces résultats confirmaient ceux des sondages de Goldfarb que Coutts lui-même avait commandés. Toutefois, ces calculs réconfortants, il ne les divulgua pas, répondant toujours aux journalistes que les résultats du sondage Gallup ne voulaient plus rien dire depuis la démission de Trudeau. À ses intimes, Coutts déclara qu'il devait réfléchir à son propre avenir. Il allait s'envoler pour la Floride, où il passerait quelques jours à Palm Beach, chez le multimillionnaire montréalais Paul Desmarais.

Le 9 décembre, Coutts était rentré à Ottawa dans une forme éclatante. C'était la semaine du budget dans la capitale nationale, et il était persuadé que quelque chose de dramatique s'y produirait. Coutts lui-même, malgré toute sa détermination, n'aurait pu savoir à l'avance à quel point les événements des dix jours suivants allaient ébranler le monde politique canadien.

La première surprise se produisit le matin du lundi 10 décembre : John Turner, ci-devant ministre des Finances devenu avocat de Bay Street, annonçait au cours d'une conférence de presse à Toronto qu'il ne briguerait pas la direction du Parti libéral. Les fidèles libéraux du Québec et du Canada anglais étaient convaincus que le poste échoirait à Turner, qui n'avait qu'à se donner la peine de le prendre. Les politiciens d'Ottawa ruminaient encore cette nouvelle le lendemain soir, quand les députés se réunirent aux Communes pour écouter les détails du budget « réaliste » des conservateurs. Les tribunes étaient bondées de curieux. John Crosbie, ministre des Finances, commença à faire lecture des mesures d'austérité économique du gouvernement, entrecoupant son texte de railleries partisanes qu'il débitait avec le rythme traînant de son accent terre-neuvien soigneusement entretenu. Assis dans les tribunes, Coutts arrivait à peine à contenir sa joie. Les augmentations d'impôts prévues dans le budget étaient si régressives, si dures pour le contribuable ordinaire et si favorables aux riches, que la réalité dépassait ses plus folles espérances[4].

D'autres libéraux futés — particulièrement Allan MacEachen, leader libéral aux Communes, et Marc Lalonde, alors critique du parti en matière d'énergie — comprirent immédiatement que l'on pourrait attaquer vigoureusement le budget en le qualifiant d'injurieux pour le citoyen ordinaire. Leur opinion fut confirmée après la fin du discours de Crosbie, quand les députés libéraux discutèrent des dispositions du budget avec des fonctionnaires et des journalistes, dans les couloirs des Communes et dans les fêtes de bureau organisées après le discours du budget. Les conservateurs proposaient une augmentation d'impôt de 18 cents le gallon d'essence. Du point de vue fiscal, cette mesure se révélait être un moyen logique de financer une des promesses électorales auxquelles Clark tenait obstinément : le crédit d'impôt pour les versements hypothécaires et les impôts fonciers. Mais sur le plan politique, cette façon détournée de pénaliser les ouvriers pour subventionner la propriété foncière de la classe moyenne constituait une erreur de taille. Elle annonçait que les temps allaient être difficiles sous le régime conservateur et prouvait que, si Clark tenait le langage rose d'un progressiste des Prairies, son ministre des Finances était inféodé à celui, bleu marine, de Bay Street[5].

Le lendemain, à la réunion hebdomadaire de leur caucus, la détermination des libéraux se raffermit, tandis que les députés du parti, guidés par un éloquent discours de MacEachen, s'exhortaient mutuellement de ne pas se contenter de voter contre le budget, mais de se serrer les coudes pour faire tomber ce gouvernement sans cœur. Le mercredi soir, à la réception annuelle de Noël des libéraux, l'alcool et l'imminence de la bataille parlementaire créaient une espèce d'euphorie dans la foule. Pour la première fois depuis des années, les libéraux en tant que collectivité sentaient qu'ils pouvaient se mettre d'accord sur l'idéologie que leur parti défendait. C'était comme s'ils pouvaient enfin oublier les blessures et la confusion des années 70, quand le Parti libéral était considéré de l'extérieur comme corrompu et divisé de l'intérieur par ses factions.

Quels que soient la réussite personnelle et le pouvoir qu'avaient recherchés et obtenus les libéraux, la plupart d'entre eux nourrissaient encore le sentiment d'appartenir à un parti de réforme, un parti soucieux d'équité sociale, d'être de vrais libéraux. D'un seul coup, les conservateurs leur redonnaient un but.

Jeudi matin, des rumeurs commencèrent à circuler sur la colline parlementaire, selon lesquelles Clark et son cabinet ne se rendaient pas compte à quel point leur emprise sur le pouvoir était précaire. Les conservateurs avaient décidé un peu plus tôt, par l'entremise de leur leader à la Chambre, que le traditionnel vote de confiance sur le budget aurait lieu dans la soirée du jeudi 13 décembre. Mais ils avaient négligé de s'assurer qu'ils pouvaient obtenir la majorité des voix à la Chambre pour le défendre. Bon nombre de conservateurs se trouvaient à l'extérieur de la capitale. Leur allié occasionnel, Fabien Roy, chef des créditistes, avait appuyé la minorité conservatrice au cours de deux votes de confiance plus tôt cet automne-là. Mais Roy était dérangé par l'insensibilité du gouvernement relativement aux répercussions du nouvel impôt sur les Québécois, plus particulièrement sur les agriculteurs et sur les propriétaires de petites entreprises de sa propre circonscription électorale de Beauce. Par le biais d'un intermédiaire, il informa les conservateurs que son caucus, qui ne se composait désormais que de cinq députés (l'un de ses députés était passé au Parti conservateur), s'abstiendrait de voter si le gouvernement ne s'engageait pas à appliquer le produit du nouvel impôt à des réalisations dans le secteur de l'énergie au Québec. Clark, qui croyait pouvoir pousser les créditistes à se joindre au petit groupe de députés conservateurs du Québec, rejeta carrément la proposition de Roy. La ligne de pensée du premier ministre, influencée par les conseils de son président de campagne Lowell Murray, reposait sur l'hypothèse selon laquelle, au moment crucial du vote, les libéraux perdraient leur assurance. Il était convaincu que, sans chef, les libéraux ne pourraient persuader tous leurs députés de voter contre le gouvernement, avec les néo-démocrates, lesquels étaient impatients de précipiter la tenue d'une élection avant que les libéraux ne dissipent l'imbroglio entourant leur leadership. Même si les libéraux avaient assez d'audace pour monter une telle manœuvre, les conservateurs croyaient qu'ils gagneraient la seconde élection de toute façon. Ce scrait une répétition de 1958, année glorieuse durant laquelle le premier ministre conservateur John Diefenbaker et son gouvernement minoritaire élu en 1957 se firent réélire avec une majorité écrasante, en faisant campagne contre les libéraux et leur arrogance foncière[6].

Les conseillers de Clark refusaient depuis août de commander leurs propres sondages d'opinion, malgré l'avis de leur sondeur attitré, Allan Gregg, selon lequel le soutien public aux conservateurs fléchissait. Ils considéraient les résultats du sondage Gallup de la semaine précédente comme une aberration. Les conservateurs de Clark refusèrent de reporter le vote de confiance par un délai de procédure au moins jusqu'au lundi suivant, ce qui leur aurait permis de rassembler la totalité de leurs députés et d'ébranler la fragile solidarité des députés libéraux. Le jeudi soir, à huit heures, ils entrèrent à la Chambre, impassibles, prêts à faire face à leur destin. Plus tard, quand quelqu'un laissa entendre à un libéral bien connu que la décision des conservateurs de respecter leur engagement à voter était courageuse et noble, ce dernier répondit : « Ce n'était pas du courage, mais plutôt de la stupidité. Ces empotés ne savent même pas compter[7]. »

Les libéraux, eux, savaient compter. Et, ce soir-là, ils avaient réuni dans la Chambre des communes tous leurs députés, sauf un. L'un d'eux se fit même conduire de l'hôpital en ambulance. À 22 h 23, ils furent tous récompensés : le gouvernement tombait par un vote de 139 contre 133. Le premier ministre Joe Clark se leva et annonça qu'il se rendrait sur-le-champ chez le gouverneur général pour lui demander la dissolution du Parlement. La première moitié de la stratégie de Coutts avait réussi. Il y aurait une élection. Quant à la seconde moitié, elle réussirait, à condition que le Parti libéral et son chef de naguère réagissent comme Coutts espérait qu'ils le feraient[8].

Pendant que se déroulait ce drame, Trudeau avait gardé envers la politique et les politiciens l'attitude distante qu'il avait adoptée quelques semaines auparavant. Au cours de la réunion du caucus, le mercredi, il avait reconnu que les conservateurs méritaient d'être défaits sur la question du budget, tout en faisant observer à ses collègues que son opinion à lui n'avait pas plus de poids que la leur, puisque de toute façon il ne dirigerait pas les libéraux, dans l'éventualité d'une élection précipitée. Puis, durant la séance de stratégie préparatoire à la période des questions de l'après-midi, il avait carrément refusé de poser les questions tendancieuses sur le budget que le critique libéral des Transports, Ed Lumley, avait préparées pour brouiller Clark avec les créditistes. « J'ai terminé [mon travail de chef] », expliqua-t-il. Quand son adjointe parlementaire, Joyce Fairbairn, protesta en disant : « Monsieur, les événements ont prouvé que vous aviez raison [au sujet de l'impôt sur l'énergie] », il l'interrompit brusquement : « Je ne m'occupe plus de ça. » Ce même jour, à la soirée de Noël du caucus, il avait été manifestement mal à l'aise. Le masque qu'il portait généralement à ces occasions — celui d'un seigneur parmi son bon peuple — avait disparu[9].

Les événements extraordinaires du jeudi n'avaient pas semblé modifier son attitude. C'est sans émotion qu'il vota la chute du gouvernement. Quand les libéraux se réunirent le vendredi matin pour délibérer du plan d'action à suivre, compte tenu de l'imminence d'une élection, Trudeau se fit sibyllin. Quand on évoqua la possibilité de son retour à la tête du parti, il déclara : « Le souverain devra me le demander trois fois à genoux. » Demandant que le caucus tienne un scrutin secret sur la question, l'ex-chef quitta la réunion à la hâte pour passer le week-end à Montréal, où il négociait l'achat d'une maison. Le message qu'il avait laissé était ambigu. Certains députés y voyaient le signe que Trudeau n'était pas disposé à redescendre dans l'arène. D'autres avaient l'impression qu'il jouait un petit jeu, qu'il tendait le bras en semblant dire : « Forcez-moi la main ; forcez-moi à revenir. » D'autres encore comprenaient que Trudeau ne savait pas trop quoi faire et qu'il avait besoin qu'on le persuade d'agir dans un sens ou dans l'autre. Allan MacEachen faisait partie de ce dernier groupe. L'un des ultimes libéraux pearsoniens sur la scène publique, MacEachen était un catholique de gauche et se considérait comme un libéral au sens idéologique comme au sens politique. Il croyait que le retour de Pierre Trudeau était essentiel à la survie du Parti libéral. Pour l'obtenir, il mit à l'œuvre l'éloquence qu'il avait apprise en même temps que le gaélique auprès de sa mère, au Cap-Breton. Quand le caucus se divisa en sous-groupes régionaux afin de discuter de la question Trudeau, il n'éprouva aucune difficulté à convaincre ses compatriotes des provinces maritimes. Mais quand les sous-groupes se réunirent plus tard dans l'après-midi, il se rendit compte que l'unanimité était loin d'être faite.

Le minuscule groupe de l'Ouest s'opposait avec véhémence au retour de Trudeau qui, selon lui, mettrait le point final aux espoirs que Lloyd Axworthy, député de Winnipeg, entretenait de devenir chef du Parti libéral, et provoquerait presque certainement la défaite de tous les candidats libéraux à l'ouest des Grands Lacs. Quant au groupe ontarien, il était divisé sur la question. Les députés qui appuyaient la candidature non encore annoncée de Donald Macdonald, l'autre ancien ministre des Finances devenu avocat à Toronto, regimbaient, tandis que ceux qui avaient soutenu la candidature avortée de John Turner préféraient voir Trudeau reprendre temporairement le collier, ce qui pourrait augmenter les chances que Turner se ravise et se porte candidat à une date ultérieure. Le groupe de députés québécois était vivement favorable au retour de Trudeau. (Une exception surprenante : Marc Lalonde. Celui-ci croyait que l'on devait épargner à Trudeau l'épreuve d'une autre campagne électorale qui, à son avis, serait perdue par les libéraux.) Jean Marchand pressa ses confrères de s'abstenir de voter au caucus national ; il craignait de donner l'impression que les soixante-sept députés québécois se servaient de leur majorité pour imposer Trudeau au Parti libéral. Marchand était d'avis que, dans l'intérêt de l'unité nationale, la décision devrait être laissée aux quarante-sept députés représentant les provinces anglophones.

Devant ces puissants courants contraires, MacEachen se leva et prononça le discours que ses collègues verraient plus tard comme le plus brillant de sa carrière. Rappelant aux députés libéraux que, à peine deux jours auparavant, ils avaient décidé de tout faire en leur pouvoir pour renverser le gouvernement conservateur, il les exhorta à être cohérents dans leur action et fidèles à leurs principes. MacEachen savait de Martin Goldfarb que les libéraux avaient une avance de vingt points dans les sondages que son entreprise avait effectués. Il savait également que jamais le soutien public d'aucun parti, à la veille d'une élection, n'avait fléchi de plus de dix pour cent au cours d'une campagne, depuis l'avènement des techniques de sondage modernes, dans les années 40. Il était évident que les libéraux seraient élus avec une majorité. Ce que le parti ne pouvait se permettre, c'était que, au beau milieu d'une campagne électorale, l'énergie de ses candidats soit sapée par une course à la direction qui sème la division et l'amertume. Le discours de MacEachen constitua un grand tournant. Les députés se levèrent l'un après l'autre pour appuyer la position de MacEachen. À la fin de la soirée, l'assemblée libérale convint unanimement (mais sans le scrutin secret qui aurait permis aux sceptiques de manifester leur dissidence) que l'on demande à Trudeau de reprendre immédiatement la tête du parti. Le souverain s'était mis à genoux une première fois.

C'était une chose de persuader un caucus qui vivait avec émotion la communion d'une expérience collective. C'en était une autre que d'en arriver à un consensus avec la direction hors parlement du parti plutôt antagoniste. Quand cette direction se réunit d'urgence le matin du samedi 14 décembre, la plupart des membres anglophones étaient furieux de la décision du caucus que Coutts, selon eux, avait manipulé par le biais de MacEachen et qui, pour ainsi dire, faisait du retour de Trudeau un fait accompli. Sachant qu'il ne pourrait jamais obtenir de ce groupe le soutien unanime pour Trudeau même avec un vote à main levée, MacEachen recourut une fois de plus aux arguments qui lui avaient réussi. Il se fia au président francophone de l'assemblée, Jacques Guilbeault, pour défendre la position du Québec, ayant bon espoir que certains de ses alliés anglophones hors parlement entendraient raison. Gordon Dryden, le trésorier, annonça que le parti avait les moyens de s'engager dans une élection précipitée. Certains membres insistèrent alors pour que, cette fois-là, la direction du parti participe à la formulation de la plate-forme électorale : ils étaient résolus à ce que l'on empêche le « petit noyau du bureau du premier ministre » de dominer le chef. Finalement, un participant proposa la motion que l'on demande à Trudeau de reprendre la direction du parti : vingt membres votèrent en faveur de la proposition, cinq s'y opposèrent et six s'abstinrent. Par la suite, un membre francophone de la direction nationale alla voir Lorna Marsden, sociologue de l'Université de Toronto et activiste du Parti libéral. Marsden avait d'abord appuyé la demande d'une remise en question immédiate de la direction, puis avait été en faveur du retour de Trudeau. Son interlocuteur lui dit à quel point il était soulagé de constater qu'après tout elle n'était pas raciste. Les disputes franco-anglaises qui avaient duré pendant bon nombre de mois au sein de la direction nationale étaient maintenant mises hors circuit. Le souverain s'était agenouillé une deuxième fois[10].

Les éminences grises du parti décidèrent ensuite de se réunir à Stornoway le dimanche après-midi, dès le retour de Trudeau à Ottawa, et de lui faire part des événements des quarante-huit dernières heures. Coutts et Axworthy arrivèrent les premiers pour révéler à leur patron les résultats d'un sondage téléphonique secret que l'entreprise de Goldfarb avait mené dans six circonscriptions clés, le vendredi et le samedi précédents. Ce sondage confirmait que les libéraux gagneraient l'élection avec Trudeau, remportant au Canada anglais des résultats aussi bons qu'avec n'importe quel autre chef en puissance, et, au Québec, encore bien meilleurs. Ensuite, les trois hommes reçurent Torrance Wylie, agent officiel du parti, les sénateurs Alasdair Graham, de Nouvelle-Écosse, et Gil Molgat, du Manitoba, représentants de la direction nationale, ainsi que Allan MacEachen et Jacques Guilbeault, respectivement représentants des sections anglophone et francophone du caucus. On mit sur le tapis toutes sortes d'idées et d'arguments contradictoires. Trudeau rejeta sommairement la suggestion selon laquelle il devrait accepter les conditions que pourrait lui imposer la direction nationale du parti. Tom Axworthy fit remarquer que les chances pour Trudeau d'influencer la campagne référendaire seraient plus grandes s'il était premier ministre que simple citoyen, si distingué qu'il fût. Le message était simple : le parti a besoin de vous pour gagner l'élection ; le Québec a besoin de vous pour le référendum ; le pays a besoin de vous pour son unité. Le souverain s'était agenouillé une troisième fois. Mais il revenait à son distingué sujet de décider s'il accéderait à sa demande.

Tout au long de la journée du lundi 17 décembre, Trudeau continuait de peser l'impondérable. En quête de conseils, il téléphona à son ami Gérard Pelletier, à l'ambassade du Canada à Paris, et à son ami Jacques Hébert, à Montréal. Il appela aussi Michael Pitfield, qui enseignait alors à la Kennedy School of Government, à Cambridge, pour lui demander s'il reprendrait son travail de greffier du Conseil privé si le parti se faisait réélire. Trudeau alla également dîner au restaurant du Château Laurier avec Gordon Robertson, son ancien greffier du Conseil privé et secrétaire de cabinet aux relations fédérales-provinciales, qui prenait sa retraite de la fonction publique après une carrière de trente-cinq ans. Quand, après le repas, Robertson quitta le restaurant, Trudeau se joignit à Coutts, Axworthy, Davey et MacEachen qui dînaient ensemble dans un coin retiré du restaurant. Il avait une série de questions « hypothétiques » à poser à ces fidèles partisans. En supposant qu'il revienne à la tête du parti — et il était loin d'une telle décision — quelle serait l'orientation de celui-ci ? Axworthy le rassura : son groupe de recherche pourrait définir une plate-forme électorale en peu de temps, avec l'aide de certains membres du parti. Trudeau s'attarda sur d'autres détails secondaires, mais son ton était tel que Coutts lui-même se sentait mal à l'aise.

Coutts et ses complices avaient épuisé tous les arguments de leur arsenal, mais leur patron se montrait intraitable. Coutts rentra à son bureau et téléphona à Ed Lumley, critique du parti en matière de transport, qui, en tant que supporter ardent de Turner, avait d'abord pensé que la manœuvre du budget serait désastreuse. Une fois le gouvernement conservateur renversé, Lumley s'était rallié à l'opinion de MacEachen : le sang coulerait si une course à la direction devait avoir lieu à ce moment-là. Il avait téléphoné à Turner, qui avait convenu que Trudeau était le meilleur choix dans les circonstances. Le dimanche, MacEachen avait pressé Lumley de dire à Trudeau que, dans le parti, le soutien à sa résurrection débordait désormais les cadres de son personnel et de l'aile gauche. Coutts, qui avait fait de son mieux pour isoler Trudeau des dissidents du parti, incitait Lumley à parler directement au patron. Lumley demanda à Don Johnston, autre député de la prétendue aile droite du parti et avocat de Trudeau à Montréal, de l'accompagner à Stornoway, où ils s'entretinrent avec l'ex-premier ministre pendant plus d'une heure. Même si Trudeau déclara alors qu'il était touché par la démarche de ces anglophones qui venaient lui dire combien ils avaient besoin de lui, Lumley et Johnston signalèrent à Coutts, au souper, qu'ils ne sauraient dire de quel côté Trudeau penchait. Coutts finit par s'excuser et s'en retourna au bureau du chef de l'opposition pour demander à Axworthy de rédiger deux discours. À la conférence de presse prévue pour le lendemain, Trudeau devrait choisir entre celui qui rejetait et celui qui acceptait la demande du parti de reprendre le collier.

RESTAURATION, TRANSFORMATION ET RÉSURRECTION

Le matin du mardi 18 décembre, le climat était encore à l'incertitude. Coutts appela Stornoway sans tarder. Trudeau lui dit que sa réponse serait probablement non. Coutts se rendit en vitesse à Rockcliffe pour lui exposer ses arguments une fois de plus. En concluant, il attaqua Trudeau de front. « Qu'est-ce qui vous fait peur ? » lui demanda-t-il. Il continua de tisser la toile de son argument bien pesé, déclarant à Trudeau que celui-ci n'avait rien à perdre, sinon un ou deux mois de campagne. « Si nous perdons l'élection, lui dit-il, vous serez dans la même position que maintenant. Mais si nous la gagnons — et les sondages indiquent une victoire décisive —, vous serez en mesure d'atteindre vos objectifs politiques. Vous pourrez combattre René Lévesque sur la question du référendum, et vous engager sans délai dans le programme constitutionnel que vous avez proposé au cours de la campagne du printemps dernier. Après cela, vous pourrez prendre votre retraite. Les notices nécrologiques qu'on fera de votre carrière seront bien différentes de celles qu'on a faite en novembre. »

On se serait cru à l'opéra. Coutts, invraisemblable Méphistophélès en nœud papillon et en bretelles, offrait à Faust une dernière chance de réaliser ses rêves héroïques. Trudeau prit sa décision presque au dernier moment. Il se rendit avec Coutts, en voiture, à la conférence de presse. Coutts était le seul au pays à savoir que Trudeau avait l'intention de reprendre la direction du parti. L'autre complice dans la tentative de faire revenir Trudeau, Tom Axworthy, était assis dans le bureau du chef de l'opposition. Il regardait anxieusement le début de la conférence de presse à la télévision. Trudeau entra dans la salle de conférence de l'édifice national de la presse et se prépara à lire sa déclaration. C'est seulement quand il sortit de sa poche le plus long des deux textes qu'Axworthy avait écrits la veille que ce dernier comprit que la décision de Trudeau était affirmative. Le texte le plus court était un discours éloquent pour dire un « non merci » qui ne serait jamais prononcé. Trudeau avait décidé de recommencer à lutter. Il y avait une bataille en perspective et il se déclarait prêt à écraser l'ennemi une fois de plus.

* * *

Que se passa-t-il dans l'esprit de Trudeau en ce jour de

décembre, à Stornoway ? A-t-il été persuadé par Coutts-le-Roué ? Ou avait-il décidé qu'il voulait prendre de nouveau la tête des libéraux, aussitôt que la chute du gouvernement fut consommée, et a-t-il habilement manœuvré pour y parvenir ? Quand les journalistes posèrent directement ces questions à Trudeau, fidèle à son caractère, il se montra obscur. Durant toute sa carrière publique Trudeau fit toujours en sorte de laisser entendre qu'il n'avait jamais recherché le pouvoir, mais que celui-ci lui avait été imposé par le destin, par les autres ou par la nécessité de défendre ses principes.

Nombre d'années plus tard, en évoquant ce qui avait motivé le retrait de sa démission et son retour à la politique active en 1979, Trudeau parla précautionneusement, comme s'il observait ses propres gestes de très loin. Il rejeta implicitement l'idée qu'il avait participé à une conspiration pour prendre le pouvoir et, explicitement, il souligna l'importance pour lui de finir le combat engagé contre René Lévesque, dont l'enjeu était le cœur et l'esprit des Québécois. En juin 1985, au cours d'une conversation, Trudeau parla de ces événements :

« Quand j'ai démissionné, en novembre 1979, je croyais qu'une élection allait avoir lieu, probablement au printemps. J'ai démissionné parce que je voulais que le Parti libéral puisse avoir le temps de se trouver un chef qui ait des chances de remporter cette élection. Ma démission a été un geste sincère. Elle concernait en partie ma famille, l'espoir que peut-être, une fois que je me serais retiré de la politique, la situation pourrait... Bien. Moins on en dira à ce sujet, mieux ce sera. Ce qui comptait par-dessus tout pour moi, c'était que j'avais eu ma chance. Entre le moment où j'ai pris ma décision [de démissionner] et celui où je l'ai fait, Clark a déposé son budget.

« Vous pourriez demander : " Pourquoi voter contre [le budget] si vous ne vouliez pas d'une élection ? " Il était devenu évident que Clark ne pouvait maintenir l'unité de son parti ou du gouvernement jusqu'à la fin du printemps suivant, moment où les libéraux auraient pu être prêts, sous la direction d'un nouveau chef, à mener une campagne électorale. Bref, le budget précipita la crise.

« En même temps, Lévesque avait indiqué que le référendum aurait enfin lieu... C'était presque comme si Lévesque retardait le référendum jusqu'après mon départ... Lévesque n'a jamais posé la question avant ma défaite [et ma démission]. Au fond, il ne pouvait pas me voir en peinture. Il l'a dit à des amis à moi. Au fond, cela m'a influencé.

« [J'ai décidé] que si le parti voulait que je revienne, alors je reviendrais. Quand j'ai déclaré : " Le souverain devra me le demander trois fois à genoux ", je citais une phrase d'une vieille légende chinoise au sujet d'un mandarin à qui on avait demandé de reprendre son poste et qui avait répondu qu'il ne le ferait que si l'empereur l'en priait à genoux, trois fois. Je ne voulais pas revenir à moins qu'on me le demande trois fois, c'est-à-dire, à moins de savoir sans aucun doute qu'on me voulait vraiment. J'ai estimé qu'on me l'avait demandé trois fois quand le caucus me l'a demandé, puis la direction nationale du parti et enfin mes collègues proches, Coutts, MacEachen, Davey et les autres. Mes amis me conseillaient de ne pas revenir : Lalonde, Marchand, Pelletier et Hébert. " Tu vas te faire beaucoup de mal ", m'ont-ils dit. Ils pensaient que je serais battu à plate couture. C'était durant les quelques jours qui ont suivi la défaite du gouvernement Clark.

« À ce moment-là, je savais que je menais dans les sondages, mais pas par combien de points. On écrit sur les sondages des choses qui ne sont pas vraies... C'était surtout le référendum qui m'intéressait. Je sentais que je ne risquais rien [en décidant de revenir]. Les sondages n'étaient pas vraiment pertinents. L'argument qu'avança Coutts était le suivant : " Qu'est-ce que vous risquez de toute façon ? Rien qu'un mois ou deux de votre vie. Vous vous présentez et vous gagnez. Ou bien, vous vous présentez et vous perdez, et rien n'est changé. " Ce n'était pas tout à fait vrai, pourtant je sentais [que mon retour à la tête du parti] était possible, en tenant compte de cet argument. Je sentais que le référendum allait purifier l'atmosphère au sujet du séparatisme. Mais il forcerait aussi les Canadiens, et surtout leurs chefs, à agir sur le plan constitutionnel[11]. »

Ces déclarations sont aussi intéressantes pour ce qu'elles révèlent sur les motifs politiques de Trudeau que pour ce qu'elles cachent de ses réactions personnelles. Quatorze ans après son arrivée sur la scène politique, il était encore obsédé par la lutte indépendantisme-fédéralisme. Pour lui, la pespective de pouvoir y replonger avec une force accrue prit le dessus sur toute autre considération, y compris son vague et probablement vain espoir de sauver son mariage. À soixante ans, il savait ce qu'il attendait de la vie. Quand le moment fut venu, il recourut au courage qu'il avait développé durant son enfance chétive et son adolescence timide, saisissant la dernière chance — et la plus belle — que lui offrait l'Histoire.

Les derniers mois avaient été, selon le témoignage ultérieur de Margaret Trudeau et les affirmations de ses collègues proches et amis, particulièrement éprouvants pour Trudeau. Ses revers politiques et la détérioration continue de son mariage l'avaient forcé au genre d'intense examen de conscience que la plupart des hommes font entre trente-cinq et quarante-cinq ans, mais qu'il avait réussi à reporter jusqu'à l'âge de soixante. C'était comme si le trouble intérieur que la plupart des gens éprouvent vers le milieu de leur vie — la souffrance due à ses échecs et à ses défauts, puis l'acceptation, la conscience d'être mortel, ordinaire —, cet examen de conscience et cette souffrance auxquels Trudeau avait échappé en demeurant éternellement jeune, rigoureusement rationnel et immanquablement gagnant, aussi invincible que pouvaient le rendre la richesse héritée et l'intelligence supérieure, tout cela, c'était comme s'il devait l'affronter dans une crise profonde à la fois professionnelle et personnelle, dans une crise aux proportions dignes d'un héros. Les circonstances l'obligeaient à examiner les voies qui s'ouvraient devant lui, à faire face aux déceptions liées à son mariage et à l'œuvre de sa vie, à revoir et à évaluer son passé (quels éléments pouvait-il conserver et à quels autres devait-il dire adieu ?) et à envisager les possibilités qu'offrait son avenir. Il devait trouver le moyen de se sortir de cette période transitoire de sa vie et d'en arriver à ce que les psychologues appellent « la solution suffisante[12] ».

Aux yeux des tacticiens à son emploi, qui essayaient de le stabiliser comme chef de l'opposition, il était durant cette période semblable à quelqu'un dont les fonctions vitales sont momentanément arrêtées, quelqu'un de peu fiable, de chimérique, de distant, de détaché de leurs préoccupations politiques à eux. Pour ses amis intimes, il était en proie à de profonds changements, enclin à l'introspection après toutes ces années de jeu pour la galerie. Selon Jean Marchand, « c'était comme si la souffrance qu'il éprouvait devant ses échecs faisait de lui un homme plus profond, plus mûr. Sa douleur l'ennoblissait comme jamais ses victoires ne l'avaient fait. Son arrogance commençait à se dissiper[13]. »

Pour la première fois, Trudeau était capable d'admettre publiquement défaite et faiblesse. Il avait dit à un journaliste du *Devoir* au lendemain de sa démission, en novembre 1979 : « J'en suis arrivé à la conclusion que je n'étais pas l'homme qui allait rebâtir le Parti libéral et négocier un nouveau fédéralisme au cours de la prochaine décennie. » Pour la première fois, il était obligé de tenir compte des besoins émotionnels des autres avant les siens. Cet automne-là, les difficultés qu'éprouvèrent ses enfants à la suite de la séparation de leurs parents prirent à ses yeux une importance suprême. À l'école, ils devaient subir les railleries des uns et des autres à propos du comportement de leur mère et de la position ignominieuse de leur père, le politicien qui avait perdu ses élections. Ils semblaient perturbés par les déménagements répétés entre Stornoway et la nouvelle maison de Margaret, à New Edinburgh, et par l'hostilité désormais déclarée entre leurs parents. Les difficultés familiales étaient compliquées par le fait que Margaret absorbait de fortes doses de médicaments, prescrits dans le cadre d'une thérapie, qui modifiaient son humeur. En même temps, sa situation financière lui causait une grande anxiété, puisque son mari refusait de lui verser une pension et que son éditeur avait fait faillite sans lui payer les droits d'auteur qui lui revenaient pour le livre de « révélations » qui avait fait couler encre et salive dans les médias du monde entier, huit mois auparavant[14].

Plus tôt cette année-là, Trudeau s'était enquis du meilleur traitement pour le comportement imprévisible de Margaret à divers amis et connaissances, dont David Owen, médecin et ministre des Affaires étrangères dans le gouvernement travailliste de James Callaghan, et Stuart Smith, qui était psychiatre avant d'entrer en politique et de devenir leader du Parti libéral ontarien. Après sa défaite, Trudeau avait écouté les remontrances de divers amis qui estimaient que sa façon de traiter Margaret était trop dure et implacable. Il se montrait hypercritique à son égard. Il semblait n'avoir jamais reconnu sa part de responsabilité à lui dans l'échec de leur mariage. Il répétait que Margaret souffrait de désordres mentaux, qu'elle avait besoin d'être traitée, que le lithium prescrit par le psychiatre recommandé par Stuart Smith l'aiderait à reprendre le dessus, à jouer de nouveau et de façon continue son rôle de mère auprès de ses trois fils, et à se comporter de la façon qu'il estimait convenable pour sa femme. Ce qu'il laissait entendre, c'est que si *elle* changeait, leur vie conjugale pourrait reprendre[15].

Sa décision du 18 décembre mit fin à ces espoirs presque aussitôt après qu'il l'eut prise, comme il s'en était douté. Une quinzaine de jours plus tard, il en arriva à un grand tournant dans son mariage. La famille Trudeau passa à Stornoway un Noël marqué par la tristesse et la gêne, que Margaret trouva « horriblement pénible », car il n'y avait pas un seul présent pour elle sous l'arbre. C'est seulement au premier de l'an que l'événement catalyseur se produisit. Trudeau avait emmené ses fils à Montréal pour leur montrer la somptueuse maison qu'il y avait achetée en vue de sa retraite, chef-d'œuvre d'architecture art déco aux lignes d'une froide sobriété. Margaret avait elle aussi passé le congé du Nouvel An à Montréal, et elle s'était arrangée pour rentrer à Ottawa avec fils et mari. Voici comment elle raconte la fin du voyage :

« Pierre est venu chez moi pour m'aider à mettre les garçons au lit. Au moment où il allait partir, je lui ai demandé de l'argent. J'ai essayé d'être raisonnable. [Trudeau était tristement célèbre pour sa parcimonie ; lui et Margaret s'étaient querellés amèrement pendant des années au sujet des extravagances de celle-ci.] Je lui ai dit : " Pierre, comme tu vas partir en campagne électorale pendant un ou deux mois et que les garçons vont habiter avec moi, peut-être que tu pourrais me donner une espèce d'allocation pour eux. "

« Pierre a alors fouillé dans sa poche et, mine de rien, sorti son portefeuille. " Je ne crois pas avoir grand-chose sur moi, est-ce que cinquante dollars suffiraient ? " Il semblait se moquer de moi avec ses yeux plissés et son sourire un peu dépréciateur. Quelque chose a alors craqué en moi. Après avoir acheté une maison de 350 000 dollars, tout ce qu'il me proposait c'était 50 dollars ! Non seulement c'était mesquin, mais c'était humiliant. Il connaissait l'ampleur de mes dettes. Que croyait-il que j'allais faire ?

« Après ce moment, je me souviens de peu de chose. Je sais que j'ai essayé de l'éborgner avec mes ongles. J'avais l'intention de le rendre aveugle d'abord, puis de le tuer. Je me souviens qu'à cet instant je l'ai haï d'une haine que je ne me connaissais pas.

« Au bout de quelques secondes, je me suis trouvée immobilisée au plancher par la force de ses bras : Pierre est ceinture brune au judo et il n'avait eu aucun mal à se protéger. Moi, je ne cessais pas de crier, ma voix sortant par éclats. Les enfants se sont réveillés. Debout, ils nous ont observés, sidérés.

« " Papa, ne fait pas de mal à maman " , s'est écrié Sacha. Pierre m'a secouée en me disant de me taire et de me calmer.

« J'ai continué de crier.

« Au bout d'un certain temps la rage m'a passé, mais c'est vraiment Micha [le benjamin, alors âgé de quatre ans] qui a sauvé la situation. Pendant que Pierre et moi étions assis, à bout de force, dans notre chambre, Micha a demandé à son père d'aller le voir dans la sienne. Ils sont restés ensemble une bonne demi-heure, discutant de ce qui s'était passé, et Pierre dit toujours que Micha l'aide à réfléchir. Il est ensuite parti[16]. »

Il semble que Trudeau n'ait plus jamais cru que son mariage pouvait être sauvé. Quelque temps après, il entreprit une série de séances de counselling familial avec Margaret, afin de discuter avec un psychologue des moyens d'élever leurs fils. Ils purent en arriver à une entente : chacun d'eux allait contribuer à les élever et à stabiliser leur vie. Cette situation fut facilitée par la décision de Margaret d'abandonner le traitement au lithium qu'elle estimait qu'on lui avait imposé et de mettre de l'ordre dans ses finances en acceptant un poste d'interviewer, à une émission de télévision d'Ottawa[17].

Trudeau adopta une attitude différente non seulement envers Margaret, mais aussi envers d'autres personnes intimement liées à sa vie quotidienne. Quand il arriva à son bureau, prêt à attaquer les premières tâches de la campagne de 1980, son personnel le trouva débordant d'énergie, ouvert et exceptionnellement coopératif. Jerry Grafstein, l'avocat torontois chargé de la publicité (comme dans les campagnes de 1974 et 1979), accompagna Trudeau chez un tailleur très en vue pour l'aider à s'acheter une nouvelle garde-robe. Ses conseillers avaient été ennuyés par les caprices vestimentaires de Trudeau durant l'année précédente. Pendant la campagne électorale de 1979, il avait insisté pour porter en tout temps un complet de velours côtelé beige qui lui donnait l'air d' « une sorte d'intellectuel occupé de profondes cogitations et qui se fichait éperdument de son apparence ». Au cours de l'été, il avait repris l'allure d'aventurier international qui était sienne trente-cinq ans plus tôt, en se laissant pousser une barbe qui se révéla être presque blanche, et qui le faisait ressembler à un vieux prospecteur plutôt qu'à un étudiant intrépide. L'automne arrivé, il adopta un genre tout à fait différent : celui du boulevardier européen, coiffé d'un borsalino et vêtu d'un pardessus cintré à la taille. On aurait dit qu'il essayait un costume afin de se redéfinir grâce à ses vêtements.

Dès lors, à la stupéfaction de Grafstein, Trudeau accepta de s'habiller pour avoir « la tête de l'emploi », déclarant qu'il porterait tout ce que Grafstein croyait à propos, sa seule condition étant que ce soit le Parti libéral qui paie la note. « À un moment donné, dit par la suite Grafstein, émerveillé, il sembla m'être reconnaissant pour les conseils que je lui prodiguais au sujet de ses cravates. Il fit même remarquer un peu tristement que personne ne s'était soucié de son apparence depuis que Margaret l'avait quitté en 1977. Trudeau était un homme tout à fait changé par rapport à celui avec qui j'avais eu à traiter l'année d'avant[18]. »

Durant toute la campagne, Trudeau continua de se comporter comme « un homme tout à fait changé ». Pour certains observateurs, il était évident qu'il avait subi le type de transformation que les psychologues qualifiait d' « intégration ». C'était comme si, à travers les souffrances de l'automne et du début de l'hiver, Trudeau en était arrivé à accepter ses limites, comme s'il avait décidé de ce qu'il pouvait raisonnablement attendre du reste de sa vie et du type de compromis auxquels il était prêt pour atteindre ses objectifs. Au sortir d'une période éprouvante où il avait frôlé le désespoir, il semblait en être arrivé à une compréhension de lui-même et des autres qu'il n'avait jamais connue jusque-là, et avoir atteint une maturité émotionnelle qui correspondait à son développement spirituel et intellectuel. Il était devenu un homme complet[19].

Cette nouvelle attitude lui permit de se soumettre à la stratégie électorale planifiée par James Coutts et Keith Davey. Cette stratégie était destinée à braquer les feux de la rampe sur l'ineptie de Joe Clark et non sur le style toujours controversé de Trudeau. Trudeau accepta même — à contrecœur — d'écouter son entourage qui lui conseillait de ne pas souffler mot au sujet de la constitution, sur laquelle il avait tenu à mettre l'accent durant la campagne de mai.

Ce conseil était fondé sur les résultats d'un sondage mené par Goldfarb et selon lequel toute mention de la question de l'unité nationale diminuait le soutien que le Canada anglais accordait à Trudeau.[20]

Fait étonnant, Trudeau était également disposé à écouter les conseils d'ordre économique de Herb Gray, libéral nationaliste qu'il avait un jour exclu de son cabinet et relégué à l'arrière-ban. Au cours des dernières semaines de la campagne de 1980, Trudeau prononça de vigoureux discours promettant l'établissement d'une stratégie industrielle, une approche plus interventionniste de l'industrie automobile et des investissements étrangers, et, par-dessus tout, de l'autarcie en matière d'énergie. Il maîtrisa fermement son agressivité en public, restant de glace devant les railleries des chahuteurs. Cédant aux demandes de son entourage, il assista même à la fête traditionnelle organisée à la fin des campagnes électorales, avec les journalistes qui l'avaient accompagné dans son avion. Ceux-ci avaient pris l'habitude d'échanger avec lui des vers, dans un jeu compliqué inventé pour tromper l'ennui de ce qu'ils considéraient comme une « non-campagne ». Il était clair aux yeux des représentants des médias que les libéraux avaient monté une opération astucieuse et cynique d'exploitation de l'image. Ils cherchaient aussi à tirer parti des craintes des électeurs à l'endroit de l'ineptie supposée de Joe Clark et à évoquer la réputation de compétence administrative des libéraux, en évitant, sauf nécessité absolue, d'éveiller la méfiance latente du public envers Trudeau.

Cette stratégie fit merveille. Le 18 février 1980, Trudeau se retrouvait une fois de plus au Château Laurier pour célébrer la victoire. Cette fois-ci, la salle de bal, remplie à craquer, retentissait des acclamations des libéraux fêtant une grande réussite. Cette fois-ci, le visage de leur leader rayonnait de joie quand il prononça son discours de remerciement. « Bienvenue dans les années 80 ! » lança-t-il, en guise d'ouverture. La foule poussa un hurlement de joie presque sauvage, comme on n'en avait plus entendu depuis 1968. Douze années d'espoirs exagérés et de déchirantes déceptions étaient oubliées. Trudeau prenait place au panthéon canadien aux côtés de John A. Macdonald et de William Lyon Mackenzie King, les seuls autres premiers ministres qui avaient réussi à se faire réélire après une défaite[21].

Le discours de Trudeau fut élégant, généreux et chaleureux. Il le termina par une citation tirée de l'œuvre du poète américain Robert Frost, *Stopping by Woods on a Snowy Evening* :

La forêt est belle, sombre et profonde
Mais j'ai devant moi des promesses à tenir
Et une longue route avant de trouver le repos.

La plupart des personnes présentes dans la salle de bal du Château Laurier crurent que Trudeau faisait allusion à la promesse implicite de la campagne : de nouvelles idées pour la décennie nouvelle, un libéralisme renouvelé et un engagement renforcé de l'État à jouer son rôle. Et ils avaient raison, en partie. Mais les promesses les plus importantes dans l'esprit de Trudeau, c'étaient celles qu'il s'était faites à lui-même trente ans plus tôt, quand il avait décidé que sa mission dans la vie était de sauver le Québec des nationalistes bornés et de le propulser dans le monde moderne. À soixante ans, il lui restait à vivre les années culminantes de sa longue lutte ; il était résolu à remporter la victoire qui lui tenait à cœur plus que jamais.

Deuxième partie

TRUDEAU ET LA CONSTITUTION : L'OBSESSION MAGNIFIQUE

Chapitre neuf

LES RÊNES DU POUVOIR

Peu de temps après avoir été réélu avec une nouvelle majorité, Pierre Trudeau passa une soirée en compagnie de sa vieille amie Madeleine Gobeil. Au cours d'une conversation où ils se mettaient réciproquement au courant de leurs vies, elle lui décrivit son travail d'agente aux affaires culturelles pour l'UNESCO à Paris et conclut en disant qu'elle aimait le pouvoir que son travail lui procurait.

« Moi aussi, dit Trudeau, avec bonne humeur. J'adore ça. Chaque jour est comme le premier[1]. »

Pour Gobeil, cet échange était lourd de sens. Ils avaient été très présents dans la vie l'un de l'autre, vers le milieu des années 50, quand elle préparait sa licence à l'Université de Montréal. Ils avaient continué de se voir régulièrement lorsqu'elle était devenue chargée de cours au département de littérature française à l'Université Carleton d'Ottawa et qu'il faisait carrière à l'université puis en politique. Même s'ils n'avaient jamais vécu ensemble, elle s'était vue comme formant un couple avec lui, à la manière de Jean-Paul Sartre et de Simone de Beauvoir, qui étaient de bons amis à elle, depuis ses années d'études postdoctorales à Paris. Le mariage de Trudeau avec Margaret Sinclair en 1971 l'avait choquée — même s'il lui avait confié auparavant qu'il était amoureux de Margaret —, et plus tard cette année-là, elle avait quitté le Canada pour s'installer définitivement en France. Après un doctorat à la Sorbonne, elle trouva un travail captivant à l'UNESCO où elle finit par devenir haut fonctionnaire. Pendant bon nombre d'années après son départ du Canada, elle avait refusé de voir Trudeau, déclarant à ceux qui voulaient jouer le rôle d'intermédiaire entre eux que toute rencontre avec cet homme lui serait trop douloureuse. Une fois qu'il eut retrouvé sa liberté et qu'elle et lui reprirent l'habitude de se rencontrer en amis, au Canada comme en France, elle le trouva changé, aussi fascinant qu'autrefois, mais beaucoup plus serein que l'homme dont elle se souvenait. « Il me semble que quelque chose en lui n'est ni français ni anglais. Quelque chose de transcendant, de presque oriental. Ce dont on ne parlait pas était tout aussi important que ce que l'on se disait[2]. »

L'une des choses qui ont été dites ce soir-là — que le fait de pouvoir influencer les événements et les gens procure une joie particulière — résumait l'état d'esprit de Trudeau au cours des premiers mois qui ont suivi son assermentation à titre de premier ministre, en mars 1980. Il était revenu à son poste comme un homme qui, ayant reconnu et accepté ses échecs, était prêt à user de ses talents pour tenter une fois de plus de prendre dans l'histoire la place qui lui échappait encore quand il avait renoncé à la lutte en 1979. « Ce qui était vraiment important — dans ma décision de démissionner —, c'était d'avoir reconnu que j'avais eu ma chance », déclara-t-il plus tard. Mais voilà que le destin lui accordait une autre chance, et il était prêt à la saisir. Il se montrait une fois de plus un homme remarquable en ce qu'il était, à un degré rare, capable d'évoluer, d'apprendre. À un moment de la vie où la plupart des hommes de sa génération s'installent dans le troisième âge, il était de nouveau débordant de vigueur intellectuelle et physique, engagé à défendre la cause fédéraliste et à élever ses enfants qui étaient devenus le centre de son monde affectif[3].

Pourtant Trudeau était loin d'être euphorique au début de 1980. Quand, le soir de l'élection, à la télévision, son ami Jean Marchand expliqua avec précaution qu'il n'y avait aucune jubilation dans le camp Trudeau, les libéraux anglophones assis autour du nouveau premier ministre dans le salon de Stornoway furent surpris de le voir approuver énergiquement les propos de Marchand. Trudeau ne jubilait pas. Trudeau n'affichait aucune présomption. Il n'avait nulle intention de partir en trombe prendre des vacances, de faire construire une piscine ou de redécorer la résidence officielle du

24 Sussex Drive, toutes récompenses qu'il s'était accordées après les victoires électorales précédentes, durant les années Margaret. Non, il était plutôt déterminé à se mettre au travail. Chef reporté au pouvoir, il avait ruminé depuis des décennies une vision de son pays ; le moment était venu de la réaliser[4].

Trudeau était parfaitement conscient des difficultés bien enracinées auxquelles devait faire face son gouvernement. La colère contre le Centre du Canada, qui mijotait depuis des générations dans l'Ouest, était ravivée par la victoire libérale qui fermait pour ainsi dire la porte du pouvoir fédéral aux quatre provinces de cette région. Le monde des affaires boudait, désenchanté des politiciens canadiens en général et de Pierre Trudeau en particulier. Désappointés de ce que les conservateurs de Joe Clark n'aient pas réussi à inaugurer une nouvelle ère néo-conservatrice au Canada comme au Royaume-Uni ou aux États-Unis, les hommes d'affaires canadiens craignaient que la rhétorique interventionniste des libéraux durant la campagne n'annonce le virage à gauche du nouveau gouvernement. Paradoxalement, la haine profonde de la grande entreprise à l'endroit de Trudeau ne trouvait pas son contrepoids dans l'enthousiasme des grands syndicats. Les chefs syndicalistes détestaient encore Trudeau intensément, conséquence de son programme de blocage des prix et des salaires lancé en 1975 et de l'austère politique monétaire de la Banque du Canada. L'élite québécoise manifestait un antagonisme chronique et personnel envers Trudeau. Et comme si ce n'était déjà pas assez d'hostilité pour un seul premier ministre, le torchon brûlait entre Trudeau et le quatrième pouvoir : les journalistes politiques. Leur animosité foncière à son endroit s'était accentuée depuis sa victoire électorale que la plupart d'entre eux interprétaient comme le résultat des manipulations de ses apparatchiks exercées sur le Parlement et sur l'électorat. « C'est incroyable ! » ne cessaient de répéter les commentateurs des réseaux de télévision le soir de l'élection. Non seulement Trudeau luttait contre un environnement hostile dans son propre pays, mais il faisait face à une situation internationale redoutable. L'économie du Canada, déjà vulnérable, se faisait écraser par la concurrence, à la suite de changements subis par le capitalisme mondial, qui ébranlaient même les États-Unis, pays dont la prospérité du Canada dépendait en grande partie[5].

Bien que les défis qui se posaient à Trudeau et à son nouveau gouvernement eussent un air familier, les attitudes de Trudeau, elles, étaient tout à fait différentes. Il avait tiré plusieurs leçons importantes de la paralysie qui avait affligé le gouvernement à la fin des années 70. Son nouveau mandat, il l'exercerait comme un « mandat stratégique », ainsi que le qualifiait son conseiller Tom Axworthy, signifiant ainsi que le régime mettrait l'accent sur deux ou trois grandes priorités. À la onzième heure de sa vie politique, Trudeau se proposait de rationaliser avec un maximum de rigueur le fonctionnement du gouvernement, de façon à pouvoir subordonner à ses propres objectifs les questions d'orientation secondaires, tout en contrôlant les dépenses gouvernementales. Dans tout ce que Trudeau faisait, il s'efforçait de ne pas perdre de vue que cette seconde chance serait sa dernière. Il avait déclaré publiquement qu'il ne resterait chef du Parti libéral que deux ou trois ans, jusqu'à ce que son programme à lui soit réalisé et que le parti ait décidé d'une nouvelle orientation. Sa vie politique avait été marquée par quinze années de théorie suivies de quinze années d'exercice. Désormais, il voulait en arriver à une nouvelle praxis : chacun de ses gestes serait inspiré par la philosophie de gouvernement qu'il avait mise au point à Montréal, dans les années 50 et au début des années 60, et qu'il avait modifiée à la suite de son expérience politique à Ottawa, vers la fin des années 60 et durant les années 70. De nombreuses années plus tard, il dira : « Quand j'ai été réélu en 1980, j'avais déjà assimilé les enseignements de la politique. Je savais qu'il est vain de s'épuiser sur toutes les questions qui se présentent. Si je voulais accomplir ce qui me tenait le plus à cœur, je devais faire des compromis. J'avais compris tôt dans ma carrière politique que si le théoricien universitaire cherche la meilleure de toutes les solutions possibles dans le meilleur de tous les mondes possibles, le politicien pratique, lui, cherche la solution possible qui soit la meilleure, dans le monde réel. J'étais [alors] plus disposé que jamais à vivre ce principe... parce qu'il y avait encore des choses que je voulais réaliser avant de prendre ma retraite [définitive][6]. »

À cette fin, Trudeau commença à témoigner d'une nouvelle aptitude à diriger les hommes : il avait compris qu'il ne pouvait désormais plus prétendre faire cavalier seul, à la Cyrano. Il avait besoin d'entraîner les politiciens et les fonctionnaires qui s'étaient regroupés autour de lui dans les années 70 et de les placer aux postes stratégiques. À peine quelques semaines après l'élection de 1980, il avait déjà mis en place son propre personnel composé de gens qui pensaient comme lui, qui lui vouaient une fidélité indéfectible — deux préalables à toute bonne relation de travail avec lui —, et qui avaient prouvé leur extraordinaire compétence. Encore une fois, Trudeau fit de James Coutts son secrétaire principal. Tom Axworthy fut promu au poste d'adjoint de Coutts chargé de l'élaboration des politiques. Michael Pitfield fut rappelé de l'Université Harvard afin de diriger une fois de plus la machine gouvernementale à titre de greffier du Conseil privé. Trudeau demanda à Michael Kirby de rentrer de Halifax, où il exerçait les fonctions de président de l'Institut de recherche sur la politique publique, pour devenir secrétaire du cabinet préposé aux relations fédérales-provinciales. Trudeau avait décidé de garder pour lui la responsabilité des relations fédérales-provinciales, parce que Marc Lalonde, son ancien ministre des affaires constitutionnelles, avait insisté pour se charger de la mise en œuvre d'un programme radical sur l'énergie. Au cours de la dernière élection, Lalonde avait convaincu le Parti libéral d'intégrer ce programme à sa plate-forme électorale. Trudeau choisit comme adjoint Ted Johnson, jeune avocat libéral de l'Ontario. Patrick Gossage redevint son secrétaire de presse, et Joyce Fairbairn, son adjointe parlementaire. Keith Davey restait l'éternel président de campagne, le principal lien de Trudeau avec ses experts en communications de Toronto, Martin Goldfarb et Jerry Grafstein. Ces derniers étaient les membres les plus importants de ce qui était devenu une organisation électorale permanente des libéraux. En outre, Trudeau nomma président du Sénat son vieil ami Jean Marchand, qui, à ses yeux, possédait toujours une rare intuition en ce qui avait trait aux caprices de la politique québécoise. Il dépêcha son autre vieil ami, Gérard Pelletier à New York, comme ambassadeur du Canada à l'ONU, où il se tiendrait au courant de la situation au Canada et pourrait ainsi traiter des problèmes nationaux avec Trudeau. D'autre part, à l'ONU, l'ambassadeur aurait connaissance de toutes les grandes questions d'ordre international et pourrait faire valoir son point de vue général sur le monde, identique à celui de Trudeau.

Se fiant aux conseils de ses fidèles collaborateurs aux sensibilités diverses, Trudeau mit une grande dextérité dans le choix des membres de son cabinet. Il chargea ses ministres les plus compétents des questions les plus urgentes que son état-major avait su discerner à l'horizon, surtout en matière d'économie. Marc Lalonde tenait bien en main le ministère clé de l'Énergie ; Allan MacEachen, considéré comme un génie politique depuis qu'il avait ourdi la chute du gouvernement Clark, fut nommé ministre des Finances, pour juguler l'inflation et inaugurer une réforme fiscale. Tout excès de zèle réformiste chez MacEachen et chez Lalonde serait vraisemblablement compensé par le parti pris pour le monde des affaires que manifestait Don Johnston, président du Conseil du Trésor, chargé de mettre un frein aux dépenses gouvernementales. Herb Gray fut nommé ministre de l'Industrie et du Commerce, apparemment pour mettre en application la promesse que Trudeau avait faite durant la campagne d'adopter une stratégie industrielle globale. Ed Lumley prenait la direction du ministère du Commerce international, où il devrait favoriser la naissance de la société commerciale d'État qui avait été promise. À Jean-Luc Pépin, dont l'engagement envers un État fédéral binational et décentralisé différait nettement de celui de Trudeau, mais dont la perspicacité était admirée et respectée dans les médias et le monde des affaires, on confia le difficile ministère des Transports, sans doute pour le tenir très occupé et un peu détaché de la situation québécoise. André Ouellet, politicien québécois à l'ancienne mode, fut nommé ministre de la Consommation et des Corporations, pour qu'il lance la réforme de la politique sur la concurrence maintes fois reportée. Roméo LeBlanc retourna aux Pêches et Océans, pour dissiper le mécontentement des provinces de l'Atlantique, et Eugene Whelan, à l'Agriculture, en raison du bon rapport qu'il avait réussi à cultiver avec les agriculteurs canadiens. Lloyd Axworthy, un des rares libéraux de l'Ouest, prit le portefeuille de l'Emploi et de l'Immigration, où il allait mettre à profit ses idées de libéral gauchisant et tenter de reformuler la politique du Canada sur la main-d'œuvre.

Chez les ministres dont les portefeuilles n'étaient pas d'ordre économique, Jean Chrétien avait la part belle, comme ministre d'État au Développement social, procureur général et ministre de la Justice. Monique Bégin reprit la direction du ministère de la Santé nationale et du Bien-être social, Francis Fox devenait secrétaire d'État et ministre des Communications. James Fleming fut promu au rang de ministre, chargé de repenser la position du gouvernement sur le multiculturalisme. Gerard Regan fut nommé ministre du Travail pour la raison strictement politique qu'il était ancien premier ministre de Nouvelle-Écosse où il jouissait d'un grand prestige. John Roberts, lui, prit la direction du ministère des Sciences et de la Technologie et de celui de l'Environnement, pour qu'il y applique son intelligence considérable, à un moment où les pluies acides se révélèrent la nouvelle menace américaine. Gilles Lamontagne hérita du ministère de la Défense nationale ; ses instructions : garder les questions militaires en veilleuse et hors du programme politique. Et, à Mark MacGuigan, professeur de droit à l'Université de Windsor, en récompense de ses douze années de bons et loyaux services sur l'arrière-ban, on réserva le fin morceau, le ministère des Affaires extérieures, où on attendait de lui qu'il se comporte assez docilement pour que règnent les idées de Trudeau sur la politique étrangère.

Trudeau et ses conseillers les plus proches, Jim Coutts, Tom Axworthy et Michael Pitfield, mirent le même soin dans le choix des sous-ministres, essayant d'accorder les postes stratégiques aux hauts fonctionnaires alors disponibles et dont les points forts pourraient compenser les faiblesses des ministres. De nombreux sous-ministres restèrent dans les ministères où le gouvernement conservateur les avait placés, de sorte qu'une certaine stabilité y soit maintenue. Restèrent sous-ministres : Arthur Krœger aux Transports, Gaétan Lussier à l'Agriculture, Paul Tellier aux Affaires indiennes et au Développement du Nord canadien, ainsi que Roger Tassé à la Justice. Gordon Osbaldeston demeura secrétaire au Développement économique et régional, John Manion secrétaire au Conseil du Trésor, et Allan Gotlieb sous-secrétaire aux Affaires extérieures. D'autres sous-ministres furent mutés, pour combler des vacances importantes ou remplir des missions spéciales. Ian Stewart fut affecté au ministère des Finances pour remplacer Grant Reuber, nommé par les conservateurs, et pour appuyer MacEachen de sa compétence en politique économique. Mickey Cohen fut nommé au ministère de l'Énergie pour aider Marc Lalonde à se familiariser avec ce secteur. Robert Johnstone devint sous-ministre à l'Industrie et au Commerce, avec mission de surveiller l'interventionnisme de Herb Gray. Huguette Labelle fut nommée sous-ministre du Multiculturalisme, seule femme à détenir un poste important. Pierre Juneau fut rappelé au ministère des Communications pour refondre les politiques culturelles du gouvernement. Et ainsi fut fait. À chacun selon les priorités de Trudeau ; de chacun selon les besoins de Trudeau.

Cette exploitation réfléchie des talents des fonctionnaires et des politiciens dont Trudeau pouvait disposer avait pour seul but de servir un dessein d'ordre supérieur : lui permettre de consacrer toute son énergie vitale à ce que Lise Bissonnette appela, dans un éditorial du *Devoir*, « ses obsessions anciennes[7] ».

Chapitre dix

LE RÉFÉRENDUM :
LES GÉNÉRAUX FORMENT LEURS BATAILLONS

En cet hiver de 1980, Trudeau n'était pas le seul Canadien français à ne pas pouvoir penser à autre chose qu'à la situation du Québec et du Canada. À cette étape de sa vie, ses « obsessions anciennes » étaient partagées par l'ensemble de la société. Pour bien des Québécois, la transformation des liens constitutionnels entre leur collectivité et le Canada se situait au premier plan de leurs préoccupations et reflétait un profond besoin psychique de voir reconnaître symboliquement le caractère distinctif du Québec tout autant qu'un désir pressant de remodeler son espace géopolitique. Les préparatifs en vue du référendum sur la souveraineté-association donnaient à penser que la province tout entière fourbissait ses armes en prévision de l'affrontement final de la vieille guerre tribale, un combat d'une ampleur homérique.

La tenue de ce référendum hantait les consciences depuis que le Parti québécois, d'allégeance séparatiste, avait pris le pouvoir en 1976 en promettant aux Québécois qu'ils pourraient décider eux-mêmes de continuer à faire partie du Canada ou de devenir un État distinct, politiquement souverain. Ce serait là le point culminant de toutes les luttes menées par le Québec depuis la fin de la guerre, pendant lesquelles des Canadiens français aux opinions contradictoires s'étaient efforcés de libérer et de moderniser leur société, la faisant progresser de deux siècles en deux décennies. Enfin, le référendum apporterait, pensait-on, la réponse à cette question qui tenaillait le Canada depuis si longtemps : Qu'est-ce que les Québécois veulent réellement[1] ?

Les Québécois taxés de nationalistes par Trudeau voulaient poursuivre les progrès qu'ils avaient accomplis au cours des quinze années qui avaient suivi son départ de la scène provinciale pour Ottawa ; quinze années pendant lesquelles la « nation » québécoise — selon l'expression désormais consacrée pour désigner la collectivité canadienne-française — avait vécu des bouleversements culturels et sociaux reflétant une créativité sans précédent, stimulée par l'abondante législation adoptée par l'Assemblée nationale. Pour les nationalistes québécois qui administraient déjà ce qu'un universitaire avait qualifié, dans l'un de ses ouvrages, d'un « État en devenir », le terme « province » rappelait simplement que le statut constitutionnel du Québec ne correspondait plus à sa réalité politique, économique et psychologique. La floraison littéraire, théâtrale, musicale, télévisuelle et cinématographique qui se prolongeait depuis une vingtaine d'années avait été financée en grande partie par des organismes fédéraux culturels qui avaient acquis un caractère spécifiquement québécois : Radio-Canada, l'Office national du film, le Conseil des Arts. Fait assez paradoxal, cette renaissance avait eu pour conséquence politique de favoriser l'éclosion d'une assurance toute nouvelle, peu propice au maintien de liens de dépendance à l'endroit de la munificence d'Ottawa. Des universités modernes, dont les jeunes professeurs avaient obtenu leur doctorat à Paris ou à Chicago, produisaient des cadres parfaitement aptes à diriger une économie politique moderne. Une nouvelle espèce de technocrates avait édifié des structures gouvernementales dynamiques, capables de satisfaire également aux besoins socio-politiques de la population et aux demandes de soutien financier exprimées par la nouvelle classe capitaliste, issue de l'École des hautes études commerciales et des facultés de gestion, où elle s'était initiée aux principes de l'entrepreneurship. Ce que semblaient vouloir les maîtres à penser du Québec, au moment où Trudeau s'écriait « bienvenue dans les années 80 », c'était que leur État disposât d'une autonomie suffisante pour continuer son essor sans être gêné par son rapport politique avec le reste du Canada[2].

En revanche, ce dont ils ne voulaient *pas*, c'était le genre de tensions politiques continuelles qui persistaient depuis les premiers jours de la Révolution tranquille. Devant la montée du militantisme ouvrier et du sentiment nationaliste, le monde des affaires transnational était devenu de plus en plus nerveux, doutant de la stabilité du Québec. Les capitaux anglo-canadiens quittaient la province, au rythme des entreprises qui se retiraient en catimini avec leur personnel et leurs fonds. Chaque incident du genre, aussitôt perçu comme une trahison, donnait lieu à des explosions d'anglophobie : le cas le plus frappant se produisit lorsque la compagnie d'assurance Sun Life, dont l'édifice est un des joyaux du centre-ville montréalais, décida de transférer son siège social à Toronto, en 1978. Tous les Québécois, sans distinction d'allégeance politique — fédéralistes, néo-fédéralistes ou séparatistes —, espéraient que le référendum mettrait un terme à une situation tendue, incertaine, insupportable.

Lorsque Trudeau fut assermenté, le 4 mars 1980, soit dix semaines avant la tenue du référendum prévue pour le 20 mai, il lui restait tout juste le temps de décider comment il interviendrait dans une situation qui échappait à sa juridiction, en vertu de la loi québécoise sur le référendum. Pour les anglophones attachés à son bureau, il était évident qu'en attaquant de front, il s'imaginait tenir le rôle d'un général doublé d'un homme d'État, d'un second Napoléon. Il voulait s'imposer comme le stratège en chef des forces fédéralistes, même s'il était impossible de prévoir comment — ou même si — elles seraient effectivement déployées. Un rapide survol du champ de bataille permit de constater qu'il était occupé par un ennemi séparatiste en position de force, qui faisait face à une coalition fédéraliste complètement désorganisée.

* * *

Bien entendu, le général qui commandait les forces adverses était René Lévesque, le premier ministre du Québec, qui commençait à laisser plus ou moins transparaître les craintes et l'aversion que lui inspirait Trudeau. Les deux hommes avaient fait connaissance vingt-cinq ans plus tôt dans la cafétéria de l'ancien édifice de Radio-Canada, au cœur de Montréal ; leur premier contact avait ressemblé à celui de deux coqs qui, de la plume et du bec, se seraient mutuellement provoqués en duel. Pourtant, cette animosité était d'autant moins prévisible qu'ils avaient plusieurs points en commun. Tous deux avaient eu un père avocat décédé prématurément pendant leur adolescence, tous deux avaient étudié chez les jésuites avant de faire leur droit, même si Lévesque avait quitté l'université en 1944 sans obtenir son diplôme, préférant devenir correspondant de guerre de langue française en Europe pour le U.S. Office of Wartime Information. Après avoir couru le monde, tous deux étaient rentrés au pays, gagnés à l'internationalisme et déterminés à ne pas se laisser enfermer dans la société étouffante qui les avait vus grandir. Tous deux avaient entrepris de lutter pour la démocratisation du Québec : Trudeau comme polémiste lu par une petite élite et comme avocat, défenseur des syndicats ; Lévesque comme animateur à la télévision pour un auditoire de masse qui ne jurait que par lui. L'un et l'autre s'étaient tournés à contrecœur vers le Parti libéral pour concrétiser leurs idées dans l'action, Lévesque en 1960 au niveau provincial et Trudeau, en 1965, au niveau fédéral. Tous deux étaient rapidement devenus des vedettes de la scène politique. Au début des années 60, quand Lévesque détenait un portefeuille dans le gouvernement québécois et que Trudeau enseignait le droit, ils avaient même conclu une sorte d'alliance prudente. Gérard Pelletier, leur ami commun, tenait alors chez lui des réunions où l'on traitait des grandes questions de l'heure et où Jean Marchand et André Laurendeau, comme Trudeau, prodiguaient leurs conseils à Lévesque. Pourtant, dans l'intimité, Trudeau contestait vigoureusement le nationalisme de Lévesque tout en faisant son éloge dans ses articles, parce qu'il était le seul élément de gauche du cabinet Lesage. La situation du Québec continuant d'évoluer, Lévesque et Trudeau s'affirmèrent d'abord comme des adversaires idéologiques, discutant des bons et des mauvais côtés du nationalisme, puis devinrent des ennemis politiques avoués, suivant désormais des routes différentes. L'année où Trudeau fut élu chef du Parti libéral fédéral, Lévesque était en train de mettre sur pied son propre mouvement séparatiste, après avoir claqué la porte du Parti libéral provincial, à cause de la question de la souveraineté du Québec[3].

Tandis que, pendant son premier mandat à la tête du pays, Trudeau arborait comme un masque la morgue de celui qui détient le pouvoir, Lévesque cherchait à s'imposer au sein du système politique québécois en sa qualité de chef du tout nouveau Parti québécois. Ses efforts pour demeurer un démocrate et un modéré face aux exigences de nombreux militants séparatistes qui réclamaient un cheminement plus radical et moins tolérant vers l'indépendance, et les difficultés auxquelles il se heurtait finirent par le marquer profondément. Lévesque perdit peu à peu toute ressemblance avec le correspondant à l'étranger de Radio-Canada, au verbe facile et à l'assurance inébranlable, dont l'intérêt pour le Québec était subordonné à ce qui se passait dans le monde ; tout comme il ressemblait de moins en moins au ministre incendiaire du gouvernement libéral qui affrontait en des duels impitoyables le monde des affaires dominé par les anglophones. Après être devenu un prophète qui avait réuni en un mouvement dynamique et progressiste des factions aux tendances les plus diverses, il était maintenant perçu comme le chef déterminé d'un gouvernement compétent et le champion angoissé des Canadiens français « opprimés »[4].

Comme personnage public, Lévesque avait toujours été le contraire de Trudeau. Intuitif, les émotions à fleur de peau, il menait une vie désordonnée, transparente. Fumeur, buveur, coureur impénitent doté d'un charme légendaire et d'une énergie prodigieuse, ses péchés ne faisaient qu'accroître l'immense popularité dont il avait joui très tôt dans la vie à cause de ses dons d'orateur. Sa célébrité comme journaliste de la télévision tenait en partie à l'étonnante facilité avec laquelle il rendait accessibles à tous les sujets les plus complexes, et quand il usait de ce don pour expliquer la position séparatiste, l'avenir du Québec devenu indépendant apparaissait à la fois plausible et enthousiasmant.

En politique, il se laissait guider par son flair, faisant fi des arguments logiques, des documents officiels et des planifications à long terme, prononçant des discours chargés d'émotion et réagissant spontanément aux événements. Quand il prenait la parole dans un quartier ouvrier devant une foule tellement nombreuse qu'il ne semblait jamais y avoir assez d'air dans la salle de l'école où elle se pressait, on était frappé par son allure chaplinesque : petit, costume mal coupé tombant comme celui d'un contremaître d'usine endimanché, crâne chauve sillonné de longues mèches, grandes oreilles masquées par la fumée des cigarettes qu'il allumait à la chaîne. Pour réchauffer la foule, les musiciens qui l'accompagnaient sur scène lui faisaient entonner « Gens du pays, c'est votre tour... », le refrain d'une chanson de Vigneault qui était devenue en quelque sorte l'hymne officiel du PQ. Lévesque s'approchait alors du micro et commençait à parler, faisant de subtiles blagues, dans la langue du peuple, sur Trudeau et ses ministres, tous vendus aux Anglais, raillant ses antécédents et son français aux consonances parisiennes, entrelardant ces méchancetés de promesses sur l'avenir du Québec, parlant, comme il ne cessait de le répéter, « du fond du cœur », *faisant partie* de la foule au lieu de la *dominer*, non pas charismatique au sens que Weber donnait à ce terme, mais en totale communion avec ces gens qui applaudissaient, riaient et pleuraient avec lui. Ses espoirs étaient les leurs, son style, un prolongement du leur. C'étaient autant son comportement que ses idées qui distinguaient Lévesque d'un Trudeau à l'allure paternaliste, aux manières de grand seigneur et au rationalisme séduisant.

Habilement montées en épingle par Lévesque, leurs différences sociales devinrent surtout évidentes au cours des années 70. Même si tous deux appartenaient à la bourgeoisie canadienne-française apparue après la Première Guerre mondiale, Trudeau avait eu une vie beaucoup plus choyée. Avocat dans la petite ville dominée par les anglophones de New Carlisle, en Gaspésie, Dominique Lévesque, le père de René, avait tiré le diable par la queue sa vie durant et n'avait pas laissé grand-chose à sa veuve à son décès prématuré. Même si son fils avait eu beaucoup de talent pour les études — ce qui n'était manifestement pas le cas —, la famille n'aurait pas eu assez d'argent pour qu'il puisse les faire fructifier ou s'attarder à mener le genre de vie contemplative qui avait permis à Trudeau de façonner définitivement sa pensée politique. Encore adolescent, Lévesque avait été engagé par un poste de radio, ne s'était jamais arrêté pendant les trente années qui avaient suivi et, sans égard pour la célébrité ou la puissance qu'il avait acquises, avait catégoriquement refusé de devenir élitiste. À l'approche de la soixantaine, les deux hommes semblaient même provenir de classes différentes. Trudeau était athlétique, soigné, plus séduisant que dans sa jeunesse. Lévesque paraissait toujours abattu, fragile et beaucoup plus vieux que son ennemi juré, dont il était pourtant le cadet de trois ans. Ses défauts, son abord facile, le rendaient éminemment sympathique aux yeux de beaucoup, en particulier des journalistes aussi bien francophones qu'anglophones qui s'identifiaient à son allure et à son style mordant, tandis que le côté tiré à quatre épingles de Trudeau les rendait nerveux, envieux, ou les deux. C'était devenu un cliché de dire que Trudeau était le cérébral et Lévesque l'homme de cœur ; aussi, le choc de leurs idées et de leurs personnalités se parait-il d'une aura mythique. Chacun des deux hommes se faisait l'écho d'une tradition qui plongeait ses racines dans l'histoire du Québec. Lévesque incarnait la tradition nationaliste, défensive, mystique, fondée sur la solidarité raciale, dont les pères étaient Louis-Joseph Papineau, l'abbé Groulx, Louis-Alexandre Taschereau et Maurice Duplessis. Trudeau apparaissait comme l'héritier de la tradition fédéraliste-constitutionnaliste, pragmatique, expansive, forgée par Louis-Hippolyte Lafontaine, George-Étienne Cartier, Sir Wilfrid Laurier, Ernest Lapointe et Louis Saint-Laurent, axée sur l'adaptation des Canadiens français à la réalité inéluctable de la Conquête et fondée sur le concept plus abstrait d'une fraternité dépassant les liens du sang.

En 1976, quand Lévesque entra directement dans l'orbite de Trudeau, à titre de nouveau premier ministre du Québec et comme interlocuteur de poids dans les conférences fédérales-provinciales qui se tinrent à la fin des années 70, nul ne s'étonna de voir se cristalliser en une profonde inimitié personnelle les frictions idéologiques et politiques qui couvaient entre eux depuis des années. Après quantités d'escarmouches en public et en privé — perdues pour la plupart par le premier ministre du Québec —, Lévesque commença à raconter à droite et à gauche qu'il haïssait Trudeau, dont la maîtrise et le comportement glacial le mettaient hors de lui et confirmaient sa conviction que son adversaire était un anachronisme, « un maudit snob d'Outremont », vendu aux Anglais[5].

Abstraction faite de ses démêlés politiques avec Trudeau, le premier mandat de Lévesque comme chef du Québec s'avéra extrêmement réussi. Il avait remporté la victoire en faisant surtout campagne contre le régime libéral de Robert Bourassa, croulant sous les scandales, et en promettant que, s'il était élu, il s'attacherait davantage à bien gouverner qu'à faire l'indépendance. Soutenu par un cabinet talentueux, il entreprit bientôt d'appliquer la plupart des réformes préconisées par son parti, adoptant une loi contre les briseurs de grève, instituant l'aide juridique, nationalisant en partie l'industrie de l'amiante, établissant de nouvelles règles pour le financement des partis politiques. Il mit de l'avant la propre solution du PQ à l'historique insécurité du Québec quant à la survie de sa langue avec l'adoption de la loi 101 qui, en proclamant le français langue officielle au travail comme dans l'affichage, garantirait le caractère français du Québec.

Lorsque Trudeau mordit la poussière en 1979, Lévesque était sur le point de récolter les fruits de sa stratégie étapiste, qui prévoyait un cheminement graduel vers l'indépendance ; l'étapisme avait été conçu par son ministre des Affaires intergouvernementales, l'ancien fonctionnaire Claude Morin, convaincu que le PQ ne devrait soumettre son projet de séparation à l'électorat qu'après avoir atteint à la respectabilité comme gouvernement et prouvé qu'il pouvait tenir ses promesses. Ayant amplement confirmé leur compétence après avoir gouverné efficacement pendant près de trois ans, les péquistes avaient suffisamment grandi dans l'estime de la population pour passer à l'étape suivante de leur programme et tenir un référendum sur ce qu'ils appelaient la souveraineté-association, formule qui alliait l'indépendance politique au maintien de relations économiques et d'une monnaie commune avec le Canada. Les circonstances jouaient d'autant plus en leur faveur que, quand il était premier ministre, Joe Clark avait promis que le gouvernement fédéral n'interviendrait pas dans le débat sur la souveraineté du Québec, où il n'avait presque aucune assise politique.

Dans cette conjoncture, Lévesque et ses collègues se sentaient sûrs de leur position. Ils avaient encore plus d'un an devant eux avant l'échéance de leur mandat. Plus ils attendraient avant de tenir le référendum, plus les chances seraient grandes de voir Trudeau se retirer définitivement de la politique, privant ainsi la cause fédéraliste de son principal champion. Ils passèrent tout l'été ainsi que l'automne à délibérer des points précis qu'ils voulaient négocier avec le Canada et de la façon précise dont ils présenteraient leur option indépendantiste à l'électorat québécois. Quand, le 1er décembre, ils eurent finalement mis la dernière main au libellé de la question cruciale du référendum prévu pour le printemps suivant, ils avaient manqué le coche. Joe Clark venait d'être défait aux Communes et la némésis de Lévesque était en voie de reprendre possession du bureau du premier ministre[6].

Même avec le retour de Trudeau au pouvoir à Ottawa, Lévesque avait tout lieu de croire que ses adversaires fédéralistes s'en remettraient à Claude Ryan, chef du Parti libéral au Québec, pour diriger la bataille référendaire, d'autant plus que celui-ci s'était dit pleinement d'accord avec la législation péquiste qui refusait aux politiciens fédéraux le droit de participer à la campagne.

Depuis des années, Claude Ryan était, au Québec, une force avec laquelle il fallait compter. Cet homme d'une intelligence et d'une intégrité hors du commun avait grandi dans la misère ; il était fils cadet d'une famille de trois enfants et sa mère, femme animée par une volonté de fer et une foi ardente, avait été abandonnée par son mari quand ses enfants étaient encore en bas âge. D'un tempérament égoïste, têtu, spartiate, enclin à la piété, Ryan s'était détourné de la prêtrise pour s'inscrire plutôt en service social et en relations industrielles à l'Université de Montréal. Au début de la vingtaine, il avait trouvé du travail à l'Action catholique canadienne, le mouvement laïque où tant de réformistes citélibristes de la première heure avaient débuté comme militants dans des causes à caractère social ; son dévouement lui avait finalement valu d'accomplir une importante première carrière, à titre d'infatigable secrétaire national pendant dix-sept ans. En 1962, soucieux d'intervenir avec une influence accrue dans les affaires publiques, il avait accepté un poste d'éditorialiste au *Devoir*, le journal le plus respecté du Québec, où il allait passer seize ans, dont quatorze à titre de directeur, ce qui, dans son cas, réunissait les fonctions de directeur et de rédacteur en chef.

Du temps d'André Laurendeau, le prédécesseur de Ryan, *Le Devoir* avait fait cavalier seul quant à son orientation constitutionnelle. Il avait refusé de prendre parti soit pour les séparatistes radicaux qui voulaient voir le Québec devenir un État socialiste et indépandant, soit pour les nationalistes traditionalistes qui réclamaient davantage d'autonomie pour un Québec capitaliste et catholique, soit pour les fédéralistes libéraux qui voulaient faire du Québec un partenaire à part entière au sein de la fédération canadienne. Laurendeau avait plutôt opté pour un gouvernement réformiste, interventionniste, qui aurait maintenu le Québec dans le Canada, mais en lui obtenant des pouvoirs étendus, supérieurs à ceux des provinces anglophones.

Ryan poussa ces idées encore plus loin en élaborant sa propre version du néo-fédéralisme, fondée sur la conviction que le système fédéral canadien était acceptable en principe, mais que le Québec avait besoin d'un statut particulier doublé de pouvoirs législatifs considérablement accrus qui lui permettraient de combler ses besoins sociaux et culturels spécifiques, en utilisant au maximum tous les pouvoirs de l'État provincial. Cette position, à mi-chemin entre les deux pôles du séparatisme et du fédéralisme, confirmait l'influence de longue date du *Devoir* sur l'élite québécoise, séduite par la notion de « statut particulier ». Elle fit également de Ryan une figure dominante dans les débats constitutionnels qui firent rage dans la province pendant les années 60 et 70. Les politiciens de toute tendance venaient lui demander conseil et on finit par le surnommer, pas tout à fait à la blague, « le pape de la rue du Saint-Sacrement », allusion au ton omniscient de ses éditoriaux et à la minuscule rue du Vieux-Montréal qui abritait son journal.

L'adhésion de Ryan au principe du statut particulier pour le Québec l'aurait éloigné de Trudeau même si les deux hommes n'avaient pas été déjà séparés par une antipathie réciproque. Quelques-uns de leurs amis communs estimaient que cela tenait en partie à l'attitude de Ryan, jaloux des privilèges que Trudeau devait à sa fortune, tels son éducation coûteuse et prolongée et ses nombreux voyages à l'étranger, ce que le journaliste n'avait jamais pu se permettre. Au début des années 50, parrainé par l'Action catholique, Ryan avait réussi à passer deux ans à Rome où, menant une vie frugale, il avait étudié l'histoire de l'Église ; ce fut la seule fois de toute sa vie où il put lire et réfléchir en échappant à la nécessité de gagner sa vie. Trudeau s'était arrêté à Rome, en route vers une destination exotique, quelque part en Asie, affichant une aisance manifeste et un discours radical. C'était juste à l'époque où, venant de démissionner de la fonction publique fédérale, il cherchait à concrétiser dans une action militante son engagement maintenant clairement défini envers le personnalisme. Même si les deux hommes adhéraient à cette philosophie, l'interprétation qu'en faisait Trudeau dut sembler un caprice de dilettante aux yeux de Ryan, toujours désargenté. Après avoir déjeuné ensemble, ils arpentèrent les rues de la Ville éternelle ; Ryan en profita pour tenter de convaincre Trudeau qu'il devrait suivre l'exemple du Christ et distribuer son patrimoine. Revenus au Québec, ils eurent, pendant les douze années qui suivirent, de nombreuses conversations intellectuelles autant en public qu'en privé. Même si, ayant tous deux subi l'influence du cardinal Newman, de Lord Acton et d'Emmanuel Mounier, ils partageaient un bon nombre d'idées, ils n'étaient jamais à l'aise quand ils se retrouvaient. Lorsque Trudeau commença à s'affirmer comme le grand penseur fédéraliste du Québec, Ryan s'en prit fréquemment à lui dans ses éditoriaux. Il soutenait d'ailleurs que sa maîtrise de la logique entraînait Trudeau à commettre de graves erreurs de jugement. Quand il voulait démolir les thèses de ses adversaires, celui-ci les présentait sous un jour exagérément simpliste et, ce faisant, perdait complètement de vue certains éléments essentiels de leur réflexion, alors qu'il aurait dû y prêter attention. En d'autres termes, Ryan considérait que l'éducation raffinée de Trudeau avait émoussé son sens commun — qualité dont lui-même, estimait-il, était abondamment pourvu, parce que la vie ne l'avait pas ménagé[7].

C'est seulement plus tard, après avoir adhéré au Parti libéral, que Trudeau conçut à son tour de bonnes raisons d'en vouloir à Ryan. Cela avait débuté par le refus de Ryan de l'appuyer dans ses éditoriaux, alors qu'il était le seul Canadien français en lice lors de la course à la direction du Parti libéral en 1968. Ryan s'était, par dépit, rangé derrière Paul Hellyer, Torontois qui devait sa réputation à sa défense, en tant que ministre, de l'intégration controversée des forces armées canadiennes, qui parlait à peine français et dont l'intérêt pour la question de l'unité nationale était au mieux symbolique. Lors de l'élection générale qui suivit, Ryan avait pris parti pour Robert Stanfield, le chef conservateur. Après ces trahisons, Trudeau et ses partisans, dont Marc Lalonde qui avait bien connu Ryan à l'époque de l'Action catholique, considérèrent ses déclarations pontifiantes comme les projections douteuses d'un homme qui confondait ses opinions avec la Volonté divine.

Ce fut un incident déplaisant qui mit le feu aux poudres : en octobre 1970, répondant aux adjurations du premier ministre du Québec, Robert Bourassa, et du maire de Montréal, Jean Drapeau, Trudeau invoqua une « insurrection appréhendée » de la part des terroristes pour justifier l'instauration d'un état d'urgence nationale et la suspension des libertés individuelles en vertu de la Loi sur les mesures de guerre. Bientôt, tout le monde sut que Trudeau et Marc Lalonde soupçonnaient Ryan d'être au cœur d'un complot visant à former un « Comité de salut public » qui se serait substitué au gouvernement Bourassa durant la crise provoquée par les enlèvements du FLQ. Ryan nia avec véhémence ces allégations qui n'étaient pas sans rappeler la Révolution française ou un coup d'État du tiers monde, et y vit l'expression de la peur paranoïaque qui s'était emparée des dirigeants à Québec, à Montréal et à Ottawa[8].

Huit mois plus tard, Ryan eut droit à sa revanche. En juin 1971, au terme de trois ans de négociations, les premiers ministres réunis à huis clos à Victoria étaient parvenus à conclure une entente constitutionnelle ; Ryan usa du poids considérable de son journal pour fournir des arguments, qui étaient autant de munitions, au front commun, formé de syndicats, de groupes d'hommes d'affaires et d'organisations nationalistes qui s'étaient spontanément constitué pour presser Bourassa de revenir sur sa décision initiale de signer l'entente. Dans une série d'éditoriaux, Ryan critiqua non seulement le fond de l'accord de Victoria, qui devait « confirmer la prépondérance du gouvernement central dans les affaires canadiennes et ramener le Québec au niveau d'une province comme les autres », mais également le procédé. Le délai de douze jours imposé pour ratifier ou rejeter la Charte de Victoria sans qu'il fût possible de l'amender constituait un « ultimatum » antidémocratique qui niait et aux citoyens et à leurs représentants fédéraux et provinciaux toute possibilité d'intervention dans la discussion et la refonte de la loi fondamentale du Canada. Un peu plus tard, Ryan jubila quand Bourassa rejeta l'entente de Victoria, puis incita l'électorat à défaire Trudeau lors de l'élection fédérale de 1972. Même s'il se racheta temporairement aux yeux des trudeauistes en appuyant les libéraux pendant la campagne de 1974, il commit l'ultime sacrilège de se ranger derrière le Parti québécois de Lévesque au moment du scrutin provincial de novembre 1976[9].

À peine un an plus tard, Ryan changea apparemment son fusil d'épaule et se présenta à la succession de Bourassa comme chef du Parti libéral du Québec. Ce faisant, il cédait aux flatteries d'un groupe de libéraux provinciaux qui cherchaient désespérément une « figure nationale » aux lettres de créance suffisamment impressionnantes pour ranimer un parti désorienté depuis la démission de Bourassa. Au Canada anglais, Ryan était sans contredit le plus connu des Québécois, après Trudeau et Lévesque. En 1970, il avait coprésidé avec Walter Gordon le Comité pour un Canada indépendant, de tendance nationaliste. Les anglophones de tout le pays avaient amplement eu l'occasion de se familiariser avec ses idées lors de ses apparitions à la télévision comme invité incontournable aux innombrables émissions consacrées à la crise du Québec pendant les années 60 et 70. Les libéraux québécois voyaient en la réputation pancanadienne de Ryan et en son intégrité austère la solution par excellence pour rendre sa virginité à leur parti. Selon leur raisonnement, avec la présence à leur tête de ce catholique qui ne badinait pas avec la morale, les accusations de corruption dont le PQ les avait bombardés seraient vite oubliées.

Le néo-fédéralisme de Ryan séduisait particulièrement ceux des libéraux provinciaux qui ne s'étaient jamais sentis à l'aise ni avec Trudeau — lequel, figé dans une attitude doctrinaire, refusait d'entendre parler d'un statut particulier pour le Québec — ni même parfois avec leurs homologues d'Ottawa. Depuis une cinquantaine d'années au moins, des tensions persistantes opposaient l'aile provinciale à son pendant fédéral. Trudeau, pourtant chef du parti, n'avait pas fait grand-chose pour y remédier. Grâce à une campagne soigneusement orchestrée, il fut facile de convaincre les militants de la base que Ryan possédait à la fois ce je-ne-sais-quoi qui lui permettrait d'envoyer Lévesque au tapis et la faculté de traiter d'égal à égal avec Trudeau. Ryan l'emporta facilement lors du congrès d'avril 1978, dont l'ambiance ressemblait plus à celle de l'intronisation d'un cardinal qu'à celle d'un congrès à la direction[10].

Acclamé comme le seul homme capable de sauver les libéraux provinciaux de l'extinction et ne devant donc rien à personne, Ryan entreprit rapidement de mettre le parti sous sa férule. Il adopta la même attitude autocratique qu'au *Devoir*, décidant de chaque affectation, signant tous les chèques, approuvant le moindre détail. Il s'en prit aux puissances occultes qui, traditionnellement, s'occupaient dans l'ombre de garnir la caisse du parti, en leur retirant ce rôle. Il antagonisa son adversaire à la direction, Raymond Garneau, économiste et membre de longue date de l'Assemblée nationale, en refusant de faire les quelques petits gestes qui lui auraient gagné sa collaboration. Il dégrada délibérément d'autres piliers de son caucus qui lui avaient offert un appui enthousiaste, parce qu'il ne les jugeait pas assez intelligents, pas assez humbles ou pas assez vertueux. Il obligea même Michel Robert, avocat hautement respecté et l'un de ses principaux organisateurs pendant la course à la direction, à démissionner de la présidence du Comité pro-Canada, importante organisation montréalaise qui se chargeait de lever des fonds pour la bataille référendaire, sous prétexte que celui-ci avait osé changer le nom du comité sans solliciter son aval[11].

En dépit de ces maladresses, le risque pris par l'élite des libéraux du Québec en recrutant Ryan semblait rapporter des dividendes parmi la population. Le Parti libéral gagna les sept élections complémentaires qui furent déclenchées après son accession à sa tête. En outre, son esprit d'analyse l'aidait on ne peut mieux à réduire en pièces la thèse du Québec indépendant, présentée comme une panacée par les péquistes : après le dépôt, le 1er novembre 1979, par le gouvernement de son Livre blanc sur la souveraineté-association, il en condamna les incohérences dans une attaque d'une efficacité surprenante, si l'on pense à la popularité du PQ. Le document affirmait que, alors que « l'État du Québec serait totalement souverain (...) le Canada demeurerait intact en tant qu'entité économique » parce que les deux États « maintiendraient leur association non seulement au sein d'une union douanière ou d'un marché commun, mais également d'une union monétaire ». Ryan stigmatisa avec dédain l'imprécision de ces concepts qu'il qualifia de château de cartes et soutint que même si le projet se réalisait, ce qui était fort improbable, le Québec ne serait jamais l'égal du Canada au sein de telles unions, puisque son pouvoir d'intervention serait toujours fonction de sa force économique. « Je ne comprends pas ce manque de logique, déclara-t-il. Cela signifie-t-il que nous aurons procédé à de tels changements uniquement pour en arriver à une situation où le Québec se retrouverait une fois encore dans une position minoritaire à l'intérieur même des structures d'un [nouveau] régime ? » Et, dès la fin novembre, Trudeau s'étant retiré de la mêlée, nul ne doutait plus que Ryan était devenu le chef incontesté des forces qui se dressaient contre Lévesque[12].

Malgré tout, nombre de fédéralistes canadiens-français s'interrogeaient sur ses capacités comme stratège politique. Leurs craintes redoublèrent quand, au début de janvier 1980, Ryan fit preuve d'une imprudence manifeste en publiant le projet de réforme constitutionnelle mis au point par son propre parti. Dans le cadre d'une opération incroyablement ambitieuse qu'il avait lancée afin de définir en détail une fédération remaniée, des équipes de libéraux avaient tenu, pendant plus d'un an, des audiences à travers tout le Québec, consulté des universitaires et des juristes, rédigé d'innombrables ébauches. Leurs efforts donnèrent naissance à un document intitulé *Une nouvelle fédération canadienne*, qui devait servir de plate-forme à Ryan pendant la campagne référendaire et offrir une solution de rechange, concrète et circonstanciée, tant au fédéralisme de Trudeau qu'au séparatisme de Lévesque. De l'avis des experts, le « Livre beige » de Ryan, comme il fut rapidement surnommé à cause de sa couverture, représentait un apport de taille au discours constitutionnel en général et au remaniement de la position néo-fédéraliste en particulier. En revanche, il était moins facile d'y voir un geste politiquement judicieux[13].

Inévitablement, le document déclencha une sérieuse controverse. Même s'il avait le mérite de ne pas réclamer de pouvoirs spéciaux pour le Québec, l'attribution qu'il proposait de pouvoirs élargis à toutes les provinces inquiétait les fédéralistes soucieux de maintenir un équilibre entre les gouvernements fédéral et provinciaux. En même temps, il reconnaissait beaucoup trop d'autorité au pouvoir central pour que les séparatistes convaincus pussent s'en accommoder et, partant, offrait une cible facile aux péquistes, trop heureux de cette occasion de détourner l'attention du public des lacunes de leur propre Livre blanc.

La publication du Livre beige fut aussi à l'origine d'une autre source de distraction, infiniment plus dommageable. Ryan avait exigé que ses propositions constitutionnelles soient discutées dans le moindre détail par la base dans chacune des circonscriptions et ratifiées au cours d'assemblées tenues en bonne et due forme. Cette opération, qui n'avait à peu près rien à voir avec le référendum dont l'échéance approchait, mobilisa les énergies des libéraux provinciaux pendant les premières semaines de 1980, d'une importance pourtant cruciale. C'est pourquoi le caucus de Ryan était lamentablement préparé quand, après le lancement officiel de la campagne par le PQ au début de mars, les délibérations sur la question référendaire débutèrent à l'Assemblée nationale. Du coup, les critiques des libéraux et de leur chef quant au sens précis de la souveraineté-association et leur ergotage autour de la question référendaire parurent entachés de mesquinerie. De plus, les contradictions qui ressortaient de la position péquiste, et que Ryan avait si efficacement relevées au cours de l'automne précédent, perdaient maintenant de leur importance devant la pénible incapacité des libéraux à les exploiter à fond.

Comme les séances de ce débat historique furent télédiffusées chaque soir pendant trois semaines, à l'heure de pointe et à travers toute la province, des centaines de milliers d'électeurs purent constater, devant le rigorisme obstiné de Ryan, que le grand manitou de la presse écrite était totalement étranger à la politique de l'ère électronique. Au lieu d'avoir l'air déterminé et sûr de son fait, Ryan apparut comme un homme aux principes démodés et à l'esprit borné, comme un prélat pharisaïque sorti tout droit du passé répressif des Québécois. On aurait dit que ses qualités morales et intellectuelles ne lui étaient guère utiles, maintenant qu'il devait prendre la tête des forces d'opposition pour la mêlée référendaire.

* * *

En comparaison, la maîtrise des débats affichée par les péquistes relevait du grand art, politiquement parlant. Brillamment préparés par Claude Charron, le ministre responsable des affaires parlementaires qui avait ordonné et surveillé les allocutions de chaque député, procédant à des répétitions et prévoyant même jusqu'aux pauses pour les applaudissements, les orateurs péquistes firent preuve d'une éloquence magistrale. Démontrant une fois de plus ses dons de tribun, Lévesque lui-même lança un appel passionné à la fierté des Québécois, appel qui, pour le journaliste Graham Fraser, évoquait la capacité spontanée de libérer « un torrent (...) un mélange original de joual, d'expressions populaires, de termes forgés pour la circonstance, d'expressions américaines et anglaises plus ou moins francisées, (...) [le tout] entrelacé dans un invraisemblable enchaînement d'idées ». Ses ministres et ses députés lui emboîtèrent le pas, multipliant les critiques acerbes sur le fédéralisme canadien, les discours enflammés sur les avantages économiques de la souveraineté et les appels à la solidarité au nom d'une nation qui avait enfin la chance de prendre sa destinée en main. Chaque soir, pendant des heures, la télévision retransmettait ces discours orgueilleux dans les salons des Québécois. Bien avant la fin, le débat laissait présager une écrasante victoire du PQ, confirmant en apparence la justesse de sa stratégie et la puissance de son emprise sur l'électorat[14].

Jusque-là, la campagne péquiste se déroulait de façon impeccable. Les stratèges du parti pensaient pouvoir compter sur un cinquième des électeurs qui étaient des indépendantistes à tout crin et sur un autre cinquième qui privilégiait le concept plus ambigu de souveraineté-association. Étant donné qu'ils avaient fait une croix sur les anglophones qui représentaient vingt pour cent de l'électorat et sur une autre tranche de vingt pour cent regroupant des francophones fédéralistes, le résultat dépendrait de toute évidence du dernier cinquième, constitué d'électeurs francophones à tendance néo-fédéraliste qui voulaient des pouvoirs accrus pour le Québec, mais continuaient de se considérer comme des Canadiens ayant toujours leur place dans la Confédération.

Forcés d'aller chercher le vote des néo-fédéralistes, René Lévesque et Claude Morin s'opposèrent à leurs collègues du cabinet qui, plus radicaux, réclamaient une question claire et nette où l'on demanderait aux Québécois de dire si, oui ou non, ils voulaient que l'indépendance fût proclamée sans plus attendre. La question finalement rédigée par le cabinet était volontairement « molle » et loin d'être claire. Le gouvernement réclamait uniquement le mandat de *négocier* une entente qui accorderait la souveraineté politique au Québec, dans le cadre rassurant d'une association économique avec le reste du Canada. Si, faute de mieux, les tenants de l'indépendance et de la souveraineté-association allaient voter oui, les néo-fédéralistes risquaient, eux, d'en faire autant pour renforcer le pouvoir de négociation du Québec, puisqu'ils auraient toujours la possibilité de se prononcer sur une éventuelle entente à l'occasion d'un second référendum[15].

Quand l'Assemblée nationale mit un terme aux délibérations à la fin de mars et que la campagne du porte à porte commença à retenir l'attention, la victoire du Oui semblait assurée. Les péquistes n'avaient qu'à tirer parti de l'appui des centrales syndicales et des principales organisations communautaires, à soutenir le moral de leurs troupes sur le terrain et à garder le vent en poupe, pendant que le premier ministre poursuivait sa tournée triomphale à travers la province, cela leur suffirait certainement pour l'emporter[16].

* * *

Pour les trudeauistes qui suivaient la situation depuis Ottawa, il semblait bien que le fédéralisme allait au devant d'une catastrophe et que Claude Ryan était dépassé par les événements. S'il était compréhensible que l'organisation d'une campagne ne fût pas le fort d'un ancien directeur de journal, en revanche, il y avait vraiment matière à s'inquiéter en voyant que, jusqu'à la fin des débats législatifs, soit le 27 mars, Ryan n'avait pas réussi à réunir le comité du Non pour parler de logistique. Les experts du parti qui tentaient de mettre sur pied une machine bien huilée furent sidérés de découvrir que, pour leur chef, il n'était pas question de recourir aux outils de la politique moderne que sont les sondages et la publicité. Ryan concevait la campagne comme une série de rencontres intellectuelles où il exposerait sa vision du Québec à un public attentif et rationnel, comme une version des réunions de l'Action catholique qu'il tenait au cours des années 50 à l'intention des fidèles rassemblés dans les salles paroissiales des petites municipalités pour écouter le militant laïc le plus doué de l'époque. Il avait l'intention de parcourir inlassablement la province à bord d'un avion affrété pour l'occasion (rapidement surnommé le « DC-Non ») et de s'adresser à la population, soir après soir, faisant allègrement fi de la nécessité d'alimenter en nouvelles les médias électroniques pour les bulletins de début de soirée. Quand les trudeauistes d'Ottawa furent mis au courant de ses plans, ils comprirent que, s'ils n'accouraient pas à la rescousse, Ryan entraînerait avec lui la campagne du Non dans les abysses de l'oubli.

Jusque-là, Ryan avait toujours soutenu avec entêtement que le référendum ne concernait que les politiciens provinciaux. Mais quand un sondage effectué après la clôture des débats à l'Assemblée nationale eut révélé que le Non obtenait moins d'appuis que le Oui, il commença à se faire à l'idée de collaborer avec les « cousins du fédéral », tout en s'attendant à conserver la haute main sur la campagne. En réalité, la situation lui échappait complètement. Et que cela plût ou non à Ryan, Pierre Trudeau se tenait en bordure du ring, prêt à intervenir dans la bataille référendaire.

Depuis le retour de Trudeau, la grande question de l'heure n'était pas de savoir si, mais quand, il utiliserait les puissantes ressources du gouvernement fédéral pour faire la campagne du référendum. Déjà, simplement en reprenant les rênes du gouvernement, il avait mis fin au monopole chèrement acquis de Ryan sur les forces du Non. Soutenu par un caucus de soixante-treize députés québécois, Trudeau relançait dans la bataille sa thèse fédéraliste qui faisait contrepoids à celle de la souveraineté-association et reléguait dans l'ombre celle de Ryan. Son éternelle formule, « le-Québec-doit-demeurer-au-sein-du-Canada-où-il-n'est-qu'une-province-comme-les-autres », était plus facile à comprendre que l'imbrication complexe des propositions néo-fédéralistes avancées dans le Livre beige.

C'était faute de mieux que les libéraux fédéraux avaient accepté de voir Ryan prendre la tête du parti provincial, en 1978. Conscient du combat désespéré que les fédéralistes menaient à l'époque contre les séparatistes, Marc Lalonde avait déclaré : « Lui, au moins, c'est un gars avec qui on peut faire des affaires. » Et c'est justement ce que Trudeau avait voulu faire en se montrant aux côtés de Ryan sans faire d'éclat, durant la période qui avait précédé l'élection fédérale de 1979. Plus tard dans l'année, après qu'il eut pris sa « retraite », Ryan lui avait renvoyé l'ascenseur en lui rendant hommage en des termes excessifs qui, de l'avis de certains observateurs, témoignaient autant d'un net soulagement devant son départ de la scène politique que d'un profond respect pour ses réalisations. Néanmoins, la faction pro-Trudeau n'avait jamais oublié toutes ces années pendant lesquelles Ryan avait pris parti pour leurs ennemis politiques, ni ses éditoriaux acerbes où il fustigeait Trudeau pour son « intransigeance arrogante » et pour « sa détestable habitude de juger de haut et de loin des problèmes qu'il ne comprend pas ». Depuis, son Livre beige, avec son mélange de décentralisation et de dualisme, ainsi que l'incohérence de sa démarche politique avaient renforcé leur conviction qu'il leur était impossible de compter sur un tel allié dans ce qu'ils considéraient comme l'ultime bataille contre le séparatisme. Mais s'ils ne doutaient pas un instant que leur habileté politique et la machine fédérale étaient indispensables pour empêcher la campagne du Non de courir au désastre, les trudeauistes étaient également conscients que toute tentative avouée pour écarter Ryan serait une source de dissension, donc néfaste. Ils devaient le persuader de collaborer avec eux, en en appelant à sa vanité intellectuelle, à sa piété et à son patriotisme. Ils convinrent que seul Trudeau était capable de réussir une telle manœuvre[17].

Dans un geste d'apparente solidarité, Trudeau invita Ryan, en sa qualité de président de la campagne du Non, à déjeuner au 24 Sussex Drive, le Vendredi saint, jour le plus sacré entre tous pour les catholiques. Ryan accepta l'invitation, désireux d'expliquer à Trudeau pourquoi le néo-fédéralisme devait constituer la position officielle du comité du Non. Mais, au cours de la conversation, Trudeau réussit Dieu sait comment à retourner la situation à son avantage en abordant adroitement la question de la doctrine. Pour la première fois depuis les années 50, il traitait Ryan comme un compagnon d'armes et comme son égal sur le plan intellectuel. Le même Trudeau qui, quand il était premier ministre, n'avait jamais daigné consulter Ryan à une époque où presque toutes les autres personnalités politiques du pays frappaient à sa porte au *Devoir*, faisait maintenant patte de velours et écoutait ses arguments avec une attention flatteuse, tout en raisonnant avec brio. Apparemment ébloui par l'ambiance régnant à la résidence du premier ministre et par le comportement inusité de celui-ci, le chef de l'opposition québécoise se laissa persuader de renoncer à utiliser pendant la campagne la thèse tortueuse du néo-fédéralisme exposée dans son Livre beige. Quand on lui rapporta cet entretien, Claude Forget ne put en croire ses oreilles. Coordonnateur du processus qui avait abouti au Livre beige et son principal auteur, il avait, l'automne précédent, dû avertir publiquement Trudeau, alors chef de l'opposition à Ottawa, de ne pas mettre le nez dans la campagne référendaire. Et maintenant, celui-ci avait réussi, le temps d'un long repas, à réduire tous ses efforts à néant et à neutraliser le rôle de Ryan comme pôle idéologique du débat, en même temps qu'il lui donnait des forces pour la lutte à venir[18].

Après cet exploit, les trudeauistes entreprirent de faire cause commune sur le plan de l'organisation avec le comité du Non, tâche délicate, compte tenu de la précarité de leur situation et de l'attitude des libéraux provinciaux, qui craignaient de voir leurs confrères du fédéral les reléguer sur une voie de garage. Pour prévenir tout ressentiment, Trudeau confia à Jean Chrétien, ministre de la Justice et Procureur général, l'écrasante tâche de coordonner les ressources fédérales pendant la bataille référendaire.

* * *

En 1980, Chrétien avait à peine quarante-six ans, mais ses liens avec le libéralisme québécois remontaient si loin dans le temps qu'il avait l'allure d'une leçon d'histoire vivante, d'un spectacle son-et-lumière ambulant qui aurait relaté l'évolution politique et sociale des Canadiens français pendant des décennies. Il était né pendant la crise à Shawinigan, célèbre dans tout le Québec pour l'animation de sa vie politique et pour ses orateurs populistes. Avant-dernier d'une famille de dix-neuf enfants, il était libéral par hérédité : ses ancêtres avaient été étroitement liés à la tradition réformiste de Sir Wilfrid Laurier et des rouges, au siècle dernier. Son grand-père, François Chrétien, avait été maire du village de Saint-Étienne-des-Grès pendant trente ans. Son père, Wellie, avait gagné sa vie comme machiniste dans une fabrique de papier de Shawinigan, mais la politique constituait sa véritable vocation, et le Parti libéral disposait avec lui d'un organisateur et d'un recruteur infatigable.

Par la suite, Jean Chrétien aurait du mal à préciser à quel moment il avait décidé de faire la politique. Il portait encore la culotte courte lorsqu'il avait commencé à accompagner son père dans ses tournées dans la région de Shawinigan et à l'écouter fulminer allègrement contre les manœuvres démoniaques de Duplessis, un autre fils de la région. Quand, à l'âge de dix-huit ans, il commença à travailler à la fabrique pendant l'été, il se sentit suffisamment sûr de lui pour sauter sur une table à la cafétéria et se lancer dans des diatribes contre Duplessis. Ses parents avaient décidé que leurs enfants recevraient une bonne instruction et économisaient jusqu'au moindre sou pour leur payer des études. Chrétien fut inscrit au collège de Trois-Rivières qu'avait fréquenté Duplessis avant lui ; élève rétif, il se fit remarquer davantage par son entrain que par ses bonnes notes. Après avoir obtenu son baccalauréat, il alla étudier le droit à l'Université Laval, parce que son père était convaincu qu'il n'y avait pas de meilleure formation pour un futur politicien. Après tout, les deux Canadiens français qui avaient réussi à devenir premiers ministres étaient des avocats libéraux. Tout rouge digne de ce nom savait cela.

Une fois ses études terminées, à la fin des années 50, Jean Chrétien revint à Shawinigan pour y pratiquer le droit ; il consacra un temps énorme et une prodigieuse énergie à travailler comme organisateur pour le Parti libéral jusqu'au moment où, en 1963, il put se porter candidat et se faire élire au Parlement, à l'âge remarquablement jeune de vingt-neuf ans. Son arrivée à Ottawa coïncida avec le premier gouvernement minoritaire de Lester Pearson. Les gens qui l'ont rencontré alors n'ont jamais oublié combien il était avide d'apprendre. Il avait rarement voyagé hors du Québec et pouvait à peine se faire comprendre en anglais, mais il changea ces lacunes en atouts du seul fait de son charme naturel et de son application acharnée. Le député néo-démocrate Douglas Fisher, qui deviendrait plus tard chroniqueur dans un journal, lui fit visiter les Communes peu après son arrivée et lui expliqua que s'il voulait quitter les banquettes du fond et siéger à l'avant de la Chambre, il lui faudrait travailler très fort.

« Z'en faites pas, Dog, répondit Chrétien. J'vais y arriver, Dog. J'veux travailler fort, Dog. » Fisher n'eut pas le courage de lui dire que l'appellatif « Dog » ressemblait beaucoup trop au nom anglais du chien et que la vieille méthode de Dale Carnegie qui consiste à prononcer le nom de son interlocuteur à tout bout de champ était peut-être un peu trop évidente. Il sentait que l'ambition de Chrétien allait bien au-delà des simples paroles[19].

À l'époque, Chrétien suivait les propos des anglophones d'Ottawa avec une attention déconcertante. En réunion ou pendant un repas, il restait silencieux, fixant ses collègues de ses yeux d'un bleu profond comme s'il tentait de comprendre non seulement ce qu'ils disaient, mais également les mécanismes de leur pensée. Il précisait ses intentions avec une franchise charmante : il voulait saisir les rouages du système et apprendre à en utiliser toutes les possibilités. C'est effectivement ce qu'il fit entre 1963 et 1965, passant du rôle de simple député au poste de secrétaire parlementaire, puis devenant ministre sans portefeuille et, finalement, ministre du Revenu national. Pendant la course à la direction de 1968, il appuya Mitchel Sharp, qui avait été son mentor à l'époque où il était le secrétaire parlementaire du ministre des Finances. Quand celui-ci se désista en faveur de Trudeau, Chrétien suivit son exemple, apportant avec lui sa loyauté sans faille et sa connaissance intime des mœurs politiques de l'arrière-pays québécois. Il fut nommé ministre des Affaires indiennes et du Développement du Nord canadien pendant le premier gouvernement Trudeau ; après quoi, il fut président du Conseil du Trésor, puis ministre de l'Industrie et du Commerce avant de devenir, en 1977, le premier ministre des Finances francophone de toute l'histoire du Canada.

C'était là ce dont rêvait Jean Chrétien depuis quinze ans, mais il fut loin d'y faire des étincelles. S'il n'y laissa pas sa peau, ce fut essentiellement à cause de la facilité désarmante avec laquelle il entretenait les journalistes de ses propres limites et parce que l'opposition craignait d'être taxée de racisme si elle s'en prenait trop vertement au premier Québécois à occuper le poste. En coulisse, par contre, son impéritie lui attira les foudres de nul autre que son prédécesseur aux Finances, John Turner ; celui-ci faisait alors partie d'un cabinet juridique de Bay Street, à Toronto, qui adressait à ses clients un bulletin farci de commentaires méprisants sur le fiasco économique du gouvernement Trudeau. Mais Turner était à peu près seul dans son camp. Au lieu de tenir Chrétien responsable de l'inaptitude des libéraux à résoudre les difficultés économiques qui frappaient le Canada à la fin des années 70, la plupart des représentants des médias et des milieux financiers ne cessaient de clamer sur tous les toits que Trudeau était le seul grand coupable.

Les problèmes de Chrétien aux Finances réjouissaient tout particulièrement plusieurs des intellectuels du cabinet Lévesque, des hommes comme Claude Morin et comme Jacques Parizeau, lui-même ministre des Finances, qui l'avaient toujours considéré comme quantité négligeable dans le camp fédéraliste, comme un politicien de la vieille école, sentimental et retors, comme un vendu de la plus belle eau. Mais les séparatistes avaient tort. Chrétien était peut-être démodé, mais il était rusé ; il avait également une connaissance intuitive de l'humeur de la population et un sens aigu des moyens à prendre pour retirer le maximum de la machine gouvernementale[20].

Dès son premier jour à Ottawa, en 1963, Chrétien avait adopté comme ligne de conduite la vieille tradition québécoise du populiste paternaliste qui se fie à son instinct pour déterminer ce que veut la population et aux conseils de fonctionnaires compétents pour lui donner satisfaction. Il avait appris tout ce qu'il avait pu auprès de

Mitchell Sharp, qui avait été fonctionnaire avant de devenir ministre et dont les connaissances du système financier canadien et des relations entre le milieu des affaires et la bureaucratie remontaient aux années 40, marquées par les célèbres titulaires libéraux de portefeuilles à vocation économique : C.D. Howe et Douglas Abbott. Même s'il ne s'était jamais intéressé aux détails des grandes orientations, Chrétien était rapidement passé maître dans l'art de se faire résumer l'essentiel d'une question par ses hauts fonctionnaires, puis de faire siennes leurs idées et, enfin, de défendre les intérêts de son ministère pendant les réunions du cabinet. Il avait également un flair certain pour choisir ses adjoints et pour obtenir d'eux une loyauté indéfectible. Deux d'entre eux avaient non seulement un jugement sûr, mais ils étaient également les fils de deux figures dominantes de l'establishment : John Rae, fils du diplomate Saul Rae, et Eddie Goldenberg, dont le père, le sénateur montréalais Carl Goldenberg, avait été le principal conseiller constitutionnel de Trudeau en 1968 et l'un des juristes les plus respectés de tout le pays en matière de conflits de travail. Rae et Goldenberg étaient parfaitement au fait de la politique partisane moderne et de l'art de gouverner ; Chrétien avait appris à profiter de leurs conseils, tout comme il se laissait guider par ses hauts fonctionnaires ambitieux dans ses précédents ministères. Parallèlement, il n'oubliait jamais qu'il était un « avocat de la classe ouvrière », selon sa propre expression, « un p'tit gars de Shawinigan » capable de comprendre les aspirations de tous les autres p'tits gars des campagnes et des petites villes du Québec, qui avait fait du chemin depuis les années 50 et qui se méfiait des séparatistes et de leurs beaux discours.

Au début, Trudeau n'avait pas caché son dédain devant le langage et les manières populistes de Chrétien. Un jour, à l'époque où tous deux amorçaient leur carrière politique, ils prirent place côte à côte dans l'avion qui devait les mener dans l'Ouest au terme d'un long trajet. Trudeau se plongea dans ses dossiers et resta muet pendant plusieurs heures, tandis que Chrétien se tortillait sur son siège et regardait par le hublot, mal à l'aise et mort d'ennui. Au moment où l'avion était sur le point d'atterrir, Chrétien, rendu désespérément nerveux par le silence de Trudeau, prit son courage à deux mains et, voulant se montrer sociable, murmura : « Il pleut, dehors. » Trudeau leva le nez de ses documents, jeta un coup d'œil par le hublot, puis lança un regard dédaigneux vers Chrétien, et répliqua : « S'il pleut, c'est fatalement dehors. » Avec le temps, Chrétien réussit à le désarmer, au même titre que presque tous ceux qu'il rencontrait. Légèrement handicapé dès sa naissance (il était sourd d'une oreille et masquait derrière un sourire inégal une légère déformation faciale) et le moins doué pour les études des nombreux membres d'une famille brillante, il avait appris de bonne heure à échapper aux sarcasmes. Il s'empressait toujours de faire quelque blague peu flatteuse à son endroit avant que les autres aient eu le temps de l'écraser de leur supériorité.

Même s'il entretenait toujours des doutes sur les prouesses intellectuelles de Chrétien, Trudeau avait fini par l'apprécier pour sa loyauté, sa ténacité et son sens aigu de la politique. Quand, en 1980, il fallut désigner un responsable de l'intervention fédérale dans la campagne référendaire, le fait qu'il ait admis que Chrétien était bien l'homme de la situation prouvait là encore l'émergence du nouveau Trudeau. Quelques années plus tôt, il avait déclaré à des journalistes : « Diriger des hommes — et aussi des femmes —, ce n'est pas mon fort. » Pendant son nouveau mandat, il était résolu à se comporter en chef *capable* de diriger des hommes et des femmes à la perfection. Il lui fallut faire appel à sa sensibilité toute nouvelle et à tout son pouvoir de persuasion pour convaincre Chrétien d'accepter le portefeuille de la Justice. Ce ministère, comme celui des Travaux publics, était l'apanage traditionnel des Québécois parce qu'ils offraient tant d'occasions d'y pratiquer le favoritisme. Connaissant le folklore des rouges sur le bout des doigts, Chrétien considérait que le ministère de la Justice était entaché par son histoire et constituait un net recul par rapport aux portefeuilles économiques qu'il avait détenus pendant les années 70 ; c'était un poste où son honnêteté irréprochable pourrait être remise en question ; les séparatistes prompts à railler ses attitudes anachroniques pourraient plus facilement le clouer au pilori. Ses propres ambitions, d'une tout autre envergure — il réfléchissait déjà sérieusement à la façon de succéder à Trudeau —, l'avaient amené à penser que les Affaires extérieures conviendraient mieux à son image[21].

C'est donc avec ce projet en tête et après avoir repensé au portefeuille de la Justice qu'il alla trouver Trudeau pour lui exposer ses objections. « Pierre, pourquoi ne feriez-vous pas pour moi ce qu'un grand frère ferait pour son petit frère ? »

« O.K., Jean », répondit Trudeau, apparemment sans sourciller devant cette désarmante manifestation de sentimentalisme, attitude qui, autrefois, aurait provoqué une riposte vitriolique. « Si vous acceptez ce poste, vous serez ministre de la Justice, vous serez Procureur général du Canada, ministre d'État au Développement social, responsable du référendum et de la constitution. J'espère maintenant que mon petit frère ne viendra pas dire que son grand frère n'a pas confiance en lui[22]. »

De fait, en affirmant à Chrétien qu'il avait besoin de lui, Trudeau jouait sur les deux tableaux de la loyauté et de l'ambition. Chrétien monta en première ligne dans la bataille référendaire, parce que Trudeau l'avait convaincu qu'il était le seul capable de tenir ce rôle crucial et de défendre la noble cause du rêve canadien.

Chapitre onze

LE RÉFÉRENDUM II : LA GRANDE BATAILLE

Jean Chrétien savait que pour mener à bien la tâche que lui avait assignée Trudeau, il devrait recourir à toutes les astuces politiques apprises jusque-là et utiliser tous les moyens à la disposition du gouvernement fédéral. Pour coordonner l'initiative fédérale, une équipe de gestion de crise avait été formée et installée au Bureau des relations fédérales-provinciales (BRFP) — l'une des sections du Bureau du premier ministre/Bureau du Conseil privé — de sorte que les fonctionnaires du BRFP puissent servir de liaison entre l'équipe et les secteurs clés de la bureaucratie fédérale. Le Centre d'information sur l'unité canadienne était également logé au BRFP. Le budget du Centre consacré aux sondages et à la publicité avait été gonflé afin de permettre la télédiffusion au Québec, durant les six dernières semaines de campagne, de messages qui coûtaient des millions de dollars. Leur but officiel était de renseigner la population sur les programmes fédéraux, mais, en réalité, ils étaient destinés à promouvoir le fédéralisme[1].

Chrétien était résolu à se servir de toutes les forces mises à sa disposition sans pour autant s'aliéner les personnalités dont les talents devaient être exploités au cours de cette opération complexe. Non seulement il aurait à faire face à la grande popularité de René Lévesque, mais il devrait également se montrer prudent dans ses rapports avec Claude Ryan, qui avait déjà manifesté son irritation de le voir participer à la campagne du Non. Même si le comité du Non avait besoin d'Ottawa, Chrétien n'en demeurait pas moins un « cousin fédéral » pour lequel Ryan entretenait peu d'estime. Chrétien attribuait cette hostilité à son égard à un incident qui s'était produit deux ans auparavant, quand on lui avait demandé de participer à la course au leadership du Parti libéral du Québec et que Ryan envisageait de briguer ce poste. Chrétien s'était alors rendu aux bureaux du *Devoir* pour discuter de la situation avec Ryan. Sans malice, il déclara que ce dernier n'avait pas de talent pour la politique, déclaration que Ryan jugea impertinente et qui le mit en fureur. Ryan rejetait maintenant d'emblée le soutien fédéral offert par Chrétien sous forme de données de sondage ou de fonds de publicité. Ryan opposa aussi son veto à la suggestion quelque peu désinvolte de Chrétien d'adopter pour slogan de la campagne : « La séparation, non merci ! », préférant son propre jeu de mots plus intellectuel : « Mon non est Québécois » [2].

Chrétien comprit qu'il devrait prendre en main la campagne du Non sans que Ryan se rende compte qu'il en avait perdu la direction. C'est exactement ce qu'il fit. Pendant qu'Eddie Goldenberg, son *alter ego*, coordonnait ses efforts à Ottawa, Chrétien concentrait son énergie frénétique sur la « cause », se présentant comme l'humble collaborateur de Ryan. Il se rendait habituellement vers midi à une séance de stratégie au BRFP. L'après-midi, il participait à la réunion d'un comité de députés du Québec, qui prenaient régulièrement le pouls de leurs commettants. Le soir, enfin, il se rendait à un rassemblement dans telle ou telle ville où il prononçait un discours fougueux sur les vertus du fédéralisme et sur son amour du Canada. Comme les libéraux occupaient tous les sièges du Québec sauf un, ils pouvaient se servir de leurs députés pour inonder la province de propagande fédéraliste. Faisant du porte à porte, ces députés incarnaient la fierté d'appartenir à un Canada bilingue, fierté qui était à la base des messages diffusés par les agences de publicité du fédéral. Les activités des députés libéraux québécois étaient en grande partie coordonnées par les organisateurs libéraux provinciaux dont les talents pour les campagnes électorales avaient été cultivés au cours de nombreuses élections partielles gagnées aux dépens du PQ.

Pour vendre leur point de vue aux Québécois, les libéraux fédéraux pouvaient également compter sur l'appui des gouvernements des provinces anglophones. Pour la première fois en dix ans de conflits intergouvernementaux, Ottawa livrait une bataille fédérale-provinciale sur un seul front. Après consultation avec le BRFP, les premiers ministres des provinces anglophones eurent l'obligeance de faire une série de déclarations qui jouaient de façon calculée sur les appréhensions des Québécois au sujet du coût de l'indépendance. Le premier ministre Peter Lougheed déclara qu'un Québec indépendant devrait faire concurrence aux autres clients internationaux de l'Alberta pour obtenir son pétrole. Allan Blakeney prédit qu'un Québec indépendant serait traité par la Saskatchewan et par les autres provinces anglophones comme un pays étranger. Le premier ministre de l'Ontario, William Davis, annonça que sa province ne négocierait jamais avec le Québec quelque forme d'association économique que ce soit[3].

Faisaient également partie de la coalition du Non une pléthore de représentants de comités de citoyens anglophones qui s'étaient formés ou reformés depuis la prise du pouvoir du PQ en 1976, afin de lutter contre les forces indépendantistes. Le Positive Action Committee (PAC) était le groupe d'anglophones le plus visible au sein de la coalition du Non. Storrs McCall, professeur de philosophie à l'Université McGill, et Alex Paterson, avocat montréalais dont la famille anglophone prospérait au Québec depuis au moins deux siècles, étaient coprésidents du PAC[4].

Tous deux étaient d'éminents représentants de la classe qui avait naguère dominé le Québec et qui prenait maintenant conscience du fait que les anglophones y étaient devenus une minorité assiégée. Las d'entendre parents et amis, dans leurs clubs ou dans leurs sièges sociaux, se faire du mauvais sang au sujet de l'exode graduel de leur tribu vers Toronto et des répercussions de la loi « anti-anglais » des séparatistes sur le monde des affaires, McCall et Paterson avaient pris sur eux la responsabilité d'organiser les anglophones en un groupe de pression, d'abord à l'occasion du débat entourant la loi 101 en 1977, puis durant la campagne référendaire. Au printemps de 1980, ils se dépensaient déjà corps et âme pour la cause du Non, convaincus que la survie des anglophones du Québec en tant que collectivité dépendait de l'issue du référendum. Habitués aux victoires faciles des candidats fédéralistes dans les comtés anglophones fédéraux et provinciaux où le PQ était tenu pour une abomination, ils n'ignoraient pas pour autant que, cette fois-ci, c'était le nombre total de votes à l'échelle provinciale et non le nombre de comtés qui serait déterminant. Par conséquent, la participation de chaque électeur favorable au Non devint une obsession pour eux. Chaque jour, ils remerciaient le Ciel que le gouvernement fédéral soit intervenu dans le débat et ait imprimé une certaine direction aux efforts hésitants de Claude Ryan. Mais ils croyaient également que, sans la puissance d'organisation du Parti libéral provincial et sans le travail préliminaire de comités comme le leur pour sensibiliser et mobiliser les diverses factions fédéralistes, les tenants du Non seraient vaincus, quelle que soit la magie que pourrait exercer Chrétien dans les huit dernières semaines de guerre référendaire.

McCall et Paterson devaient bien reconnaître à Chrétien une certaine magie. La rhétorique populiste du « p'tit gars de Shawinigan » donna vite un attrait de masse à la campagne du Non, contraste frappant avec les messages hyperintellectuels de l'équipe de Ryan. Au cours de la campagne référendaire, quand il se « joignait » discrètement à Claude Ryan sur la scène d'innombrables centres communautaires, Chrétien s'acharnait sur l'ambiguïté de la question référendaire et sur ce qui se cachait derrière le vote. « J'étais étonné des talents politiques de Chrétien », déclara Alex Paterson, qui connaissait bien Ryan et qui l'admirait. « Il traitait Claude tout à fait correctement. Il faisait preuve d'une compétence et d'un calme que le côté bon enfant que nous lui connaissions avait occultés[5]. »

Soir après soir, Chrétien incitait les Québécois à se demander pourquoi les séparatistes avaient besoin d'un mandat.

« Pour faire quoi ? Pour nous faire perdre notre passeport canadien ? Pour nous faire perdre notre citoyenneté canadienne ? Pour que Trudeau soit le dernier premier ministre canadien-français du pays ? Pour nous faire perdre les richesses qui nous ont toujours appartenu ? Un mandat pour faire de nous les citoyens d'un petit pays, dans un monde de plus en plus interdépendant[6] ? »

Comme le journaliste Michel Vastel le fit remarquer, Chrétien réussissait à faire applaudir d'un bout à l'autre du Québec le Canada selon Trudeau. Il parlait aux ambitions de ses compatriotes en les assimilant aux siennes propres. « Qui sera nommé ambassadeur du Québec après l'indépendance ? Qui sera assis dans les grosses Cadillacs avec chauffeur et le drapeau " sur le hood " ? Ce ne sera pas vous, ce ne sera pas moi. Ce ne sera pas les gens ordinaires. Ce sera sûrement les bourgeois de la Grande-Allée ou d'Outremont. » Il se moquait du langage trop raffiné des intellectuels péquistes. Ceux-ci parlaient de « réservoirs à essence », tandis que pour lui et pour ses auditeurs, il s'agissait d' « une tank à gaz ». L'éloquence argotique de Chrétien masquait plus d'un paradoxe. Le fait qu'il accuse les péquistes d'être trop cérébraux, alors qu'il était l'émissaire du premier ministre le plus intellectuel de l'histoire du pays, était plutôt bizarre. D'autre part, ses insultes ne tenaient compte ni des talents pratiques dont les intellectuels du PQ avaient fait preuve dans la gestion des affaires québécoises, ni de leur style politique résolument spartiate[7].

Bien que Chrétien fût l'orateur populiste le plus doué qui soutînt la cause fédéraliste, douze autres ministres francophones faisaient partie du cabinet de Trudeau. La plupart furent aussi chargés de vendre la salade fédérale. Tous les mardis matin, à Ottawa, Chrétien participait à un comité ministériel composé de francophones pour orchestrer les efforts de leurs ministères au service de la cause. Pour toute la durée de la campagne référendaire, on avait demandé à ces ministres de ne pas quitter le Québec ni de prononcer de discours à l'extérieur de la province sans l'autorisation de Trudeau lui-même : ils devaient consacrer toute leur énergie au référendum. Monique Bégin, ministre de la Santé nationale et du Bien-être social, fit accompagner d'un inséré bilingue le chèque d'allocations familiales mensuel que reçoivent des familles aux quatre coins du pays. Le slogan « *No thanks is easy to say* » était un message de tempérance bien innocent pour les Canadiens anglais. Mais, au Québec, le message était à double sens : « Non merci : ça se dit bien. » Marc Lalonde, à titre de leader québécois au caucus, donna l'ordre au directeur de l'aile québécoise du Parti libéral fédéral, Léonce Mercier, de mettre toutes ses ressources au service de la cause. Jean Marchand, leader du gouvernement au Sénat, fit la tournée du Québec, symbole triomphant du pouvoir des fédéralistes québécois à Ottawa. Il rallumait sa vieille flamme de syndicaliste dans ses discours pour parler de fierté et d'œuvre accomplie[8].

« *Nous* nous sommes battus pour la loi sur les langues

officielles, pour les subsides d'expansion régionale, pour les tours à bureaux de Hull. *Nous* avons prouvé qu'il était possible pour les Canadiens français d'exercer le pouvoir à Ottawa. *Nous* avons mis fin au sentiment d'infériorité qui avait toujours hanté les Québécois. Bien sûr, tout n'est pas encore réglé, mais vous devez jouer un rôle sur la scène politique canadienne afin d'obtenir des avantages pour le Québec[9]. »

Profitant du débat sur le discours du trône à la mi-avril pour se venger des péquistes qui avaient violemment attaqué le fédéralisme à l'Assemblée nationale le mois précédent, les ministres fédéraux peignirent un tableau sombre d'un Québec souverain et associé. André Ouellet, ministre de la Consommation et des Corporations, prédisait la réduction des quotas et des subsides pour les agriculteurs du Québec, ainsi que le déclin économique de Montréal si le gouvernement du Canada cessait de verser annuellement ses « cinq milliards de dollars en salaires, en aide sociale, en subventions, en dépenses d'immobilisation, en prêts garantis ou en contrats octroyés ». Marc Lalonde, ministre de l'Énergie, avançait que le Québec devrait payer immédiatement, et il insistait sur le mot « immédiatement », 3,8 milliards de dollars de plus par année pour son pétrole, soit 400$ de plus pour chaque famille québécoise en frais de chauffage et 450$ de plus pour acheter l'essence de sa voiture. Monique Bégin, elle, avertit les Québécois de l'avenir incertain des programmes sociaux, comme le crédit d'impôt pour enfant, le supplément de la pension de vieillesse et la gratuité des services ambulanciers qui « ne pourraient absolument pas être payés dans un Québec séparé à moins d'augmenter considérablement les impôts ou de couper dans d'autres programmes d'autres ministères ». Le message d'Ottawa aux Québécois était vigoureux : voter Oui, ce serait s'imposer des privations, renoncer aux avantages obtenus grâce au gouvernement Trudeau, renoncer à leur emprise sur le Canada[10].

Grâce au débat sur le discours du trône, le journal des débats refléta tous les thèmes sur lesquels, au Québec, les fédéralistes québécois revenaient avec acharnement aux déjeuners des clubs d'entraide, dans les salles paroissiales et au cours des entrevues accordées aux radios et aux journaux de province. Ce débat servit également à lancer la propre intervention de Trudeau dans la campagne qui ne fut qu'un élément dans une vaste stratégie soigneusement orchestrée.

Aidé de Michael Pitfield, secrétaire du cabinet, Québécois anglophone et avocat constitutionnaliste, et de Robert Rabinovitch, secrétaire adjoint du cabinet et excellent stratège, Trudeau avait soupesé le risque qu'on l'identifie à l'échec si les forces du Non perdaient le référendum, ainsi que le risque de miner la position de Ryan en intervenant de façon trop évidente. Le trio décida que Trudeau ne prononcerait qu'un nombre limité de discours importants « à l'invitation du comité du Non », stratagème qui lui fournirait un prétexte pour prendre la parole. Ces discours tenteraient de faire de la rivalité entre les néo-fédéralistes — gris pâle — de Ryan et les tenants de la souveraineté-association — gris foncé — de Lévesque une lutte entre le fédéralisme pur et simple — blanc — et le séparatisme pur et simple — noir. Depuis la victoire du PQ en 1976, Trudeau insistait pour que le référendum soit une affaire définitive, à question claire et à décision claire. De nombreuses années plus tard, Trudeau se montrait encore fier de sa pugnacité sur ce point. « J'avais fait un discours à la Chambre de commerce de Québec en 1977 au cours duquel j'avais demandé la tenue immédiate d'un référendum. J'y avais dit que la question devait être claire, qu'elle devait être posée bientôt, et que la réponse devait être définitive. Il fallait se purger le sang de ce venin. » Ayant déjà persuadé Ryan d'enterrer pour le moment ses idées de Livre beige, il souhaitait transformer par son éloquence les termes anodins que les Québécois liraient sur le bulletin de vote en la question directe sur l'indépendance qui mijotait au fond d'eux-mêmes[11].

D'abord, Trudeau voulait exposer le caractère équivoque de la notion de souveraineté-association. Le débat sur le discours du trône constituait le forum idéal. Entouré de ses ministres francophones qui, pour montrer aux téléspectateurs québécois toute la réalité du « French power » à Ottawa occupaient en masse les banquettes des Communes autour de lui, il parla avec éloquence du Canada, pays fortuné dans un monde où la misère domine, pays « au sommet de la pyramide du bonheur humain », mais qui risquait d'être victime d'un conflit racial interne qui sèmerait la discorde, de l' « ennemi dans nos murs ». Après avoir démontré l'importance de la volonté nationale pour la survie du Canada, il s'en prit à l'ambiguïté des idées du PQ. Si l'idée d'un marché commun avec le Québec indépendant n'intéressait nullement les premiers ministres des provinces anglophones, il ne pouvait y avoir d' « association ». Et si Lévesque visait la « souveraineté » pure et simple, les termes de la question ne lui en donneraient pas le mandat, même dans l'éventualité d'un Oui majoritaire. Quoi qu'il en soit, Trudeau venait d'être réélu avec 73 autres libéraux dans les 75 comtés du Québec, « avec le mandat d'exercer la souveraineté pour l'ensemble du pays ». Le message manifeste : voter Oui ne mènerait qu'à une impasse. Le message subliminal : « Les Canadiens français n'avaient jamais eu la vie si belle et, avec le renouvellement du fédéralisme, leur situation pourrait s'améliorer encore[12]. »

Une fois que son intervention au Parlement eut de nouveau fait de lui *le* grand fédéraliste dans le débat sur le destin du Québec, Trudeau consacra toute son énergie à la préparation de sa prochaine visite au Québec. Il y prononcerait trois des plus grands discours de sa carrière. Il connaissait la tradition oratoire du Québec — société où les discours bien tournés comptaient encore, où le raffinement de la pensée était respecté et où l'homme éloquent avait de l'autorité — et il était conscient d'y occuper une place de choix, de marcher dans les traces de Sir Wilfrid Laurier et de Henri Bourassa. « J'ai entendu Bourassa parler quand il était déjà vieux, durant le débat sur la conscription des années 40, raconta un jour Trudeau, dans une rare manifestation d'admiration pour quelqu'un, et il était encore merveilleux. Il pouvait exalter la foule, non par démagogie, mais par la puissance de son intellect et la vivacité de son imagination[13]. »

Depuis son adolescence, au cours de laquelle il avait suivi des cours de diction et appris par cœur des volumes entiers de poésie et de prose classiques, Trudeau s'était efforcé de devenir l'émule de Bourassa en sa qualité de grand orateur. À soixante ans, il se trouvait à l'apogée de ses moyens. Pour avoir prononcé des centaines de discours électoraux, il savait comment faire vibrer les cordes sensibles de tel ou tel auditoire et tirer parti de ses préjugés, tout en restant d'une logique inébranlable. Son physique était encore remarquablement élégant. Sa voix, qu'il avait méticuleusement expurgée de toute trace d'accent québécois, était aussi souple que celle d'un acteur. Son visage, libéré des malheurs des six dernières années, exprimait une force irrésistible. Mince, avec un léger hâle, le regard limpide, habillé de vêtements coûteux, Trudeau avait surtout l'air d'un homme du monde, du « type qui peut aller n'importe où, rencontrer n'importe qui et briller au point de vous rendre fier d'être canadien », comme le dit un Canadien français à une tribune radiophonique, au plus fort de la campagne référendaire. Mettant ces avantages extraordinaires à profit, Trudeau choisissait ses auditoires et peaufinait ses discours pour en tirer l'effet maximum.

Le 2 mai, à Montréal, capitale financière de la province, Trudeau s'adressa à un auditoire d'hommes d'affaires, à l'occasion d'un déjeuner de la Chambre de commerce : logique implacable, mépris avoué, excitation éhontée de toutes les peurs de ses auditeurs et railleries à l'endroit de Lévesque. Il attaqua les séparatistes en les accusant d'être des intellectuels et des universitaires qui méprisaient le Canada et les Canadiens ordinaires, des « chevaliers de l'indépendance » sans courage qui entraîneraient les Québécois dans la « vallée de l'humiliation ». Laissant entendre qu'un vote pour le Oui n'aboutirait jamais à une association économique avec le Canada, il cita les exemples de Fidel Castro et de Jean-Claude Duvalier. Si Cuba ou Haïti décidaient par référendum de se joindre à la Confédération, « nous sentirions-nous, par amour de la justice, obligés de dire " Bien sûr, nous vous acceptons. Le vote a été unanime, il n'y a rien que nous puissions faire " ? » Des applaudissements et des rires accueillirent cette extension casuistique des arguments de ses opposants jusqu'à l'absurde. Ce style de discours avait pour effet de faire paraître Lévesque naïf, marginal, peut-être même sinistre : cet homme risquait d'humilier le Québec et d'en faire une république de bananes appelant le Canada anglais à son secours[14].

Le 7 mai, dans la Vieille Capitale, Trudeau fit appel à la fierté de ses compatriotes pour le passé du Québec. Il se tenait sur une tribune aux côtés de Claude Ryan et de deux anciens premiers ministres libéraux, Robert Bourassa et Jean Lesage, le père de la Révolution tranquille alors atteint de la maladie qui allait l'emporter. Il discourut sur les magnifiques réussites des Canadiens français à l'intérieur de la Confédération. Pendant trente-six des cent dernières années, un premier ministre canadien-français avait défendu les intérêts du Québec à Ottawa. Toute cette fierté, toute cette puissance seraient perdues si les séparatistes gagnaient le référendum. Encore une fois, il se moqua du Parti québécois qui n'avait pas le courage de poser une question claire sur l'indépendance ; Lévesque n'était peut-être pas honnête quant à ses projets à long terme.

L'effet des attaques répétées des libéraux fédéraux n'avait pas été prévu par le gouvernement de Lévesque. Les coups de Trudeau commencèrent à ébranler l'assurance des troupes péquistes, dont le moral avait déjà été sérieusement entamé par une erreur tactique de Lise Payette, l'un des députés les plus populaires du parti et d'habitude parmi les plus perspicaces. Ancienne animatrice à Radio-Canada, elle se consacrait maintenant à la cause du féminisme, à titre de ministre responsable de la condition de la femme dans le gouvernement Lévesque. Tôt dans la campagne référendaire, à un rassemblement, elle avait parlé de la nécessité de débarrasser les manuels scolaires du sexisme. Après avoir lu un extrait d'un livre de lecture de deuxième année consacré à une douce petite fille appelée Yvette, docile et sans ambition, Payette poursuivit en disant comment elle, comme la plupart des Québécoises, avait d'abord été une Yvette. Attisant les flammes partisanes, elle ajouta que Claude Ryan était le type d'homme qui souhaitait voir les femmes demeurer des Yvette — c'est-à-dire entièrement dévouées aux vertues domestiques et familiales. Transportée par un élan de rhétorique, elle déclara : « De toute façon, il a épousé une Yvette. » Cette boutade finale a semblé n'être qu'une exagération de plus liée à la campagne référendaire, jusqu'à ce qu'elle attire l'attention du successeur de Claude Ryan au *Devoir*, Lise Bissonnette[15].

Dans un éditorial cinglant, Bissonnette retourna l'arme du sexisme sur Lise Payette, faisant remarquer qu'elle attaquait Madeleine Ryan par le biais de son mari, violation élémentaire du décorum féministe. De toute façon, Mme Ryan était loin d'être une Yvette, ayant été une citoyenne active et une bénévole de premier plan dans de nombreux mouvements communautaires, commissions d'éducation et mouvements catholiques depuis les années 50. « À travers elle, ce n'est pas Claude Ryan que Lise Payette insulte mais toutes ces femmes qu'elle a charge de défendre... Quand des femmes applaudissent à ces coups bas... c'est leur propre dignité, leur propre solidarité qu'elles enterrent et le peu de progrès vers le respect qu'elles ont obtenu au cours des dernières années[16]. »

Dès le lendemain, Lise Payette prit la parole à l'Assemblée nationale pour présenter ses excuses. Sans résultats. Par mégarde, elle avait fourni le point sur lequel se focaliseraient l'irritation et la crainte de nombreuses femmes à l'égard de l'indépendance ; elle avait ouvert les vannes de leur colère collective. Trois semaines après la gaffe de Payette, le comité du Non attira plus de mille cinq cents femmes à un brunch, au Château Frontenac de Québec. Une semaine plus tard, dix mille personnes, des femmes pour la plupart, se rassemblaient au Forum de Montréal pour écouter des compatriotes célèbres — comme Thérèse Casgrain, Monique Bégin, Sheila Finestone, Solange Chaput-Rolland, Jeanne Sauvé et bien d'autres — exprimer l'indignation qui ralliait des masses de femmes au Québec pour protester devant ce qu'elles percevaient comme une attaque élitiste contre leur dignité. L'impression de solidarité entre le peuple et les tenants du Oui était brisée par le mouvement de protestation largement spontané qui fut habilement exploité par les défenseurs du Non. Il ne servit à rien que Lysiane Gagnon, chroniqueuse principale de *La Presse*, fasse remarquer à quel point le rôle des femmes dans le Parti libéral du Québec était négligeable. Le mal était fait[17].

À l'intérieur du PQ, on assimila l'erreur de Payette à celles que Lévesque lui-même était enclin à faire quand sa passion l'emportait sur sa raison. Les traits qui accompagnaient la spontanéité du chef péquiste faisaient depuis longtemps le désespoir de ses collègues : une confiance en son intuition qui lui faisait dédaigner la stratégie, une nonchalance en ce qui avait trait à la planification soignée et à la tactique, une préférence pour l'improvisation, une propension à l'ambivalence et à l'ambiguïté dans ses messages[18].

La campagne suivait son cours et le vent tourna. Les sarcasmes de Trudeau commencèrent à taper sur les nerfs de Lévesque. Les journalistes ne manquaient pas de lui rapporter les railleries du premier ministre du Canada et insistaient pour connaître ses réactions. L'humeur de Lévesque changea, son ton devint amer. Il était méchant dans sa colère. Il accusa les libéraux fédéraux de mentir au sujet des prétendus avantages que le Québec retirerait des contrats de fabrication du F-18A, le nouvel avion de combat américain. Il rejeta les résultats décevants d'un sondage Gallup, disant que cette société de Toronto avait naturellement truqué les questions. Il accusait ses adversaires fédéralistes de trahison ; c'était une grave erreur de porter atteinte à la réputation de ceux que les Québécois venaient d'élire quelques semaines plus tôt. C'était une erreur encore plus grave de se colleter directement avec Trudeau, mais Lévesque semblait incapable d'y résister. Il le mit au défi de participer à un débat télévisé, donnant au chef fédéral une bonne occasion de lui faire remarquer, d'un ton moralisateur, dans un communiqué qu'il avait lui-même rédigé, que Lévesque violait « l'esprit et la lettre de sa propre loi référendaire » en suscitant une intervention fédérale au lieu de débattre la question avec le leader du comité du Non, Claude Ryan. Par conséquent, écrivit-il, « ma réponse est claire : non, merci[19] ! »

Lévesque allait commettre un peu plus tard sa pire bévue. Il s'agit d'une insulte à caractère raciste contre Trudeau qui non seulement était insensée, mais qui allait à l'encontre des propres principes de Lévesque. Ce démocrate honnête et dévoué, qui avait toujours été révolté par les insinuations racistes qu'il croyait déceler dans les propos tenus par les indépendantistes inconditionnels, qui avait lutté ferme contre leur désir de faire partir tous les anglophones du Québec, redevint dans sa frustration le petit Gaspésien frondeur qui avait raté ses études à l'Université Laval et que contrariait l'arrogance de Trudeau, le snob légaliste de Brébeuf, l'intellectuel pieux de *Cité Libre*. Épuisé par les fonctions cumulées de chef de la campagne du Oui et de chef du gouvernement, il laissa échapper en aparté une pique contre son adversaire — celui qui faisait la guerre depuis sa forteresse fédérale inexpugnable, en contrevenant aux règles établies par la loi provinciale sur le référendum. En effet, Lévesque exhorta un homme qui le chahutait dans un centre d'accueil à se rappeler que le second prénom de Trudeau était Elliott et que cela signifiait qu'il avait « choisi le côté anglo-saxon de son héritage ». Lévesque fit cette remarque le 8 mai, douze jours seulement avant le vote, six jours avant que Trudeau ne fasse son dernier discours important de la campagne[20].

Celui-ci fut prononcé devant le plus vaste auditoire de tenants du Non depuis le début de la campagne, au centre Paul-Sauvé de Montréal, lieu que l'on identifie généralement aux grandes célébrations de victoire du PQ. Mais à cette occasion, le centre était rempli jusqu'aux combles de partisans fédéralistes venus à un dernier rassemblement. La ferveur de la campagne atteignait son paroxysme. La province était mobilisée dans deux camps qui s'affrontaient avec l'intensité de fanatiques dans une guerre de religion : le Oui et le Non. De vieilles amitiés étaient brisées. Des familles étaient divisées. Le décor était en place ; Trudeau pouvait enfin prononcer le discours de ses rêves héroïques.

Ce fut un mélange de raisonnement logique et d'émotion intense. Selon Trudeau, le référendum était une grande occasion, rare dans l'histoire des démocraties, celle où un peuple peut décider de son destin, une occasion au sujet de laquelle « nos enfants et, si nous avons de la chance, nos petits-enfants » nous poserons des questions. De quel côté étais-tu ? demanderont-ils. Pour le Oui ou pour le Non ? Ensuite, Trudeau passa en revue les choix possibles, accordant aux tenants du Oui tout le respect qui leur était dû, mais laissant entendre qu'on les trompait, que les « colporteurs de la souveraineté » les menaient dans une impasse, qu'il était possible que Lévesque soit en train de se mentir à lui-même tout autant qu'il leur mentait à eux, qu'il était — oh ! coup perfide — illogique. Et lâche, ne l'oubliez pas. Si lui et ses collègues avaient eu le courage de poser la question qu'ils avaient vraiment en tête — VOULEZ-VOUS VOUS SÉPARER DU CANADA ? — la réponse aurait été NON ! Il faut dire NON à l'ambiguïté. NON à la fourberie.

La foule rugit d'approbation. Puis vinrent les quelques minutes électrisantes durant lesquelles Trudeau répondit aux commentaires de Lévesque sur son nom.

« Et l'on doit aussi dire NON au mépris, parce que c'est là qu'ils en sont arrivés. On m'a répété que... M. Lévesque disait qu'une partie de mon nom était Elliott et que, comme Elliott est un nom anglais, il était parfaitement compréhensible que je milite du côté du Non, parce que je ne suis pas aussi québécois que ceux qui voteront Oui. Cela, mes chers amis, c'est du mépris. C'est dire que les Québécois qui voteront Non ne sont pas d'aussi bons Québécois que les autres et que peut-être une ou deux gouttes de sang étranger coule dans leurs veines, alors que le sang des tenants du Oui est pur...

« Bien sûr, mon nom est Pierre *Elliott* Trudeau. Oui, Elliott, c'était le nom de ma mère, voyez-vous. C'était le nom des Elliott qui sont venus au Canada il y a plus de deux cents ans. C'est le nom des Elliott qui se sont installés à Saint-Gabriel-de-Brandon, où vous pouvez encore voir leurs tombes au cimetière, il y a plus de cent ans. C'est ça, les Elliott. *Mon nom est québécois*, mon nom est canadien aussi, et puis c'est ça mon nom. »

Il poursuivit en ridiculisant Lévesque pour ses commentaires racistes. Il fit remarquer que le nom de plusieurs ministres péquistes était anglais — Pierre-Marc Johnson, Louis O'Neill, Robert Burns —, que le leader des Inuit du Québec s'appelait Charlie Watt et le chef des Micmacs de Restigouche, Ron Maloney. Ces gens (tous francophones) n'étaient-ils pas des Québécois ? À un moment donné, il pointa le doigt vers son visage, dans un aparté qui n'apparut pas dans le texte officiel de son discours et dit : « Je vous demande si ce visage est celui d'un pur Européen ? », question ambiguë qui faisait allusion à ce dont on parlait beaucoup au Québec : la rumeur voulait que Trudeau ait eu parmi ses ancêtres un Indien, dont les gênes lui auraient donné ses pommettes saillantes, son attitude fière, la trace d'exotisme de son visage. Son langage et son attitude romantiques évoquèrent trois siècles d'histoire québécoise, les coureurs de bois, les wigwams, les difficultés, les batailles, les décès prématurés, la vie dure, les espoirs et les craintes d'un peuple courageux sur lequel tout s'acharnait. Il parlait bien de ses ancêtres, les Elliott, mais il n'était nullement un snob décadent d'Outremont. C'était le petit garçon vif de Charlie Trudeau qui donnait dans le sentiment, un bagarreur, un activiste, un patriote qui avait voyagé de par le monde, dont il avait fait la conquête, mais qui était rentré au Québec, parce que c'était ce qui comptait le plus pour lui. C'était un homme qui démentait le nationalisme de clocher par son être même, par sa seule personne qui illustrait ce qu'un Québécois pouvait accomplir dans un Canada plus grand que le Québec. Trudeau termina cette partie de son discours par un paragraphe qui évoquait le patriotisme et l'esprit progressiste des « rouges ».

« Mes chers amis, il y a près d'un siècle, Laurier disait ceci... " Mes compatriotes ne sont pas seulement ceux dont le sang est français. Ce sont tous ceux — quelles que soient leur race et leur langue — que la fortune des armes, le destin ou leur propre volonté ont amenés parmi nous ". »

Trudeau apportait sa passion à la cause du Non et la polarisait.

Mais l'orateur fougueux réussissait quand même à demeurer un froid rationaliste dans le feu de la bataille pour l'allégeance du Québec. À la passion et à la polarisation, Trudeau ajoutait une redoutable promesse.

« Je sais que je peux m'engager solennellement qu'après (une victoire du Non) nous prendrons des mesures immédiates pour renouveler la constitution et nous ne nous arrêterons pas avant que ce soit fait. Et je déclare solennellement ceci à tous les Canadiens des autres provinces : nous, députés du Québec, mettons notre tête sur le billot, parce que nous recommandons aux Québécois de voter Non et vous disons, à vous des autres provinces, que nous n'accepterons pas que vous interprétiez un vote pour le Non comme l'indication que tout va bien et que tout peut demeurer comme avant. Nous voulons des changements et nous sommes prêts à mettre nos sièges en jeu pour les obtenir[21]. »

Vers la fin de la campagne référendaire, quand la décision capitale qu'ils devaient prendre quant à leur avenir collectif absorbait toute leur attention, Trudeau avait fait vibrer la corde du pancanadianisme : les Québécois avaient besoin d'un nouveau contrat avec le Canada, contrat qui leur garantît une place égale dans la confédération, d'un océan à l'autre. Intervention magistrale, ce fut probablement l'élément décisif qui arracha le vote des néo-fédéralistes au Oui et le gagna au Non.

Le lendemain, les militants du Parti québécois étaient désorientés. Que pouvaient-ils dire à leur public, quand la promesse de Trudeau avait saboté leur stratégie et changé la nature de leur question ? Il avait réussi à transformer l'étapisme en une décision immédiate et finale et à redéfinir le sens de la souveraineté-association. Si le vote Non signifiait maintenant un oui aux changements constitutionnels, Trudeau avait renversé le sens du référendum, faisant de la négociation d'un fédéralisme renouvelé le seul choix pour les patriotes[22].

* * *

Le 20 mai, jour où les Québécois ont voté Oui ou Non à la question de souveraineté-association, a été une de ces dates destinées à entrer dans la conscience collective du Canada français contemporain, tout comme « le 22 juin » et « le 15 novembre » avant elle. Le coup d'envoi de la Révolution tranquille, en juin 1960, et l'élection du Parti québécois, en novembre 1976, avaient marqué de grands tournants dans l'histoire électorale du Canada français, quand voter pour un certain candidat signifiait provoquer des changements profonds dans l'orientation politique de la province. Mais le 20 mai, c'était différent.

On consultait directement les Québécois sur leur avenir politique. Dans une société où, seulement trente ans avant, le jeune intellectuel Pierre Trudeau avait fustigé la troïka autoritaire formée par l'Église, l'État et le « *big business* », la qualifiant de non démocratique, de politiquement immorale et de corrompue, cet exercice de démocratie était un spectacle émouvant. Un mouvement de libération nationale fondé sur l'ethnicité et sur la langue tentait de se définir, au grand jour, démocratiquement, en ne recourant qu'aux mots écrits ou parlés. Pour la première fois au Canada, on demandait à toute la population d'une province de choisir le cadre politique qu'elle voulait. Même si rien dans la constitution du pays ne donnait à une province le droit de se séparer, le fait que le Canada anglais accepte son rôle de spectateur dans ce drame du tout ou rien avalisait implicitement le droit du Québec à l'autodétermination revendiqué par le Parti québécois.

Le jour du référendum arrivé, peu de Québécois ignoraient les enjeux. Une lutte à mort entre les visions rivales de la destinée historique du Québec et de la fédération canadienne semblait devoir atteindre son point culminant. Vers la fin de la campagne, grâce surtout aux interventions de Trudeau, chaque camp avait joué le tout pour le tout. Aussi compliquée et nébuleuse qu'ait été la question du PQ, Trudeau avait réussi à faire en sorte que la simplicité de la réponse — Oui ou Non — pousse les Québécois dans une démarche d'identification et de décision. La campagne référendaire était devenue un catalyseur collectif. La province de Québec était forcée de faire ce que les systèmes politiques évitent généralement : se faire face à elle-même et passer aux actes.

Trudeau et Ryan, dans un camp, et Lévesque, dans l'autre, avaient forcé la population entière à choisir entre deux visions apparemment incompatibles de leur avenir. Des personnalités titanesques incarnaient les utopies qu'elles avaient elles-mêmes échafaudées. Tous trois appartenaient à la génération politique qui avait joué un rôle important vingt ans plus tôt, durant la Révolution tranquille. Chacun était à la tête d'une puissante formation politique, mais tous trois croyaient à la nécessité des réformes, à l'interventionnisme de l'État et aux droits individuels. Tous trois se connaissaient bien, mais à titre d'adversaires qui depuis vingt ans se livraient une guerre idéologique au nom de leur panacée respective. Une fois les bureaux de scrutin fermés et les résultats du vote diffusés par les médias, les trois champions se présentèrent l'un après l'autre devant les micros et les caméras pour faire connaître leurs réactions à la décision du peuple : 60 % de Non, 40 % de Oui. Même parmi les francophones, seulement 48 % avaient voté Oui[23].

Pour René Lévesque, le coup était terrible. Tout son dynamisme politique en tant que chef du PQ avait reposé sur le compromis, reflet de son intégrité de démocrate. Il avait cru au droit à l'indépendance de ses compatriotes, mais avait rejeté l'idée d'un mouvement révolutionnaire de libération, préférant former un parti politique qui respecterait les règles du fédéralisme parlementaire duquel il voulait les libérer.

Les résultats du référendum semblaient prouver une fois de plus que les réformateurs qui réussissent font de piètres révolutionnaires. Plusieurs mois auparavant, Lévesque lui-même avait illustré ce vieil axiome lorsqu'il avait prononcé un discours à une réunion conjointe du Canadian Club et de l'Empire Club de Toronto, deux bastions du capital anglo-saxon des griffes desquels il essayait d'arracher sa province. Sincèrement et sans prétention, avec son humour attachant et sa légère tendance à se moquer de lui-même, dans un anglais américanisé et familier, il énuméra avec fierté la liste de toutes les promesses électorales que son gouvernement avait tenues. Loi sur la langue, loi sur le travail, loi électorale : la liste des réformes était longue. De ce fait même, deux questions troublantes surgissaient. Puisque le gouvernement du Québec avait réussi à mettre en œuvre son programme électoral, n'avait-il pas prouvé la véracité de l'argument de Trudeau des années 50 selon lequel Québec jouissait de tous les pouvoirs constitutionnels dont il a besoin pour protéger la culture française et ouvrir de nouvelles perspectives de justice sociale ? En outre, si la sécurité linguistique obtenue et l'établissement de l'État-providence avaient multiplié les occasions d'emploi pour les francophones et soulagé leur sentiment d'aliénation, pourquoi soutiendraient-ils l'idée de souveraineté-association et mettraient-ils ainsi en péril leur situation améliorée[24] ?

Abandonné par ses collègues le soir du référendum quand l'électorat donna son verdict sur l'étapisme — seules Corinne Côté, sa femme, et la courageuse Lise Payette l'accompagnaient sur la scène du centre Paul-Sauvé où il devait s'avouer vaincu —, René Lévesque déclara qu'il n'avait d'autre choix que d'accepter la décision du peuple. Il se contenta de faire remarquer que « la balle [était] maintenant dans le camp du fédéral ». Au centre, de jeunes péquistes sanglotaient ouvertement et se serraient dans les bras. « À la prochaine ! », lança d'une voix rauque leur champion, avant de quitter la scène, d'un ton à la fois triste et provocant : il y aurait une prochaine fois. Il était encore premier ministre du Québec et il pourrait rassembler ses troupes pour la prochaine lutte. Ses fidèles, en chantant « Gens du pays... », s'efforçaient de croire que leur chef était tombé, mais qu'il n'était pas mort pour autant.

Par contraste, la réaction de Claude Ryan aux résultats du référendum fut d'une aigreur consternante. Sa déclaration de victoire, qui aurait dû être un appel bref et généreux aux Québécois pour qu'ils pansent leurs blessures, fut plutôt une harangue vindicative de vingt-cinq minutes. Indifférent aux besoins des réseaux de télévision et à la durée de concentration possible des téléspectateurs, il se montra intarissable, se présentant lui-même, pour utiliser les mots du journaliste Doug Small, comme « la Faucheuse de l'héritage catholique du Québec ». Il ne manifesta aucune sympathie pour ses adversaires indépendantistes qui avaient si vaillamment combattu. Il fit même preuve d'arrogance en demandant une élection hâtive, parce que, selon lui, c'étaient ses libéraux à lui qui devraient négocier au nom du Québec à la prochaine conférence constitutionnelle. Son discours révéla une réalité politique que son leadership officiel du comité du Non avait en partie occultée : on avait rendu Ryan impuissant. Il avait été impuissant à écarter Jean Chrétien de la direction des forces fédérales et à empêcher Trudeau d'avoir la main haute sur le programme de la campagne du Non. Maintenant, il lui était impossible de dicter leur comportement à Lévesque et à Trudeau, après le référendum. Même si Ryan ne s'est rendu personnellement compte que plus tard qu'il avait été marginalisé durant la campagne, le soir du référendum, il fut évident pour nombre de téléspectateurs que le vrai pouvoir dans le camp du Non, moral et temporel, appartenait à Trudeau[25].

« Nous vivons ce soir la démocratie, dans tout ce qu'elle a de plus beau et de plus douloureux à la fois », déclara Trudeau, quand vint enfin son tour de parler. Reconnaissant jusqu'à quel point ses compatriotes, même ceux qui défendaient le Non, avaient été déchirés par une bataille que beaucoup avaient l'impression d'avoir livrée contre eux-mêmes en allant presque jusqu'à trahir les leurs pour leur propre bien, Trudeau trouva les mots de réconfort qu'il fallait, comme si lui-même avait fait l'expérience du traumatisme, comme s'il communiait avec tous les Québécois, dont certains membres de son cabinet, marqués par la bataille référendaire qui les avait opposés à leurs amis et à leurs familles.

« À mes compatriotes du Québec blessés par la défaite, je veux simplement dire que nous sortons tous un peu perdants de ce référendum. Si l'on fait le décompte des amitiés brisées, des fiertés blessées, il n'en est aucun parmi nous qui n'ait quelque meurtrissure de l'âme à guérir dans les jours et les semaines à venir[26]. »

Les paroles conciliantes de Trudeau furent suivies d'un avertissement. « [Même] si je suis incapable de me réjouir sans réserve... ceux qui se sont battus avec tant de conviction [pour le Oui] auront à se plier à la volonté de la majorité. » Nombre de partisans du Non, qui se sentaient aussi anéantis que les tenants du Oui, ne comprenaient pas bien les conséquences de leur victoire. En vérité, comme Gérard Bergeron, politologue à l'Université Laval, le fit remarquer immédiatement après le référendum, la victoire du Non ne régla pas la question fondamentale du mauvais fonctionnement du fédéralisme canadien, dont Trudeau lui-même avait reconnu la gravité en s'engageant à y apporter des changements[27].

Le lendemain du référendum, le 21 mai, Trudeau révéla qu'il comprenait que le « verdict de la majorité » signifiait la tenue d'une autre série de négociations constitutionnelles, mais cette fois-ci, c'est lui qui en dicterait les conditions.

Chapitre douze

LA FIANCÉE RÉCALCITRANTE

Le 21 mai 1980, lendemain du référendum, Pierre Trudeau annonça à la Chambre des communes son intention d'accomplir sans retard sa promesse de rapatrier l'Acte de l'Amérique du Nord britannique et de le renouveler. Jean Chrétien partirait le soir même vers chacune des capitales provinciales faire connaître aux premiers ministres comment son chef comptait s'y prendre pour sortir le pays de l'impasse constitutionnelle.

Dans son discours, Trudeau fit remarquer que cela faisait des années qu'il réclamait le renouvellement de la constitution et l'établissement d'une charte des droits de la personne. En fait, son engagement remontait à la Seconde Guerre mondiale, époque où son intérêt pour la constitution canadienne fut éveillé par F.R. « Frank » Scott, poète et professeur de droit à l'Université McGill, à l'occasion d'une conférence qu'il donna à l'Université de Montréal en 1943. Scott était un personnage romantique, un grand gaillard au nez aquilin, au style oratoire particulièrement évocateur. Fils d'une famille de l'*establishment* canadien-anglais, Scott était membre de la Cooperative Commonwealth Federation et préconisait le socialisme, défiant ouvertement ses supérieurs à McGill. Anti-impérialiste, Scott avait également soutenu avec force la position que la plupart des Canadiens français avaient prise contre la conscription au début des années 40, geste hardi qui lui valut d'être traité par certains de ses collègues et parents de traître à sa classe et à son pays, tandis que la presse francophone le glorifiait comme l'un de ses rares alliés.

C'est à la suite de la crise de la conscription que les étudiants en droit de l'Université de Montréal s'étaient réunis pour entendre Scott parler du rôle de l'Acte de l'Amérique du Nord britannique dans l'évolution du Canada du statut de colonie à celui de nation ; Scott avait aussi souligné la nécessité que les législateurs interprètent le principe fédéraliste de l'Acte comme un instrument destiné à réaliser les aspirations de leurs compatriotes et la dualité culturelle du Canada. Ses propos et l'élégance de son verbe galvanisèrent les étudiants, habitués à subir des chargés de cours, qui peinaient généralement à la pratique de « la loi du bumper », le droit à la petite semaine accessible aux Canadiens français, et qui prodiguaient des cours « ennuyeux et mécaniques — sur les contrats et autres trucs du même genre », comme se les rappellera Pierre Trudeau. Pour ce jeune homme impatient de vingt-trois ans, il était intolérable qu'on se préoccupe de telles balivernes dans le contexte dramatique de la pire guerre de l'histoire, au moment où il se posait à lui-même des questions fondamentales sur le sens de la démocratie, sur la nature de la liberté et sur ce qui incitait les citoyens à obéir à l'État — sujets que Scott n'hésitait pas à aborder. Charles Lussier, camarade de classe de Trudeau, fut si curieux des points de vue de Scott qu'il finit par étudier le constitutionnalisme en privé avec lui, à McGill. Trudeau se rappelle encore la figure courageuse de Scott quand il donnait un cours de théorie constitutionnelle qui contestait l'intolérance, accentuée par la guerre, de ses collègues canadiens-anglais pour des broutilles comme les droits des minorités[1].

Toutefois, l'idée de l'importance primordiale de la constitution comme fondement de la loi dans une société ne devint un absolu intellectuel pour Trudeau que lorsqu'il entreprit ses études de troisième cycle, en 1944. C'est à Harvard, capitale intellectuelle de l'Amérique libérale, que le jeune Trudeau adopta définitivement les idéaux et les valeurs qui devenaient alors le credo des élites des États démocratiques vainqueurs de la guerre. Ce positivisme d'après-guerre avait pour principe qu'une constitution soigneusement planifiée représentait le meilleur moyen de prévenir la résurrection du totalitarisme. Trudeau fit sienne l'idée selon laquelle la domination illimitée de la vie des citoyens par les toutes-puissantes machines de l'État comptait parmi les pires des fléaux politiques.

Cette idée avait été exprimée par Merle Fainsod, doyen de la soviétologie américaine, dans le cours intitulé « *Government 8A* » sur la dictature et la bureaucratie, que Trudeau avait suivi. À la même époque, deux professeurs qui faisaient également autorité l'avaient convaincu des vertus du constitutionnalisme. De Charles McIlwain, tenant acharné de la soumission des gouvernements à une loi supérieure, qui finissait alors sa brillante carrière, Trudeau apprit que l'État doit être limité dans ses pouvoirs par des principes fondamentaux qui établissent et consacrent les droits individuels. Il s'inscrivit aussi à deux cours donnés par Carl Friedrich, autorité en matière de totalitarisme et de constitutionnalisme ; celui-ci allait un peu plus tard mettre en pratique ses théories constitutionnelles en retournant dans son Allemagne natale en vue d'y conseiller le gouverneur militaire américain, le général Lucius Clay, sur l'élaboration d'une constitution démocratique durable pour la future République fédérale d'Allemagne[2].

En 1946-1947, quand Trudeau étudiait les sciences politiques à Paris, les politiciens français se chamaillaient au sujet de leur dernière invention, la Quatrième République. L'histoire de France est encombrée de débris constitutionnels qui témoignent de violentes oscillations entre la révolution et la réaction. Une fois installée au pouvoir, la faction gagnante s'empressait de réaménager la constitution afin d'étayer ses positions et d'affaiblir les chances de ses ennemis. Au cours des deux derniers siècles, les débats sur la loi fondamentale du pays se sont inscrits dans l'éternelle lutte entre la gauche et la droite. Par contraste, le temps que Trudeau passa, l'année suivante, à la London School of Economics, il fut témoin d'un type de lutte des classes moins orageuse qui visait à bâtir un État-providence moderne. Même si le débat idéologique était passionné, la vision fabienne de la justice sociale était mise en œuvre par le gouvernement d'Attlee dans le contexte d'un consensus national sur la constitution britannique, en grande partie non écrite et composée d'un ensemble de lois et de conventions qui s'étaient développées à travers les siècles.

Durant ses années d'études à l'étranger, Trudeau absorba tout un pot-pourri de concepts tirés de la pensée politique occidentale. À Locke, il emprunta l'idée selon laquelle la liberté constitue le bien suprême, le *summum bonum* : la liberté de chaque individu doit être garantie de sorte qu'il arrive à réaliser son potentiel. De Rousseau, il retint l'idée démocratique selon laquelle, dans la société idéale, les citoyens s'engagent dans un contrat social par lequel ils consentent à obéir aux lois qui sont le produit de leur propre volonté collective. Dans les systèmes politiques réels qu'il étudia, les constitutions n'étaient que l'outil nécessaire pour atteindre le but recherché. Elles représentaient le préalable fondamental de ce qui stimulait l'imagination de Trudeau, centrée sur le Québec : une démocratie libérale, dans laquelle les citoyens participeraient par l'intermédiaire de représentants élus à l'élaboration de lois qui leur permettent de profiter des fruits de leur liberté individuelle, protégés des abus de pouvoir par le système juridiciaire[3].

Ce n'est qu'en 1949 que, par hasard, Trudeau se colleta directement avec des questions constitutionnelles pratiques. Quand il atterrit au Bureau du Conseil privé pour y occuper son premier poste à Ottawa, l'un des premiers devoirs que lui assigna son supérieur bureaucratique, Gordon Robertson, fut de réaliser une recherche sur les problèmes et possibilités inhérents à une tentative de rapatriement de l'AANB. L'Acte se trouvait encore au parlement de Westminster quatre-vingt-deux ans après que les Pères de la Confédération l'eurent élaboré dans le but de fonder en une seule entité politique plusieurs colonies britanniques d'Amérique du Nord. L'Acte de l'Amérique du Nord britannique de 1867, qui avait créé le Canada, garantissait certains pouvoirs à ces colonies, en en faisant des provinces dans un système fédératif, et y établissait un puissant gouvernement de « dominion » qui allait siéger dans la nouvelle capitale Ottawa. La Grande-Bretagne *n'avait pas* accordé au Canada le pouvoir de diriger ses propres relations extérieures, ni le droit de modifier le document constitutionnel — ce qui en aurait fait un pays pleinement souverain — et, pendant les cinquante années qui suivirent, les gouvernements canadiens acceptèrent leur condition de quasi-colonie.

Ce n'est qu'après la mort de soixante mille soldats canadiens en terre de France, partis durant la Première Guerre mondiale à la défense de la mère patrie, sans que leur propre gouvernement ait un mot à dire, qu'Ottawa tenta d'arracher à la Grande-Bretagne la direction de ses propres affaires extérieures. Malgré cela, il fallut attendre 1931 pour que le Statut de Westminster soit adopté par le

Parlement britannique. Ce statut reconnaissait finalement que les dominions — Australie, Nouvelle-Zélande, Afrique du Sud et Canada — étaient souverains et égaux, « en aucune façon subordonnés » l'un à l'autre, selon les termes du rapport Balfour de 1926, sur lequel le Statut se fondait. À ce moment-là, le Canada refusa d'assumer la responsabilité de toute modification ultérieure de sa propre constitution. Les tensions entre les provinces et le dominion étaient trop aiguës pour qu'on en arrive à un consensus sur la façon d'amender la constitution. Par conséquent, le pouvoir d'amender l'AANB resta en Grande-Bretagne. À ce moment-là, les Anglais désiraient se débarrasser de leur responsabilité envers le Canada ; ils acceptèrent donc à contrecœur de conserver ces pouvoirs, non par nostalgie des splendeurs impériales perdues, mais parce que noblesse oblige.

Pour la génération d'intellectuels canadiens-anglais qui composaient la petite fonction publique fédérale à la fin des années 40 — les hommes d'Ottawa qui avaient subi diverses humiliations, en temps de paix comme en temps de guerre, sous le commandement autocratique d'officiers britanniques ou sous la tutelle condescendante de professeurs d'Oxford ou de Cambridge —, rapatrier la constitution demeurait un objectif de première importance, l'une des dernières étapes d'un long effort pour faire du Canada une nation. Le plus astucieux d'entre eux, J.W. Pickersgill, était en 1949 chef de cabinet du nouveau premier ministre libéral, Louis Saint-Laurent. Pickersgill, historien de formation, mais dont la vocation politique s'était manifestée tôt dans la vie, tenait depuis longtemps à résoudre une fois pour toutes la question de l'indépendance du Canada. Il n'avait pas réussi à convaincre Mackenzie King, son précédent patron, de l'opportunité d'une telle entreprise. Mais il avait acquis la conviction que sa ferveur pour rapatrier la constitution trouvait écho en Saint-Laurent. « Pick » croyait que, sous un visage guindé d'avocat, vibrait un patriote passionné que l'on pourrait vendre à l'électorat comme le libérateur des derniers vestiges du colonialisme. Saint-Laurent avait prononcé un discours « à la Pick » au cours de la campagne électorale de 1949. Il y promettait la canadianisation de l'AANB (objectif qui, croyait-on, requérait l'accord des provinces quant au mode d'adoption d'amendements ultérieurs) ; l'élaboration d'une charte des droits des minorités ;

l'adoption d'une loi qui ferait de la Cour suprême du Canada la cour du dernier appel, à la place du Conseil privé de Londres, dans toutes les causes. La troisième de ces promesses fut réalisée dans les semaines qui suivirent la retentissante victoire électorale de Saint-Laurent, au moyen d'une loi qui rendait la Cour suprême du Canada vraiment suprême au Canada. Quand le jeune Trudeau apprit ce triomphe, il se sentit « encouragé par le fait que Saint-Laurent était disposé à s'attaquer à des problèmes difficiles ». Trudeau ne pouvait deviner à cette époque que les deux premiers objectifs constitutionnels de Saint-Laurent ne seraient pas atteints avant trente ans[4].

C'était toujours le même problème au Canada : le besoin d'en arriver à une entente entre le gouvernement fédéral d'Ottawa et les provinces, avec leurs besoins, leurs revendications et leurs craintes disparates. Depuis une génération déjà, les politiciens canadiens luttaient sporadiquement et vainement pour trouver une solution au problème que constituait l'atteinte d'un accord sur la formule d'amendement. Comme première étape, le gouvernement de Saint-Laurent décida de donner force de loi à une résolution demandant à Sa Majesté de transférer au Parlement canadien le droit d'amendement dans les domaines de juridiction purement fédérale. Pour ce qui est du plein droit d'amendement, le gouvernement canadien croyait encore avoir besoin de l'approbation des provinces. Pour l'obtenir, Saint-Laurent convoqua une conférence fédérale-provinciale en janvier 1950. Le travail de recherche confié par Gordon Robertson à son jeune assistant, Pierre Trudeau, servit à la rédaction des mémoires préparés pour la conférence. Trudeau assista aux réunions dans le « rôle modeste d'un petit fonctionnaire » et commença son apprentissage des dures réalités de l'État canadien.

Pendant des mois, il avait travaillé de longues heures pour aider Robertson à mettre au point une proposition de formule d'amendement constitutionnel qui soit acceptable pour les dix premiers ministres provinciaux. Mais au lieu de s'en tenir rigoureusement à la proposition soigneusement développée par ses collaborateurs, Saint-Laurent se montra hésitant et faible, à la conférence. Il semblait redouter la colère de Maurice Duplessis qui touchait l'apogée de sa carrière politique et qui était devenu hyperméfiant vis-à-vis de toute proposition fédérale susceptible d'amoindrir son pouvoir à la tête du Québec. Plutôt que d'user de son autorité de premier ministre du Canada et de sa popularité auprès de l'électorat pour imposer ses vues, Saint-Laurent chercha le consensus des chefs provinciaux — consensus qui n'allait être obtenu ni au cours de cette conférence, ni au cours de celle qui fut organisée plus tard cette même année[5].

Ce qui restait dans la mémoire de Trudeau à la suite de ces réunions, c'étaient l'image de Duplessis, qu'il avait vu en action pour la première fois. Près de quarante ans plus tard, il se rappellera encore avoir éprouvé du dégoût et en avoir conclu que Duplessis était le dictateur à la noix d'un petit peuple. Duplessis lançait ses cigares et attendait que ses conseillers se bousculent pour les ramasser. Ou alors il faisait des plaisanteries vulgaires puis, se rengorgeant, regardait autour de lui pour s'assurer que sa délégation — dont les membres constituaient une claque stupide — riait assez fort. Dans l'assemblée posée des fonctionnaires et des politiciens canadiens-anglais, le style du premier ministre québécois causait froncements de sourcils et chuchotements discrets. Trudeau avoue « avoir eu honte, en tant que Canadien français », d'un tel comportement qui était calculé pour rappeler aux Anglais que Duplessis n'était pas un premier ministre comme les autres et qu'il ne souhaitait pas voir régler la question constitutionnelle. Accepter qu'on rapatrie l'AANB, ç'aurait été accepter le partage des pouvoirs qu'elle définissait, ce qui aurait amoindri la force de Duplessis dans sa constante résistance aux incursions d'Ottawa. S'il n'y avait rien dans le rapatriement qui puisse renforcer la position du Québec, pourquoi se montrer obligeant ? « Sur le plan humain, je le voyais comme un être méprisable, dira Trudeau par la suite. J'étais incapable d'oublier son comportement quand j'évaluais ses attitudes à d'autres égards[6]. »

Pour Trudeau, les seuls moments agréables à ces réunions se résumèrent aux interventions de Frank Scott, qui jouait le rôle de conseiller constitutionnel auprès du gouvernement CCF de Saskatchewan. Les délégués du Québec étaient des poltrons, la plupart des premiers ministres anglophones étaient dominés par l'esprit de clocher, les hommes d'Ottawa étaient des ennuques. Seul Scott avait une vision du rôle de la constitution dans un État fédéral. Tous les autres ne pensaient qu'à leur avantage politique[7].

À cause de ces réunions, l'enthousiasme envers le rapatriement de la constitution qui avait vu le jour à Ottawa durant l'après-guerre s'évanouit. Vers la fin de 1950, Saint-Laurent était tombé dans une de ses dépressions cycliques. De plus, des problèmes économiques et des problèmes internationaux urgents accaparaient toute son attention. Son entourage s'empressa de trouver une explication logique au fait qu'il ait laissé échapper une si belle occasion : de toute façon, les Canadiens étaient davantage préoccupés par le développement du continent et par la guerre froide naissante que par les vestiges des liens coloniaux[8].

Au début de 1952, Trudeau quitta Ottawa et rentra au Québec. Il s'était rangé au point de vue officiel selon lequel il n'importait guère que Saint-Laurent n'eût pas réussi à en arriver à un accord en 1950. Même les mandarins qui avaient recherché le rapatriement — parmi lesquels le mentor de Trudeau, Gordon Robertson, ancien d'Oxford — en étaient arrivés à la conclusion optimiste que l'AANB, comme la vague constitution britannique dont il dérivait, était assez souple pour s'adapter à presque tous les types de modifications qui pourraient être nécessaires. En outre, les Anglais s'étaient montrés disposés à apporter à l'AANB toute modification que le gouvernement canadien jugerait nécessaire. Ainsi, les changements constitutionnels pourraient être effectués au fur et à mesure que le besoin s'en ferait sentir, sans provoquer trop de remous entre le dominion et les provinces[9].

Au cours des années qui suivirent, Trudeau participa avec d'autres intellectuels à des discussions sur la nécessité de réformer le gouvernement du Québec. Il se fit connaître en s'opposant à l'idée, de plus en plus acceptée dans la province, selon laquelle le changement constitutionnel était essentiel au développement politique, économique et social du Québec. Il continuait de croire que s'attaquer à l'épineuse question d'amendement constitutionnel n'était qu'une diversion à des problèmes sociaux plus pressants, diversion qui risquait de prendre une sale tournure. Chaque fois que quelqu'un avançait que le Québec avait besoin de pouvoirs accrus à l'intérieur du système fédéral, Trudeau s'obstinait à défendre le statu quo constitutionnel, même s'il s'était déjà fait sur d'autres questions une réputation de radical gauchisant.

En 1955, Trudeau développa sa ligne de pensée, à titre

d'économiste, dans un mémoire qu'il rédigea pour une fédération syndicale qui devait le présenter à la commission royale d'enquête sur les problèmes constitutionnels, dite commission Tremblay. Cette commission extra-parlementaire avait été mise sur pied par Duplessis en réponse aux inquiétudes nationalistes du Québec au sujet de l'intrusion graduelle d'Ottawa dans des domaines de juridiction provinciale, par le biais de ses nouvelles politiques sociales et culturelles. La position de Trudeau était simple et directe. Il avançait que l'AANB, dans son état d'alors, accordait au Québec tous les pouvoirs constitutionnels dont il avait besoin. Selon lui, ce qui importait, c'était de les utiliser judicieusement pour répondre à la seule priorité vraiment pressante : le besoin urgent, pour la classe ouvrière québécoise, d'accéder à un niveau de vie décent et de pouvoir profiter de services sociaux adéquats. Pour le prolétariat du Québec — c'est ainsi que Trudeau appelait les ouvriers des syndicats qu'il représentait —, amender l'AANB était beaucoup moins urgent qu'adapter le fédéralisme canadien en y intégrant le keynesianisme. Cette doctrine économique, que Trudeau avait absorbée à Harvard et à la London School of Economics, promettait une croissance stable aux régimes capitalistes. « La démocratie d'abord ! », tel était le mot d'ordre de Trudeau durant toutes les années Duplessis. Échafauder des rêves constitutionnels, ce serait détourner les Canadiens français du chemin menant à la vraie démocratie ; elle seule transformerait le Québec en une société moderne et progressiste où l'individu serait libéré de ses entraves collectivistes[10].

Dans les années 60, pendant que la Révolution tranquille enflammait l'imagination collective du Québec, l'idée selon laquelle le fédéralisme canadien offrait un sain équilibre entre la centralisation du pouvoir et l'autonomie provinciale prit encore plus d'importance dans l'esprit de Trudeau. Les activistes québécois de toutes tendances axaient leurs demandes de réformes autour de la nécessité de modifier la constitution en profondeur. Mais Trudeau demeurait peu enclin au changement constitutionnel. Il avançait encore que l'AANB constituait pour le Canada une constitution tout à fait satisfaisante. Même si l'existence d'une constitution était la condition *sine qua non* pour bâtir une société juste, insistait-il, le génie particulier du fédéralisme canadien consistait à avoir trouvé un équilibre entre la gestion économique du gouvernement du dominion et le pouvoir des provinces de formuler des politiques sociale et culturelle, région par région, pouvoir qu'Ottawa ne devrait pas entraver en braconnant en dehors de sa propre juridiction[11].

Cette façon de voir les choses était loin d'impressionner les bouillants activistes qui faisaient partie du gouvernement de Jean Lesage. Paul Gérin-Lajoie, ministre de la Jeunesse et auteur réputé d'un livre sur l'amendement de l'ANNB, soutenait que le Québec avait le droit de signer des traités dans les domaines de sa compétence reconnus par la constitution, comme l'éducation et la culture. Il commença à négocier avec la France des ententes dont le but était d'affirmer la position constitutionnelle du Québec dans sa lutte continue pour le pouvoir avec Ottawa. Daniel Johnson, ancien ministre du gouvernement Duplessis devenu chef de l'Union nationale, attaquait Jean Lesage parce que ce dernier était prêt à accepter la formule Fulton-Favreau. Il s'agissait d'une proposition d'amendement de la constitution mise au point par Davie Fulton, ministre de la Justice de Diefenbaker, et par Guy Favreau, avocat montréalais qui deviendrait ministre de la Justice dans le gouvernement de Pearson. Aux yeux de Johnson, cette formule ne redistribuait pas les pouvoirs avec la fermeté nécessaire pour servir les intérêts profonds du Québec. Pour lui le choix était simple : égalité ou indépendance. Égalité constitutionnelle du Québec avec le reste du Canada ou indépendance en bonne et due forme. Quand le gouvernement Lesage eut l'air de réagir sérieusement à ces pressions, Jean Marchand flaira le danger pour le système fédéral du Canada et pensa que Trudeau devrait intervenir[12].

À ce moment-là, ce dernier enseignait le droit constitutionnel à l'Université de Montréal. Il était l'un des rares spécialistes en la matière au Québec. Il en était venu à aimer le droit pour sa clarté logique, sa profondeur philosophique et parce qu'il peut constituer un facteur de changement politique. Cet attachement s'était développé quand il avait été avocat de la défense dans des cas de droits civils et aussi en observant Frank Scott avoir recours aux tribunaux pour défendre les victimes infortunées de l'État. Quand Marchand le pressa de s'attaquer publiquement à la question constitutionnelle, il était prêt à le faire, à titre d'avocat et en tant que polémiste. Quand les bombes du mouvement clandestin qu'était le Front de libération du Québec commencèrent à exploser dans des boîtes aux lettres à Montréal et que le gouvernement de Jean Lesage prit un ton de plus en plus agressif pour revendiquer un « statut particulier » à l'intérieur de la confédération, Trudeau mit au point une ligne de défense, d'une part, contre les séparatistes purs et durs et, d'autre part, contre le néo-fédéralisme des libéraux provinciaux qu'il considérait comme un séparatisme[13].

Le changement constitutionnel doit suivre le changement politique et non pas le précéder, déclara-t-il en 1964 au magazine *Maclean's*. De nouveaux rapports de force se créaient entre le gouvernement central et les gouvernements régionaux, « et il (fallait) leur donner le temps d'arriver à terme avant de tenter d'en faire la loi fondamentale du pays ». Dans un mémoire préparé au printemps de 1965 pour le comité de l'Assemblée nationale du Québec sur la constitution, exactement dix ans après la rédaction de son étude pour la commission Tremblay, Trudeau s'opposait encore à l'idée alors généralement acceptée au Québec selon laquelle il était urgent d'entreprendre des réformes constitutionnelles. Il continua de prôner l'inertie, refusant de se laisser influencer par les vues modérées des néo-fédéralistes du Parti libéral québécois. Ces derniers, comme les éditorialistes du quotidien *Le Devoir*, proposaient que l'on accorde un statut particulier au Québec, à l'intérieur de la Confédération. Même s'il ne niait pas que l'AANB pût être amélioré — surtout par l'addition d'une charte des droits de la personne qui limiterait le pouvoir de l'État et qui « mettrait les langues française et anglaise sur un pied d'égalité devant la loi » —, il croyait que la province avait besoin de stabilité constitutionnelle, et non pas d'un débat perturbateur au sujet duquel on n'en était pas encore arrivé à un consensus. « À mon avis, écrit-il alors, la constitution a peu de rapport avec l'état d'infériorité économique, technique et démographique des Canadiens français du Québec d'aujourd'hui. Je n'ai aucune hâte de modifier la constitution, pour la simple raison que j'ai très hâte de changer la réalité[14]. »

Quand Trudeau prit la décision de se lancer dans l'arène politique fédérale, ce n'était pas à cause de la constitution canadienne. « Si je suis parti pour Ottawa, c'est parce que le Québec était devenu assez fort. J'avais peur que le pouvoir fédéral ne s'effondre. » Il allait vers la conclusion logique des études qu'il avait faites[15].

Quand Trudeau et Pelletier expliquèrent les raisons de leur adhésion au Parti libéral, ils ne mentionnèrent ni le besoin d'un changement constitutionnel en général, ni celui d'une charte des droits de la personne en particulier. Ils mirent l'accent sur leur foi en « une démocratie axée sur le progrès social, un fédéralisme qui peut concilier un pouvoir central fort avec des provinces autonomes et progressistes, enfin, une politique d'ouverture à gauche ». Quelques mois plus tard, invité à prononcer un discours à l'occasion du congrès de fondation de l'aile québécoise du Parti libéral fédéral, Trudeau défendit encore une fois sa position d'inertie provisoire qui était résolument passée de mode, même chez des fédéralistes canadiens-français. Il soutenait qu'obtenir un statut particulier ou de nouveaux pouvoirs en politique étrangère n'était pas nécessaire pour le Québec, dans une conjoncture où « des forces démographiques, sociales et économiques étaient en train de transférer aux provinces un surcroît de pouvoir énorme, sans qu'il y eût besoin de changer une seule virgule de la constitution[16] ».

À cette époque, Trudeau était député à la Chambre des communes et secrétaire parlementaire du premier ministre. Son bureau donnait sur le même corridor que celui de Lester Pearson. Trudeau n'aurait pas pu trouver meilleur auditoire pour ses idées constitutionnelles. En tant qu'ancien mandarin, Pearson partageait la répugnance de Trudeau à ouvrir la boîte de Pandore du changement constitutionnel. Mais tous deux savaient que la position d'inaction sur la question dont ils avaient convenu ne pourrait tenir sous le feu des demandes pressantes du Québec. Une année environ après que Trudeau fut devenu secrétaire parlementaire, la situation changea de façon spectaculaire quand John Robarts, premier ministre de l'Ontario, annonça que, devant l'inertie d'Ottawa, il allait convoquer une conférence des premiers ministres provinciaux pour discuter de l'avenir de la confédération. Le gouvernement fédéral ne pouvait permettre que les provinces prennent l'iniative dans une affaire d'une telle importance ; Pearson fut donc contraint de réagir, afin de reprendre la maîtrise de la situation. L'aisance de Trudeau en matière de constitution et ses idées bien arrêtées sur le Québec avaient fait forte impression sur lui et il le nomma ministre de la Justice s'en remettant entièrement à lui en ce qui concernait la question constitutionnelle[17].

Même si vers la fin des années 60, Trudeau ne considérait la question constitutionnelle que comme une des multiples facettes de son mandat général au ministère de la Justice. Dans son esprit, la tâche la plus importante consistait à mettre à jour les lois du pays. Les gouvernements ne devraient pas perdre leur temps dans des débats sans fin sur le partage des pouvoirs, d'autant plus que les provinces anglophones pourraient bien attraper la maladie du Québec et commencer elles aussi à dicter leurs exigences. Si Ottawa devait s'engager dans un changement constitutionnel, ce changement devait être graduel. Par exemple, Ottawa pourrait, une année, ajouter une formule d'amendement à la constitution et rapatrier celle-ci l'année suivante. En matière de changement constitutionnel, Trudeau disait se sentir engagé malgré lui « comme une fiancée récalcitrante ». « Je ne voulais pas m'attaquer à la question avant que Pearson ne me le demande. J'étais toujours persuadé que l'on se fourrerait dans un véritable guêpier[18]. »

En ces temps mouvementés, même un stratège aussi flegmatique que Trudeau ne pouvait maintenir bien longtemps une telle position. Des pressions énormes s'exerçaient au sujet des injustices politiques au Québec et de l'état épouvantable des services offerts en langue française à l'extérieur de la province. En l'espace de deux semaines de tension, à la fin de l'automne de 1967, plusieurs événements importants se produisirent. D'abord, la société Saint-Jean-Baptiste, souverainiste, convoquait des États généraux sur la constitution, au cours desquels les deux mille délégués s'étaient montés la tête au point qu'ils huèrent même des nationalistes modérés comme Claude Ryan. Le premier ministre Robarts, d'Ontario, organisa sa conférence sur le thème « Confédération de demain » qui allait fournir à Daniel Johnson une tribune pour lancer son ultimatum d'égalité ou d'indépendance. En plus, André Laurendeau et Davidson Dunton publièrent le premier volume du rapport de leur commission extra-parlementaire sur le bilinguisme et le biculturalisme. On y demandait que le français devienne la seconde langue officielle des institutions fédérales et que tous les parents aient le droit de faire éduquer leurs enfants dans la langue de la minorité, partout où son importance le justifiait. Les mesures proposées par le rapport Laurendeau-Dunton furent considérées par les radicaux du Québec comme trop peu, trop tard. Leur nouveau champion, René Lévesque, les rejeta : elles n'étaient qu'une astuce destinée à replonger le Québec dans le sommeil[19].

Le Canada avait attrapé la maladie dont Trudeau avait vu les ravages dans le Paris d'après-guerre. La constitution était devenue l'objet d'un débat qui en cachait un autre : la lutte pour le pouvoir, en l'occurrence entre le nationalisme québécois et le fédéralisme canadien. La question était de savoir comment le gouvernement d'Ottawa devait réagir au défi séparatiste. Même si la décision revenait officiellement à Pearson, à titre de premier ministre, il laissa à Trudeau, en sa capacité de ministre de la Justice, le soin d'établir le plan d'action du gouvernement fédéral. Le lendemain de son assermentation, Trudeau rendit visite à Carl Goldenberg, expert constitutionnel, négociateur syndical et son ancien collègue à l'Université de Montréal. Trudeau lui demanda de devenir son conseiller spécial sur la question et de mettre sur pied une équipe qui l'instruirait sur les diverses possibilités de réformes. Ce groupe, dont feraient partie des professeurs de droit des quatre coins du pays (Ivan Head, de l'Université de l'Alberta ; Mark MacGuigan, de l'Université de Windsor ; Gérald LeDain, d'Osgoode Hall, à Toronto ; Barry Strayer, de l'Université de la Saskatchewan ; et Gerard La Forest, de l'Université du Nouveau-Brunswick), rassemblerait aussi des fonctionnaires fédéraux chevronnés qui avaient un intérêt particulier pour les questions constitutionnelles (Allan Gotlieb, Affaires extérieures ; A.W. Johnson, Conseil du Trésor ; Jean Beetz et Michael Pitfield, du Bureau du Conseil privé). Le groupe de travail, faisant table rase du passé selon le goût de Trudeau, entreprit de passer en revue la position du gouvernement fédéral sur toutes les questions constitutionnelles, pendant que le ministre de la Justice plongeait immédiatement dans un programme frénétique de réforme globale du droit. Le comité du ministère de la Justice ne tarda pas à en arriver à une conclusion stratégique. Il recommandait que le gouvernement fédéral prenne l'initiative constitutionnelle en adhérant au principe d'inclusion d'une charte des droits de la personne dans l'AANB[20].

Trudeau pouvait facilement insérer dans son raisonnement fédéraliste ses arguments en faveur d'une telle charte. Méditant quelques années auparavant sur les risques d'émergence d'un nationalisme ethnique dans un État multiculturel, il s'était demandé si on ne pourrait pas contrebalancer le séparatisme « en investissant massivement — temps, argent et énergie — dans le nationalisme *au niveau fédéral* ». Après mûre réflexion, il conclut que c'était impossible : le nationalisme ne serait pas la bouée de sauvetage du fédéralisme. Seule une « rationalité froide et dénuée d'émotion pouvait encore sauver l'État ». Et qu'y avait-il de plus rationnel qu'une charte des droits de la personne ? Après tout, dans les milieux juridiques, on discutait d'une telle charte depuis des décennies. J.S. Woodsworth, fondateur du CCF, en avait demandé une dès les années 20. Frank Scott, qui avait été le mentor, l'ami et l'allié de tous ceux qui avaient lutté pour les libertés civiles dans les années 50, plaidait depuis longtemps la cause d'une charte dans le milieu des juristes. Même John Diefenbaker avait pris parti pour la charte quand il était premier ministre, en faisant promulguer une loi sur les droits de la personne par le Parlement. (Fait révélateur, cette loi se révéla avoir très peu de poids devant les tribunaux, du fait qu'elle était subordonnée à l'AANB.) Par ailleurs, l'inclusion dans la constitution des droits fondamentaux de la personne serait prisée par les groupes d'immigrés conscients de l'importance de l'égalité des droits comme protection légale contre la discrimination. Au-delà de ces considérations, pour Trudeau le politicien, l'attrait principal de cette idée était ses effets possibles sur le débat au Québec. Si la charte élargissait les droits linguistiques des francophones pour qu'ils comprennent des garanties en matière d'éducation en français d'un océan à l'autre, cela parlerait fort aux oreilles de ces derniers, qui croyaient menacée leur aspiration à vivre dans un milieu culturel français. Une telle garantie des droits en matière de langue et d'éducation des minorités, que Trudeau présentait comme un fait de pure logique aux deux peuples fondateurs du Canada, constituerait une arme de choix pour atteindre un de ses premiers objectifs : combattre les néo-nationalistes de toute sorte[21].

Ayant mis au point ce raisonnement, Trudeau confia à Carl Goldenberg le soin de rédiger un discours en faveur de la charte. Le texte de Goldenberg, considérablement révisé par Trudeau lui-même, devint le discours qu'il prononça à la réunion annuelle de l'Association du barreau canadien tenue le 4 septembre 1967. Le discours fit époque. Trudeau dit aux avocats du pays qu'une déclaration constitutionnelle des droits de la personne éliminerait les anciens conflits relatifs à la distribution des pouvoirs entre les deux niveaux de gouvernement au Canada. Plutôt que de chicaner sur l'attribution de tel pouvoir à tel gouvernement, « on pourrait réduire le pouvoir du gouvernement fédéral et celui des gouvernements provinciaux au profit du citoyen canadien qui, par conséquent, serait mieux protégé dans l'exercice de ses libertés et de ses droits fondamentaux ». Dans cette perspective, ajouta-t-il, « nous mettrons à l'épreuve l'unité canadienne et, je l'espère, nous l'affermirons[22] ».

Marchant résolument dans la voie du pancanadianisme tracée par Henri Bourassa, Trudeau prétendait que grâce à une charte des droits, le gouvernement central serait plus apte à défendre les intérêts culturels des Canadiens français et, en même temps, deviendrait le symbole national autour duquel *tous* les Canadiens pourraient se rallier. Le lendemain même, au cours de l'infâme conférence de presse que Trudeau donna pour répondre aux questions soulevées par son discours, il devint évident que cette proposition était le signal, sous couvert d'activisme constitutionnel, du commencement d'une guerre de stratégie politique. Quand l'hostilité exprimée par les reporters québécois à l'endroit de ses idées fédéralistes firent exploser Trudeau qui maudit alors tous les tenants d'un statut particulier pour le Québec, toute l'opération constitutionnelle changea. Trudeau avait jusque-là rassemblé des idées sur la constitution pour ensuite les transformer en arguments intellectuels élégants à l'intention de ses pairs. Ses théories étaient maintenant contestées en public par des reporters effrontés et vagues en langage comme en pensée, instinctivement nationalistes, qui rejetaient d'emblée Trudeau, le vendu fédéraliste. Trudeau ne connaissait peut-être pas l'aphorisme d'Oscar Wilde au sujet des journalistes — « En nous faisant connaître les opinions des non-instruits, ils nous tiennent au courant de l'ignorance de la collectivité » —, mais il n'en partageait pas moins la teneur. Le bagarreur en lui se réveillait. Il n'était ni un fade rond-de-cuir ni un vague théoricien. Il était du type à répondre aux poings avec les poings. « Tu m'appelles Toto (sobriquet qu'il détestait) encore une fois et je te casse la gueule », lançait-il à quiconque de sa classe le persécutait quand il était enfant. Adulte, il lançait à ses persécuteurs de la presse : « Contestez mes idées et mon intégrité, et je vous montrerai qui détient le vrai pouvoir et la meilleure connaissance en matière

La bête politique : Trudeau a d'abord capté l'attention générale à titre de ministre de la Justice en modernisant la loi du divorce en 1967.

Le triomphe : Trudeau brûla les étapes dans son ascension vers le pouvoir. Il commença par remporter la bataille pour le leadership du Parti libéral, puis les élections, en misant sur son charisme (ici avec Gérard Pelletier), pour s'asseoir, avec un plaisir évident, dans le fauteuil du premier ministre.

Le pouvoir comme aphrodisiaque : Pour Pierre Trudeau, qui touchait presque la cinquantaine, les occasions de briller était tout aussi nombreuses que les journalistes, les militants, les jolies personnes (Jennifer Rae, fille de diplomate) et les vedettes (Barbra Streisand, Yoko Ono et John Lennon) qui se pressaient autour de lui.

 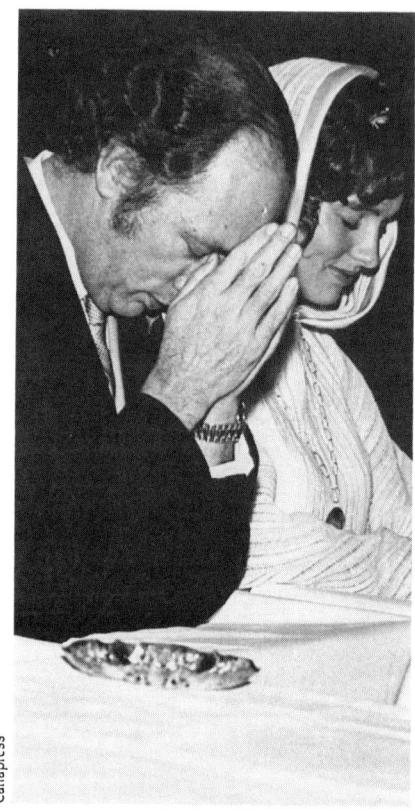

L'idylle : Au début de la cinquantaine, Pierre Trudeau épousa Margaret Sinclair. Leur relation évolua vite du flirt au mariage secret puis à l'association politique mais fut bientôt déchirée par des incompatibilités de caractère insurmontables.

Le père monoparental : À la fin de la cinquantaine, Pierre Trudeau élevait ses fils tandis que Margaret Trudeau était vue dans les discothèques aux quatre coins du monde.

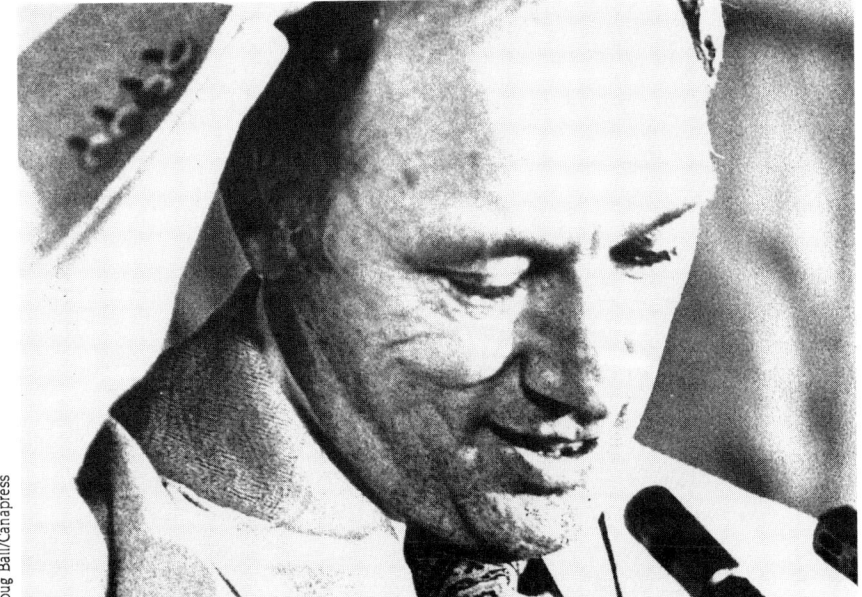

La crise : En abordant la soixantaine, Trudeau vit ses difficultés personnelles et politiques se conjuguer pour lui faire perdre d'abord les élections et ensuite son sang-froid, avant qu'il ne démissionne en 1979.

La résurrection : En 1980, après une suite imprévisible
d'événements, Pierre Trudeau reprit les rênes du pouvoir
et la poursuite de « obsessions anciennes » dont, surtout,
celle de rapatrier la constitution.

de constitution. » Sous la pression des événements, il mettait une fois de plus en pratique la théorie qui veut que l'attaque constitue la meilleure défense[23].

À partir de ce moment, Trudeau était résolu à modifier l'AANB. L' « étapiste » constitutionnel s'était transformé en activiste. Cinq mois plus tard, en février 1968, à la conférence constitutionnelle convoquée par Lester Pearson, il sembla évident que Trudeau avait modifié son plan de consolidation du pouvoir fédéral face à la menace du nationalisme québécois. Sous son égide, on avait publié un certain nombre de documents qui définissaient la position constitutionnelle du gouvernement fédéral en des termes qui traduisaient ses propres idées sur l'individualisme, sur le fonctionnalisme et sur une charte des droits de la personne. Il était ravi que la lutte avec le gouvernement du Québec soit présentée dans les médias comme la confrontation de deux solutions possibles au même problème. Le fédéral disait aux Canadiens français que Québec n'était pas le seul gouvernement qui parle en leur nom. « Si nous arrivons à leur faire comprendre cela, alors le reste n'est plus qu'une lutte normale pour le pouvoir[24]. »

L'affrontement télévisé entre Trudeau et Daniel Johnson, premier ministre du Québec, au cours de la conférence constitutionnelle, eut de grandes répercussions sur sa future candidature au leadership du parti ; il était l'homme qui avait un plan pour sauver le Canada. Mais cette conférence était aussi la première d'une longue série. Pendant douze ans, les projets constitutionnels de Trudeau — à ses yeux si raisonnables et si peu susceptibles de perturber le statu quo — allaient y être chaque fois rejetés par divers premiers ministres du Québec, qui résistaient d'un air maussade à tout changement qui ne donnerait pas un pouvoir accru à leur province, au détriment du pouvoir fédéral.

* * *

Au cours de l'été 1968, quand Trudeau emménagea dans la résidence officielle du premier ministre, il était soutenu par l'approbation des Canadiens qui lui avaient réservé une victoire électorale éclatante en juin. Pierre Trudeau avait maintenant la main haute sur tout le dossier constitutionnel. Les pressions du Québec en faveur d'une nouvelle constitution avaient cessé. La mauvaise santé de

Daniel Johnson émoussa sa menace d'égalité ou d'indépendance en même temps que l'Union nationale qu'il dirigeait voyait son étoile pâlir. Les libéraux provinciaux, désormais opposition officielle dirigée par Jean Lesage, avaient apparemment tiré une leçon du succès politique de Pierre Trudeau. À leur congrès d'octobre 1968, ils soutinrent le concept du fédéralisme, sans même faire mention d'un statut particulier pour le Québec. Au Canada anglais, pour les premiers ministres, la modification de la constitution semblait soit sans intérêt, soit suspecte[25].

À ce stade-là, l'inertie aurait pu tuer l'idée de modifier l'Acte de l'Amérique du Nord britannique. Mais Pierre Trudeau était désormais résolu à ce que la modification de la constitution compte parmi ses efforts de modernisation du Canada. Son plan comportait trois volets. Il se dépêcha de mettre en œuvre la principale recommandation de la commission sur le bilinguisme et le biculturalisme : une loi sur les langues officielles qui obligeait les institutions fédérales (comme les tribunaux) et les sociétés d'État (comme Air Canada) à fournir des services en français à tous les francophones du pays. En même temps, il fit en sorte que l'on accorde la priorité aux candidats canadiens-français dans la fonction publique, pour qu'ils cessent d'être des citoyens de deuxième classe dans le domaine fédéral. Ottawa deviendrait une capitale bilingue, une ville aussi importante que Québec pour la défense des intérêts des Canadiens français.

Trudeau était toutefois conscient que toutes les lois peuvent être abrogées. Comme Henri Bourassa l'avait soutenu longtemps auparavant, la démocratie parlementaire ne donne pas pleine sécurité aux minorités. Les Franco-Manitobains avaient appris cette triste leçon quand la majorité anglo-saxonne avait piétiné leurs droits, durant les années 1890, et les avait privés d'écoles francophones. Pour que les Canadiens français se sentent en sécurité à titre de peuple fondateur du Canada, l'entente confédérale devrait être renégociée de sorte que la constitution même consacre le droit de la minorité à l'éducation dans sa langue et le bilinguisme officiel. Ainsi, les tribunaux pourraient défendre le citoyen contre toute prédominance au Parlement. Trudeau croyait maintenant que la question constitutionnelle devait être résolue par le biais d'une charte des droits de la personne, avant que l'abcès du séparatisme ne puisse être crevé. C'était là le troisième volet de sa stratégie pour le Québec ; il faudrait plus de temps pour réaliser celui-ci que les deux autres, puisqu'il fallait le négocier avec toutes les provinces[26].

Nombre des conseillers constitutionnels recrutés par Trudeau pour le groupe de travail du ministère de la Justice furent retenus pour composer le comité dont on avait besoin pour le maintien du dialogue constitutionnel fédéral-provincial entamé à la conférence de février 1968. Michael Pitfield prit ce comité en charge dans le cadre de ses fonctions au Bureau du Conseil privé, dans une tentative pour imposer à ses lenteurs bureaucratiques un plan global pour réinventer la Constitution canadienne. Trudeau se trouva lui-même bientôt englué dans les délibérations. Il prit d'abord part aux longs séminaires du Bureau du Conseil privé, séminaires dominés par d'obscures discussions sur le sens du fonctionnalisme.

Trudeau devait également se tenir au courant des négociations bureaucratiques du Comité permanent des ministres sur la constitution et présider une série de conférences constitutionnelles des premiers ministres. Au début de 1971, les négociations fédérales-provinciales sur des questions abstruses entraient lourdement dans leur quatrième année. Il était évident qu'elles s'étaient enlisées dans leur propre complexité. La nouvelle politique de constitutionnalisme en création était ahurissante pour la plupart des Canadiens anglais et source d'irritation constante pour les Québécois[27].

Même Trudeau, dont la patience dans cette longue démarche avait été publiquement louée, commençait à s'énerver, d'autant plus que le séparatisme était redevenu une préoccupation sérieuse, à la suite de la crise d'Octobre. Il poussa ses fonctionnaires à inciter leurs homologues provinciaux à produire des résultats. Il faudrait déclencher une élection fédérale dans les deux prochaines années ; Trudeau voulait être en mesure de montrer aux électeurs canadiens les résultats des efforts qu'il consentait pour répondre aux griefs du Québec. Les premiers ministres des provinces pouvaient-ils mettre de côté le problème épineux de la redistribution des pouvoirs pour plutôt concentrer leur attention sur les questions relativement moins ardues, comme la formule d'amendement, la Charte des droits et libertés et le rapatriement de la constitution ?

Dans la quiétude de Victoria, en Colombie-Britannique, les premiers ministre fédéral et provinciaux se réunirent en juin 1971, prêts à discuter d'un tel ensemble restreint de modifications. Au bout de trois jours de négociations, ils en arrivèrent à une entente : une formule d'amendement de la constitution et une charte modeste qui garantissait certains droits et protégeait la Cour suprême, dont les juges seraient nommés moyennant l'approbation des provinces. Trudeau avait atteint son but : la paix constitutionnelle. Du moins, c'est ce que tout le monde avait cru, jusqu'à ce que Robert Bourassa, le nouveau premier ministre libéral du Québec, rentré dans sa province, dût affronter un déluge de protestations nationalistes. Attaqué violemment par le Parti québécois naissant de René Lévesque et écrasé par un front commun syndical contre l'entente de Victoria, Bourassa recula. Il retira son consentement[28].

Trudeau avait initialement exprimé toute sa satisfaction de voir Bourassa, un fédéraliste, battre l'Union nationale en 1970. Il n'éprouvait désormais plus pour lui que du dédain. Toutes les longues heures passées à des séminaires à discuter de la constitution parfaite avec ses fonctionnaires, toutes les discussions laborieuses que son secrétaire de cabinet, Gordon Robertson, avait eues en son nom avec les délégations provinciales, toute l'énergie vive qu'il avait personnellement dépensée au détriment d'autres secteurs de la politique, tout cela avait été gaspillé. Tout ce qui en restait, c'était une industrie artisanale, celle des bureaucrates spécialisés dans les affaires constitutionnelles qui hantèrent dès lors toutes les capitales provinciales. La débâcle de Victoria renforça l'opinion de Trudeau selon laquelle les néo-fédéralistes étaient tous des cryptoséparatistes. Les hésitations de Bourassa — il quittait sans cesse la table de négociations pour téléphoner à Québec et demander conseil — confirmaient ce dont s'était douté Trudeau à la suite de la panique du premier ministre du Québec durant la crise d'Octobre : Bourassa n'avait rien dans le ventre.

Qui pis est, le premier ministre québécois devenait de plus en plus nationaliste, avec les mois qui passaient et la popularité croissante du Parti québécois. Il commençait à parler de « fédéralisme rentable » et de « souveraineté culturelle » du Québec, dans un « marché commun canadien », notions qui battaient en brèche la thèse de Trudeau selon laquelle le fédéralisme était beaucoup plus qu'un marché commun et Québec, beaucoup moins que la capitale nationale d'un État canadien-français naissant. Fait encore plus irritant pour Trudeau, Bourassa commençait à solliciter l'appui des premiers ministres des autres provinces à sa campagne destinée à obtenir pleine juridiction sur toutes les questions de politique sociale, de la retraite aux allocations familiales, pierre d'achoppement qui avait fait avorter l'entente de Victoria. Aux yeux de Trudeau, Bourassa ne valait pas mieux que ses prédécesseurs, ce qui confirmait sa théorie de naguère selon laquelle les néofédéralistes — qu'ils soient du Parti libéral ou de l'Union nationale — sont tous des séparatistes dont la soif de pouvoir ne pourrait jamais être étanchée, quelles que soient les concessions consenties par Ottawa.

Le gouffre béant séparant les leaders libéraux d'Ottawa de ceux de Québec provoqua une guérilla entre eux qui dura de nombreuses années. Marc Lalonde, auquel Trudeau avait confié le ministère crucial de la Santé et du Bien-être social dès son élection au Parlement, en 1972, échangea des coups pendant plus de trois ans avec Claude Castonguay, l'architecte libéral d'une politique sociale intégrée et conçue entièrement par Québec. Gérard Pelletier, chargé par Trudeau de la politique culturelle fédérale, ressentit les pressions constantes exercées par Jean-Paul L'Allier, ministre des Communications de Bourassa, au sujet des juridictions respectives des deux gouvernements en matière, par exemple, de câblodiffusion.

Étant donné l'atmosphère aigre qui prévalait quand Trudeau reprit le pouvoir, en 1974, avec une nouvelle majorité, on s'attendait à ce qu'il laisse de côté les questions constitutionnelles. Le public s'était lassé du sujet. Les difficultés économiques du pays s'aggravaient, et les discussions hermétiques sur les droits linguistiques et les formules d'amendement semblaient hors de propos. Même les alliés les plus proches de Trudeau dans les guerres constitutionnelles croyaient la question morte et enterrée. Mais Trudeau choisit de remettre en marche la machine dont il savait qu'elle échappait partiellement à son contrôle. Méditant sur sa décision onze ans plus tard, il déclara : « Je croyais vraiment, après ma victoire aux élections de 1974, que nous pourrions y arriver [à rapatrier la constitution]. C'était une dernière tentative par la méthode du consensus, mais Bourassa, ce sacré idiot... avait pressenti que j'étais résolu à rapatrier la constitution et qu'il ne pourrait plus me mettre à rançon. » Comme ni l'un ni l'autre ne voulait céder, leurs conflits s'envenimèrent[29].

Au début de 1976, à l'occasion d'une réunion privée au sujet des Jeux olympiques qui se tiendraient cette année-là, Bourassa avait refusé la proposition de Trudeau que la reine fasse escale à Québec avant de se rendre aux cérémonies d'ouverture à Montréal. Trudeau était furieux. Quelque temps plus tard, il se lança dans une diatribe de deux heures contre Bourassa, devant le congrès de l'aile québécoise du Parti libéral fédéral. Sa tirade mordante était un curieux mélange de vulgarité, de snobisme de Brébeuf et d'invectives « citélibristes ». La loi 22 de Bourassa, qui faisait du français la seule langue officielle du Québec, était une « stupidité politique ». Et, comme Trudeau le fit comprendre clairement à des journalistes par la suite, Bourassa aussi était stupide, en plus d'être un mollasson et un homme qui manquait d'élégance au point de manger des hot-dogs au déjeuner[30].

Il s'agissait là d'une attaque excessive, non seulement en raison de son impudence, mais aussi par son manque de fondement. Se faire accuser d'être un « mangeur de hot-dogs » n'était pas aussi grave que se faire traiter de « pepsi », l'injure naguère réservée aux Canadiens français par les Anglais du Québec, mais presque. Même si Bourassa était issu de la petite bourgeoisie — son père était secrétaire de mairie —, il avait fait des études aussi prestigieuses que Trudeau, à Brébeuf, à la faculté de droit de l'Université de Montréal, à Oxford et à Harvard. De plus, il s'était allié par le mariage à la famille Simard, des chantiers navals de Sorel, qui avait amassé l'une des plus grandes fortunes de la province. Dédaigner Bourassa, c'était mépriser l'élite professionnelle et économique du Québec, ce qui ne manqua pas d'allonger la liste des ennemis de Trudeau. L'invocation de la Loi sur les mesures de guerre lui avait déjà aliéné l'intelligentsia et le monde des arts ; il s'aliénait maintenant la bourgeoisie.

L'attaque de Trudeau contre son « cousin » libéral favorisa la crédibilité du Parti québécois. En se moquant de Bourassa, qui éprouvait déjà de sérieuses difficultés, il aidait à faire tomber le Québec de Charybde en Scylla, du néo-fédéralisme ambivalent au séparatisme pur et simple. Le 15 novembre 1976, le mangeur de hot-dogs était chassé de son poste par le fumeur de cigarettes.

Trudeau accepta de bonne grâce le résultat des élections, faisant remarquer que l'un des fleurons des démocraties, c'est de permettre la prise du pouvoir par un parti séparatiste, sans effusion de sang. Mais la victoire de Lévesque annonçait l'échec de l'effort constitutionnel que Trudeau avait entrepris dans les années 70. Lévesque avait promis de ne pas se mettre sur la route de la souveraineté-association, objectif de son parti, avant la tenue d'un référendum à ce sujet. Entre temps, il participerait aux négociations fédérales-provinciales, comme tous les autres chefs provinciaux. Mais comme sa position idéologique rejetait d'emblée la relation fédérale existante comme une farce, Lévesque affirma également qu'il ne se prêterait en aucune façon au marchandage constitutionnel, à moins que le Québec ne reçoive « la garantie d'obtenir tous les pouvoirs dont il a besoin pour assurer son développement ». L'unanimité étant généralement acceptée comme préalable à toute décision constitutionnelle, la présence même de Lévesque aux conférences signifiait l'impasse totale[31].

Contrairement à 1967, quand Trudeau avait affirmé avec assurance devant l'Association du barreau canadien que l'heure d'une déclaration constitutionnelle des droits de la personne avait sonné, dix ans plus tard, le moment était mal choisi pour toute initiative de sa part. Il ne pouvait empêcher les péquistes d'attendre que son mandat expire avant de tenir leur référendum. Il ne pouvait non plus imposer aux premiers ministres anglophones l'idée que le rapatriement de la constitution était urgent, puisque les négociations constitutionnelles achoppaient sur une autre difficulté de taille : la nouvelle symphonie d'exigences des premiers ministres anglophones. Ceux-ci prenaient maintenant exemple sur Québec, comme Trudeau l'avait un jour prédit. Ses tentatives pour raviver l'intérêt envers le rapatriement se heurtèrent au front solide des premiers ministres qui demandaient plus de pouvoirs à Ottawa.

Ce nouvel obstacle ne persuada pas Trudeau de renoncer à la lutte. Au contraire, il fit encore un autre effort pour obtenir la réforme constitutionnelle et pour juguler le séparatisme du Québec, après la victoire du PQ en novembre 1976. Il créa pour Marc Lalonde le poste de ministre d'État aux relations fédérales-provinciales. Il lui confia la tâche de commander la guerre contre les péquistes, tout en relançant les négociations constitutionnelles. Lalonde prit en charge toutes les affaires fédérales concernant le Québec, par le biais d'un groupe de travail dirigé par un jeune fonctionnaire, Paul

Tellier. Ce groupe allait contrôler et coordonner les réactions fédérales à toutes les initiatives possibles du PQ. On mit sur pied un Centre d'information sur l'unité canadienne dont la vocation était de produire de la contre-propagande. On déposa un projet de loi qui permettrait au gouvernement fédéral de tenir au besoin son propre référendum.

Non seulement Lalonde était superministre pour le Québec, mais encore il essayait de coincer le Québec par le biais des négociations fédérales-provinciales. Gordon Robertson, agissant comme son adjoint, s'affairait à discuter de la constitution avec ses homologues provinciaux. On mit sur pied un groupe de travail sur l'unité canadienne, présidé par l'exubérant Jean-Luc Pépin, ancien ministre fédéral, et par John Robarts, ancien premier ministre de l'Ontario dont la popularité était grande. Ce groupe bien en vue dans les médias avait pour mandat de tenir des audiences pour ensuite produire un rapport et, surtout, de ranimer l'intérêt public dans la position fédérale sur la question constitutionnelle. Entre temps, Lalonde dirigeait l'élaboration d'une nouvelle série de propositions fédérales, destinées à retaper la constitution de fond en comble, et publiées dans un document intitulé *Le Temps d'agir : Jalons du renouvellement de la fédération canadienne*. Cette série de concepts ambitieux fut transformée en prose législative laborieuse dans le projet de loi C-60, qui proposait d'amender la constitution dans les domaines de juridiction fédérale au moyen d'une loi fédérale, les premiers ministres provinciaux n'ayant pas voix au chapitre. Du fait que le projet de loi C-60 contenait une charte des droits et prévoyait l'établissement d'une « Chambre de la fédération » pour remplacer le Sénat, il indigna nombre d'experts constitutionnels. Même Eugene Forsey, ancien compagnon d'armes dans le mouvement syndical des années 50, que Trudeau avait nommé au Sénat, dénonça le projet comme étant « un cauchemar pour le citoyen ordinaire et un cauchemar même pour les avocats », avant de se désolidariser du Parti libéral[32].

De toute façon, l'initiative était mort-née. L'Alberta contesta la constitutionnalité du projet C-60 devant la Cour suprême. Quand Trudeau rencontra ses homologues provinciaux à l'occasion de deux autres conférences sur la constitution, le gouvernement fédéral s'est trouvé sur la défensive, s'efforçant de ne pas céder trop de terrain sous la pression des provinces. Trudeau était conscient du danger de trop céder. Il se plaignit de l'avoir fait, après la débandade de la conférence des premiers ministres, en novembre 1978, où il n'avait pas réussi à négocier une charte des droits de la personne et une formule d'amendement de la constitution, en échange d'un supplément de pouvoirs pour les provinces[33].

Quand les premiers ministres se réunirent de nouveau en février 1979, ils exigèrent encore plus qu'avant. Cherchant désespérément à en arriver à une entente, Trudeau était disposé à céder encore plus, accordant même aux provinces juridiction sur le droit familial. Il fut empêché de trahir entièrement ses propres principes par le refus de toute entente de René Lévesque et par les exigences apparemment insatiables des premiers ministres anglophones. Les sondages d'opinion prédisaient la défaite cuisante de Trudeau aux élections suivantes. Les chefs provinciaux étaient persuadés de pouvoir arracher encore d'autres concessions à Joe Clark, dont la vision du fédéralisme, « une communauté de communautés », coïncidait avec leur désir de décentralisation accrue.

Il se fit qu'ils eurent raison à court terme, mais tort à long terme. En n'en arrivant pas à un règlement constitutionnel avec Pierre Trudeau, les premiers ministres provinciaux l'avaient envoyé dans les cordes, mais ne l'avaient pas mis K.-O. Flanqué de ses fidèles, il mena sa campagne électorale de 1979 avec entêtement. Quand il comprit qu'il allait être battu le 22 mai, il insista pour que ce soit sur son propre terrain. Faisant fi de l'avis de ses sondeurs et de ses spécialistes des médias, qui savaient que parler de la constitution ne lui vaudrait aucun vote, Trudeau prononça au début de mai à Toronto un discours important sur ce sujet, devant une foule de partisans libéraux chauffés à blanc. S'il était élu, criait-il aux 17 000 rouges enthousiastes qui remplissaient le Maple Leaf Gardens jusqu'aux combles, il rencontrerait « une fois de plus les premiers ministres provinciaux pour obtenir leur accord sur le rapatriement de la constitution et sur une formule d'amendement ». Si l'accord était impossible, il rapatrierait unilatéralement la constitution et consulterait par référendum le peuple canadien. « C'est ce que nous allons faire[34]. »

Le lendemain, devant un groupe d'hommes d'affaires de Montréal, il donnait une longue conférence qui détaillait son nouveau plan d'action pour la question constitutionnelle. Il y aurait une résolution conjointe des deux Chambres, une dernière réunion avec les premiers ministres provinciaux, le rapatriement de la constitution et, après deux autres années de négociations sur la formule d'amendement, un référendum pour briser l'impasse et achever l'élaboration de la constitution. Le lendemain, de retour à Toronto, Trudeau réitéra sa position devant un groupe d'entrepreneurs impatients, qui se fichaient pas mal de la satanée constitution. De toute façon, Trudeau était sur le point d'être battu, et bon débarras, murmuraient-ils entre eux. Comme la majorité des Canadiens anglais, les hommes d'affaires croyaient que la constitution était devenue une étrange obsession chez Trudeau, une espèce de folie qui causerait sa perte et qui avait fait au pays beaucoup plus de mal que de bien. Regardant la défaite en plein visage, Pierre Elliott de Bergerac continuait de se battre, espérant contre toute espérance, seul contre la multitude. Le politicien s'était lancé dans une lutte qu'il lui était impossible de gagner[35].

Pendant une douzaine d'années, Trudeau avait livré une bataille fédérale-provinciale pour le pouvoir sans faire de progrès. Les frustrations que cette situation suscitait furent, il le reconnut lui-même, ce qui le poussa à reprendre la tête du pays, en hiver 1980, et, au printemps de la même année, ce qui lui fit prendre la décision d'obtenir ce qu'il recherchait, coûte que coûte. Au Canada anglais, les racistes opposés au Québec s'étaient plaints, au début de sa carrière de premier ministre, de ce qu'il essayait de leur faire avaler de force le français. Maintenant, ce serait sa logique constitutionnelle — et non la langue — qu'il essayerait d'enfoncer dans le gosier de la nation canadienne.

Chapitre treize

TRUDEAU S'ATTAQUE AUX PREMIERS MINISTRES

Avec le recul, les résultats de la quête constitutionnelle de Pierre Trudeau, dans les années 80, semblent avoir été prédéterminés. Lui, le bâtisseur de nation, n'en démordait pas : il voulait toujours réaliser son grand projet de rapatrier la constitution et d'y intégrer une charte des droits linguistiques et civils. Contre lui, se rangeaient une bande de premiers ministres à l'esprit de clocher, qui manifestaient un attachement rétrograde à l'autonomie provinciale et à la souveraineté parlementaire. La bataille fut longue et difficile, mais l'homme le plus fort et le plus habile (aucune femme n'ayant, bien entendu, eu directement voix au chapitre) l'emporta. Trudeau finit par faire ce qu'il voulait de l'Acte de l'Amérique du Nord britannique.

En réalité, rien n'était gagné d'avance. La lutte politique qui se livra au Canada entre mai 1980 et avril 1982, date à laquelle la reine Élisabeth II se rendit à Ottawa pour signer enfin le transfert de la constitution au gouvernement de son dominion, fut chaotique et ne consacra la victoire certaine d'aucun des belligérants. Elle fut livrée par une poignée d'hommes arrivés au sommet de la classe politique du pays. Ceux-ci, dans le feu de la bataille, s'étaient coupés des forces économiques et des intérêts sociaux qui devaient normalement dicter leur conduite, trop occupés qu'ils étaient à comploter et à marchander pour atteindre leurs propres objectifs politiques, souvent diamétralement opposés les uns aux autres. La lutte connut plusieurs phases ; son dénouement dépendit en grande partie de la présence de certains politiciens au pouvoir, du hasard et des circonstances, des changements de l'opinion publique, de la dynamique mouvante des marchés qui se concluent et des coalitions qui se forment, et du déploiement d'une propagande qui tour à tour faisait la lumière sur les enjeux ou les masquait. Des querelles éclataient dans des secteurs où les protagonistes avaient peu de pouvoir : dans le berceau même du parlementarisme, à Westminster, où les Anglais refusaient de se laisser dicter leur conduite par leurs anciennes colonies, et dans les cours supérieures du Canada, où les juges ne tenaient pas compte des échéances fixées par les politiciens. En fin de compte, ces deux années de conflits entre personnalités, enjeux et intérêts finirent par déboucher sur une entente compliquée, sorte de courtepointe rapiécée par des bureaucrates et des politiciens épuisés. L'entente n'apporta que des demi-victoires et des demi-défaites au premier ministre du Canada et aux premiers ministres des provinces anglophones, tout en assenant un coup brutal au premier ministre du Québec, dont la juridiction avait été le catalyseur initial de la réforme constitutionnelle.

Même le référendum québécois de mai 1980 ne rendit pas la réforme constitutionnelle inévitable. Au contraire, la victoire décisive des forces du Non aurait pu être interprétée par le Canada anglais comme le signal que le pays avait surmonté la crise du séparatisme qui avait sapé son énergie pendant une vingtaine d'années. La défaite de la souveraineté-association aurait pu être le dernier chapitre de la saga des années 70, l'ère des négociations futiles de Trudeau. Mais le référendum marqua plutôt l'ouverture d'une autre manche constitutionnelle, parce que quelqu'un avait décidé que la politique fédérale-provinciale ne redeviendrait plus ce qu'elle était avant : une oiseuse « ad hocquerie ». Ce quelqu'un, bien entendu, c'était Pierre Elliott Trudeau.

* * *

« Si je ne le fais pas, qui va le faire ? » avait demandé Trudeau à son vieil ami Jean Marchand, en parlant de son choix constitutionnel, à la suite de la décision référendaire. Pour les deux interlocuteurs, la réponse était évidente. Trudeau se trouvait dans une position historiquement unique qui rendait possible, pratique et obligatoire un geste décisif pour sortir de l'impasse. De tous les premiers ministres qui avaient tenté de tirer le Canada du marasme constitutionnel où il croupissait depuis un demi-siècle, Trudeau était le seul à avoir jamais relevé le défi en s'appuyant sur un double mandat. Il était à la tête d'un nouveau gouvernement majoritaire fort de 74 des 75 sièges du Québec. Qui plus est, il venait de gagner le rejet décisif de l'indépendantisme dans un référendum provincial[1].

« Si j'avais remporté l'élection en 1979, j'aurais pu le faire armé d'un mandat clair, parce que j'avais prononcé des discours sur l'importance d'en arriver à un accord constitutionnel pendant toute la campagne. Mais, même si je n'en ai pas parlé durant la campagne de 1980, je pensais qu'une fois l'élection gagnée, puis le référendum, le moment était venu d'agir », dira-t-il, longtemps plus tard, en réfléchissant sur son rôle qui avait provoqué l'une des périodes les plus turbulentes de l'histoire du Canada. S'il était vrai que seul Trudeau pouvait lancer avec une telle légitimité une nouvelle série de négociations sur le statut du Québec dans la confédération, il était non moins vrai qu'il était le seul à se sentir obligé de le faire. Le changement constitutionnel était impératif parce que Trudeau ne s'écartait pas de la position qu'il avait prise en 1967, c'est-à-dire que la survie du Canada en dépendait.

« Un éditorial paru dans le *Globe and Mail* en 1980 demandait : "Pourquoi se presser ?", raconte Trudeau, d'une voix incrédule. Ceci, après cinquante-quatre ans de tentatives et après une campagne référendaire qui avait déchiré l'âme du Québec. Quand certains disaient [dans ces circonstances] qu'il n'y avait pas de raison de se presser, je pensais qu'on n'y arriverait jamais. En même temps, j'avais vraiment l'impression que notre pays ne tiendrait pas le coup si la question n'était pas [réglée]. Le pays deviendrait une confédération de centres d'achats[2]. »

« Une confédération de centres d'achats », voilà avec quel mépris Trudeau interprétait le concept de « communauté de communautés » mis de l'avant par les conservateurs de Joe Clark. Selon lui, les chefs provinciaux, avides, endossaient le concept joyeusement, parce qu'il augmenterait leur propre pouvoir au détriment de la capacité d'Ottawa de définir et de défendre l'intérêt national. Trudeau savait que les premiers ministres anglophones, qui, durant la campagne référendaire, s'étaient tous rangés de son côté quand la confédération avait semblé menacée, reprenaient leur rôle d'équipe adverse, qui leur était désormais devenu naturel, prêts à jouer dur dans le match fédéral-provincial inégal et interminable qui opposait Ottawa à dix gouvernements provinciaux insatiables.

Il n'y avait pas que la conjoncture politique qui avait changé. Le moment était opportun ; l'attitude du principal acteur aussi. Ce qui distinguait le Trudeau de 1980 du Trudeau des années 70, c'était l'intégration de ses divers talents : il était devenu un politicien mûr et polyvalent. Réaliste, visionnaire et désormais voué à une seule cause, il était prêt à combattre pour son objectif complexe, sachant qu'il pourrait profiter non seulement de la force que lui donnait sa légitimité politique renouvelée, mais aussi d'une volonté personnelle revigorée. « On disait que si je n'avais pas été si odieux, comparativement à Pearson ou à Mulroney, le rapatriement aurait eu lieu plus tôt. À cela, je réponds qu'il y a eu un sacré lot de bons gars à la tête du pays depuis 1926, et que la constitution n'avait jamais pu être rapatriée. Peut-être fallait-il un vilain bonhomme pour y parvenir » , dira-t-il plus tard[3].

Ranimé par ses succès politiques des premiers mois de 1980, l'aura charismatique de Trudeau, qui avait pâli durant ses longues années au pouvoir, pourrait de nouveau servir à susciter le soutien populaire dont il avait besoin pour combattre les élites provinciales. « Certains me disaient arrogant. Je ne l'ai jamais été avec les gens aimables. Seulement avec ceux qui me piquaient. Je brûlais encore de me battre. J'avais toujours un peu du tempérament de Cyrano. » Il avait maintenant l'occasion de jouer les Cyranos, en tant que chef d'un gouvernement fédéral très puissant. Il avait décidé que s'il ne pouvait en arriver à une entente avec les premiers ministres récalcitrants, il agirait seul et transmettrait de l'autre côté de l'Atlantique, directement à Westminster, une résolution unilatérale appuyant son projet constitutionnel. « L'un des premiers ministres... celui du Manitoba, ajouta-t-il, ayant déjà oublié le nom de Sterling Lyon, avait dit [plus tôt, quand Trudeau avait menacé de recourir à une solution unilatérale] : " Si vous entreprenez le rapatriement seul, vous détruirez le pays " . Je lui avais répondu : " Si c'est détruire le pays que de rapatrier la constitution, alors ce pays ne mérite pas de vivre. Après tout ce temps — plus d'un demi-siècle —, si le pays éclate à cause du rapatriement, eh bien ! que le diable l'emporte... " J'étais déterminé à ce qu'il en soit ainsi, avec ou sans l'appui de quiconque. L'idée d'aller dire à Margaret Thatcher : " Voici ce que le gouvernement canadien veut " me souriait[4]. »

La nouvelle stratégie constitutionnelle de Trudeau ne dérivait pas entièrement de son expérience des négociations sans issue des années 70. L'échec de Joe Clark dans ses tentatives d'entente fédérale-provinciale durant son court mandat avait convaincu Trudeau que l'impasse politique n'était pas seulement attribuable à l'hostilité personnelle des premiers ministres provinciaux envers lui ou aux critiques partisanes adressées au Parti libéral. Cette impasse était le résultat d'une situation dans laquelle les règles implicites du jeu entre le fédéral et le provincial empêchaient le gouvernement d'Ottawa de jamais gagner. La condition tacite selon laquelle les décisions du gouvernement fédéral devaient être entérinées à l'unanimité par les provinces encourageait chaque premier ministre provincial à refuser son consentement à telle ou telle proposition d'entente, dans le but d'arracher de plus en plus de concessions en faveur de sa province. Trudeau avait perdu la maîtrise des négociations constitutionnelles durant les années 70 quand il avait permis aux premiers ministres de déposer de longues listes de questions secondaires. L'allongement sans fin de l'ordre du jour et l'absence d'échéances fermes pour les prises de décisions avaient fait disparaître toute discipline dans les réunions fédérales-provinciales.

Trudeau était dans la position idéale pour modifier la dynamique de la situation. Désormais, on ne chercherait plus à atteindre l'unanimité. C'est lui qui aurait la main haute sur le programme des discussions. Lui qui arrêterait les échéances. « Moi, je disais : " Ce pays ne sera jamais fort si toutes les atouts sont dans le jeu provincial ". Les premiers ministres des provinces répétaient : " Vous ne pouvez obtenir la charte si vous ne nous accordez pas ceci ou cela ". Et cela durait depuis la conférence de Victoria. Le Québec l'a dit alors. La Saskatchewan l'a dit en 1976. Puis l'Alberta, en 1979. Ils me demandaient la lune, parce qu'ils croyaient que je voulais tant obtenir une charte que j'étais prêt à tout leur donner. Malgré le soutien de l'Ontario et du Nouveau-Brunswick en 1980, [je croyais] que cette situation allait se produire encore une fois[5]. »

Même si, en mai 1980, Trudeau désirait ardemment se libérer des provinces et transmettre son ensemble de réformes constitutionnelles directement au parlement de Londres, il comprenait qu'il devait sembler de nouveau disposé à négocier de bonne foi avec ses homologues provinciaux. Pour gagner l'appui du public en faveur d'un geste auquel les chefs provinciaux ne manqueraient pas de s'opposer, on devait d'abord croire qu'il tentait d'en arriver à une entente avec ces derniers, du moins avec les chefs anglophones. C'est pourquoi, à peine vingt-quatre heures après que l'électorat québécois eut proclamé la mort politique de la souveraineté-association, Trudeau annonça son intention de « lancer le processus de renouvellement constitutionnel et de s'acharner à la tâche jusqu'à ce que le Canada ait enfin une nouvelle constitution ». Il s'engageait dans une autre série de consultations, en envoyant son infatigable ministre de la Justice, Jean Chrétien, en mission auprès des premiers ministres des provinces. « Une fois qu'il m'aura remis son rapport, dit Trudeau avec un hermétisme calculé, je pourrai consulter les chefs des autres partis au Parlement, communiquer avec les premiers ministres provinciaux et trouver alors le meilleur moyen de renouveler la constitution[6]. »

Ce que Jean Chrétien découvrit au cours de sa tournée frénétique de rencontres avec les neuf premiers ministres provinciaux (René Lévesque refusa de le recevoir) était bouleversant, mais ne surprenait personne. La bonne conscience s'emparait de certains premiers ministres anglophones presque aussi vite que la rigidité cadavérique après la mort. À moins qu'Ottawa ne réussisse à faire signer ses propositions constitutionnelles avant la première neige, les chances étaient faibles qu'il obtienne la coopération désintéressée des provinces pour que Trudeau puisse tenir sa promesse au peuple québécois. Pour capter l'attention des chefs provinciaux, Trudeau devait faire croire à une urgence. Il savait aussi que susciter leur coopération se révélerait beaucoup plus difficile que de mettre en action sa propre équipe de conseillers[7].

* * *

Trudeau ayant redonné leur ancien poste à un si grand nombre de ses anciens collègues aussitôt le pouvoir repris en mars 1980, on s'attendait à ce qu'il rappelle Gordon Robertson pour diriger le dossier constitutionnel des années 80. Après avoir fourni à Trudeau, en 1949, son premier contact avec les questions constitutionnelles quand celui-ci était fonctionnaire au Bureau du Conseil privé, Robertson était devenu sous-ministre, commissaire des Territoires du Nord-Ouest, greffier du Conseil privé de 1968 à 1974 et, enfin, secrétaire de cabinet pour les relations fédérales-provinciales jusqu'à sa retraite en 1979. À ce poste, il assurait la direction de l'aspect bureaucratique des interminables négociations constitutionnelles des années 70. Trudeau reconnaissait « devoir beaucoup à Gordon », mais il savait que, cette fois-ci, il ne pouvait se permettre le luxe de l'attitude excessivement prudente du vétéran d'Ottawa. « Disons simplement, expliqua-t-il plusieurs années plus tard, qu'à cette dernière étape il fallait presque un putsch, un coup de force, et Gordon était beaucoup trop gentleman pour cela. La lutte serait âpre ; Gordon Robertson n'était pas l'homme qu'il fallait. C'était un mandarin dévoué au bien commun qui craignait tout dommage irréparable au tissu social du pays. J'ai donc choisi quelqu'un d'autre[8]. »

L'homme qu'il choisit n'était pas le candidat le plus évident. Michael Kirby, ancien professeur de gestion en science informatique, admettait volontiers qu'il ne connaissait rien à la constitution, ayant volontairement évité de tomber dans le bourbier de problèmes qu'il avait jusque-là cru insolubles. Par contre, ce à quoi il excellait, c'était à conclure des marchés, domaine dans lequel il s'était engagé par hasard, quand Gerald Regan avait été élu premier ministre de la Nouvelle-Écosse en 1970 et lui avait demandé de se joindre à ses assistants. Après quatre années passées à la tête du bureau de Regan, Kirby était arrivé à Ottawa, à titre d'adjoint du secrétaire principal au Bureau du premier ministre. Il s'y était montré compétent, plein de ressort et fort habile. Trudeau avait récompensé sa loyauté et son énergie en lui confiant la présidence d'un groupe de réflexion fédéral, l'Institut de recherche sur la politique publique. Kirby avait déménagé le siège social de l'Institut à Halifax, sa ville natale, dans l'intention de commander des idées aux décideurs politiques qu'il y avait connus durant les années qu'il avait passées au gouvernement. « Il y a cinq cents personnes importantes dans ce pays, dit-il un jour, en se vantant, et je les connais toutes personnellement[9]. »

Pragmatiste astucieux, fougueux et pas commode, à Halifax, il était resté en contact avec ses anciens collègues du Bureau du premier ministre et du Bureau du Conseil privé, surtout avec Michael Pitfield, le bureaucrate le plus proche de Trudeau. Quand les libéraux étaient passés dans l'opposition, celui-ci s'était rendu régulièrement à Halifax pour enseigner à l'Université Dalhousie. Pendant ces séjours, il habitait avec la famille Kirby. Durant le sombre automne de 1979, Kirby et Pitfield avaient souvent parlé de ce qu'ils espéraient voir accomplir par Trudeau s'il reprenait jamais le pouvoir. Kirby ne s'étonna donc pas quand Pitfield lui téléphona, quelques jours après l'élection de 1980, pour lui demander de revenir dans la capitale fédérale, « faire le travail de Gordon Robertson ». Le premier ministre avait pris en charge le BRFP, ayant déjà arrêté sa stratégie constitutionnelle et décidé des meilleurs candidats pour la mettre en œuvre. « Kirby était un mathématicien, il voyait donc les négociations constitutionnelles comme une partie d'échecs, raconte Trudeau, expliquant son choix. Je savais qu'il était insensible à la chose constitutionnelle, mais qu'il saurait quelle pièce déplacer, quelle tactique utiliser avec les chefs provinciaux et les autres ministres du cabinet, et ainsi de suite. Il était un bon adjoint exécutif en cette matière[10]. »

En recrutant Kirby, Trudeau avait trouvé un adjoint exécutif qui, nullement décontenancé, s'appelait lui-même « l'enfant de chienne de Trudeau ». Les collègues de Kirby au BRPF rapportèrent qu'il n'avait absolument aucune compréhension du Québec ou des questions de droit, mais c'est sans crainte aucune qu'il s'attaquait à sa formidable tâche. Alors que l'on avait appris à Robertson à respecter la procédure du cabinet, Kirby, lui, préférait la court-circuiter et échafauder constamment des structures temporaires pour régler l'affaire du jour ou de l'heure. Robertson avait appris son code de conduite dans une caste serrée de mandarins pour qui l'avantage politique comptait moins que la bienséance. Kirby se moquait éperdument de la procédure ou de la bienséance. Les amis d'aujourd'hui pourraient être les ennemis de demain. Il pouvait manipuler les uns comme les autres, si cela favorisait les immédiats du premier ministre. Certains traits de caractère de Kirby, qui en temps normal auraient été considérés comme des handicaps, constituaient maintenant des atouts pour Trudeau. L'attitude de Trudeau à propos de la constitution avait connu deux phases bien distinctes. Dans les années 50 et 60, il s'était surtout préoccupé de questions intellectuelles, frayant avec des experts constitutionnels de la trempe de Frank Scott, Carl Goldenberg et Eugene Forsey. Dans les années 70, il s'était engagé dans la phase bureaucratique de la négociation, s'appuyant sur les fonctionnaires du genre de Robertson. Maintenant, il était d'accord avec Pitfield : ce dont il avait besoin, c'était d'un homme « qui sache conclure des marchés et achever des négociations, pas d'un penseur ni d'un simple commentateur ». D'un homme qui exécute une stratégie extrêmement dure, qui obtienne des résultats même au risque de politiser le jeu constitutionnel et de polariser les intervenants. D'un homme que l'on puisse remonter comme un train mécanique et qui continue sur sa voie, sans se préoccuper du vacarme qu'il fait ou des collisions qu'il provoque. Comme l'expliqua Trudeau : « Je n'avais pas besoin de conseils. À ce stade-là, je savais exactement ce que je voulais[11]. »

* * *

Ce que Trudeau voulait, c'était intégrer sa théorie du fédéralisme à la Constitution canadienne. Il voyait le Canada comme un pays composé de groupes multiples, parmi lesquels les Français et les Anglais étaient les plus importants. Les droits linguistiques des minorités devaient être assurés là où les anglophones ou les francophones ne constituaient pas la majorité. La minorité francophone de l'Ontario serait traitée de la même façon que la minorité anglophone du Québec. Les Canadiens français seraient traités comme des partenaires égaux dans la confédération ; mais le Québec, en tant que tel, ne jouirait pas de pouvoirs particuliers. L'égalité serait garantie aux individus et non à la collectivité. Quant au gouvernement fédéral, il avait besoin de pouvoirs accrus pour diriger l'économie comme un tout unique, vu la menace que représentait à long terme la concurrence internationale pour l'économie canadienne chaque jour plus vulnérable[12].

Cette doctrine aux vastes perspectives, assortie d'une stratégie, était fort séduisante pour les bureaucrates des niveaux moyen et supérieur qui formaient l'équipe constitutionnelle du BRFP, à l'arrivée de Kirby, au printemps de 1980. Certains d'entre eux étaient des anciens combattants des guerres constitutionnelles des années 70. Ils avaient compris, en 1979, que même un gouvernement central conservateur était incapable d'en arriver avec des premiers ministres provinciaux conservateurs à une entente fédérale-provinciale qui donnerait à Ottawa le pouvoir nécessaire pour exercer son mandat constitutionnel et gérer l'économie du pays. Les théories de Trudeau avaient alors gagné en force. Ses idées sur le bilinguisme comme principe constitutionnel ne suscitaient peut-être plus d'enthousiasme à Moose Jaw ou à Come-by-Chance, Terre-Neuve, mais elles étaient logiques pour le mandarinat d'Ottawa qui recherchait une vision du fédéralisme à réaliser et en laquelle croire. Ils étaient prêts à former une nouvelle symbiose avec leurs maîtres politiques, en participant à la mission de Trudeau et en proposant de nouvelles tactiques de négociations pour battre les premiers ministres provinciaux à leur propre jeu[13].

Quand Kirby les informa que la dynamique des relations fédérales-provinciales allait être modifiée et passer, sur un claquement de doigts du premier ministre, d'un marchandage concernant les questions prosaïques d'aménagements fiscaux et de programmes sociaux mixtes, à une lutte sur le contrat social du pays, leur curiosité fut éveillée. Le gouvernement fédéral cesserait de toujours céder aux exigences des provinces. Il exigerait maintenant que les provinces lui rendent des pouvoirs, par exemple celui d'interdire les barrières protectionnistes qui entravaient le commerce interprovincial et restreignaient la mobilité de la main-d'œuvre. Des points de discussion concédés non sans hésitation par Ottawa durant les négociations de 1978 et de 1979, comme la juridiction sur le commerce interprovincial et même international des ressources naturelles, seraient retirés de l'ordre du jour. On allait se débarrasser du postulat qui avait accompagné les négociations antérieures, et selon lequel on devait faire l'unanimité sur toutes les questions à l'ordre du jour. Cette fois-ci, si on n'arrivait pas à s'entendre, le gouvernement fédéral agirait unilatéralement ; il présenterait sa proposition constitutionnelle directement à Londres[14].

Ces tactiques impitoyables se fondaient sur un certain nombre d'hypothèses. Les « fédéraux » — nom donné à l'assemblage de politiciens et de fonctionnaires d'Ottawa durant les années 70 — pensaient que leur détermination ébranlerait l'unité de l'opposition provinciale. Ils croyaient que la décision de Trudeau d'agir unilatéralement s'il le fallait avait des chances de réussir. Ils s'attendaient à ce que les provinces acceptent la proposition constitutionnelle d'Ottawa — l'ensemble de droits et de libertés dit « ensemble du peuple » comportait le rapatriement, un préambule, une formule d'amendement et une charte des droits et libertés — en échange de quelques concessions du fédéral à leurs demandes, qui seraient formulées dans un « ensemble des gouvernements ». Les fédéraux espéraient que leur tactique consistant à diviser pour mieux régner leur vaudrait le consentement de certaines provinces en échange de l'acceptation par Ottawa de leurs dadas respectifs — pour la Colombie-Britannique, la réforme du Sénat ; pour la Saskatchewan, l'accroissement de son pouvoir sur le commerce des matières premières ; pour Terre-Neuve, l'élargissement de sa juridiction sur les pêcheries ; et ainsi de suite. Et si les négociations échouaient, les fédéraux étaient persuadés que l'idéalisme de Trudeau à propos de la charte et des droits linguistiques renforcerait le soutien de la position d'Ottawa par le public, qui verrait les exigences provinciales comme une résistance intéressée des premiers ministres au changement[15].

* * *

Le 9 juin 1980, les dix premiers ministres provinciaux se rendirent à Ottawa où, toute une journée, ils se réunirent avec leur homologue fédéral. Durant cette conférence initiale, on leur donna un aperçu de la stratégie fédérale : ils en furent consternés. Les changements proposés par Trudeau signifiaient que les fédéraux leur ravissaient toute initiative constitutionnelle. Habitués à dominer le débat dans les années 70, les chefs provinciaux n'étaient certes pas prêts à accepter ce revirement de situation. Ils rejetèrent la tentative du gouvernement fédéral de mettre en tête de l'ordre du jour son « ensemble du peuple ». Ils répugnaient à ce que le gouvernement fédéral accroisse ses pouvoirs au nom d'un renforcement de la prétendue « union économique ». Ils firent fi de la suggestion des fédéraux selon laquelle septembre — date que proposait Trudeau pour une prochaine conférence ministérielle sur la constitution — était la dernière limite pour en arriver à une entente. Par-dessus tout, les chefs provinciaux croyaient que la menace d'une manœuvre unilatérale de Trudeau n'était que bluff. Bref, ils étaient loin de partager — même de reconnaître — le sentiment de Trudeau selon lequel il était urgent d'agir[16].

Tout ce que les chefs provinciaux acceptaient, c'était de relancer le comité ministériel permanent sur la constitution — l'ancien groupe intergouvernemental de politiciens et de fonctionnaires experts en matière constitutionnelle, resté inactif sous le gouvernement Clark. Les délibérations du comité, selon eux, dissiperaient l'atmosphère de crise dont Trudeau avait besoin pour les forcer à accepter son programme. De son côté, Trudeau comprit ceci : s'il voulait qu'on le voie maintenant comme un homme coopératif en quête de consensus, il ne pouvait qu'accepter cet arrangement, du moins pour le reste de l'été. Plusieurs des négociateurs constitutionnels aguerris du BRFP espéraient que les négociations estivales du comité donneraient des résultats. Étant donné la forte pression exercée par Trudeau sur son équipe et le souhait de la plupart des délégations provinciales d'en arriver à un résultat positif, ils croyaient possible que la conférence ministérielle de septembre en vienne même à déboucher sur un accord de réforme générale de la constitution. Dans cette perspective optimiste, les négociateurs fédéraux travaillèrent d'arrache-pied à la préparation de nouveaux documents expliquant la position d'Ottawa pour chacune des quatre réunions de négociations d'une semaine qui devaient réunir la CMPC en juillet et en août, à Montréal, à Toronto, à Vancouver et à Ottawa. Chaque vendredi, ils rédigeaient un compte rendu de l'évolution de chacun des douze dossiers ; le lundi, Trudeau rencontrait trois ou quatre d'entre eux pour parler de tactique.

Les mains jointes par le bout des doigts, dans une attitude qui lui est coutumière, Trudeau se calait dans son fauteuil, concentré, les yeux mi-clos— « comme Napoléon dans sa tente », dira plus tard un membre du BRFP —, attentif aux rapports hebdomadaires de ses commandants au front. L'optimisme du Secrétariat finit par s'émousser. Quand des membres du BRFP suggéraient à Trudeau d'accepter un compromis pour en arriver à tel accord particulier, il refusait. Croyait-il l'apaisement incapable de mener à un règlement durable ? Espérait-il persister jusqu'à ce que la résistance provinciale se brise contre l'inflexibilité de ses positions bien coordonnées ? Que dire des déclarations publiques provocantes faites en juillet au congrès du Parti libéral, à Winnipeg ? Et de la publicité télévisée du gouvernement fédéral, lourde d'émotions et destinée à rallier le soutien public à son « ensemble du peuple » ? Cela indiquait-il que Trudeau se préparait à un affrontement avec les premiers ministres provinciaux, plutôt qu'à la négociation ? Personne au BRFP ne le savait vraiment[17].

Même Jean Chrétien, son ministre de la Justice, n'aurait pu dire si la stratégie de Trudeau n'était pas simplement destinée à prouver que les provinces étaient trop obstinées pour en arriver à un accord. Depuis sa tournée postréférendaire, Chrétien jouait avec son enthousiasme habituel le rôle difficile de « façade » des fédéraux. Cet été-là, il se promena à travers le pays où il rencontra à de multiples reprises ses homologues provinciaux. Chrétien, en ne se montrant pas avare de sa désarmante simplicité, livrait le message de Trudeau, au cours de séances tardives, prodigues au dialogue et en alcool, avec « les gars ». En privé, il se plaignait du fait qu'il était beaucoup plus difficile de parler de ces questions avec son patron qu'avec ses adversaires provinciaux. Lui-même commença à se demander si ses consultations n'avaient pas pour seul but de démontrer la bonne volonté du fédéral, de façon à justifier une manœuvre unilatérale d'Ottawa à Londres, si une entente se révélait impossible.

C'est certes là ce que déduisirent les premiers ministres provinciaux, quand ils apprirent qu'une note écrite à Trudeau par son greffier du Conseil privé, Michael Pitfield, le conseillait sur le meilleur moment d'entreprendre une manœuvre unilatérale, si les négociations de l'été échouaient. Cette confirmation apparente du fait que Trudeau, refusant toute concession, ne faisait qu'attendre le moment d'agir, empoisonna l'atmosphère à la réunion annuelle des premiers ministres provinciaux, qui eut lieu en août, juste avant la conférence constitutionnelle convoquée par Trudeau pour le début de septembre.

La veille de la conférence, les premiers ministres provinciaux rencontrèrent Trudeau, à l'occasion d'un dîner officiel donné par le gouverneur général. L'ambiance y fut si chargée d'animosité que les trois mois précédents de négociations fédérales-provinciales dynamiques, tant sur le plan ministériel que sur le plan bureaucratique, semblaient ne jamais avoir eu lieu. Richard Hatfield, premier ministre de longue date du Nouveau-Brunswick, affirma que, de sa vie, il « n'avait jamais assisté à une réception officielle si déplaisante.

Certains premiers ministres n'adressaient pas la parole à leurs homologues. Trudeau manifestait une hostilité insupportable. » Il était contrarié par le mauvais service et se plaignit du menu. Quand la conversation passa aux choses sérieuses, Sterling Lyon, du Manitoba, et Peter Lougheed, de l'Alberta, lancèrent l'idée qu'un des leurs pourrait coprésider la conférence avec le premier ministre du Canada. Trudeau répliqua avec sarcasme « comme deux nations ? » À un moment donné, d'un ton irrité, il exhorta le gouverneur général à finir son assiette et à partir, pour que lui-même puisse ficher le camp sans faire d'entorse au protocole. René Lévesque remarqua en aparté que : le « principicule » ne semblait pas être dans son assiette[18].

Lévesque avait ses raisons pour jubiler. Quelques jours plus tôt, un autre document fédéral, celui-là préparé par David Cameron du BRFP et destiné à la signature de Michael Kirby, avait été communiqué clandestinement au ministre des Affaires intergouvernementales, Claude Morin, par un sympathisant indépendantiste employé au ministère des Affaires extérieures à Ottawa. Morin était conscient de ce que l'acquisition de cette analyse pénétrante des positions fédérales et provinciales était un « cadeau du ciel », une bombe à retardement que l'on pourrait, le moment choisi, faire exploser au visage de ses auteurs, car elle montrait à quel point l'approche fédérale au cours des négociations de l'été précédent avait été cynique. Les péquistes avaient prévu l'explosion pour cette soirée-là, quand Morin lui-même allait distribuer des copies du document aux premiers ministres, dans leurs suites à l'hôtel[19].

Comme Lévesque l'avait espéré, une fois que les autres premiers ministres virent à quel point leurs adversaires fédéraux pensaient pouvoir les manipuler, leur colère rendit impossible toute négociation constructive. La conférence des premiers ministres s'éternisa pendant une semaine de harangues télévisées et de récriminations hostiles exprimées en privé. Le simple fait qu'ils aient couché sur papier leur stratégie semble être un lapsus de taille de la part des trudeauistes. La sécurité entourant le document au BRFP avait été aussi stricte que possible ; au début, les fonctionnaires furent sidérés par la fuite. Mais cette divulgation de la stratégie fédérale eut des conséquences inattendues. Elle la servit. L'antipathie chronique des premiers ministres provinciaux envers Trudeau fut accentuée par la colère qu'ils ressentaient devant le document insultant, document qui illustrait en termes durs l'écart béant séparant les participants. Peter Lougheed, de l'Alberta, déclara que Trudeau considérait la conférence des premiers ministres avec « beaucoup d'impudence et de détermination ». Son voisin de Saskatchewan, Allan Blakeney, avait l'impression que l' « on n'avait jamais voulu que la conférence soit une réussite ». Motivée par ces réactions, l'intransigeance des chefs provinciaux, que l'on affichait à la télévision d'un océan à l'autre pour que tous les Canadiens en soient témoins, faisait paraître plus raisonnable la position de Trudeau. Les chefs provinciaux croyaient être en train de prouver que Trudeau bluffait quand il menaçait de rapatrier la constitution unilatéralement. En réalité, c'est lui qui les mettait au pied du mur. S'ils refusaient avec entêtement de reconnaître que le pays était en crise, lui, il allait en créer une qu'ils ne pourraient ignorer[20].

* * *

C'était évident pour Trudeau : « Aucun des premiers ministres provinciaux ne voulait que la constitution soit rapatriée durant mon mandat, sauf Davis [de l'Ontario] et Hatfield [du Nouveau-Brunswick] qui eux-mêmes s'étaient convertis tard. Ils voulaient que cela se fasse après mon départ. Ils firent tout en leur pouvoir pour empêcher le rapatriement en 1979. Et en 1980, en 1981 et en 1982... S'ils avaient pu attendre que je sois parti, ils auraient obtenu un accord à leurs propres conditions : certainement sans charte des droits et avec un transfert massif de pouvoirs aux provinces. Le Sénat aurait été comme [William] Bennett [Colombie-Britannique] et Lougheed [Alberta] le voulaient. Parce que Turner ou Mulroney [successeurs de Trudeau au poste de premier ministre] leur aurait donné ce qu'ils souhaitaient... Il se fait qu'ils n'en sont venus à une entente avec moi que parce qu'ils y étaient contraints. » Et ils y furent contraints parce que Trudeau était déterminé à les forcer à prendre une décision.

« La question était de savoir si le pouvoir allait être donné aux provinces ou, au fond, au peuple », dit Trudeau, parlant de sa proposition comme si elle incarnait la *vox populi*. « Ayant à marchander avec des adversaires qui croient que vous avez besoin de leur accord quoi qu'il arrive. J'avais envisagé d'agir unilatéralement dès 1978-1979. En 1980, c'est ce que j'ai entrepris et je leur ai enlevé leurs sacrés jetons. » Malgré sa pugnacité, il avait des scrupules. « Ce n'est pas sans me faire violence », écrivit-il à Gérard Bergeron, politologue de l'Université Laval, qui s'était élevé contre son geste peu ordinaire, « que j'ai décidé de donner le grand coup. »

Le moment n'était ni à la dérobade ni à l'élaboration de théories. Le rôle de Trudeau, à ses yeux, était de prendre une mesure qu'aucun autre politicien fédéral n'avait eu assez d'échine pour seulement envisager. « À la dernière réunion du cabinet précédant la conférence des premiers ministres de septembre, j'ai dit à mes collègues : " Nous allons nous plonger dans une satanée bataille. Les premiers ministres provinciaux vont se liguer contre nous. Les Anglais seront nerveux. Les médias nous critiqueront. Les intellectuels [anglophones] ne diront rien, comme d'habitude. Il se peut que nous déchirions ce satané pays par notre geste, mais nous allons le faire de toutes façons " [21]. »

En d'autres mots, les chefs provinciaux pourraient crier et se plaindre tout leur saoul ; mais avec sa majorité dans les deux Chambres, Trudeau s'armerait d'une résolution sur la constitution de la Chambre des communes et du Sénat, et il irait directement à Londres, demander au berceau du parlementarisme de l'adopter.

* * *

Trudeau jouant son va-tout face à l'opposition provinciale, une question importante surgissait : quelle serait l'ampleur de la réforme constitutionnelle qu'il oserait proposer ? Proposerait-il des changements dans les domaines fédéraux seulement ou pénétrerait-il dans la chasse gardée des provinces ? Pour trouver la réponse à ces questions, Trudeau s'adressa à son caucus et à son cabinet.

À la réunion du caucus libéral fédéral du 17 septembre, tout de suite après la conférence avortée des premiers ministres, les faucons donnèrent le ton. Soutenus par la perspective de se battre sur la question populaire de la charte, les membres du caucus québécois, surtout, voulaient voir le sang couler. Les péquistes les avaient dénigrés au cours de la campagne référendaire du printemps précédent et leurs blessures leur causaient encore des élancements. C'était l'occasion rêvée de se venger des séparatistes en redressant les torts causés par leur infâme loi 101 qui, au mépris du bilinguisme officiel de Trudeau, avait fait du français la seule langue légale de l'Assemblée nationale, des tribunaux , des lieux de travail, de l'affichage commercial et de la plupart des écoles de la province. Le cabinet fédéral, se réunissant le lendemain, affichait la même résolution. Les ministres étaient conscients de la popularité de la Charte des droits et libertés d'un bout à l'autre du pays, même dans les provinces de l'Ouest, où les libéraux n'occupaient que deux sièges. En montrant son courage et en faisant étalage de sa maîtrise inégalée de la logique constitutionnelle face à l'opposition provinciale, Trudeau avait séduit ses collègues et obtenu le consensus. Ils voulaient maintenant régler de façon décisive et spectaculaire la question qui les avait rendus si méfiants dans les années 70 que beaucoup d'entre eux avaient déclaré ne plus jamais vouloir entendre le mot « constitution » de leur vie[22].

« Quand je me suis rendu aux réunions du caucus et du cabinet, se rappelle Trudeau, j'ai obtenu beaucoup de soutien là-dessus. J'ai senti que le rapatriement ne suffisait pas. La politique linguistique n'était pas très importante ailleurs qu'au Québec. C'est là qu'intervenait l'idée de la charte. Des hommes comme Lloyd Axworthy [son ministre de l'Emploi et de l'Immigration, l'un des deux députés libéraux de l'Ouest] avaient dit : " Nous n'y parviendrons qu'avec la charte " ... On répétait sans cesse que le public ne serait pas de notre côté sans la charte. Hazen Argue [sénateur de la Saskatchewan] disait : " Si on le fait, faisons-le en première classe. " Roulons en Cadillac. " L'ensemble de propositions était plus difficile à défendre du point de vue intellectuel que du point de vue politique[23]. »

C'étais moins difficile à vendre du point de vue politique parce que la proposition centrale — le droit de la minorité à l'éducation dans sa langue qui serait imposé au gouvernement du Québec, pour les anglophones, et aux autres provinces, pour les francophones, quand le nombre le justifiait — était enrobée de plusieurs couches d'édulcorant. La notion de constitutionnalisation d'une charte des droits et libertés plairait à l'establishment juridique et les défenseurs des libertés civiles, membres de l'élite intellectuelle libérale du pays. Elle sourirait aussi les groupes d'individus — minorités ethniques, féministes, handicapés, homosexuels, personnes âgées et autochtones — qui se considéraient comme des minorités ayant besoin de protection contre la discrimination, au sein de la société canadienne. Le droit à la mobilité de la main-d'œuvre dans tout le pays serait soutenu par le monde des affaires, et applaudi par le gouvernement progressiste-conservateur d'Ontario, dont le cabinet croyait que la balkanisation de l'économie en provinces protectionnistes devait être renversée pour que le marché national soit plus rationnel. De plus, le simple fait de rapatrier la constitution serait appuyé par tous ceux qui nourrissaient encore un sentiment d'anticolonialisme, à la suite de la déclaration de Trudeau selon laquelle le Canada devrait avoir honte d'être la seule démocratie du monde industrialisé à ne pas avoir le pouvoir souverain d'amender sa propre constitution.

Finalement, l'inclusion d'une formule d'amendement dans la résolution conjointe des deux Chambres du Parlement fédéral, une fois ratifiée par Westminster, mettrait fin à l'impasse qui empêchait le régime politique canadien de modifier sa constitution sans devoir recourir au Parlement britannique. Ces aspects positifs attirant toute l'attention, la « constitutionnalisation » de la loi sur les langues officielles et l'enchâssement des droits de la minorité à l'éducation dans sa langue serait camouflée. Si l'astuce cachée derrière cette manœuvre des fédéraux qui voulaient se montrer plus malins que Lévesque et ses indépendantistes fut bien saisie au Québec, elle ne fut pas perçue comme étant une ruse au Canada anglais, où la notion de droits du citoyen était si populaire qu'elle supplantait toute autre considération. Une version « Deux-Chevaux » de la réforme constitutionnelle aurait proposé des changements qui ne concernaient que les champs de juridiction fédérale. L'ensemble de réformes de Trudeau faisait plutôt penser à une Cadillac. En fait, à une Cadillac rose bonbon à rayures dorées.

Pourtant, cette version Cadillac était selon Trudeau « plus difficile à défendre du point de vue *intellectuel* » parce qu'elle aboutirait à une ingérence importante du fédéral dans des domaines de pouvoir provinciaux. Puisque la Charte des droits s'appliquerait aux provinces, le gouvernement fédéral proposait unilatéralement de limiter aussi bien les pouvoirs provinciaux que les siens et de conférer plus de pouvoirs aux tribunaux. Par l'intermédiaire des jugements des cours d'appel, on finirait par imposer des changements à la législation portant sur les groupes sociaux désavantagés, comme les handicapés et les femmes. La souveraineté historique du Québec en matière d'éducation serait violée par la garantie constitutionnelle des droits de la minorité à l'éducation dans sa langue. Toutes les autres provinces, qui défendaient jalousement leurs prérogatives et en demandaient davantage, y verraient une provocation.

La formule d'amendement, dont serait dotée la constitution rapatriée, allait sûrement créer de l'animosité. Non seulement elle épousait la formule de Victoria de 1971 — qui donnait un droit de veto à l'Ontario et au Québec pour les amendements futurs, faisant ainsi des huit autres provinces des entités politiques de deuxième classe —, mais elle comportait un autre outrage, encore plus grand, qui éveillerait probablement l'hostilité de l'imperturbable William Davis lui-même, premier ministre de l'Ontario. Il s'agissait d'une disposition qui, dans l'éventualité d'un désaccord permanent entre les provinces et le pouvoir central sur les amendements constitutionnels futurs, permettait à Ottawa d'organiser un référendum national pour briser l'impasse. Conçu afin de préserver le pouvoir que Trudeau exerçait maintenant en présentant une demande unilatérale au Parlement britannique, le droit d'organiser un référendum donnerait à Ottawa un moyen permanent d'effectuer des modifications constitutionnelles en s'adressant directement au peuple, en court-circuitant les premiers ministres des provinces. *Tous* les premiers ministres, sauf peut-être René Lévesque, s'opposeraient avec véhémence à une telle inclusion de la souveraineté du peuple dans ce qui était devenu, depuis une bonne dizaine d'années, une espèce de club exclusif qu'ils dominaient complètement, une pratique politique que l'on avait fini par appeler « fédéralisme exécutif »[24].

C'étaient là les idées controversées que Trudeau révéla à la nation le 2 octobre, au cours d'une allocution télévisée : il enverrait à Londres une résolution conjointe de la Chambre des communes et du Sénat demandant que le Parlement britannique donne force de loi à son ensemble de propositions constitutionnelles, sous forme d'un amendement apporté à l'Acte de l'Amérique du Nord britannique. Trudeau proposait ainsi un exercice dans l'utilisation stratégique de l'intransigeance. D'abord, il forcerait les Anglais à réagir à la demande du gouvernement canadien. Puis, il obligerait les provinces à plier devant le caractère légal, quoique non conventionnel, du fait accompli. Comme il était fort possible de contester la validité constitutionnelle de cette stratégie, son corollaire tactique était la rapidité d'exécution. Selon les mémoires de Kirby et ceux de Pitfield, le gouvernement fédéral devait respecter un échéancier très serré. À l'automne, il faudrait faire adopter la résolution à toute vitesse par le Parlement, pour qu'on puisse la transmettre à Londres avant Noël — bien avant que les premiers ministres provinciaux puissent y opposer leurs propres moyens politiques[25].

À la grande déception des trudeauistes, on revendiqua immédiatement la tenue d'audiences parlementaires sur l'ensemble de leurs propositions constitutionnelles. Des politiciens de tous les partis, notamment de nombreux libéraux, virent dans une discussion publique sur le rapatriement de la constitution, une tribune possible pour débiter toute la rhétorique sentimentale sur le Canada qui bouillonnait en eux depuis des années. Le fait que les trudeauistes aient dû souffrir un retard à cause de la popularité de leurs projets ne manque pas d'ironie. Ils cédèrent avec mauvaise grâce. Espérant limiter les débats, le 23 octobre, le gouvernement entreprit d'invoquer le règlement limitant le droit de parole et de transmettre leur résolution constitutionnelle à un comité mixte du Sénat et de la Chambre des communes, pour qu'on en discute. Les libéraux souhaitaient que les audiences du comité soient menées discrètement, et qu'elles restent modestes de sorte à accélérer la procédure. Mais l'opposition conservatrice exerça de fortes pressions pour que les audiences soient télévisées et que l'arrogance de l'initiative de Trudeau soit exposée. Les libéraux résistèrent d'abord à la présence de caméras de télévision. Quand ils finirent par céder, ils firent de leur mieux pour en maîtriser le déroulement, jusqu'à choisir lesquels de leurs partisans « passeraient » le mieux à la télévision.

Comme coprésidents, ils choisirent deux non-conformistes, pour montrer que les débats n'étaient pas menés par les marionnettes de Trudeau, mais bien par des patriotes libéraux à l'esprit indépendant. Le sénateur albertain Harry Hays, une espèce de leveur de fonds loquace de la vieille école, fut nommé coprésident. Serge Joyal le fut aussi. Ce dernier était un intellectuel, élu à Montréal, qui, dans les années 70, s'était montré un défenseur si acharné des droits provinciaux que le chef du caucus québécois, Marc Lalonde, avait tenté de le faire expulser du parti. Placé devant le choix de défendre les droits du Québec contre Ottawa ou de redéfinir la notion même de droits constitutionnels dans tout le Canada, Joyal saisit l'occasion de devenir un Père fondateur de dernière heure, conscient de ce que son geste lui coûterait sur le plan individuel. (Un ami péquiste de Joyal, alors président de l'Assemblée nationale, lui téléphona, furieux, quand on annonça sa nomination, jurant qu'il ne lui adresserait plus jamais la parole[26].)

Le mandat du comité Hays-Joyal était grandement restreint. On lui avait refusé des fonds de déplacement ; il ne put donc organiser d'audiences publiques à travers le pays. On lui avait également refusé l'aide d'un groupe de recherche ; il ne put donc échafauder une contestation experte des positions gouvernementales. Pourtant, à la surprise des coprésidents, les audiences se révélèrent extrêmement populaires auprès des groupes de citoyens qui les utilisèrent pour faire pression en faveur d'améliorations, dans la charte, de la définition et de la protection des droits individuels. La participation du public au débat constitutionnel était enfin possible, après qu'elle eût été jusque-là empêchée par la mainmise des premiers ministres. Les audiences télévisées du comité conjoint mirent en lumière les droits prévus dans la proposition de charte. À mesure que les délégations venaient les unes après les autres demander devant les caméras que la charte fassent une plus grande place aux femmes, aux handicapés physiques ou intellectuels, aux prévenus, aux peuples autochtones et aux personnes âgées, l' « ensemble du peuple » avancé par Trudeau acquérait une légitimité dont il n'avait jamais joui auparavant. En montrant la popularité de la charte, le comité mixte soutint la stratégie fédérale d'une autre façon : il enleva aux premiers ministres provinciaux leur mainmise sur la question constitutionnelle[27].

Chapitre quatorze

LES PREMIERS MINISTRES S'EN PRENNENT À TRUDEAU

Au début de 1981, tandis que les audiences du comité Hays-Joyal se déroulaient dans la fébrilité, les trudeauistes croyaient encore que leur énergique stratégie de rapatriement, même s'ils n'avaient pas respecté l'échéance de Noël qu'ils s'étaient imposée à eux-mêmes pour l'adoption de la résolution constitutionnelle par le Parlement, donnait les résultats attendus. Leurs propres troupes se battaient joyeusement pour la cause. Selon les sondages, la grande majorité des Canadiens les appuyaient. En outre, les experts constitutionnels du BRFP avaient bon espoir que l'AANB puisse encore être rapatrié à temps pour les réjouissances entourant la fête du Canada, le 1er juillet. Ils ne savaient pas encore que 1981 serait l'année des montagnes russes, et qu'y serait révélée plus clairement que jamais la gravité du malaise affectant la fédération canadienne, ébranlant leur propre assurance, jusque-là si bien assise.

La présomption de réussite que continuait d'afficher l'équipe de Trudeau reposait sur une série de mauvaises évaluations, dont la plus importante consistait à sous-estimer la force de l'opposition à ses projets venant des premiers ministres dissidents. Loin d'être d'accord avec le point de vue fédéral selon lequel les provinces étaient devenues trop puissantes au cours de la décennie précédente, les premiers ministres des régions décentralisées se croyaient victimes de l'engouement de Trudeau pour l'unité nationale, obsession qui, croyaient-ils, dissimulait sa détermination de renforcer à leurs dépens la position du gouvernement central. Le premier ministre du Canada semblait si menaçant dans leur imagination collective que, durant les conférences ou les sommets régionaux, ils avaient tendance à discuter intensément de ses gestes et de ses motifs, comme les pensionnaires d'un collège de garçons discuteraient des moyens de jouer au plus fin avec leur préfet de discipline.

À ce moment-là, Peter Lougheed, de l'Alberta, était le premier ministre anglophone le plus habile à déchiffrer les stratagèmes de Trudeau. Lui-même était devenu un excellent joueur dans les matches intergouvernementaux, surtout à cause du défi que présentait la conduite des affaires avec Ottawa et Trudeau. Il lui arrivait de raconter, avec une ironie désabusée, sa première rencontre avec le premier ministre du Canada, tout de suite après être devenu premier ministre d'Alberta, en 1971. Invité à déjeuner au 24 Sussex, il avait demandé à son vieil ami de Calgary, Harold Millican, de l'y conduire. Les deux Albertains souffraient de l'aliénation que la plupart de leurs contemporains de l'Ouest ressentaient face au Canada central à la suite de déboires politiques ou commerciaux. Ils arrivèrent à l'entrée de la résidence officielle vingt minutes avant l'heure convenue. Lougheed insista pour que Millican tue le temps en roulant dans les rues de New Edimburgh, au cas où Trudeau ne serait pas prêt à le recevoir.

« Je te parie qu'il est pris par d'importantes affaires d'État, dit Lougheed à Millican. Peut-être est-il occupé à recevoir un nouvel ambassadeur ». Millican finit par le convaincre que, trop tôt ou pas, il valait mieux frapper quand même à la porte de Trudeau. Il appuya sur l'accélérateur de la voiture louée, emprunta en trombe l'allée semi-circulaire se déroulant devant la résidence du premier ministre et s'arrêta net devant la porte surmontée d'une marquise. Lougheed descendit de la voiture à contrecœur et s'approcha de l'entrée imposante. Quand on ouvrit, deux hommes l'attendaient dans le foyer. Il tendit son manteau au premier et serra la main de l'autre, portant jaquette et pantalon à rayures. C'était bien là l'accoutrement dans lequel il avait imaginé voir les ambassadeurs faire leurs tournées quotidiennes. Il considéra un moment ce personnage distingué et lui dit, d'un ton qu'il espérait assez grave : « Bonjour, Monsieur l'ambassadeur ». Après quelques secondes, il se rendait compte que c'était Trudeau qui tenait son manteau que « Monsieur l'ambassadeur » était bel et bien le majordome. Plus tard, Lougheed rira de bon cœur de l'embarras qu'il ressentit ce jour-là. Il ne pourrait jamais l'oublier, car, dans son esprit, il illustre parfaitement la façon dont les Albertains s'étaient présentés à Ottawa dans le passé : des péquenauds provinciaux venant humblement traiter avec les gens civilisés du Canada central[1].

Cette attitude ne convenait pas à l'image que Lougheed se faisait de lui-même et des électeurs qu'il représentait. C'était un homme ambitieux, issu d'une famille fière. Son grand-père, Sir James Lougheed, était venu en 1883 d'Ontario à Calgary, encore à cette époque ville de tentes, pour y faire fortune dans l'immobilier et dans d'autres placements judicieux, comme la Calgary Petroleum Products, la première à mettre en valeur les puits de la vallée de la Turner, avant d'être absorbée par l'Imperial Oil. C'est un premier ministre conservateur du Canada (Sir John A. Macdonald) qui l'avait nommé au Sénat. Il avait été leader du gouvernement à la Chambre haute durant le mandat d'un deuxième premier ministre conservateur (Sir Robert Borden), ministre du Cabinet sous un troisième (Arthur Meighen) et, enfin, il avait pratiqué le droit avec un quatrième (R.B. Bennett).

La fortune considérable de Sir James Lougheed échappa à ses héritiers durant la crise. Mais on s'attendait à ce que ses petits-fils, Donald et Peter Lougheed, restent fidèles à ses principes et aspirent aux mêmes réussites. Don Lougheed devint ingénieur et, plus tard, vice-président de la société Imperial Oil. Peter Lougheed étudia le droit à l'Université d'Alberta. Pendant quelque temps, il joua au football à titre de professionnel au sein des Eskimos d'Edmonton, avant d'aller décrocher un diplôme de MBA à l'Université de Harvard. Il commença à travailler comme avocat à l'âge de 26 ans, pour la société Mannix Construction de Calgary, dont les activités s'étendent dans de nombreux pays. Après s'être familiarisé avec les rouages du monde des affaires international, Lougheed quitta Mannix pour établir sa propre étude, avec un autre avocat de Calgary, John Ballem[2].

Peu de temps après, il décidait de se lancer en politique. En moins de deux, il prit la direction du Parti conservateur de l'Alberta, alors moribond. Par son extraordinaire application, son sens de l'organisation, sa connaissance des médias — et grâce à un cercle d'amis qui pensaient comme lui, moitié clique douillette, moitié équipe sportive —, il réussit à remplacer les créditistes qui exerçaient le pouvoir à Edmonton depuis 1935. Il avait été élu comme le champion de la classe d'entrepreneurs nouvellement enrichie, c'est-à-dire les hommes d'affaires et les professionnels qui prospéraient à l'ombre des pétrolières multinationales qui, elles, depuis la Seconde Guerre mondiale, exploitaient les richesses énergétiques de la province. Lougheed était résolu à se servir de l'État provincial pour augmenter les avantages que les Albertains tiraient de leur économie en pleine croissance. Ce n'était pas la domination des pétrolières américaines qui le dérangeait. Ces multinationales permettaient à l'Alberta d'accéder au marché américain. Leurs représentants apportaient avec eux des investissements considérables et la plus récente technologie de pointe quand ils venaient à Calgary, pour signer des contrats, ou à Edmonton pour essayer d'influencer la politique du gouvernement sur l'énergie. Ce qui offensait Lougheed, c'était plutôt l'attitude du gouvernement fédéral envers l'Alberta[3].

« D'une certaine façon, mon expérience était tout à fait typique de ce qui arrive à la plupart des gens de l'Ouest, expliqua-t-il plus tard. Notre destinée a été forgée par des forces extérieures à la province — par les chemins de fer, les pipelines, les banques et, par-dessus tout, par le gouvernement fédéral — qui agissaient dans des domaines qui nous concernaient directement, sans même nous consulter. Bien sûr, toutes ces forces n'étaient pas négatives tout le temps. Mais, de façon générale, nous croyions que l'Ouest n'était pas traité équitablement dans la fédération canadienne. J'appartiens à la génération qui a grandi après la guerre et qui avait une confiance illimitée dans les possibilités de l'Ouest. Je ne me suis pas lancé en politique contre Pierre Trudeau. Si je l'ai fait, c'est que je croyais pouvoir accomplir quelque chose en Alberta qui redresse les vieux torts qu'on nous avait faits[4]. »

Les vieux torts que Lougheed avait entrepris de redresser prenaient racine dans l'histoire commune de l'Alberta, du Manitoba et de la Saskatchewan, dernières frontières de la colonisation des Blancs en Amérique du Nord. Le cadre politico-économique du développement de la Prairie avait été décidé par Sir John A. Macdonald, quand il avait formulé sa fameuse Politique nationale de 1879. Macdonald avait proposé de stimuler le développement industriel du Québec et de l'Ontario au moyen d'une stratégie tripartite : la construction d'un chemin de fer, les tarifs douaniers et la colonisation. Un chemin de fer transcontinental servirait à drainer les colons vers l'Ouest et à en rapporter les matières premières vers les marchés du Centre du Canada où le tarif protectionniste permettrait aux entrepreneurs canadiens d'élargir le cadre de leurs activités et encouragerait les sociétés américaines à ouvrir des succursales [5].

La « politique nationale » de McDonald réussit jusqu'à un certain point. Les anciens territoires occidentaux du dominion du XIXe siècle devinrent l'Ouest canadien du XXe siècle, l'Alberta et la Saskatchewan étant découpées dans le Manitoba et, en 1905, constituées en provinces. Mais l'autonomie politique officielle des nouvelles provinces de la Prairie cachait à peine le fait que leur économie, basée sur une monoculture, était piégée par une dépendance exaspérante, et ce, à plus d'un égard. Les agriculteurs qui cultivaient le blé dans ces trois provinces dépendaient d'abord des caprices de la nature, pour ce qui était de l'ampleur de la récolte. Ils dépendaient ensuite des fluctuations du marché mondial, pour ce qui était du prix qu'on leur paierait pour leur grain. Ils dépendaient en plus des banques de Toronto qui finançaient leurs exploitations et du Canadien Pacifique qui acheminait le blé vers les marchés [6].

À mesure que ces provinces virent leur population grandir et leur gouvernement acquérir plus d'expérience, leurs demandes de réforme s'intensifièrent. Mais, quelles que soient les concessions que ces provinces arrachèrent à Ottawa — les taux privilégiés du Nid-de-Corbeau que Sir Wilfrid Laurier avait fait adopter en 1897 et qui garantissait le transport du grain de la Prairie jusqu'aux marchés à un tarif fixe par tonne ; la juridiction constitutionnelle sur les ressources naturelles accordée par R.B. Bennett à l'Alberta et à la Saskatchewan, en 1930 ; ou la politique nationale sur le pétrole de John Diefenbaker, qui, en 1961, faisait de l'Ontario un marché captif pour le pétrole et le gaz naturel albertans —, elles firent peu pour soulager les gens de l'Ouest du sentiment d'injustice qu'ils absorbaient avec leur café de cow-boys.

L'expression populaire de ce sentiment d'aliénation domina la scène politique de ces provinces pendant un demi-siècle. En Alberta, le Parti libéral, qui avait formé le premier gouvernement de la province en 1905, fut rayé de la carte et remplacé par toute une série de mouvements politiques (le mouvement radical des Fermiers unis de l'Alberta, le mouvement fondamentaliste du Crédit social, le Parti progressiste conservateur de Lougheed, orienté en fonction des entrepreneurs), dont la domination sur l'électorat reposait sur des campagnes dirigées contre les politiciens du gouvernement fédéral et contre les capitalistes du Canada central[7].

Une fois élu en 1971, Lougheed se révéla être beaucoup plus habile que ses prédécesseurs dans l'art de l'exploitation du nationalisme provincial. Fort d'une majorité écrasante à l'Assemblée législative, il mit sur pied un cabinet impressionnant qui rassemblait les hommes d'affaires et professionnels les plus éminents de la province, des gens qu'il avait persuadés de se lancer en politique et qui, comme lui, souhaitaient favoriser le développement de l'Alberta. Pour que son cabinet puisse recevoir les conseils experts dont il avait besoin, Lougheed entreprit de moderniser la bureaucratie albertaine. Il commença par mettre sur pied un ministère des Affaires fédérales et intergouvernementales qu'il plaça sous la direction de Peter Meekison, politologue albertain bien connu qui s'intéressait au fédéralisme. On le chargea de mettre au point un plan cohérent pour les relations intergouvernementales, l'accent devant y être placé sur l'assainissement des rapports avec Ottawa. Lougheed se servit ensuite d'organismes provinciaux, comme l'Alberta Petroleum Marketing Commission et l'Energy Resources Conservation Board, pour faire augmenter les prix payés pour le pétrole et pour le gaz naturel par les clients étrangers et pour favoriser l'émergence d'une industrie pétrochimique albertaine. Il entreprit également d'enrichir le trésor provincial, aux dépens du secteur privé et du gouvernement fédéral, en augmentant les redevances et les impôts applicables au pétrole et au gaz naturel, de façon à se réserver une plus grande partie du produit des ressources provinciales non renouvelables[8].

Ces initiatives hardies pour rebâtir la province portèrent fruit juste avant la crise mondiale du pétrole de 1973, provoquée par le cartel des pays arabes, l'Organisation des pays exportateurs de pétrole (OPEP), qui avait réussi à doubler à deux reprises le prix du pétrole brut dont dépendait l'économie du monde industrialisé, notamment celle du Canada central. Le premier conflit d'importance entre le gouvernement de Lougheed et celui d'Ottawa éclata à la suite de cette crise. Sans consulter l'Alberta, les libéraux fédéraux avaient échafaudé un plan pour maintenir les prix bas au Canada. Ils décidèrent de geler le prix que paieraient les Canadiens pour les produits pétroliers à un niveau de beaucoup inférieur à celui du marché mondial. Ils imposèrent ensuite de nouveaux impôts sur la production de l'Alberta, notamment un impôt sur l'exportation du pétrole vers les États-Unis, qui servirait à subventionner le pétrole que l'Est du Canada importait encore de l'étranger à prix fort[9].

Lougheed et ses collègues du cabinet étaient furieux. Pour eux, il s'agissait là d'une manœuvre inacceptable destinée à siphonner de l'argent de l'industrie pétrolière — sous forme d'un transfert caché de revenus appartenant à l'Alberta — et en faire profiter les consommateurs et les industries du Québec et de l'Ontario. La prétendue politique nationale des libéraux sur le pétrole n'avait rien de « national ». C'était une violation flagrante de la juridiction des provinces sur leurs ressources naturelles, tout autant que la preuve de l'attitude tendancieuse d'Ottawa en faveur du Canada central. Le gouvernement fédéral n'aurait jamais osé fixer les prix, réglementer les exportations ou imposer des impôts en matière d'hydro-électricité, source importante de revenus en Ontario et au Québec. Quand les Albertains (et d'autres habitants de l'Ouest) se répandaient en injures contre l' « Est » ou le « Centre » du Canada, ils visaient Toronto et Montréal, dont les financiers répugnaient depuis des décennies à investir dans l'Ouest. Ottawa était peut-être la capitale de l'Ontario bien dodue et du Québec pleurnichard, mais pas celle de l'Ouest, intrépide terre des pionniers[10].

Piqué au vif par le traitement que lui avaient réservé, à lui et à son cabinet, les ministres fédéraux à la suite de la crise de l'OPEP, Lougheed commença à voir sous un jour nouveau les relations de son gouvernement avec Ottawa. Il ne suffirait pas de moderniser la bureaucratie albertaine ou d'enrichir le trésor de la province d'appliquer la pensée positive et les méthodes apprises à Harvard et chez Mannix à la gestion des nouvelles richesses provinciales. Les anciens avaient raison : l'Est voulait garder l'Ouest sous sa coupe. La province entière étant prête à prendre fait et cause pour lui dans la lutte contre Ottawa, Lougheed entreprit de redresser d'anciens torts. Et pendant un certain temps, vers le milieu des années 70, on aurait dit que presque tout le pays applaudissait Lougheed et son équipe dans la partie qu'ils jouaient contre les fédéraux.

À cause de la panique engendrée par la pénurie mondiale de pétrole, l'Alberta était devenue la terre promise, l'endroit le plus attrayant du Canada. Les Albertains étaient des « cheiks aux yeux bleus », leur province, le dernier Eldorado. « Tout ici *est* flambant neuf », déclarait alors Ed McNally, avocat et rancher de Calgary, à un journaliste de Toronto. « Les gens sont frais, l'air est frais, les immeubles sont frais. En Alberta, quand on se lève, on voit un ciel dégagé. À Ottawa et à Toronto, quand vous vous levez, c'est pour voir des immeubles couverts de merde de pigeon... Nous sommes tout à fait sûrs de nous-mêmes aujourd'hui et nous avons pleine confiance en l'avenir[11]. »

Cette assurance démesurée et le ressentiment envers le Canada central qu'elle sous-tendait rendirent le message politique de Lougheed fort séduisant dans les autres capitales provinciales. L'Alberta, dont la richesse avait soudain quadruplé grâce à ses ressources en pétrole et en gaz naturel, n'était pas la seule province à se considérer comme bénéficiaire de la hausse du prix des matières premières sur le marché mondial. L'économie de la Saskatchewan connaissait aussi un vif essor, grâce à l'exploitation d'hydrocarbures lourds à la frontière avec l'Alberta, aux revenus continus générés par ses immenses réserves de potasse, et à la perspective de voir exploiter de nouveaux gisements d'uranium très riches. Dans toute la région, jusqu'au Manitoba vers l'est, les cultivateurs jubilaient : le prix des céréales ne cessait de grimper. L'ébullition du marché mondial des matières premières fit également monter en flèche les revenus que la Colombie-Britannique tirait de ses champs gazéifères, de ses mines de charbon et de ses forêts luxuriantes[12].

Quand Lougheed chercha à former des alliances, afin de ne pas être seul à lutter contre le fédéral, les autres premiers ministres de l'Ouest s'empressèrent de lui prêter main-forte. Ils étaient, eux aussi, en train de se construire un appareil gouvernemental provincial et de créer une nouvelle classe de professionnels de la politique prêts à jouer au plus malin avec leurs homologues d'Ottawa. Ce qui s'était créé avec tant de remous au Québec durant les années 60 se réalisait dix ans plus tard dans l'arrière-pays d'une façon si discrète qu'Ottawa fut pris par surprise. Durant les années 70, les libéraux fédéraux eurent constamment à faire face à l'opposition de la phalange des chefs provinciaux de l'Ouest unis, malgré leur appartenance à des partis différents, par leurs intérêts communs, en tant que chefs d'économies fondées sur l'exportation de matières premières. Grâce au leadership de Lougheed, ces chefs provinciaux apprirent que l'union fait la force, et qu'il était dans leur intérêt d'appuyer les demandes de modification de la politique fédérale mise de l'avant par l'un ou l'autre d'entre eux[13].

Une fois que Trudeau eut rouvert le dossier constitutionnel au milieu des années 70, les premiers ministres des provinces de l'Ouest commencèrent à soupçonner l'existence d'un lien caché entre son programme de rapatriement de l'AANB et son envie irrépressible de tirer profit du pactole qui coulait dans l'Ouest. Dans leur esprit, si Trudeau essayait de renforcer la puissance fédérale pour lutter contre le séparatisme du Québec, il pourrait se servir de cette même puissance renforcée pour amoindrir le pouvoir des provinces de l'Ouest sur leur propre économie. Leurs soupçons allaient bientôt être confirmés : le gouvernement fédéral appuya les deux requêtes à la Cour suprême du Canada présentées par les acheteurs américains de pétrole et de potasse. Ceux-ci voulaient que soit jugée non constitutionnelle la tentative de la Saskatchewan d'imposer de nouveaux impôts au secteur du pétrole et de réglementer le marché de la potasse. La Cour suprême statua en faveur des Américains. De toute évidence, le gouvernement d'Ottawa était résolu à affaiblir le pouvoir des provinces sur leurs ressources, qu'elles considéraient comme sacro-saint, parce qu'il était enchâssé dans l'AANB. Peter Lougheed, lui, croyait fermement que les efforts soutenus de Trudeau pour mettre de l'avant la formule d'amendement de Victoria préfiguraient la possibilité qu'un amendement constitutionnel intervienne dans une future crise de l'énergie, amendement qui priverait officiellement les provinces de leur suprématie dans la gestion et la taxation de leurs ressources. Il pensait qu'une telle crise permettrait aux « provinces des régions pauvres en pétrole de se liguer contre les provinces où il était abondant, surtout contre l'Alberta »[14].

Peter Lougheed craignait qu'Ottawa ne tente de faire passer l'Alberta pour le Harpagon de la confédération, la province qui refusait de partager ses coups de fortune. C'est pourquoi il choisit d'étendre sa coalition pour qu'elle englobe les chefs des provinces de l'Atlantique, où le ressentiment à l'endroit du Canada central était aussi vif que dans l'Ouest. Traditionnellement, les provinces maritimes et Terre-Neuve avaient toujours été les parents pauvres de la confédération. Mais de nouvelles circonstances leur faisaient croire qu'elles sortiraient bientôt de leur pauvreté. En effet, en 1976, le Canada avait déclaré sa souveraineté sur une zone qui s'étendait jusqu'à deux cents milles marins des côtes. Les provinces maritimes avaient donc espoir qu'avec de meilleures pêches, elles connaîtraient enfin la prospérité.

À cette même époque, la découverte des champs pétrolifères Hibernia sur le plateau continental et celle de grandes réserves de gaz naturel au large de l'Île de Sable ajoutaient aux perspectives d'avenir économiques de Terre-Neuve et de Nouvelle-Écosse. Même la minuscule Île-du-Prince-Édouard espérait profiter du boom imminent dans les pêcheries et de l'augmentation du prix de ses pommes de terre. Le Nouveau-Brunswick, lui, avait la possibilité de se lancer sur le marché mondial de la potasse. Si les quatre gouvernements de l'Atlantique pouvaient repousser les attaques perfides d'Ottawa, ils pourraient exiger une plus grande part des revenus de ces mises en valeur[15].

« Nous avons travaillé dur pour nous faire des alliés dans la région de l'Atlantique comme dans l'Ouest, se rappellera Lougheed. Quand John Buchanan [premier ministre conservateur de Nouvelle-Écosse] vint à sa première conférence fédérale-provinciale, par exemple, je suis allé le chercher à son hôtel pour que nous puissions arriver à la réunion ensemble. Je savais comment on se sent quand il faut se colleter avec le gouvernement fédéral pour la première fois. Nous agissions de la sorte avec les ministres et les fonctionnaires et sur les plans social et personnel, quand nous allions avec nos femmes, en été, aux réunions annuelles des premiers ministres. Ce n'était pas seulement la puissance financière de l'Alberta qui nous rendait forts contre Ottawa. C'était le nombre d'amis que nous nous étions faits et sur lesquels nous pouvions compter. Nous étions donc nombreux de notre côté de la table, dans les moments cruciaux[16]. »

En répondant aux avances de l'Ouest, les premiers ministres

de l'Atlantique ne faisaient pas que nourrir leurs rêves de prospérité. Ils obtenaient immédiatement accès à une nouvelle source de capitaux. Lougheed avait mis sur pied l'Alberta Heritage Savings Trust Fund, qui canaliserait une partie des revenus provinciaux tirés du pétrole dans un fonds de développement. Ce fonds servirait à assurer la diversification de l'économie, avant la récession économique qui allait suivre l'épuisement des réserves pétrolières. Lougheed acceptait qu'une partie des surplus de capitaux qui s'accumulaient à un rythme presque gênant dans son fonds Heritage soit prêtée aux provinces plus pauvres, à un taux d'intérêt avantageux. Cette tactique astucieuse lui permit de créer une coalition pancanadienne de l'arrière-pays. Les deux extrémités du pays se liguaient contre le bloc central fermé du Québec et de l'Ontario, où se concentrait la force électorale des libéraux[17].

La conclusion de cette alliance au cours des années 70 réalisait la prophétie que Trudeau avait faite dans les années 50, selon laquelle se fourrer dans le guêpier constitutionnel pour satisfaire Québec revenait à inviter les autres provinces à une grande bouffe à la table des pouvoirs fédéraux. Durant les années 70, les premiers ministres anglophones avaient appris à « constitutionnaliser » leur jeu politique intergouvernemental, transformant leurs différends avec le gouvernement fédéral en revendications constitutionnelles, pour mettre leur grain de sel dans la vendetta Québec-Ottawa sur le partage des pouvoirs. Les politiciens anglophones qui, naguère, s'étaient très peu souciés du contenu ou de l'AANB ou du lieu où il était remisé, et qui avaient grandi en « pensant que le lien avec la Grande-Bretagne était éternel et bienvenu », comme le dit un jour Dalton Camp, étaient désormais engagés sans réserve dans le jeu constitutionnel. La dynamique avait changé. Ce n'était plus un duel Québec-Ottawa mais une mêlée pancanadienne : tous les premiers ministres anglophones, sauf celui de l'Ontario, s'opposaient collectivement aux tentatives d'Ottawa de s'accrocher à ses prérogatives. Chacun des premiers ministres visait ses propres objectifs. Certains voulaient être sûrs que le fédéral ne viendrait plus piller leurs ressources. D'autres pensaient qu'une réforme du Sénat pourrait fournir une plus forte représentation des provinces à Ottawa. D'autres encore voulaient pouvoir dire leur mot sur la nomination des juges de la Cour suprême[18].

Les répercussions de ce changement spectaculaire sur la scène politique canadienne éclatèrent au grand jour aux conférences constitutionnelles de 1978 et 1979. Quand le gouvernement du Québec y formula ses demandes, les premiers ministres des provinces anglophones, sauf l'Ontario, n'acceptaient plus de se contenter d'être des observateurs passifs. Ils se liguèrent : chacun appuyait les demandes des autres pour un pouvoir élargi. Même si William Davis, premier ministre conservateur de l'Ontario, se préoccupait de plus en plus des attaques de ses collègues contre Ottawa, il répugnait à se porter à la défense des libéraux fédéraux. Il adopta plutôt une attitude de temporisation que les membres de son entourage prétendirent être de l'habileté politique. Résultat : les pressions exercées sur le gouvernement fédéral pour le forcer à capituler s'intensifièrent. Même quand Trudeau fit d'importantes concessions afin d'en arriver à un règlement de la question constitutionnelle, les chefs provinciaux repoussèrent la main tendue vers eux dans l'espoir d'en arracher encore plus à Joe Clark, son successeur[19].

Cette coalition donna à ce moment-là beaucoup de satisfaction aux premiers ministres des provinces. Mais elles représentaient une erreur stratégique de taille qu'ils devraient payer cher. Clark fut bien entendu incapable de satisfaire à leurs exigences durant son court mandat. Et quand, en 1980, les chefs provinciaux durent affronter l'œil implaquable d'un Trudeau ressuscité, ils se trouvèrent plongés dans une bataille qui ravala leurs querelles avec lui dans les années 70 au niveau du jeu d'enfant.

En octobre 1980, quand Trudeau annonça son coup de force unilatéral, les chefs provinciaux comprirent que la situation avait changé. Dans les heures qui suivirent l'annonce, ils communiquèrent entre eux pour tenter de rassembler les provinces en une seule opposition ; Peter Lougheed était encore une fois à la tête de l'initiative. Lougheed était indigné par le projet de Trudeau ; il se fortifiait en outre pour affronter ce qu'il avait raison de pressentir comme la tentative du fédéral la mieux organisée pour violer les droits des provinces sur leurs ressources : le programme national de l'énergie[20].

Aux yeux des premiers ministres provinciaux, la charge de Trudeau constituait une déclaration de guerre. Ils jugeaient incroyablement rétrograde le contenu de son projet constitutionnel.

William Bennett, de Colombie-Britannique, était irrité de ce que sa proposition de réforme du Sénat eût été rejetée. Allan Blakeney, de Saskatchewan, était frustré : on lui enlevait tout espoir de voir un jour sa province réglementer le commerce international de ses ressources naturelles. Brian Peckford était si furieux qu'Ottawa lui refuse la juridiction sur les pêcheries et les ressources extracôtières, qu'il réaffirma son opinion selon laquelle la version de Lévesque de la confédération était préférable à celle de Trudeau. En plus de leurs désappointements individuels, tous les premiers ministres provinciaux fulminaient devant une nouvelle idée que Trudeau avait incorporée dans sa proposition de rapatriement. Non seulement Trudeau y validait la formule d'amendement de Victoria — qui faisait de toutes les provinces autres que l'Ontario et le Québec des provinces de deuxième classe —, mais il y proposait une procédure qui permettrait à Ottawa de tenir un référendum national sur tout amendement constitutionnel qu'il pourrait proposer dans l'avenir. Dans la réalité, ce que proposait Trudeau, c'était de réduire les pouvoirs des premiers ministres des provinces en leur passant par-dessus la tête et en consultant directement le peuple[21].

Il y avait aussi l'infâme Charte des droits et libertés. Non seulement elle allait à l'encontre des croyances des parlementaires autant de la gauche sociale-démocrate (Blakeney de Saskatchewan) que de la droite conservatrice (Lyon du Manitoba), mais elle comportait des dispositions comme le droit à la mobilité de la main-d'œuvre, susceptible de miner la capacité des provinces de protéger de leurs voisins leur propre marché du travail. De plus, les articles qui portaient sur certains droits et sur l'égalité forceraient les provinces à modifier des centaines de lois et de programmes. Certes, Trudeau ne proposait peut-être pas la révolution dans les relations fédérales-provinciales, mais il menaçait le statu quo à un degré que les chefs provinciaux ne pouvaient tolérer[22].

Déterminé à mettre un terme aux prétentions de Trudeau le plus vite possible, Sterling Lyon, président officiel aux réunions des premiers ministres provinciaux de 1980, convoqua une réunion d'urgence, à Toronto, le 14 octobre. On allait y mettre au point une stratégie concertée. William Davis, d'Ontario, et Richard Hatfield, du Nouveau-Brunswick, furent vite mis au ban du groupe. Ils avaient sidéré leurs collègues en annonçant leur appui au projet unilatéral de Trudeau — Davis, parce qu'il voyait menacée la cohérence de la fédération, et Hatfield, parce qu'il voulait que sa province soit contrainte au bilinguisme par la constitution. John Buchanan, de Nouvelle-Écosse, et Allan Blakeney, de Saskatchewan, se montrèrent particulièrement hésitants malgré tous leurs griefs. Ils choisirent de ménager la chèvre et le chou, au cas où ils pourraient négocier des améliorations aux propositions fédérales. Les cinq autres premiers ministres de Colombie-Britannique, de l'Alberta, du Manitoba, de l'Île-du-Prince-Édouard et de Terre-Neuve, entreprirent d'échafauder une campagne anti-Trudeau à trois volets. Ils mettraient à l'épreuve la légalité de l'initiative unilatérale devant les cours provinciales ; ils élargiraient leur coalition pour y inclure le gouvernement séparatiste du Québec, qui leur faisait des ouvertures ; et ils feraient du Parlement britannique un troisième front sur lequel livrer leur bataille contre l'unilatéralisme.

Si, à cette étape, ils purent envisager une « stratégie pour Londres », c'est surtout grâce à la compétence politique que le Québec avait déjà développée dans la capitale anglaise. Les anglophones s'apprêtaient à s'en remettre à la sagacité des francophones dans leur quête de justice auprès de l'ancien centre de l'Empire britannique.

Chapitre quinze

LE CIRQUE DE PASSAGE À LONDRES

Qu'à la fin 1980, Pierre Elliot Trudeau se trouvât devoir compter sur la bonne volonté du gouvernement britannique pour voir se réaliser son rêve, il y avait là un paradoxe que ses adversaires indépendantistes québécois se plaisaient à relever ; c'était un aspect piquant de la bataille qu'ils livraient pour tenter de l'empêcher de rapatrier l'Acte de l'Amérique du Nord britannique.

Trudeau avait, lorsqu'il étudiait à Harvard et à la London School of Economics, assimilé tellement d'aspects de la tradition britannique — la tradition libérale du XIXe siècle, le socialisme « fabien » du XXe siècle, le sens du service public, le culte de la maîtrise de soi — qu'il passait aux yeux de beaucoup de ses compatriotes pour un colonisé. Il avait, disaient ceux-ci, troqué son identité canadienne-française contre l'idéal britannique qu'étaient censés incarner ses ancêtres Elliott ; le reproche était absurde aux yeux des Canadiens anglais, pour qui le style de Trudeau et son intellectualisme étaient typiquement français. En outre, son attitude passablement ambivalente envers le Royaume-Uni avait souvent suscité la colère des monarchistes canadiens et parfois même irrité les journalistes de Londres.

Comme tant de Canadiens français de sa génération, Trudeau n'avait pas soutenu l'engagement total du Canada dans le deuxième conflit mondial, qui était à ses yeux une guerre impérialiste anglaise. Après la guerre, il avait appris à se méfier du paternalisme britannique en fréquentant la classe politique anglophone, de la génération immédiatement antérieure à la sienne, les fonctionnaires d'Ottawa passés par Oxford ou Cambridge, traités avec condescendance par les fonctionnaires du Commonwealth à Whitehall, et qui ne l'avaient jamais oublié.

Au cours du mandat de Trudeau, le gouvernement britannique s'était de plus en plus désintéressé du Canada, reflétant en cela l'attitude généralement répandue au Royaume-Uni, où l'on considérait désormais l'ancienne colonie comme un simple appendice, un marché captif des États-Unis, une ennuyeuse région de l'Amérique qu'il revenait à leur consciencieuse souveraine de flatter par des visites officielles et des discours creux sur l'importance des liens avec le Commonwealth. Trudeau avait entretenu de bonnes relations avec un certain nombre d'hommes politiques anglais, dans les cabinets Wilson et Callaghan en particulier ; mais il savait parfaitement que le Foreign Office connaissait mal les affaires canadiennes, et que les ministres britanniques des Affaires étrangères se contentaient de brèves escales à Ottawa à l'aller ou au retour de leurs visites à Washington. Encore était-ce surtout par une courtoisie alanguie envers un partenaire au sein de l'OTAN. Aussi se montrait-il, dans les circonstances officielles où se manifestait le goût britannique pour la pompe et le cérémonial, d'une désinvolture qui frisait l'insolence.

Il était d'autant plus paradoxal que Trudeau dépendît du bon vouloir britannique en ce début des années 80, que le premier ministre dont il allait devoir solliciter le concours était Margaret Thatcher qui se plaçait, sur l'éventail idéologique des démocraties occidentales, aussi loin que possible de Trudeau. Elle allait le trouver, au cours des mois à venir, étonnamment, incorrigiblement, inexcusablement « nouille » ; lui, de son côté, trouvera Thatcher incroyablement, obstinément, cyniquement rétrograde : cette femme rejetait la plupart des idées modernistes qui avaient façonné sa propre sensibilité politique.

Ces tensions ne se manifestaient toutefois pas encore le 25 juin 1980 quand Trudeau se rendit à un déjeuner 10 Downing Street. Les deux premiers ministres avaient eu des discussions multilatérales au sommet économique de Venise au début du mois ; Trudeau venait à Londres, entre autres raisons, pour informer Mme Thatcher de ses projets constitutionnels. Le déjeuner fut tout ce qu'il y a de plus courtois. Dans le cadre d'un échange de vues sur les discussions de Venise, Trudeau informa Thatcher de la situation politique au Canada et de ses intentions quant à la constitution. Il comptait, lui dit-il, procéder à une dernière ronde de négociations avec les premiers ministres provinciaux dans le courant de l'été. Mais si la conférence des premiers ministres au mois de septembre ne se terminait pas par un accord, son gouvernement demanderait officiellement au parlement britannique d'amender rapidement l'AANB. Comme prévu, la première ministre assura Trudeau de son soutien ; elle ne connaissait rien à la constitution canadienne, mais elle connaissait son devoir, qui était de prendre rapidement les dispositions propres à satisfaire à la demande canadienne. En sortant du 10 Downing Street, Trudeau déclara, rayonnant, aux journalistes, que sa démarche constitutionnelle avait reçu l'approbation de Mme Thatcher[1].

Un bref interlude ayant pour protagonistes Margaret Thatcher et Justin Trudeau vint opportunément souligner le caractère détendu de la rencontre. Justin avait accompagné son père en Europe et l'attendait dans la limousine qui devait les conduire au zoo, puis au palais de Buckingham. La dame de fer et le petit garçon furent photographiés se serrant la main ; les deux premiers ministres badinèrent beaucoup ; Trudeau essaya d'empêcher les photographes de prendre plus de clichés. Quand la limousine démarra, emmenant les Canadiens, on vit par la vitre arrière Justin tirer la langue aux photographes et faire au revoir de la main en riant[2].

Quand les choses se gâtèrent par la suite, Mme Thatcher prétendit qu'au cours de ce déjeuner Trudeau l'avait trompée ; lui, maintenait qu'il n'en était rien. Ni l'une ni l'autre ne savait alors qu'une simple conversation entre chefs parlementaires de deux pays du Commonwealth ne saurait à elle seule assurer le rapatriement de la constitution. D'autres forces allaient intervenir pour miner peu à peu l'idée selon laquelle Londres allait céder rapidement aux désirs de Pierre Trudeau.

À Londres, on allait s'inquiéter au palais de Buckingham de l'éventualité que le gouvernement canadien exerce sur celui du Royaume-Uni une pression malséante, et que la reine, souveraine de l'un et de l'autre, se trouve prise entre deux feux. À la deuxième chambre, des lords et des ladies allaient être tirés de leur somnolence ; à la Chambre des communes, des députés conservateurs d'arrière-ban allaient saisir l'occasion d'assumer une fois de plus le « fardeau de l'homme blanc » et de veiller à ce que justice soit rendue parmi les races subalternes d'outre-mer. L'opposition travailliste, pour sa part, jonglait avec l'idée d'utiliser l'initiative de Trudeau pour retarder les projets de privatisation du gouvernement de Sa Majesté. Quant aux juristes, ils allaient, qu'ils fussent versés ou non dans la politique constitutionnelle canadienne, se trouver sollicités — ce qui n'était pas prévu — et, ce qui était prévisible, ils allaient y prendre goût.

Au Canada, les premiers ministres des provinces anglophones allaient tenter frénétiquement de briser l'axe Thatcher-Trudeau ; le représentant du gouvernement de Sa Majesté à Ottawa, diplomate à la veille de la retraite, allait jouer un rôle si actif dans les manœuvres des provinces qu'il allait risquer l'expulsion. Les « Peaux-Rouges », comme les Anglais appellent les peuples autochtones, allaient solliciter des subventions pour aller protester dans les rues de Londres, revêtus de leurs parures de plumes, contre les iniquités de la constitution. Et le gouvernement indépendantiste et farouchement républicain du Québec allait jouer avec sang-froid la carte monarchique, pressant le gouvernement de Sa Majesté d'intervenir dans les affaires du Canada en en appelant au sens britannique du *fair-play*.

Les hommes politiques québécois ont toujours entretenu une attitude ambivalente vis-à-vis du rapatriement de la constitution, parce que la solution du problème constitutionnel canadien les priverait d'un argument dont ils s'étaient beaucoup servi dans les négociations avec le gouvernement fédéral. Le Parti québécois en particulier, voyait l'éventuel rapatriement comme une victoire pour Trudeau, son ennemi juré, et un échec majeur pour l'étapisme, sa formule pour accéder progressivement à l'indépendance. Comme sa stratégie à long terme était d'user Trudeau à son propre jeu en se montrant plus futé, son objectif pour 1980-1981 était de contrecarrer ses projets londoniens. Claude Morin, ministre des Affaires intergouvernementales du gouvernement péquiste, espérait retarder indéfiniment le vote de toute motion sur le rapatriement de la Constitution canadienne que Mme Thatcher présenterait à la Chambre des communes, et forcer ainsi Trudeau soit à déclencher une élection sur cette question, soit à quitter la vie politique. À cette fin, il avait nommé à la Québec House, la délégation du Québec à Londres, un délégué général d'une habileté consommée, Gilles Loiselle. Loiselle était de ces péquistes qui traitaient Trudeau de snob anglais, tout en n'étant pas lui-même dénué de prétention. Ancien journaliste à Radio-Canada, il avait vécu des années à Paris, parlait le français sans accent, très bien l'anglais ; c'était un gourmet, un connaisseur en vins, et surtout un fin psychologue. Au long d'une carrière haute en couleurs, il avait observé que les hommes politiques, tout comme les armées, marchent par l'estomac, et qu'en politique comme en amour la flatterie est un moyen puissant.

Une fois installé dans un élégant appartement de Mayfair loué par le gouvernement, Loiselle entreprit donc de hanter Westminster et de pénétrer les détours de la pratique parlementaire britannique. Cette pratique était passablement plus complexe que Trudeau ne l'avait laissé croire quand il avait expliqué aux journalistes canadiens que Mme Thatcher allait lancer une « convocation impérative » (autrement dit, imposer une stricte discipline de vote à ses partisans) pour faire amender selon ses vœux l'AANB. En fait, Thatcher n'était pas en mesure de garantir le vote rapide de tout amendement à l'AANB demandé par le gouvernement canadien, et certainement pas d'un ensemble aussi lourd de conséquences sur le plan constitutionnel que celui proposé par Trudeau.

En premier lieu, les députés du parti au pouvoir sont, à Londres, beaucoup plus nombreux et beaucoup moins dociles qu'à Ottawa ; loin d'être bien disciplinés, ils sont portés à exercer leur droit de discuter les projets gouvernementaux et d'y faire obstruction, droit historique, bien antérieur à l'existence du cabinet ; les députés d'arrière-ban consentent à adopter les projets de loi qui représentent la mise en œuvre d'un élément du programme électoral du parti, mais ne se sentent pas liés par les positions que prend le gouvernement sur d'autres questions. D'autre part, les parlementaires britanniques, à quelque parti qu'ils appartiennent, se sentent investis d'une responsabilité particulière vis-à-vis des questions constitutionnelles. Aussi, lorsqu'ils se rendirent compte que le projet Trudeau comprenait aussi une charte des droits compliquée, et contraire à la tradition britannique du droit coutumier, il ne fut guère difficile — comme le découvrit avec jubilation Loiselle —

d'éveiller leur intérêt et de susciter leur colère.

Loiselle établit une longue liste de députés et de lords susceptibles de se laisser faire la cour. Y figuraient naturellement ceux qui étaient déjà identifiés comme amis du Québec ; puis les députés écossais, gallois et irlandais du nord, favorables à la décentralisation du Royaume-Uni ; puis les parlementaires fascinés par les problèmes juridiques délicats et ceux qui s'intéressaient aux droits des autochtones. Il prit bonne note de ceux qui avaient des liens familiaux ou professionnels au Canada. Alors, comme il disposait d'un budget confortable, il engagea l'un des meilleurs cuisiniers de Londres et entreprit de régaler de plats recherchés, de vins fins et de généreuses portions de logique cartésienne les quelque deux cent cinquante parlementaires figurant sur sa liste.

Loiselle vit sa mission d'arrêter Trudeau facilitée par le goût de celui-ci pour la provocation gratuite. Apprenant de la bouche du représentant à Londres du gouvernement du Québec que Trudeau, alors qu'on évoquait devant lui la possibilité que les parlementaires britanniques s'opposent à la requête du gouvernement canadien, avait déclaré d'un ton menaçant : « Ils feraient bien de ne pas essayer », ceux-ci, toutes tendances confondues, se sentirent offensés. Quand Loiselle leur rapporta que le premier ministre canadien avait dit aussi que les députés anglais devraient « se boucher le nez » et voter sans retard son amendement à l'AANB, beaucoup d'entre eux, des deux côtés de la Chambre, ne demandaient plus qu'à être persuadés[3].

L'irrespect de la tradition britannique attribué à Trudeau était l'argument de fond de Loiselle ; il le nuançait selon ses interlocuteurs : aux travaillistes, il rappelait que le gouvernement du Parti québécois était un gouvernement social-démocrate, et qu'il leur appartenait de le soutenir ; auprès des conservateurs, il insistait sur la responsabilité constitutionnelle qui leur incombait de veiller à ce que justice soit rendue dans l'ancienne colonie ; aux députés qui désiraient défendre la cause du Québec, il fournissait des arguments en glissant par le vasistas de leur bureau des informations confidentielles.

L'une de ces enveloppes — celle contenant le mémoire Kirby sur la stratégie constitutionnelle — se retrouva sur le bureau du député Kevin McNamara et rapporta des dividendes[4]. McNamara était le plus en vue des membres travaillistes du tout nouveau comité des Affaires extérieures de la Chambre des communes. Il cherchait évidemment des moyens de mettre des bâtons dans les roues à Mme Thatcher, et il espérait que le débat sur la Constitution canadienne pourrait retarder l'adoption des ambitieux projets de cette dernière pour privatiser toutes les entreprises publiques, que le Parti travailliste avait cherché, depuis le temps de Clement Attlee, à consolider. Toutefois, ses préoccupations n'étaient pas exclusivement partisanes ; ancien professeur de droit, le mépris de la tradition parlementaire britannique que révélait le document Kirby, selon lequel, apparemment, il allait de soi que l'amendement désiré serait adopté à Westminster « quand la demande en serait faite par le parlement et le gouvernement canadien », l'inquiétait sincèrement[5].

Quand Trudeau, dans son discours du mois d'octobre sur le rapatriement unilatéral de la constitution, confirma implicitement ce que laissait entendre le mémoire Kirby, McNamara se décida à consulter le président de son comité, Sir Anthony Kershaw, « un bon tory de la vieille école, qui connaît son devoir, pas comme les poujadistes excités qu'on nous fait aujourd'hui ». Kershaw convint avec lui que la question de la responsabilité du Parlement britannique vis-à-vis de la Constitution canadienne constituait un sujet approprié pour une étude officielle, et que le comité des Affaires extérieures devait engager des experts et solliciter le témoignage des parties intéressées.

Les audiences du comité Kershaw à la fin de l'automne attirèrent l'attention du tout-Londres politique sur les difficultés constitutionnelles canadiennes. S'y ajoutèrent un « comité officieux » de la Chambre des communes présidé par Jonathan Aitken, député conservateur et petit-neveu de Lord Beaverbrook, un grand colloque universitaire au Collège All-Souls à Oxford, et un séminaire à l'Institute of Commonwealth Studies de Kensington[6].

Sa campagne londonienne lancée avec succès, Gilles Loiselle s'était envolé pour Winnipeg, où il allait informer les premiers ministres dissidents, qui y étaient réunis, de ses techniques de lobbying et des résultats obtenus. Fort impressionnés, les premiers ministres décidèrent de mobiliser leurs propres délégués généraux à Londres pour soutenir les efforts du Québec. Le gouvernement Lougheed étant encore une fois aux premières lignes, c'est à l'Alberta

House, Mount Street, que fut mis sur pied le comité de coordination interprovincial. Les délégués généraux devaient se consulter périodiquement pour éviter de fatiguer les Anglais par des démarches faisant double emploi ou des messages contradictoires. Les agents de la Saskatchewan, représentants d'un gouvernement néo-démocrate, furent dépêchés auprès des députés travaillistes pour leur expliquer que la Charte des droits et libertés allait doter le Canada d'une constitution « si rigide qu'elle exclurait toute possibilité d'un gouvernement socialiste » ; les représentants de l'Alberta s'adressèrent en particulier aux députés qu'interessaient les questions d'énergie. Les premiers ministres provinciaux et leurs hauts fonctionnaires prirent l'avion pour Londres pour intervenir discrètement auprès des ministres et des hauts fonctionnaires britanniques. Les députés d'arrière-ban qui s'étaient montrés sensibles aux tentations gastronomiques déployées par Loiselle furent invités à de somptueux dîners. Après quelques semaines de ce lobbying gastronomique, l'un des délégués provinciaux avait établi la règle approximative suivante : plus un député était à gauche, plus il était gourmand et plus l'addition était élevée. D'après lui, les trotskistes raffolaient du caviar et des quenelles, alors que les conservateurs étaient plus modestement amateurs de consommé et de gibier[7].

* * *

Ces activités prirent le gouvernement de Sa Majesté par surprise et le placèrent devant un dilemme. D'un côté, Margaret Thatcher et le cabinet pensaient qu'ils ne pouvaient pas ne pas soutenir le gouvernement Trudeau ; ce fut en gros ce qu'ils dirent aux émissaires de Trudeau, Mark MacGuigan et John Roberts, envoyés à Londres mettre le gouvernement britannique au courant des intentions de Trudeau, qui venait d'annoncer en octobre son projet unilatéral. La réponse de Mme Thatcher fut pragmatique quoique peu enthousiaste. Le premier ministre savait qu'elle ne pouvait, pour reprendre une expression qui avait la faveur de Whitehall, « aller voir ce qu'il y avait derrière » la résolution du gouvernement canadien, et se mêler de mesurer le pour et le contre dans les conflits internes du Canada.

D'un autre côté, elle se rendait déjà compte que, si quelques douzaines de députés réclamaient bruyamment leur droit de parole pour intervenir sur la question constitutionnelle canadienne, son calendrier législatif pour 1981 pourrait être sérieusement retardé. En outre, elle estimait qu'elle agissait contre ses propres intérêts politiques en favorisant l'adoption d'une charte des droits, alors que son parti s'opposait au principe même d'une charte britannique. « Comment pouvez-vous vous attendre à ce que je m'enthousiasme pour votre charte quand nous nous y opposons pour notre compte » : voilà l'essentiel de son message aux deux ministres canadiens[8].

Il était clair que le Foreign Office avait mal informé Mme Thatcher sur ces questions, et qu'elle n'avait pas mesuré toutes les conséquences de ce que M. Trudeau lui demandait. Il n'avait d'ailleurs — c'est du moins ce qu'elle dit par la suite — jamais mentionné que son projet constitutionnel comportait une charte des droits, et pis encore, il avait minimisé l'opposition des provinces. Ce manque de franchise de la part de Trudeau avait irrité Mme Thatcher au point qu'en en parlant à un interlocuteur canadien, bien après le dénouement du drame, « la fumée lui sortait par les oreilles » !

« Avez-vous une idée de ce que votre premier ministre m'a dit ? » demanda-t-elle, lors d'un cocktail au Carlton Club, au délégué général de l'Alberta, James McKibbon. « Il voulait que je m'engage à ce que l'amendement soit voté sans retard, mais il ne m'a pas dit un mot de la Charte des droits et libertés ! » Quant aux provinces, il lui avait dit qu' « une ou deux seulement s'y opposeraient[9] ».

À la fin de l'automne 1980, Trudeau ne réagissant pas aux articles « inspirés » aux journaux par le gouvernement anglais selon lesquels seul le simple rapatriement avait une chance de passer à Londres, Downing Street se résolut à émettre un message plus direct. Mme Thatcher et son ministre des Affaires extérieures, Lord Carrington, eurent recours aux services de Sir Francis Pym, l'un des parlementaires les plus expérimentés du Parti conservateur. Pym se rendrait à Ottawa, officiellement à titre de ministre de la Défense, en fait pour informer personnellement le premier ministre canadien du « foutu bordel » que son intransigeance était en train de causer à Londres.

Pym cependant, à son agréable surprise, fut séduit par Trudeau. Il l'avertit, au cours d'un déjeuner très cordial au 24 Sussex, que son projet constitutionnel ne serait voté par le Parlement britannique que s'il renonçait à y inclure sa charte des droits. « J'ai été tout à fait raisonnable » devait dire Sir Francis Pym, et j'ai trouvé ce qu'il m'a répondu tout à fait raisonnablement aussi. Mais ça n'était pas très pratique. Il m'a laissé entendre qu'il allait foncer de toute façon, et qu'il s'attendait à ce que la Chambre des communes britannique accède à ses vœux[10] ».

Pym rentra à Londres assez inquiet. Mark MacGuigan et John Roberts avaient été reçus par la reine à Balmoral, et lui avaient assuré que la monarchie ne serait pas affectée par les projets de son premier ministre canadien. Les deux ministres constatèrent que la reine connaissait à merveille l'initiative de « son » gouvernement du Canada et l'appuyait à fond. Pym pensait au contraire que si Trudeau persistait dans ses intentions, le palais, et même l'OTAN risquaient d'être ébranlés. À l'exception des Français, Trudeau était populaire chez les alliés européens de l'Angleterre et si, au cours d'une controverse publique avec le gouvernement britannique, ses motifs venaient à être attaqués, un fâcheux conflit pourrait éclater sur ce front-là aussi[11].

*   *   *

Le ministère britannique des Affaires étrangères et du Commonwealth (le Foreign Office) était très mal préparé à affronter cette crise ; il n'avait pas su prévenir le gouvernement de Sa Majesté des problèmes que pouvait poser le projet Trudeau, et se trouvait maintenant, comme le disait un de ses fonctionnaires, pris « entre l'arbre du gouvernement britannique et l'écorce du Parlement britannique ». Il essayait, sans posséder les informations ni l'expérience nécessaires, de dissiper les malentendus qui s'étaient installés des deux côtés de l'océan. La dissolution de l'Empire et l'absorption du ministère du Commonwealth par le Foreign Office dans les années 60 avaient à toutes fins utiles laissé la responsabilité des relations entre le Royaume-Uni et le Canada au palais de Buckingham (et de fait la reine se tenait parfaitement au courant de ce qui se passait dans le dominion), au ministère du Commerce pour les relations commerciales, et au ministère de la Défense pour les questions concernant l'OTAN.

« Peu de gens au Foreign Office soupçonnaient que le Royaume-

Uni eût encore quelque chose à voir avec la Constitution canadienne » avoua Derek Day, alors sous-secrétaire d'État responsable de l'Amérique du Nord. « Je n'en avais pas moi-même une idée très claire avant d'avoir à m'occuper des délicats problèmes qui se présentèrent en 1980-1981. » Parmi les ministres de son cabinet, c'est Nicholas Ridley que Margaret Thatcher avait choisi pour exposer devant le comité Kershaw la réaction du gouvernement aux demandes de Trudeau. Or le conseiller juridique du Foreign Office, Sir John Freeland, avait préparé Ridley de façon plutôt désastreuse. La ligne de conduite suggérée par Freeland et adoptée par le gouvernement (« nous ne devons pas chercher à aller voir ce qu'il y a derrière la proposition du gouvernement canadien ») n'allait pas être acceptée aussi facilement par les parlementaires de Westminster que par les fonctionnaires de Whitehall.

Par ailleurs, le Foreign Office avait à se plaindre de son haut-commissaire au Canada ; Sir John Ford, le diplomate britannique du rang le plus élevé à Ottawa, n'était pas, de son propre aveu, un spécialiste du Commonwealth, et l'on soupçonnait à Londres qu'il s'était trop engagé émotivement dans les querelles fédérales-provinciales, qu'il était passé, pour ainsi dire, « du côté des indigènes ». Le poste d'Ottawa était le dernier de Sir John Ford avant la retraite, le terme d'une longue carrière diplomatique au cours de laquelle il avait appris à défendre les intérêts britanniques avec plus de vigueur qu'il n'en fallait en général dans les pays du Commonwealth[12].

Nommé à Ottawa en 1978, au moment où Pierre Trudeau allait toucher le point le plus bas de sa carrière politique, Ford s'était entiché de Joe Clark et des conservateurs, dont la vision du monde était plus proche de la sienne. Quand Trudeau redevint premier ministre en 1980, Ottawa devint, selon Ford, une ville en proie à la paranoïa, dirigée par un gouvernement plus porté à la dissimulation et plus dominé par son chef que celui de tout autre pays démocratique qu'il avait connu depuis trente ans. Ford fut scandalisé par l'unilatéralisme de Trudeau qui allait, pensait-il, provoquer l'éclatement du Canada et causer à Londres des difficultés inimaginables. Il se fit un devoir d'aller rencontrer les premiers ministres dissidents dans leurs capitales et en vint à sympathiser avec leurs problèmes. À la fin de 1980, il commença à leur fournir des renseignements utiles à leur campagne londonienne, et, à mesure que les rapports entre Londres et Ottawa se détérioraient dans les premiers mois de 1981, Ford se départit de plus en plus de la réserve diplomatique. Il tenait la jambe à des députés fédéraux pour les avertir des difficultés qui couvaient à Westminster, se laissait ouvertement aller à des remarques partisanes, par exemple à la partie de patinage annuelle du gouverneur général à Rideau Hall. À l'insu des membres du gouvernement Trudeau, il « coula » des renseignements sur le ressentiment que Mme Thatcher éprouvait envers Trudeau au *Globe and Mail* de Toronto, dont le propriétaire était devenu un allié du haut-commissaire dans sa tentative de faire échouer le projet de rapatriement[13].

Le comportement de Ford fut d'abord toléré à Ottawa ; il y eut quelques objections modérées à la Chambre des communes. Mais bientôt Ford dépassa la mesure. La perspective de se trouver au centre d'une crise internationale, alors qu'il n'attendait d'Ottawa qu'une routine ennuyeuse, lui montait à la tête ; sincèrement persuadé par ailleurs que Trudeau était homme à proclamer la république, il commit finalement une gaffe diplomatique majeure : il téléphona à Richard Hatfield, le premier ministre du Nouveau-Brunswick, qui s'était inquiété publiquement du danger que courait la monarchie, et lui déclara qu'il fallait se débarrasser de Trudeau, et vite ! Hatfield n'en crut pas ses oreilles. Après que Ford eut exposé ses vues, Hatfield répéta l'entretien mot pour mot à son vice-premier ministre, Barry Toole, qui se trouvait dans son bureau, puis il appela Jean Wadds, haut-commissaire canadienne à Londres, et Michael Kirby à Ottawa pour les mettre au courant des machinations de Ford. Mark MacGuignan, secrétaire d'État aux Affaires extérieures, passa en revue la question et la prit fort au sérieux. Il avait déjà entendu parler de l'activité de Ford par Ed Broadbent, qui avait été tellement troublé qu'il souleva cette affaire aux Communes pendant la période de questions. Il devint rapidement évident que le haut-commissaire britannique voulait former une coalition de députés conservateurs, néo-démocrates et même libéraux pour mettre le gouvernement en minorité à la Chambre des communes. Non seulement cette intervention dans les affaires politiques d'un pays étranger était-elle une grave faute diplomatique, mais le scénario de révolte interne contre Trudeau imaginé par Ford était absurde[14].

Le sous-secrétaire d'État aux Affaires extérieures, Allan Gotlieb, fut aussitôt envoyé à Londres pour exiger du Foreign Office le rappel du haut-commissaire. Il fut entendu que la retraite de Ford serait annoncée. Ford, convoqué pour une réprimande, fut cependant autorisé à retourner au Canada pour y écouler les derniers mois de son temps de service. Il devait, une fois à la retraite, préciser avec quelque amertume qu'il s'était trouvé à toutes fins utiles ostracisé et privé de contacts officiels avec le gouvernement. Michael Pitfield, le principal secrétaire de Trudeau, pourtant anglophile ardent, manqua volontairement un rendez-vous avec Ford. Trudeau lui-même ferait plus tard semblant de ne plus se rappeler son nom ; interrogé sur l'incident Ford, il demanderait : « Est-ce que c'était le type qui faisait des tours de magie dans des fêtes d'enfants ? Il me semble qu'il m'a invité une ou deux fois avec mes fils à Earnscliffe (résidence officielle du haut-commissaire)[15]. »

C'est dans le brouhaha au sujet du comportement de Ford que le comité Kershaw déposa son rapport. Il fit l'effet d'une bombe. Comme le gouvernement canadien avait boycotté les audiences en soutenant qu'il n'y avait qu'une seule position légalement possible — la sienne —, les experts sollicités par le comité, en consultation avec les délégués généraux des provinces dissidentes, avaient nettement pris parti pour les provinces. Peu importait que le droit international eût clairement établi que le Canada était un pays souverain, juridiquement égal au Royaume-Uni sauf quant à la modification de sa constitution. Peu importait que l'examen auquel on soumettait les actions du gouvernement canadien entraînât un recul d'un demi-siècle, jusqu'à l'ère impériale d'avant le Statut de Westminster où la Grande-Bretagne était responsable de ses colonies. Le comité Kershaw était d'avis que le Parlement britannique « ne saurait accepter *inconditionnellement* la validité constitutionnelle de n'importe quelle demande émanant du parlement canadien » sans une large approbation des provinces. Les premiers ministres dissidents étaient ravis : il n'y avait plus aucun doute que, si le projet constitutionnel parvenait à Londres assorti d'une charte et sans l'accord des provinces, il y rencontrerait des obstacles sérieux[16].

Le rapport Kershaw était le premier coup porté à la stratégie casse-cou de rapatriement unilatéral des trudeauistes. D'autres allaient suivre.

Chapitre seize

JOE QUI ? À LA RESCOUSSE

Le bruit s'était à peine apaisé autour des incidents Ford et Kershaw que Jean Chrétien déposa à la Chambre des communes une nouvelle version du projet gouvernemental sur la constitution qui contenait des modifications substantielles, inspirées des recommandations du comité Hays-Joyal. Après quantité de négociations à huis clos, de marchandages de couloirs et de cajoleries réciproques devant les caméras, les délibérations du comité avaient abouti à une série d'amendements renforçant les garanties des libertés individuelles contenues dans la charte[1].

Jusqu'alors, à la mi-février 1981, les trudeauistes avaient minimisé le rôle potentiel de l'opposition dans leur calcul du temps qu'il faudrait au Parlement pour approuver le projet de rapatriement unilatéral de la constitution avant de l'expédier à Londres. Ils se souciaient avant tout de trouver de la place pour l'inévitable débat sur leur dernière proposition constitutionnelle dans un calendrier parlementaire déjà comble, en raison des discussions passionnées auxquelles donnait lieu le Programme national sur l'énergie contenu dans le dernier budget. Ils savaient pouvoir compter sur Ed Broadbent qui, en échange de quelques concessions, avait assuré Trudeau du soutien du Nouveau Parti démocratique. Quant à Joe Clark, les vicissitudes auxquelles il avait à faire face à la direction du Parti progressiste conservateur étaient telles qu'il ne pourrait guère, au cours du débat, pensaient les libéraux, faire plus que tempêter[2].

La façon dont Clark avait manœuvré face à ses difficultés depuis qu'il avait perdu le pouvoir en 1980 — pour s'être attaché obstinément à ce qu'il considérait son devoir — était caractéristique de sa personnalité et de son style politique. Durant la courte période où il avait été premier ministre, Clark avait décidé de gouverner comme s'il disposait d'une majorité. Maintenant, chef de l'opposition, il était déterminé à la diriger comme s'il avait eu la confiance de son parti.

Par bien des côtés, Clark représentait l'archétype du Canadien moyen de sa génération ; effacé mais maître de lui, il avait grandi dans la sécurité de la petite ville de l'Alberta dont son père dirigeait le journal. En dépit d'un physique empâté et de ses manières un peu frustes, il avait participé activement à la vie politique étudiante à l'Université de l'Alberta, et il était devenu un apparatchik du Parti conservateur sans avoir connu aucune autre activité professionnelle. Il avait été pendant près de dix ans l'adjoint politique zélé de plusieurs hommes politiques conservateurs, provinciaux et fédéraux (ses détracteurs disaient de lui que c'était le type parfait pour aller chercher les cafés) ; puis en 1972, à trente-trois ans, il avait conquis un siège à la Chambre des communes. Il était devenu au fil des années un parlementaire aguerri, sans talent oratoire particulier, mais sincèrement dévoué au bien public. Sur les grandes questions mettant en jeu le principe d'égalité — droits des femmes, droits linguistiques, liberté religieuse — il s'était montré capable de dépasser les préjugés de la région et du parti qui l'avaient formé. Il avait fait preuve d'une habileté surprenante dans les tâches d'organisation du parti et le déploiement des ressources gouvernementales. Mais l'étiquette de « Joe qui ? », de Monsieur Personne sorti de nulle part, qu'on lui avait collée lorsqu'il avait, à la surprise générale, gagné la course à la direction du Parti conservateur, cette étiquette lui était restée malgré tout ce qu'il avait accompli[3].

Il avait perdu le pouvoir d'une façon si maladroite qu'il risquait de passer à l'Histoire comme « l'accident de parcours » de la politique canadienne. Jeune député, il était devenu par accident chef de son parti en 1976, en battant les deux favoris, Brian Mulroney et Claude Wagner, par un caprice du mode de scrutin en vigueur au congrès, et parce que les divisions qui déchiraient le Parti conservateur faisaient de lui le candidat le moins détesté. Chef de l'opposition, il avait accédé au pouvoir en 1979 par défaut, parce que

Pierre Trudeau était momentanément en disgrâce auprès de l'électorat. Premier ministre, il avait enfin perdu le pouvoir en 1980 en tombant par distraction dans le piège que les libéraux lui tendaient[4].

Ce brave homme, dont les atouts étaient la persévérance et l'honnêteté, appartenait à l'aile progressiste de son parti, ceux qu'on appelle les « tories rouges ». Cette aile espérait encore que Clark survive à ce démoralisant passage dans l'opposition et redevienne premier ministre. Mais ses ennemis cherchaient à le déloger de la tête du parti en fomentant la grogne dans le caucus, en exploitant le désenchantement qui régnait dans le parti et les mauvaises dispositions des médias, qui trouvaient toujours le moyen, quoiqu'il fît, de le ridiculiser[5].

À partir de la mort du fondateur du Parti conservateur, Sir John A. Macdonald en 1891, l'histoire du caucus conservateur avait été écrite d'une plume trempée dans le sang de ses chefs, constamment minés par l'âpre factionnalisme du parti. Comme Robert Stanfield avant lui, Clark était ligoté par les fidèles de Diefenbaker, qui défendaient encore la politique « Un seul Canada » du vieux chef, et s'opposaient farouchement à la ligne Stanfield-Clark qui voulait que les conservateurs fassent la promotion du français et le proclament seconde langue officielle du Canada[6].

Pour ajouter à ses difficultés au sein du caucus, l'aile droite du parti avait le vent en poupe et s'activait contre lui dans l'espoir que son exercice de l'autorité soit évalué si défavorablement, au congrès prévu pour la fin de février, qu'il serait obligé de démissionner.

Aux yeux de beaucoup de membres de la base, Clark était le grand responsable de la défaite du parti aux élections de 1980 ; c'était sa faute s'ils n'avaient pas obtenu les postes de faveur auxquels ils estimaient que leur donnait droit leur travail de militants pendant les années maigres dans l'opposition.

Clark parvenait difficilement à formuler des positions propres à satisfaire les différentes régions du pays. Rien n'illustrait mieux cette difficulté que le dédain mal déguisé avec lequel le traitaient les deux hommes forts des conservateurs au Canada, les premiers ministres Lougheed de l'Alberta et Davis de l'Ontario. Les deux hommes s'opposaient l'un à l'autre, mais leurs partisans respectifs pensaient que leur homme ferait un bien meilleur chef fédéral que le jeune Clark. Chacune des factions jugeait les positions de « ce pauvre Joe » tout simplement trop proches de celles de l'autre premier ministre. Clark ne serait jamais assez albertain pour satisfaire les fidèles de Lougheed, ni assez centriste pour plaire à l'entourage de Davis[7].

Toute cette grogne au sein du Parti conservateur était divulguée et amplifiée par de nombreux journalistes influents, amis de Brian Mulroney, l'avocat de Montréal qui rêvait de prendre la place de Clark.

Personnage d'un charme étudié et d'une ambition sans limites, doté d'innombrables relations, Mulroney n'avait pas digéré sa défaite de 1976. Sa déception s'était traduite par des écarts de conduite qui défrayaient la chronique montréalaise. Son ressentiment prenait fréquemment pour cibles Clark et son conseiller politique le plus proche, Lowell Murray, dont l'amitié avec Mulroney remontait à l'époque de leurs études en sciences politiques à l'Université Saint-François-Xavier d'Antigonish en Nouvelle-Écosse, dans les années 50. Tous deux étaient des rejetons ambitieux de familles catholiques. Mulroney était le fils d'un électricien de Baie-Comeau ; Murray, du directeur d'une mine de charbon de l'Île du Cap-Breton. Leur amitié persista après l'université. Tous deux continuèrent à militer au Parti conservateur : Murray, comme chef de cabinet à Ottawa ; Mulroney, comme organisateur et propagandiste à Québec. À la surprise de leurs amis communs, lors du congrès de direction en 1976, Murray avait choisi de soutenir Clark plutôt que Mulroney, et quand celui-ci lui avait demandé pourquoi, il avait répondu : « Brian, tu n'es pas mûr pour la direction d'un parti politique. Tu n'as jamais été candidat à une élection, et tu ne t'es jamais intéressé aux grandes questions nationales sur lesquelles tout chef politique est appelé à prendre position ». Mulroney trouva la réponse de Murray plutôt vaseuse, digne d'un enfant de chœur coincé. « Lowell oublie, disait-il, une flamme de colère dans les yeux, que j'ai toujours dû travailler pour gagner ma vie. À la mort de papa, ma mère et mes sœurs se sont trouvées à ma charge, pendant que des crétins (ici, sa voix passait du sonore baryton qui lui était habituel à un grincement moqueur) s'intéressaient aux " grandes questions nationales[8] " ».

Après le congrès de 1976, Mulroney avait été nommé président de l'Iron Ore du Canada, poste dans lequel il servait d'homme de paille à un conglomérat métallurgique américain, qui l'avait engagé à cause de sa réputation d'avocat habile à amadouer les dirigeants syndicaux et à courtiser les hommes politiques québécois. Mulroney touchait à l'Iron Ore un excellent salaire et des frais de représentation largement calculés et disposait de tout le temps nécessaire pour inspirer à ses nombreux amis dans les médias une insidieuse campagne de dénigrement contre Clark. On le voyait, au Bar maritime du Ritz à Montréal et dans le salon du National Press Club à Ottawa, raconter les dernières faussetés désobligeantes qui couraient dans le monde des affaires sur les insuffisances physiques et intellectuelles de Joe Clark. Depuis des années, Mulroney décrivait la carrière de Clark comme celle d' « un type pour qui le monde se résume au Parti conservateur ; il serait incapable de décrocher un poste dans l'entreprise privée même s'il le voulait. S'il perdait son élection, John Craig Eaton (président de la chaîne de magasins Eaton) ne lui courrait sûrement pas après. En fait (et d'avance, à ce bon mot, Mulroney s'étranglant de rire), « Joe qui ? » devrait s'estimer heureux de trouver un emploi au *sous-sol* chez Eaton's[9] ! »

Non content de dénigrer Clark, Mulroney se permettait souvent d'exprimer son admiration pour Trudeau. Non seulement pour ses positions fédéralistes, qu'il soutenait sans réserve, depuis qu'il avait commencé à jouer à fond son personnage d'anglo de Westmount, membre du Mount Royal Club et recrue zélée du gratin anglophone des affaires. C'était aussi parce que Trudeau avait prouvé qu'il était un « gagnant ». « Ce vieux Trude, disait Mulroney, il faut reconnaître qu'il a de la classe. Ce n'est pas lui qu'on verrait traîner des années dans l'opposition. Lui, il sait gagner. Pas comme d'autres, que je ne nommerai pas[9]. »

* * *

Devant l'hostilité générale, un autre aurait pu être tenté de plier, mais Clark, en bon soldat, persévéra dans son combat comme chef de l'opposition, convaincu que la clé du succès pour le Parti conservateur — et de sa propre survie comme chef du parti — consistait à briser le monopole des libéraux sur la question de l'unité nationale. Clark et Lowell Murray, que Clark avait nommé au Sénat en 1979 et qu'il considérait toujours comme son plus proche conseiller, voulaient absolument débarrasser le Parti conservateur de sa réputation d'être une collection de rustres unilingues et francophobes, condamnée à ne jamais faire élire un seul député au Québec. Ils étaient bien obligés de constater que depuis le début du siècle, les conservateurs n'avaient réussi à gagner une part importante de l'électorat québécois qu'en 1958, et cela parce que Duplessis avait décidé de soutenir Diefenbaker en lui fournissant une liste de candidats choisis dans les rangs de l'Union nationale. Mais ce soutien ne dura que le temps d'un mandat. Les députés conservateurs, furieux de ce qu'ils considéraient comme la perfidie du Canada français, retombèrent dans leurs vieux préjugés, et grognèrent : « C'était une folie de la part du " *Chief* " de faire confiance aux " *frogs* " ; tout le monde sait que ce sont des poltrons qui n'ont pas voulu aller se battre. Ce sont encore les prêtres qui leur disent ce qu'il faut penser. Ils continuent à vendre leurs voix aux rouges. Et on n'y peut rien[10]. »

Clark et Murray trouvaient cette attitude déplorable, répugnante sur le plan moral et politiquement désastreuse, puisqu'elle perpétuait l'hostilité du Québec au parti qui avait pendu Louis Riel en 1885 et imposé la conscription en 1917. En hommes cultivés, qui avaient fait un effort méritoire pour apprendre à bien parler le français, et pour connaître la réalité contemporaine du Québec, ils partageait la conviction de Trudeau que le bilinguisme était nécessaire pour que les Canadiens français se sentent chez eux hors du Québec. Mais ils sympathisaient aussi avec la conception néofédéraliste, selon laquelle le Québec avait besoin de plus de pouvoir que les provinces anglophones. Qu'il fût possible d'harmoniser les espoirs du Québec et les préoccupations des autres régions était pour eux article de foi.

Durant son bref mandat, Clark avait tenu à réunir plusieurs fois le cabinet à Québec, pour familiariser les ministres — dont la plupart étaient unilingues, et dont plusieurs n'avaient jamais mis les pieds dans la Vieille Capitale — avec les craintes et les aspirations des Canadiens français. « J'espérais qu'ils se rendraient compte qu'il y avait une communauté d'intérêts naturelle entre le Québec et l'intérieur [canadien-anglais] du pays, et qu'une fois habitués à entendre [en traduction simultanée] des idées exprimées en français, ils découvriraient qu'ils avaient beaucoup plus de choses en commun avec les Québécois qu'ils ne l'avaient cru. » La position de Clark sur l'unité nationale — y compris sa conviction que le gouvernement du Canada n'avait pas à intervenir dans le débat sur la souveraineté-association — suscitait l'admiration de beaucoup de Québécois éclairés. Mais comme le disait Clark lui-même en plaisantant : « Nous gagnons toujours *Le Devoir*, mais nous perdons toujours les élections. » Cette plaisanterie renvoyait au fait que malgré ses tentatives de rapprochement, le Parti conservateur avait vu son pourcentage de votes au Québec baisser dans les deux élections tenues depuis qu'il le dirigeait[11].

Au début des années 80, Clark avait rendu sa position plus difficile en prononçant, alors qu'il était premier ministre, un discours dans lequel il plaidait pour une augmentation des pouvoirs fiscaux du gouvernement central. C'était doublement courageux, puisque le discours était prononcé en Alberta, la plus radicalement anti-centralisatrice des provinces anglophones, et qu'il y prenait le contre-pied de la conception qu'il avait longtemps défendue d'un Canada décentralisé, qu'il appelait « une communauté de communautés ». L'expérience du gouvernement avait montré à Clark combien les pouvoirs que conservait Ottawa étaient insuffisants. Aussi, au plus fort de la campagne référendaire, avait-il renoncé à sa neutralité vis-à-vis de la souveraineté-association et rejoint le camp du Non, prenant place sur le podium des réunions publiques aux côtés de Jean Chrétien et de Claude Ryan. Sur la question constitutionnelle, il risquait donc maintenant, comme leader de l'opposition, d'être accusé de suivisme aigu[12].

En dépit de tous ces handicaps, Clark était déterminé à se forger, sur cette question qui constituait à l'évidence pour Trudeau la priorité des priorités, une position distincte. Après le référendum, il avait volontairement élaboré une stratégie constitutionnelle inspirée des conseils de Jake Epp (député du Manitoba à qui il avait confié le rôle de critique de l'opposition en matière constitutionnelle), de Richard Clippingdale (historien de l'université Carleton, qu'il avait recruté comme conseiller politique) et d'Arthur Tremblay, fonctionnaire de carrière, qu'il avait enlevé au gouvernement du Québec en le nommant au Sénat en 1979. Ils décidèrent de tenir une série de réunions du caucus conservateur conçues pour faire mieux connaître les questions constitutionnelles aux députés conservateurs et favoriser un consensus parmi eux. Quasi miraculeusement, ces réunions eurent un effet positif sur beaucoup de conservateurs qui pensaient encore que la constitution n'avait rien à voir avec la fortune de leur parti.

« Je sais au jour et à l'heure près quand s'est dessiné le changement d'attitude, devait ensuite dire Clark. C'est quand un député d'une province de l'Ouest a dit quelque chose comme : " de toutes façons qu'est-ce que les Canadiens français ont jamais fait pour le Canada ? " Arturo (Tremblay) a répondu tout doucement que ses compatriotes portaient le nom de Canadiens depuis trois cents ans, et qu'ils en avaient beaucoup fait pour le Canada. D'un coup, tout le monde s'est rendu compte que les Québécois partageaient avec nous une histoire, et ce simple fait a semblé modifier l'opinion généralement admise que la constitution était l'affaire des libéraux. Ça devenait notre affaire, ça devenait une affaire pancanadienne. Et quand Trudeau a annoncé son projet de rapatriement unilatéral, le fait nouveau, c'était que le caucus croyait maintenant qu'on pouvait s'y opposer efficacement[13]. »

Clark voyait clairement que son parti ne pouvait s'opposer au contenu du projet constitutionnel de Trudeau, d'une part parce qu'il était lui-même favorable à certains de ses aspects, et d'autre part parce que, selon Allan Gregg, son expert en sondages, la population y était favorable. Ayant donc décidé d'attaquer non la substance mais la manière, il déclara que l'unilatéralisme était une erreur et une provocation, parce qu'il opposait une fin de non-recevoir brutale aux objections des provinces et violait la coutume constitutionnelle canadienne. « Parce que la constitution est le fondement de la nation, elle doit être le produit du consensus le plus large possible. Elle ne peut être arbitrairement imposée au pays par un individu ou un gouvernement. Elle ne peut être le résultat de la menace, d'un ultimatum, d'une date limite artificielle. Faire une constitution de cette façon, c'est mal servir le Canada. » En exposant ainsi la position de son parti, Clark voulait à la fois montrer qu'il comprenait les réserves des premiers ministres provinciaux et donner des conservateurs fédéraux l'image d'un parti *national* qui prenait position pour le bien du pays tout entier[14].

Malgré sa cohérence, la stratégie constitutionnelle de Clark prit un mauvais départ. Sa dénonciation de la démarche unilatérale de Trudeau lui attira immédiatement des ennuis quand le premier ministre de l'Ontario se déclara favorable à la position du gouvernement fédéral. L'Ontario est la province la plus riche, la plus industrialisée et la plus peuplée du pays. Le Parti progressiste conservateur de l'Ontario, alors au pouvoir depuis près de quarante ans, était probablement la machine politique la plus puissante et la plus efficace du pays. Aussi Bill Davis, en proclamant son soutien au projet constitutionnel et en incitant les députés conservateurs fédéraux à imiter son exemple, et donc à s'opposer directement à leur chef national, mit Clark dans un embarras extrême. Les médias le présentèrent encore une fois comme un gaffeur, les pieds dans le plat[15].

Ses ennuis continuèrent quand le gouvernement soumit sa proposition constitutionelle au comité Hays-Joyal. Espérant retarder les travaux du comité et susciter la colère du public au spectacle de l'arrogance des libéraux, les conservateurs exigèrent que les audiences du comité soient télévisées, pour découvrir aussitôt que le projet Trudeau y gagnait en popularité. Bientôt, même les membres conservateurs du comité s'empressèrent de proposer des amendements renforçant la charte. L'indignation de Clark dénonçant le caractère unilatéral de la démarche gouvernementale prit figure d'un cas classique d'hypocrisie partisane[16].

Clark ne trouva un terrain solide sur lequel fonder sa dénonciation de l'unilatéralisme qu'au moment où la charte amendée revint devant la Chambre à la mi-février. La conjoncture avait alors commencé à se retourner contre Trudeau. Le 27 janvier, le premier ministre Blakeney de la Saskatchewan avait déclaré son opposition au projet fédéral ; le 30 janvier, le rapport Kershaw avait paru ; le 31 janvier, le *Globe and Mail* publiait un article, inspiré par Sir John Ford, qui contredisait l'affirmation de Trudeau selon laquelle Mme Thatcher aurait promis l'adoption rapide de sa proposition[17].

Puis se tint à Ottawa, le jour de la Saint-Valentin, une conférence constitutionnelle parallèle organisée par une coalition de groupes de femmes qui eut un vaste retentissement. Très critique envers les procédés autoritaires et expéditifs du gouvernement, la conférence exigea des amendements destinés à assurer l'égalité des sexes, que la charte, selon elle, ne garantissait pas. Pour la première fois, des mécontents élevaient la voix dans les rangs libéraux ; Louis

Duclos, député de Montmorency-Orléans, se déclarait contre le projet ; quatre sénateurs faisaient savoir qu'ils s'opposeraient à son adoption rapide par la Chambre haute. Au même moment, les premiers ministres dissidents intensifiaient leur bataille juridique contre les « fédéraux » en en appelant à la Cour suprême du jugement rendu contre eux par la Cour d'appel du Manitoba. Maintenant baptisés « la bande des huit », les premiers ministres devenaient un facteur de plus en plus important dans une partie dont le contrôle commençait à échapper aux trudeauistes[18].

Encouragé par ces signes de résistance et par la montée des tories dans les sondages, Clark obtint une majorité favorable à sa direction au congrès de son parti à la fin février. Quand le débat sur la proposition gouvernementale de rapatriement de la constitution reprit à la Chambre au début de mars, il avait convaincu son caucus de maintenir une position résolument obstructionniste. La solution unilatéraliste avancée par les libéraux pour dénouer l'impasse constitutionnelle conduisait à la division du pays, proclamait Jake Epp, le critique constitutionnel de l'opposition ; il réclama que le rapatriement de l'AANB soit assorti d'une formule d'amendement acceptable aux provinces. Il déposa aussi un amendement visant à écarter du projet le recours, très controversé, au référendum. Le dépôt d'un amendement ressortissait de la pratique courante de l'opposition, mais en discutant interminablement l'amendement Epp, les conservateurs réussirent à paralyser la Chambre un mois entier.

Exaspérés, les trudeauistes essayèrent le 19 mars de limiter à quatre jours la durée ultérieure du débat, dans l'espoir de rapatrier la constitution pour le 1er juillet. Les conservateurs se mirent alors à pratiquer une obstruction systématique. Intervenant sur des questions de règlement ou de fait personnel, ils immobilisèrent pratiquement la Chambre pendant deux autres semaines. L'émotion suscitée par ces querelles de procédure (Ed Broadbent reprocha violemment aux conservateurs leur tactique obstructionniste, qui empêchait le NPD de présenter ses propres amendements visant à renforcer les droits des femmes et des peuples autochtones) mit à l'épreuve la capacité de Clark de préserver l'unité de son caucus. Elle mit également à l'épreuve la capacité de la première femme à présider la chambre de maintenir l'ordre dans cette enceinte presque exclusivement masculine[19].

Jeanne Sauvé, députée libérale d'Ahuntsic et ancienne ministre, n'avait accepté la présidence qu'avec hésitation. La turbulence exceptionnelle de la Chambre aggrava son manque d'assurance initial. Les conservateurs l'accusèrent de sympathies libérales, les libéraux et les néo-démocrates se moquèrent de son inexpérience ; elle-même devait qualifier le débat constitutionnel d' « épisode le plus épouvantablement éprouvant de ma vie publique ». Cependant, ses décisions méticuleuses lui valurent finalement, des deux côtés de la Chambre, une réputation d'équité et de présence d'esprit[20].

Comme la fin de mars approchait, Sauvé commença à limiter la durée des interventions de l'opposition sur des points de règlement et de fait personnel. Clark vit qu'il ne pourrait plus maintenir bien longtemps ses troupes sur les barricades. La charte était populaire ; les députés conservateurs l'informaient que les électeurs commençaient à critiquer la tactique obstructionniste du parti. Pourtant, le 31 mars, les renforts arrivèrent. Clark s'empressa d'annoncer à la Chambre la décision de la Cour suprême de Terre-Neuve, qui avait jugé à l'unanimité que le gouvernement fédéral « n'était pas habilité à présenter un amendement qui affecterait directement les dispositions de l'AANB touchant les relations fédérales-provinciales... sans avoir obtenu l'accord préalable des provinces[21]. »

La bande des huit jubilait. « Le jugement de Terre-Neuve, se souvient John White, conseiller important du gouvernement de la Saskatchewan, eut un effet galvanique ». Bien que formulé incorrectement, il contestait tout de même la légitimité de l'unilatéralisme[22].

Joe Clark jubilait lui aussi : son caucus, naguère découragé et divisé, avait réussi à retarder le projet du gouvernement libéral majoritaire assez longtemps pour que les campagnes juridique et londonienne des premiers ministres provinciaux portent fruit. La Cour suprême d'une province ayant mis en cause la légitimité de son projet, Trudeau dut se résoudre à annoncer que si les conservateurs consentaient à mettre fin au débat, il demanderait à la Cour suprême de se prononcer sur sa constitutionnalité avant de l'expédier à Londres. Cette capitulation mettait fin à l'heure de gloire constitutionnelle de Clark. Mais les positions sur le Québec et sur l'unité nationale qu'il avait réussi à faire accepter à son caucus allaient avoir une importance durable pour le Parti conservateur et pour le Parti libéral.

Après quelques journées supplémentaires de débats et quelques heures de négociations fébriles entre les chefs de parti sur les modalités de la présentation de la cause fédérale devant la Cour suprême, l'attention allait de nouveau se tourner vers les premiers ministres provinciaux et vers leur stratégie de recours au pouvoir judiciaire dans leur bataille avec Trudeau.

Chapitre dix-sept

DEVANT LES TRIBUNAUX

Kevin Peterson, propriétaire du *Calgary Herald*, l'un des observateurs de la vie politique les plus perspicaces de l'Ouest, déclara un jour que Peter Lougheed n'aurait pas été un homme politique de la même envergure s'il n'avait pas eu à affronter Pierre Trudeau. Selon Peterson, Lougheed, qui s'était efforcé toute sa vie d'être un « gagnant », observait l'activité de Trudeau comme il aurait regardé le génial quart-arrière d'une grande équipe de football : il s'appliquait ensuite à comprendre son jeu et à apprendre à bloquer et à neutraliser ses mouvements. Cette démarche est particulièrement visible dans la stratégie judiciaire inventée et appliquée par Lougheed et les autres premiers ministres dissidents en 1980 et en 1981 pour contrer l'unilatéralisme de Trudeau.

Trudeau avait une autre façon d'affronter ses adversaires, parce qu'il s'inspirait d'une image différente. Son héros mythique n'était pas un colossal quart-arrière entouré et soutenu par des équipiers lourdement casqués et caparaçonnés ; c'était Cyrano, triomphant à la pointe de l'épée d'adversaires incroyablement plus forts. Dans son œuvre de polémiste, puis dans l'action politique, Trudeau a eu une vision manichéenne du monde : les forces du bien s'opposent éternellement aux forces du mal. Se considérant comme le champion de la démocratie et de la liberté, son instinct le portait à avoir une vision étroite de ses ennemis, à les défier sans relâche et à triompher en les écrasant, sans envisager de conciliation ni de compromis.

Sa réaction instinctive — manifeste pendant le débat parlementaire sur son projet constitutionnel — était de repousser toute attaque contre ses positions par une contre-offensive violente sur les points faibles de l'adversaire. Une tactique complémentaire consistait à s'appuyer sur son mandat : il avait été élu et il maintenait qu'en conséquence, il pouvait et devait faire ce qu'il jugeait bon jusqu'aux élections suivantes. Ce qu'il sous-entendait quand il en appelait à la démocratie contre ses critiques, c'était : « Si les électeurs ne sont pas contents, ils peuvent toujours me chasser du pouvoir ». Il employait aussi la ruse de l'avocat qui conseille à ses adversaires de mettre à l'épreuve la légalité de leur position : s'ils n'aimaient pas ce qu'il faisait, qu'ils lui intentent un procès.

Pour les premiers ministres dissidents, il n'était pas intéressant d'attendre la prochaine élection fédérale, qui pourrait n'avoir lieu que dans quatre ans. Dans quatre ans, l'ensemble du projet constitutionnel de Trudeau risquait d'être irréversiblement inscrit dans l'AANB. Du reste, ils savaient que la Charte des droits et libertés était devenue très populaire. Il serait plus rapide et sans doute plus efficace de s'en remettre à la justice. Les premiers ministres, quand ils virent jusqu'où Trudeau était prêt à aller pour faire passer son projet, décidèrent donc de porter leur cause devant les tribunaux.

Leur stratégie judiciaire comportait un risque différent de celui de leur hardie campagne londonienne, fondée sur le principe que « qui ne risque rien n'a rien ». En contestant la légalité du projet Trudeau, ils passaient du terrain politique au terrain judiciaire. Le succès dépendrait non plus des émotions que leurs arguments susciteraient dans l'opinion publique, mais de la capacité de leurs avocats de convaincre des juges réputés indépendants de la logique de ces arguments. La position éminemment politique selon laquelle l'exclusion des provinces du processus constitutionnel constituait une insupportable violation de la tradition politique canadienne ne suffirait plus. Ils devraient en démontrer l'illégalité aux tribunaux. L'enjeu était que, s'ils perdaient devant les tribunaux, ils ne pourraient plus crier au mauvais coup devant l'opinion ; mais s'ils gagnaient, le gain serait immédiat et spectaculaire. Trudeau se retrouverait dans une position intenable ; en tant que spécialiste de droit constitutionnel, il pourrait difficilement faire fi des magistrats en s'obstinant à recourir unilatéralement à Londres. De toute façon, dans cette éventualité, les parlementaires britanniques verraient certainement d'un mauvais œil la demande du gouvernement canadien et la rejeteraient probablement.

Afin de mettre en œuvre leur audacieuse stratégie, les premiers ministres dissidents visèrent à constituer une équipe juridique aussi forte que celle du fédéral. Plusieurs d'entre eux étaient avocats ; de concert avec leurs procureurs généraux, ils connaissaient bien le personnel et les pratiques du complexe système judiciaire canadien. Un gouvernement provincial ne peut saisir directement la Cour suprême. Ils devraient donc obtenir d'une de leurs propres cours d'appel un jugement déclaratoire qui, s'il ne liait ni le gouvernement canadien ni le gouvernement britannique, avait au moins son utilité politique. Les lourds mémoires des avocats donneraient de la crédibilité aux objections politiques des premiers ministres. Les décisions des juges auraient sans doute une certaine influence sur la conjoncture politique, intérieure et extérieure, liée au projet de rapatriement unilatéral de Trudeau.

Même si les jugements leur étaient défavorables, les dissidents y gagneraient la possibilité d'en appeler des cours provinciales à la Cour suprême, dont, si impétueux qu'il fût, Trudeau devrait tenir compte. Le procureur général de la Colombie-Britannique, Garde Gardom, et son sous-ministre, Richard Vogel, coordonnèrent la stratégie. Des comités consultatifs, composés de hauts fonctionnaires et d'hommes politiques influents, furent mis en place dans plusieurs provinces. Les meilleurs avocats furent engagés pour aider les premiers ministres dans le choix des cours provinciales et dans la rédaction des questions qui leur seraient présentées.

Étant donné le rôle de catalyseur du changement constitutionnel joué par le Québec et la détermination du gouvernement Lévesque de faire obstacle par tous les moyens au projet Trudeau, il était naturel que les premiers ministres approuvent sa décision de présenter la cause devant la Cour d'appel du Québec. On pouvait trouver fort possible que les juges de cette cour seraient sympathiques à la conception, adoptées par les dissidents, de la confédération comme contrat entre les provinces constitutives. Ils approuvèrent également le choix de la Cour d'appel de la Cour suprême de Terre-Neuve, parce que Brian Peckford était convaincu que celle-ci jugerait que le projet de rapatriement violait les termes de l'accord par lequel Terre-Neuve était entrée dans la Confédération canadienne en 1949. Leur troisième choix fut la Cour d'appel du Manitoba, parce qu'ils voulaient qu'une province de l'Ouest figurât sur la liste et que les statuts du Manitoba permettaient une décision rapide[1].

* * *

Tandis que les provinces arrêtaient leur stratégie judiciaire, choisissaient leurs cours, déterminaient les questions et le calendrier, l'équipe constitutionnelle de Trudeau mettait au point sa stratégie parlementaire. Elle avait cru pouvoir faire adopter le projet de rapatriement par le Parlement et l'expédier à Londres avant que les provinces ne le mettent en difficulté en s'adressant aux tribunaux. Mais chaque retard causé par Joe Clark à la Chambre rendait l'équipe plus vulnérable aux manœuvres juridiques de ses adversaires.

Une question de principe avait empêché les trudeauistes de couper l'herbe sous le pied de leurs adversaires en s'adressant eux-mêmes aux tribunaux. Le premier ministre désirait présenter son conflit avec les provinces comme une querelle politique et non pas juridique. Ses conseillers pensaient donc que le gouvernement fédéral ferait preuve de faiblesse en portant sa cause devant la Cour suprême. Le ministère fédéral de la Justice se préoccupait beaucoup de la stratégie juridique des provinces, mais au Bureau des relations fédérales-provinciales, à l'édifice Langevin — où « l'enfant de chienne à Trudeau », Michael Kirby, était toujours responsable de la tactique — les tribunaux n'étaient pas le souci principal.

Ne pas être avocat faisait à la fois la force et la faiblesse de Kirby comme pilote du projet constitutionnel ; comme il aimait à le dire, il partait « de l'idée que la constitution était un document politique auquel les avocats donnaient une forme juridique et non un document juridique que les hommes politiques faisaient accepter au public ». Pour lui, les « fédéraux » cherchaient à conclure un marché politique avec les représentants politiques des provinces. Pour conclure ce marché, Kirby aurait recours à tous les moyens nécessaires. N'étant pas avocat, il partageait les illusions des profanes sur l'impartialité angélique du système judiciaire. Comme il n'avait aucune raison de douter de la thèse rigoureuse de Trudeau — le projet unilatéral du gouvernement fédéral était peut-être politiquement discutable, mais constitutionnellement il était parfaitement légal —, il attendait paisiblement le jugement des cours dans les causes des premiers ministres dissidents. « Tu ne comprends rien [au tribunaux] » hurla, exaspéré, Barry Strayer, fonctionnaire du ministère de la Justice, lors d'une réunion où Kirby avait écarté comme insignifiante la question de la stratégie des premiers ministres dissidents. « Il y a une politique judiciaire et une stratégie juridique aussi[2] ! »

Les fonctionnaires fédéraux eurent la confirmation de la naïveté juridique de Kirby lorsque la Cour d'appel du Manitoba rendit son arrêt en février 1981. Kirby fit irruption au beau milieu d'une réunion de sous-ministres dans l'édifice Langevin en brandissant le texte du jugement, clamant : « On a gagné ! On a gagné trois à deux ! » — « Vraiment ? » répliqua froidement Ian Stewart, le sous-ministre des Finances, « avaient-ils retiré leur gardien de but[3] ? »

L'ironie de Stewart visait plus loin que l'enthousiasme sportif de Kirby. Cette première décision pouvait bien être favorable à Ottawa. Mais à ce moment même, les dépêches du haut-commissariat du Canada à Londres indiquaient que les Britanniques hésitaient à entériner une proposition constitutionnelle canadienne alors qu'elle était *sub judice*. La décision partagée de la cour manitobaine était pour la cause de Trudeau autant une défaite politique qu'une victoire juridique, d'autant plus que l'un des juges minoritaires, J.P. O'Sullivan, soutenait que le projet Trudeau était inconstitutionnel parce que les gouvernements provinciaux étaient souverains dans leur champ de compétence ; Ottawa ne pouvait donc, poursuivait O'Sullivan, proposer unilatéralement des changements constitutionnels qui empiétaient sur la suprématie des provinces. Les provinces ne manquèrent pas de faire connaître ces considérations aux parlementaires britanniques et de les inclure dans leurs représentations à la Cour suprême de Terre-Neuve[4].

La joie de Kirby fut cependant de courte durée. L'opinion majoritaire de la Cour d'appel du Manitoba, rédigée par le juge en chef Samuel Freedman, portait qu'aucune coutume certaine ne rendait nécessaire le consentement des provinces aux amendements de la Constitution canadienne et que rien ne fondait la théorie d'un « pacte » confédératif, qui faisait du gouvernement une simple créature des provinces contractantes, dont il aurait dépendu. Les « fédéraux » étaient mis sur la défensive ; le premier ministre lui-même le reconnaissait en privé. Trudeau s'était rangé à l'avis de Roger Tassé, le sous-ministre fédéral de la Justice : si Terre-Neuve, ou le Québec, se déclarait contre le gouvernement fédéral, il s'inclinerait devant les juges (quelle que fût la valeur de leurs arrêts), suspendrait le processus politique en cours et soumettrait son projet constitutionnel au jugement de la Cour suprême, qui trancherait. Comme les provinces dissidentes en appelaient déjà du jugement du Manitoba à la Cour suprême, la prudence commandait de laisser la parole aux juges avant de demander à Londres de procéder au rapatriement.

Ainsi ralenti dans son élan, à la mi-février, le gouvernement fédéral rassembla ses forces à Saint-Jean pour défendre sa cause devant la Cour suprême de Terre-Neuve. Il était représenté par Clyde Wells, avocat de Terre-Neuve et ancien ministre d'un gouvernement provincial libéral. Selon lui, la future Charte des droits et libertés ne changerait rien à l'équilibre des pouvoirs au sein de la Confédération et ne limiterait pas davantage les pouvoirs des provinces, que la faculté, toutefois depuis longtemps inutilisée, que possédait le gouvernement fédéral d'annuler les lois provinciales. Wells contestait l'argument des provinces, selon lesquelles l'usage constituait une coutume rendant nécessaire l'accord des provinces à tout amendement constitutionnel fédéral affectant leurs pouvoirs. Il disait que cela « relevait de la science politique et non des tribunaux. » Wells avait présenté sa cause d'une façon compétente. Mais la Cour d'appel de Terre-Neuve n'en rendit pas moins le 31 mars un arrêt unanime très ferme, favorable à la position des provinces. La charte projetée des droits affecterait bel et bien la capacité des provinces de légiférer sur les droits individuels et le droit à la propriété que leur reconnaissait l'AANB. En outre, il existait bien une tradition constitutionnelle exigeant le consentement des provinces à tout amendement qui affecterait leurs pouvoirs[5].

Les jurisconsultes pouvaient bien contester la cohérence juridique et historique des juges de Terre-Neuve. Même les adversaires de Trudeau admettaient que leur arrêt ne serait sans doute pas confirmé en appel. Cependant, la réalité politique était évidente : grâce à ce jugement, les provinces venaient d'arrêter net l'initiative unilatérale du gouvernement fédéral. Pierre Trudeau devrait maintenant négocier une trêve parlementaire pour permettre à la Cour suprême de commencer ses audiences sur le projet fédéral. Dès avril, la Cour suprême était saisie de l'appel des provinces contre le jugement du Manitoba et de la demande d'avis du gouvernement fédéral sur la résolution présentée au Parlement. L'arrêt de la Cour d'appel du Québec daté du 15 avril, majoritairement (quatre voix contre une) favorable à Ottawa, n'avait déjà plus qu'un intérêt historique. Les premiers ministres dissidents avaient atteint leur objectif fondamental. L'express Trudeau avait été stoppé. Tant que les juges de la Cour suprême n'auraient pas entendu les deux parties, ne se seraient pas retirés pour délibérer et n'auraient pas émis le jugement décisif, les protagonistes devaient s'armer de patience[6].

* * *

Le retard causé par la nécessité de porter leur proposition constitutionnelle devant la Cour suprême ennuyait les trudeauistes. Mais ils avaient tout lieu de croire que la plus haute cour du pays se déclarerait rapidement en faveur de l'initiative unilatérale, parfaitement légale, ils en étaient convaincus. Mieux encore, ils avaient affaire, en la personne du Juge en chef du Canada, à un homme dont Trudeau admirait et respectait les décisions. La première nomination à la Cour suprême qu'avait faite Trudeau, et la plus admirée, avait été celle de Bora Laskin. Ancien professeur de droit constitutionnel et de droit du travail à l'Université de Toronto, fédéraliste, défenseur des droits de la personne, il était désormais reconnu comme une gloire du système judiciaire et du Canada tout entier[7].

Pour défendre sa cause devant Bora Laskin et ses collègues, le gouvernement fédéral choisit Michel Robert, l'éloquent avocat montréalais, ancien bâtonnier du Québec, et John J. Robinette, l'avocat le plus connu du Canada anglais, qui, alors âgé de 75 ans, avait acquis dans les milieux juridiques canadiens une réputation quasi légendaire. Robinette pensait tout à fait sérieusement que le chef du gouvernement fédéral était l'homme le plus intelligent qu'il eût rencontré au cours d'une longue carrière tout entière passée à se mesurer avec des esprits supérieurs. Son étroite collaboration avec Trudeau dans la préparation de la cause fédérale confirma son avis. À la façon dont deux spécialistes reconnus se consultent, Robinette présentait des propositions, Trudeau y répondait. Trudeau se montra inflexible dans son refus d'exclure la charte du projet fédéral, comme le conseillait Robinette pour augmenter les chances d'un arrêt favorable. Mais il consentit à ce que Robinette reconnaisse qu'effectivement la charte entamerait les pouvoirs des provinces. De concert, ils décidèrent que Robert attaquerait la théorie selon laquelle la confédération était le résultat d'une entente entre les provinces, Robinette soutiendrait que, quelle que fût la coutume établie en matière d'amendements constitutionnels, une coutume est une chose « purement politique » et qu'il n'appartient pas à la cour d'en juger ni de la faire observer.[8]

Tels furent les principaux arguments développés par Robinette, dans son style élégant et succinct, pendant les cinq jours de la fin d'avril et du début de mai 1981 où la cause constitutionnelle fut plaidée devant les juges de la Cour suprême. Outre Michel Robert, son allié le plus important fut le ministre de la Justice de l'Ontario, Roy McMurtry, qui avait décidé de présenter lui-même la cause de sa province au lieu de retenir les services d'un avocat. Son principal adversaire était l'avocat de Winnipeg Kerr Twaddle. Twaddle représentait le Manitoba, mais soutint au nom de tous les premiers ministres dissidents que toutes les parties du projet fédéral devaient obtenir l'accord unanime de toutes les provinces. Il parla quatre heures et demie, d'une façon si méticuleusement détaillée qu'on entendit le juge Willard Estey demander à son collègue le juge Julien Chouinard s'il ne pensait pas qu'il ne fallait pas « demander à ce type s'il en a encore pour longtemps[9] »

Lorsque les audiences furent enfin levées, les trudeauistes s'attendaient à ce que la cour rende son arrêt avant un mois. Alors ils pourraient — enfin ! — aller à Londres. Mais le mois de mai se termina, on fut en juin, puis vint la fête du Canada et le chaud et long été d'Ottawa se poursuivit sans que la cour ne dît mot. Quand il avait cédé aux exigences de Clark, le premier ministre pensait que la cour rendrait son arrêt rapidement. « Laskin m'a laissé tomber devait dire Trudeau des années après. J'avais parié qu'il entamerait les audiences dès que le résultat de l'appel du Québec serait connu et que nous aurions la réponse en un mois. J'avais des raisons de penser que la cause était assez importante pour qu'il lui donne la priorité absolue. En fait, elle a été étonnamment lente[10]. »

Il se trouve que le juge Laskin ne voulait accommoder l'exercice de sa fonction au calendrier de personne, même pas de celui auquel il devait son haut rang. « Nous sommes l'arbitre, et le seul arbitre du système constitutionnel canadien » avait un jour dit Laskin, au sujet de son tribunal bien-aimé. Juge en chef depuis sept ans, il avait présidé à la transformation de la Cour suprême : jadis élément relativement mineur, elle s'était placée au centre du système politique canadien en insistant vigoureusement sur son importance égale à celle des pouvoirs exécutif et législatif.

Sous Laskin, la cour avait déjà affirmé la préséance du bilinguisme inscrit dans l'AANB sur l'unilinguisme instauré au Québec par la loi 101 du gouvernement péquiste. Elle avait établi la ligne de démarcation entre les pouvoirs du fédéral et des provinces dans nombre de champs d'intervention gouvernementale, de la réglementation des prix et des salaires à la législation des ressources. Mais avec le défi constitutionnel de 1981, Laskin avait à faire face à une situation d'une importance sans précédent, alors qu'une grave maladie le faisait souffrir en permanence. Devant l'incapacité des cours provinciales à offrir la même interprétation du droit constitutionnel canadien, il était appelé, avec ses huit collègues, à se prononcer sur une question d'un tel poids qu'elle avait presque suspendu toute l'activité politique du pays[11].

Les enjeux étaient énormes : rien de moins que la forme et même l'intégrité territoriale du Canada. En se déclarant en faveur du projet d'Ottawa, la cour entérinerait une charte des droits qui allait annuler de nouveaux éléments des lois linguistiques du Québec, mettre fin à un siècle de discrimination contre les francophones désireux d'obtenir des droits scolaires au Canada anglais, éliminer les obstacles provinciaux à l'ouverture d'un marché national du travail et donner au gouvernement fédéral, avec la possibilité de tenir des référendums sur d'autres amendements constitutionnels, de nouveaux pouvoirs centralisateurs. Si au contraire, la cour se déclarait contre le projet fédéral, le Canada deviendrait une confédération où les provinces pourraient modifier la constitution à l'égal d'Ottawa. Les juges pourraient être parmi les principaux bénéficiaires de leur propre décision, ce qui la rendait d'autant plus difficile[12].

Si le projet Trudeau était accepté et incorporé à la nouvelle Constitution canadienne, la Cour suprême verrait élargir son pouvoir de statuer sur la validité des lois fédérales et provinciales, donc de trancher des questions éthiques et politiques (deux exemples importants : l'avortement et le financement d'écoles confessionnelles) susceptibles d'avoir une énorme influence sur l'évolution de la société canadienne. Elle ferait entrer le pays dans une ère nouvelle où les juges, au lieu d'être, selon la tradition britannique, des arbitres placés au-dessus de la mêlée, détermineraient, selon le modèle américain, l'orientation du changement social. Qu'il fallût à la cour cinq mois pour rendre son arrêt donne la mesure de la difficulté de sa tâche.

On apprit vers la fin de septembre que le jugement serait rendu public le 28, en présence des neuf juges revêtus de leurs toges écarlates ; pour la première fois dans l'histoire de la Cour suprême, l'événement serait retransmis en direct par la télévision.

Ce jour-là, rue Wellington à Ottawa, dans le magnifique bâtiment de l'architecte Cormier où siège la cour, l'excitation était palpable. Dès sept heures du matin, des groupes se formèrent devant l'immeuble ; des étudiants en droit y coudoyaient de jeunes mères avec leur bébé, tous désireux de participer à cet événement historique. Mais quand, vers le milieu de la matinée, le moment fut arrivé et que Bora Laskin commença à lire le document de 45 pages qui constituait le jugement, personne ne comprit ce qu'il disait. L'équipement de prise de son fonctionnait mal et les paroles de Laskin ne parvenaient aux spectateurs qu'en bribes incompréhensibles.

En outre, les experts universitaires dûment convoqués pour expliquer au public la signification du jugement n'en avaient pas reçu le texte à l'avance. Ils ne purent donc, quand les journalistes les interrogèrent, fournir leurs doctes éclaircissements. « Qu'en pensez-vous, professeur ? Dites-nous l'essentiel du jugement », demandait un commentateur à un expert qui répondait doucement... qu'il ne pouvait répondre parce qu'il n'avait pas pu l'entendre, et encore moins le lire. Les caméras se tournaient alors vers le majestueux vestibule néo-classique où Jean Chrétien et Eugene Forsey, du côté fédéral, et William Bennett et Joe Clark du côté de l'opposition provinciale, revendiquaient une victoire éclatante pour leur camp respectif.

Les spectateurs avaient tout lieu d'être perplexes, et pas

seulement à cause des difficultés techniques, car une suprême confusion semblait régner parmi les augustes juges de la Cour suprême. Quelle que fût la valeur du jugement — quand il eut été finalement distribué et lu, les uns dirent que les juges s'étaient défilés, les autres qu'ils avaient fait preuve de génie collectif —, il était en tout cas complexe. À l'une des questions posées par les gouvernements provinciaux, la cour répondait à l'unanimité que : oui, le projet affectait les droits et les pouvoirs des provinces. Sur les deux autres, elle était divisée[13].

Cette schizophrénie se manifestait chez quatre juges : Brian Dickson, Jean Beetz, Julien Chouinard et Antonio Lamer pensaient d'une part, comme leurs deux collègues conservateurs Ronald Martland et Roland Ritchie, qu'il existait au Canada une coutume constitutionnelle exigeant que des amendements à la constitution qui affecteraient les pouvoirs des provinces reçoivent un appui important de la part de celles-ci, et que modifier les pouvoirs des provinces sans leur consentement était en conséquence « inconstitutionnel au sens coutumier ». Mais d'autre part ils convenaient, avec le Juge en chef et ses deux collègues libéraux Willard Estey et William McIntyre, qu'il n'existait aucune exigence *juridique*, aucun contrat ayant force de loi qui empêchât le Parlement fédéral de demander au Royaume-Uni d'amender l'AANB[14].

Pour sortir de l'impasse, les juges s'étaient collectivement résolus à un compromis typiquement canadien. Comme le sort de la démarche unilatérale de Trudeau et de la lutte que les premiers ministres dissidents menaient contre elle était suspendu à la décision de la cour, ils donnèrent une demi-victoire et une demi-défaite à chaque camp. Par six voix contre trois, ils se déclarèrent, en substance, en faveur de la thèse des provinces que tout amendement à la constitution exigeait l'accord des provinces, parlant cependant d'appui « substantiel » plutôt que d'appui « unanime ». Mais c'était une victoire morale, pas une victoire juridique, car par sept voix contre deux, les juges donnèrent raison au gouvernement fédéral lorsqu'il maintenait qu'il était parfaitement légal d'expédier la proposition unilatérale de Trudeau, dûment approuvée par le Parlement canadien, à Londres, pour être promulguée par Westminster. Mais les juges en leur sagesse étaient cependant d'avis que l'unilatéralisme, bien que légal, serait peu convenable et même politiquement illégitime, s'il était pratiqué contre la volonté des provinces.

Même si les jugements individuels des neuf juges étaient confus et contradictoires, leur combinaison produisit ce résultat éminemment positif de pousser les deux parties à revenir à la table de négociation dans un contexte modifié. Comme le dit Peter Russell, l'arrêt de la Cour suprême était peut-être contestable sur le plan de la jurisprudence, mais, du point de vue de l'homme d'État, c'était un « coup de maître » : les deux camps recevaient chacun « la moitié du gâteau » pour les inviter à reprendre la négociation. Il donnait au gouvernement fédéral le feu vert juridique, mais le feu rouge politique, pour l'inviter à suspendre l'unilatéralisme en faveur d'une nouvelle reprise des négociations ; aux provinces dissidentes, le feu vert politique mais le feu rouge juridique, pour les inviter à modérer leur intransigeance[15].

À l'autre bout du monde, dans un hôtel en Corée du Sud, Pierre Trudeau comprit immédiatement ce qui était arrivé. Le premier ministre faisait escale à Séoul avant de se rendre à Melbourne, en Australie, où se tenait une conférence du Commonwealth. La semaine précédente à Ottawa, il avait conclu un accord avec William Bennett, qui venait de prendre la présidence du groupe des premiers ministres provinciaux.

Fidèle à son style, Trudeau avait déclaré à Bennett que les « fédéraux » détenaient les meilleures cartes et que les premiers ministres étaient sur la défensive. Si la Cour suprême lui accordait clairement la victoire, il irait à Londres aussitôt que le Parlement aurait adopté la proposition du gouvernement. Si elle accordait clairement la victoire aux provinces, il irait tout de même à Londres avec son projet, et même s'il causait tout un chambard à Westminster, il était convaincu que les parlementaires britanniques finiraient par déférer, en se bouchant les narines, à la requête du gouvernement canadien. Margaret Thatcher l'avait assuré de son soutien, et il entendait lui demander à Melbourne de confirmer cet engagement. Il concédait que si la décision était partagée, la difficulté serait réelle. Il voulait savoir si les premiers ministres étaient effectivement prêts à une ultime tentative pour trouver une solution négociée. S'ils ne cherchaient qu'une nouvelle occasion de malmener Trudeau, ce dernier n'était pas preneur.

Bennett répondit que les premiers ministres étaient de bonne foi et désiraient parvenir à une solution ; mais que le Manitoba avait des réserves sur l'article 23 de la Charte sur le droit à l'éducation dans la langue de la minorité. « Bill, il me faut la langue, dit simplement Trudeau, c'est le sens de ma vie ». Les deux hommes se séparèrent après avoir convenu des signaux qu'ils s'enverraient en cas de décision partagée[16].

Ce jour-là, en Corée, il discuta avec Michael Pitfield qui restait son plus proche conseiller en matière de stratégie politique, puis se prépara à faire face aux caméras, vêtu d'un complet blanc, une rose rose à la boutonnière, le visage sévère. Lors d'une conférence de presse convoquée très tôt le matin, heure locale, pour passer en direct l'après-midi au Canada, il apparut fatigué, irritable, mais effronté. Il commença par crier victoire : « Je ne vois d'autre solution que d'aller de l'avant », dit-il, pour ajouter néanmoins, comme après coup, une déclaration qui donnait en fait à Bennett le signal convenu : « Nous sommes disposés à considérer la réaction des provinces. » Traduit en « constitutionnel », le langage hermétique et nuancé qui s'était peu à peu constitué au fil de plus de dix ans d'arguties entre gouvernements, cela voulait dire qu'il était prêt à une dernière tentative pour arriver à une entente avec les premiers ministres[17].

Chapitre dix-huit

DU JUGEMENT DERNIER À L'ACCORD FINAL

La première semaine de novembre 1981 où fut conclu l'accord qui rapatriait enfin la constitution du Canada fut probablement la plus importante de la carrière de Pierre Elliott Trudeau premier ministre ; elle vit le dénouement du grand spectacle de sa vie politique et marqua le moment le plus intense de sa symbiose avec la société divisée dont il était le produit. Si nombreux que fussent les personnages rassemblés à Ottawa pour l'événement (et il y en avait des centaines), si pittoresques que fussent les seconds rôles qui se pavanaient sur la scène (et il y en eut bien une douzaine à prétendre chacun que *son* rôle avait été crucial dans le dénouement), l'étoile du spectacle était sans aucun doute Pierre Trudeau. Au propre comme au figuré, sa main tenait le marteau qui rythmait le déroulement de la cérémonie.

Il aborda cette semaine de négociation avec les premiers ministres provinciaux tous ses sens en éveil ; il ressemblait à un vieux maître zen, conscient du poids de l'Histoire mais vivant dans l'instant, concentré sur son objectif et sûr de son droit. Son inébranlable certitude ne lui apparaissait pas comme de l'arrogance : elle lui était inspirée par la cause à laquelle il avait consacré sa vie. Il croyait toujours qu'en voulant rapatrier la constitution canadienne, il cherchait à instaurer une démocratie élargie, qui permettrait au « peuple » à la fois d'assumer collectivement la responsabilité du contrat social, et de jouir de plus de liberté individuellement, grâce à son projet de Charte des droits et libertés. Il s'était battu pendant trente ans, pensait-il, pour affranchir les Canadiens français du joug des élites qui dominaient l'Église, l'État et l'économie. Ce même combat, étendu à tous les Canadiens, exigeait désormais qu'il l'emporte sur les premiers ministres provinciaux : il les considérait comme de petits potentats locaux mesquins et avides qui, depuis plus de dix ans, faisaient obstacle à sa vision politique avec une insolence grandissante.

Ayant acquis une telle astuce politique, ayant survécu à tant de fluctuations de sa popularité, il savait qu'il ne retrouverait jamais des conditions aussi favorables à l'accomplissement de ses désirs qu'en cet automne 1981. Martin Goldfarb, son spécialiste des sondages, l'avait averti bien souvent que la fascination que sa personnalité exerçait sur le public était une hydre à deux têtes. Les Canadiens attendaient de lui qu'il les protège des dangers liés à l'existence de la nation. Mais quand les choses allaient mal, ils s'emportaient contre lui. Des citoyens inquiets projetaient leur angoisse collective sur la personne du premier ministre, demandaient aux enquêteurs chargés d'évaluer l'humeur de l'électorat : « Pourquoi n'arrange-t-il pas les choses ? S'il le voulait vraiment, il pourrait tout régler ». Dans les derniers mois de 1981, le mécontentement couvait dans le pays, et les médias cherchaient à l'attiser, à faire éclater l'incendie où Trudeau serait brûlé vif. Le ralentissement économique qui allait devenir la pire récession à frapper le pays depuis les années 30 avait commencé. La mise en œuvre du Programme national sur l'énergie du gouvernement fédéral provoquait la rage de l'Ouest. Le gouvernement Reagan agitait la menace de représailles contre le Programme et contre divers autres péchés dont s'était rendue coupable la commission récemment ressuscitée par le gouvernement Trudeau. La question du rapatriement de la constitution recommençait à impatienter les électeurs, qui s'étaient toujours sentis exclus des disputes des hommes politiques sur des points qu'ils jugeaient bien abstraits. Les sondages les montraient encore massivement favorables à l' « ensemble du peuple » de Trudeau : rapatriement de l'AANB assorti d'une charte des droits et d'une formule d'amendement ; ils semblaient comprendre intuitivement que Trudeau, en cherchant à obtenir une extension des droits des citoyens, améliorerait sensiblement leur qualité de vie.

Mais ils voulaient que cessent les affrontements avec les autres premiers ministres, et que le rapatriement se fasse tout de suite[1].

Ces préoccupations étaient fortement ressenties à Ottawa ce dimanche 1er novembre, veille de l'ouverture de la conférence constitutionnelle des premiers ministres. Dans toute la ville, les délégations des différentes provinces se réunissaient dans des suites d'hôtel pour se préparer à la confrontation imminente. Les gens étaient nerveux, déjà divisés en deux camps, eux-mêmes destinés à se fragmenter. Face à Trudeau s'alignaient ceux qu'on appelait la « bande des huit » : les quatre premiers ministres des provinces de l'Ouest, trois de l'Est, et René Lévesque pour le Québec. Derrière Trudeau se tenait le duo inattendu des premiers ministres conservateurs de l'Ontario et du Nouveau-Brunswick, William Davis et Richard Hatfield. Ils étaient les seuls à avoir participé en 1971 à la Conférence de Victoria, où Trudeau et les premiers ministres provinciaux d'alors étaient parvenus à un accord sur la constitution, pour le voir se désintégrer une fois la conférence terminée, parce que le Québec était revenu sur son engagement. Ils étaient aussi les seuls, après dix années amères de négociations fédérales-provinciales avortées, à distinguer encore, derrière les peccadilles qu'on pouvait reprocher à Trudeau, cette vision d'un Canada plus égalitaire et plus uni qui avait motivé au départ ses initiatives constitutionnelles.

* * *

Richard Hatfield se passionnait déjà pour les problèmes de partage des pouvoirs entre le fédéral et les provinces avant de devenir premier ministre du Nouveau-Brunswick en 1970. Jeune adjoint de ministre à Ottawa sous Diefenbaker dans les années 50, il avait appris à dépasser le provincialisme en faveur du Canada, et le conservatisme en faveur de la justice sociale. Poussé par sa foi ardente en la fédération canadienne, Hatfield avait non seulement embrassé l'idéal du bilinguisme officiel mais l'avait mis en pratique au Nouveau-Brunswick. La population francophone acadienne l'en avait récompensé en votant pour lui, l'aidant ainsi à dominer durablement l'Assemblée législative. Le progressisme de Hatfield était d'autant plus remarquable qu'il provenait des élites provinciales traditionnelles qui avaient maintenu l'unité canadienne depuis la Confédération, et que Trudeau était entré en politique pour évincer. Avocat célibataire, issu d'une famille prospère de la vallée de la rivière Saint-Jean, fils du sénateur Heber Hatfield, formé depuis l'enfance pour une carrière politique, Hatfield apportait beaucoup de qualités (cachées pour la plupart) et plusieurs faiblesses (toutes bien visibles) dans la corbeille de son alliance avec Trudeau.

Au pouvoir au Nouveau-Brunswick depuis plus de dix ans, les autres premiers ministres le considéraient quand même comme un poids léger en politique, à cause d'un naturel fantasque : il partait fréquemment en vacances dans des régions exotiques (le Maroc, New-York, Montréal), s'intéressait à la mode et à l'art populaire, passait des nuits à boire avec les journalistes dont il aimait les potins, et se laissait aller au sentimentalisme, en particulier dans l'expression de son amour pour la monarchie. « Je n'aime pas les Anglais, mais j'adore la reine, expliquait-il, pas seulement parce que c'est une femme merveilleuse, tout simplement merveilleuse, qui connaît à fond, mais à fond le Canada, mais parce qu'elle incarne en sa personne les aspects les plus remarquables du système parlementaire qui nous définit et nous ennoblit tous ». Quand Hatfield était allé à Londres l'hiver précédent, et qu'il avait exprimé publiquement ces sentiments en plaidant pour le projet Trudeau de rapatriement de la constitution, les Anglais avaient été estomaqués. « Mon Dieu, mais d'où sort-il, celui-là ? » avait demandé à deux Canadiens un travailliste des Lowlands d'Écosse au cours d'une discussion sur les problèmes que le rapatriement posait aux députés de Westminster. « Je veux dire, on croyait que cette sorte de gens avait sombré avec le *Titanic*, et qu'ils reposaient en paix au fond de l'océan[2] ! »

Ses détracteurs n'avaient pas saisi que sous cette façade de dandy il y avait un homme politique intelligent et intuitif. Sa longue expérience de la vie publique et son tempérament essentiellement solitaire permettaient à Hatfield de considérer d'un œil froid ses collègues, les autres premiers ministres, dont la culture « macho » n'était pas la sienne ; la hargne des premiers ministres dissidents — prêts, pensait-il, à détruire la Confédération par « mesquinerie, appétit de pouvoir ou dépit personnel » — le consternait, tout comme l'agressivité que Trudeau avait adoptée pour y réagir[3].

Hatfield était son propre ministre de la Justice et ministre des

Affaires inter-gouvernementales, et se faisait un devoir de consulter régulièrement les fonctionnaires fédéraux pour être à même de saisir les subtilités des questions constitutionnelles. Mais il entendait, au cours des délicates négociations à venir, se tenir à l'écart des réunions de stratégie de l'équipe fédérale ; il voulait rester ouvert, et pouvoir parler avec les représentants de toutes les parties. Essentiellement, il espérait contribuer au rapatriement de la constitution en se tenant disponible, et en pratiquant la conciliation de façon subreptice. De toute façon, c'était à son avis Bill Davis qui pouvait le mieux venir à bout des caprices de Pierre Trudeau.

* * *

Trudeau n'en aurait jamais convenu, mais s'il pouvait encore envisager, en automne 1981, d'aller à Londres avec son projet constitutionnel, il le devait principalement au soutien apporté à sa cause pendant l'année précédente par le premier ministre de la province la plus peuplée et la plus riche du pays. C'est seulement en 1980 que Bill Davis s'était publiquement déclaré favorable au projet Trudeau. Mais ce soutien, illustration la plus récente de la solidarité entre l'Ontario et Ottawa, était profondément enraciné dans l'histoire du pays. Malgré les nombreux affrontements entre Ottawa et Queen's Park sur le plan de la politique partisane, il y avait eu en général identité d'intérêts entre le fédéral et l'Ontario dès le temps de John A. MacDonald ; aux yeux du premier premier ministre de la Confédération, le bien du nouveau pays se situait dans le prolongement de celui du Haut-Canada. Un siècle plus tard, l'Ontario avait pris l'habitude de traiter presque d'égal à égal avec Ottawa. Au début des années 80, le régime fédéral libéral, si longtemps en place à Ottawa, et le régime conservateur de l'Ontario, depuis longtemps établi à Queen's Park, en étaient venus à représenter aux yeux de nombreux citoyens de la périphérie comme les deux faces de l'entreprise « Big Government Inc. »[4].

L'axe Ottawa-Toronto avait encore été renforcé grâce aux contacts établis par des membres de l'équipe Davis avec l'équipe constitutionnelle de Trudeau au cours des dix-huit mois précédents. Jean Chrétien, le ministre fédéral de la Justice, s'entendait très bien avec son homologue ontarien Roy McMurtry depuis l'été des négociations du Comité permanent sur la constitution présidées conjointement par Chrétien et Roy Romanow, ministre de la Justice de la Saskatchewan. Les trois hommes étaient restés très unis, se rencontraient ou se téléphonaient régulièrement, s'étaient donné les surnoms de « Big Roy », « Little Roy » et « P'tit Jean ». Surtout, Michael Kirby, secrétaire de Trudeau pour les affaires fédérales-provinciales et Hugh Segal, secrétaire adjoint du Cabinet de Davis, avaient d'excellents rapports. (« Dès notre première rencontre ou presque, Hughie devint l'un de mes meilleurs amis » disait Kirby de relations qui devaient plus tard devenir institutionnelles puisque lui, Segal et le néo-démocrate Gerald Caplan allaient former l'équipe de commentateurs politiques du réseau CTV. Caplan ajouterait le sel socio-démocrate de de son esprit acéré à la bonhomie bipartisane de Segal et de Kirby.) Sur les instances de Segal, le gouvernement Davis avait détaché un de ses fonctionnaires auprès de Kirby au Bureau des relations fédérales-provinciales pour assurer une liaison encore plus étroite, et insisté pour que ses représentants à Londres travaillent, de concert avec la haut-commissaire du Canada Jean Wadds, à contrecarrer l'activité des provinces dissidentes en faisant discrètement savoir aux Britanniques que le plus ancien régime conservateur du Commonwealth soutenait Trudeau[5].

Si étroits que fussent devenus les rapports entre les équipes constitutionnelles d'Ottawa et de l'Ontario, la différence entre les deux hommes qui les dirigeaient n'en demeuraient pas moins très frappante quant au style et à la personnalité. Bill Davis était, littéralement, un provincial, en ce sens qu'il gardait de profondes racines dans le pays dont il était le produit. Il avait sucé le lait conservateur dès sa naissance au sein d'une famille de la bonne bourgeoisie ontarienne qui, du côté maternel, avait fait fortune dans la chaussure ; il avait passé son enfance dans une grande maison de la verdoyante petite ville de Brampton. Son éducation avait été aussi provinciale et conventionnelle que son milieu familial. Il avait fréquenté l'Université de Toronto de la grande époque où le campus vibrait aux idées de Marshall McLuhan, de C.B. MacPherson, de Donald Creighton, de Caesar Wright, de Bora Laskin, de S.D. Clark et de Northrop Frye. Mais Davis s'était spécialisé en football et, accessoirement, en politique étudiante. Il n'avait fait — péniblement — son droit que pour faire plaisir à son père, procureur de la Couronne à Brampton et pilier de l'Église unie. Grenville

Davis avait ensuite lancé son fils dans la politique provinciale quand il n'était encore qu'un jeune avocat dodu et muet de timidité, habitant avec sa femme et ses enfants en face de chez ses parents. Un ami de son père lui légua pour ainsi dire une circonscription sûre. De l'arrière-ban, il fut rapidement promu au poste de ministre de l'Éducation. C'était en Ontario le moment où les collèges communautaires et les universités se multipliaient pour répondre aux besoins de la génération du *baby boom* et le jeune Davis prospéra dans ce ministère florissant. Lorsqu'il devint en 1971 le quatrième des premiers ministres progressistes-conservateurs à se succéder à Queen's Park, il était aussi mal disposé à l'égard des libéraux que les autres leaders provinciaux. Au cours des années 70, en acquérant davantage d'expérience du pouvoir, Davis se rendit compte que les disputes fédérales-provinciales causaient dans l'économie politique canadienne des dégâts tels qu'on s'acheminait vers une crise qui pourrait devenir préjudiciable aux intérêts à long terme de l'Ontario[6].

Le développement industriel de la province était ralenti par les obstacles au commerce interprovincial qui s'étaient accumulés au fur et à mesure que les provinces périphériques en venaient à concevoir, aux dépens de l'Ontario, une stratégie économique distincte et concurrentielle. Il était particulièrement inquiétant de constater que l'autonomie de l'Alberta, en ce qui avait trait à ses ressources naturelles, dans un contexte de coût croissant de l'énergie, risquait d'entraver les entreprises de l'Ontario et d'accabler ses consommateurs. L' « union économique » canadienne intéressait l'Ontario presque autant qu'Ottawa. Les conservateurs ontariens s'alignèrent donc sur la politique énergétique de Trudeau et des libéraux lorsque la première crise de l'OPEP, en 1973, fit monter le cours mondial du pétrole — décision que le premier ministre de l'Alberta Peter Lougheed considérait comme « un coup de pied dans les couilles[7] ».

En 1971, au moment où ils étaient devenus à quelques mois d'intervalle premiers ministres de leur province respective, Lougheed et Davis s'entendaient plutôt bien, allaient ensemble à des matches de football et se rendaient visite accompagnés de leurs femmes. Le conflit historique opposant le centre et la périphérie sur la question de savoir qui devrait profiter du loyer des ressources les sépara bientôt ; Davis avait espéré que les négociations constitutionnelles de 1978 et 1979 résoudraient cet épineux problème interprovincial et dissiperaient l'inquiétude que lui causait l'instabilité politique du Québec : la séparation du Québec pouvait signifier pour l'Ontario la perte de son marché provincial le plus important. L'échec des deux conférences l'avait tellement révolté qu'il prit ses distances avec ses homologues provinciaux bien qu'ils aient été presque tous conservateurs comme lui et qu'ils croyaient avoir droit à sa solidarité.

Lorsqu'en 1979 le premier ministre fédéral nouvellement élu, Joe Clark, se montra incapable de résister aux exigences de l'Alberta, l'Ontario rompit aussi avec les conservateurs à Ottawa. Davis, qui était fier de sa réputation d'affabilité et aimait qu'on le voie comme le premier ministre jovial et effacé de la province jouissant de la meilleure conscience de la Confédération, l'homme à la pipe, l'éternel conciliateur, devint soudain un membre non orthodoxe du club des premiers ministres. Au cours de la décourageante campagne électorale que Clark mena pendant l'hiver 1980 contre un Trudeau ressuscité, Davis vit à ce que son organisation électorale, « la grosse machine bleue », expérimentée et efficace, n'offrît qu'une aide de pure forme aux conservateurs fédéraux. Face à Clark, il y avait la grosse machine rouge des libéraux fédéraux, et pour Davis, centralisateur provocant, la machine semblait bien belle.

Aux yeux de Davis et de ses principaux conseillers — Hugh Segal, Roy McMurtry, Tom Wells, ministre des Affaires intergouvernementales et Eddie Goodman, habile avocat torontois et un vieux copain de Davis — il était devenu évident que la politique constitutionnelle des années 70 était vouée à l'échec. Ils étaient convaincus que seule une initiative audacieuse du gouvernement fédéral pouvait sauver le pays ; aussi, lorsque, le 2 octobre 1980, Trudeau présenta son projet unilatéral, leur apparut-il clair qu'il fallait le soutenir. (Ils s'attendaient à ce qu'Hatfield se range du côté de Trudeau à cause de ses liens d'amitié avec l'écrivain et publicitaire Dalton Camp, gourou de la grosse machine bleue).

Bien que le clan Davis pensât que le projet Trudeau de rapatriement donnait au Canada sa dernière chance de conserver un gouvernement central assez puissant pour diriger le pays, aucun de ses membres n'éprouvait pourtant de sentiments vraiment chaleureux pour son architecte ; Trudeau était trop cérébral, trop solitaire et trop sarcastique pour leur inspirer de l'affection. Mais, en vrais professionnels de la politique, ils admiraient sa longévité au pouvoir et, en tant que citoyens canadiens, son acharnement fédéraliste. Il allait de soi pour eux que seul Trudeau, incarnation du *French power* à Ottawa, pouvait réussir le rapatriement. Lui seul avait assez de cran et de rigueur intellectuelle pour tirer le pays du constitutionnalisme stérile dans lequel il était empêtré et le remettre sur le droit chemin. « C'était, pour nous tous, un grand homme, devait expliquer plus tard l'un d'eux, on ne pouvait pas l'écouter présenter ses arguments sans en être convaincu. Un grand homme, dur comme le diamant, étincelant. Il était parfois plus facile d'être l'ennemi de n'importe qui d'autre que l'allié de Pierre Trudeau[9] ».

Au grand soulagement des hommes de Davis, leurs sondages indiquaient qu'il serait non seulement utile pour l'État mais aussi politiquement rentable de faire cause commune avec Trudeau. Tout comme le Programme national de l'énergie, qui promettait de maintenir l'essence à un prix modéré, la Charte des droits était populaire en Ontario, région urbanisée et multiculturelle. En revanche, la position de Trudeau sur les droits linguistiques ne l'était guère ; mais l'équipe Davis avait déjà contourné le problème. Davis et ses hommes étaient des « tories rouges » qui trouvaient gênant le préjugé anti-français latent chez beaucoup des vieux membres de leur parti. Ils croyaient à un Canada bilingue, et envoyaient leurs enfants en « immersion » dans les écoles bilingues créées par leur ministère de l'Éducation. Mais les électeurs ruraux n'y croyaient pas du tout, et c'était eux qui maintenaient le Parti conservateur au pouvoir depuis quarante ans. Conscient de ce problème, Trudeau avait consenti, malgré la colère de beaucoup de libéraux, à ne pas exiger de Davis l'application en Ontario de l'article 133 de l'AANB, qui déclare bilingues l'Assemblée législative et les tribunaux québécois, et que Hatfield voulait étendre au Nouveau-Brunswick. C'était pour Davis une nécessité politique d'éviter l'officialisation du bilinguisme en Ontario malgré son importante population francophone, non seulement pour se protéger contre le risque d'une révolte des réactionnaires du Parti conservateur, mais pour maintenir une certaine tension partisane apparente et ne pas sembler trop proche de l'équipe Trudeau. De fait, ce calcul rapporta au centuple, puisqu'en avril 1981 le Parti conservateur fut réélu avec une nette majorité[10].

Homme politique au comble de la réussite, le premier ministre de l'Ontario avait donc tout lieu d'être content de lui en cet après-midi du 1er novembre 1981 : dans sa suite de l'hôtel Quatre Saisons, il éteignait la télévision (il regardait un match de football) et se préparait à aller voir le premier ministre au 24 Sussex. Davis se sentait si bien qu'il n'eut pas un battement de paupière lorsque Trudeau, décontracté comme à l'habitude, l'accueillit en jeans et en sabots et le conduisit dans la véranda vitrée où ils allaient discuter stratégie pendant deux heures. « Le comportement de Bill en face de Trudeau était habituellement, disons, vigilant, devait dire un de ses proches. Leurs rencontres le rendaient nerveux, mais il ne manifestait jamais cette nervosité, ni la colère et le sentiment de rivalité qui l'accompagnaient parfois ; au contraire de (Peter) Lougheed. Quand ces émotions bouillonnaient en lui, Bill les comprimait. Sa devise était : « En avant, calme et droit[11] ! »

Ce fut calmement, en effet, que Trudeau et Davis mirent au point une stratégie commune pour la réunion des premiers ministres des trois prochains jours, tandis que Michael Kirby et Hugh Segal prenaient des notes, intervenant à l'occasion. Pour l'essentiel, l'objectif des fédéralistes était d'obtenir ce que la Cour suprême avait appelé un soutien « substantiel » à leur proposition constitutionnelle en faisant éclater la « bande des huit ». De Lougheed, Lévesque, Peckford et Lyon, on pouvait s'attendre à l'hostilité habituelle, mais maintenant que Trudeau avait consenti à une dernière tentative de négociation, les autres dissidents anglophones donnaient des signes de leur désir de sortir de l'impasse.

Davis craignait que la pugnacité de Trudeau vienne saboter cette ouverture ; il avait vu l'irritabilité intellectuelle de Trudeau torpiller la possibilité d'un accord dans trop de rencontres fédérales-provinciales. La semaine précédente, Roy McMurtry avait confié cette crainte à Jean Chrétien, qui la partageait. Chrétien dit, dans son mauvais anglais : « Le patron, il aime ça discuter. Et il gagne ben des disputes. Mais j'ai peur qu'il perde la guerre ». Les deux ministres de la Justice décidèrent que leur tâche — et celle de Davis — au cours des négociations à venir devait être de modérer les réactions de Trudeau à la belligérance des premiers ministres

Le Québec et la politique des passions : Trudeau, le Canadien français qui a dit non à l'indépendance, et Lévesque, le Québécois qui a dit oui, s'affrontent dans un bras de fer qui a déchiré toute une génération.

Le Québec et la politique du changement : Dans les années 50, le Québec vit disparaître un type de confrontation, entre le paternalisme de Camillien Houde et de Maurice Duplessis (en haut à gauche) et le syndicalisme de Jean Marchand, pour en voir naître un autre, qui marqua la Révolution tranquille, entre les nationalistes comme Lesage, Lévesque et Johnson et les fédéralistes Trudeau et Pearson.

Le Québec et la politique de l'imprévisible : Dans la foulée de la Révolution tranquille, des bombes explosent dans les boîtes aux lettres, les soldats envahissent les rues de Montréal et une nouvelle force dynamique émerge sur la scène politique.

Le référendum et la politique des choix : À l'aube des années 80, quand le débat sur le statut politique du Québec atteint son point culminant, Trudeau et Chrétien, fédéralistes purs et durs, se joignirent dans le combat à leurs ennemis d'hier, Ryan et Lesage, pour vaincre le projet de souveraineté-association de René Lévesque, dans une campagne qui a déchiré le Québec.

Le rapatriement et la politique du compromis : Dans sa détermination de rapatrier la constitution, Trudeau le libéral fut amené à s'allier à des conservateurs notoires, aussi bien au Canada qu'à l'étranger, les premiers ministres Margaret Thatcher de Grande-Bretagne et William Davis d'Ontario.

Le constitutionnalisme et la politique de la frustration : Après d'innombrables conférences constitutionnelles avec les premiers ministres, Trudeau réussit à convaincre toutes les provinces, sauf le Québec, de se rallier à lui pour que le Canada puisse enfin rapatrier sa constitution.

L'accord royal et la politique du triomphe : En avril 1982,
après des années d'efforts, Pierre Trudeau atteint son but,
et le Canada prend officiellement possession de sa
constitution en présence de Sa Majesté Élisabeth II.

dissidents, et de maintenir les canaux de communication avec les moins intraitables d'entre eux. Le slogan de la semaine devait être non pas « diviser pour régner » mais « concilier pour convaincre[12] ».

La délégation ontarienne s'employa à appliquer cette stratégie dès la réunion d'ouverture de la conférence le matin du 2 novembre. L'un après l'autre, les membres de la « bande des huit », craignant de se montrer flexibles, ressortirent leurs vieux arguments hostiles au projet de rapatriement. L'atmosphère devenait belliqueuse. Mais, refusant d'en tenir compte, Bill Davis fit le premier de deux gestes conciliateurs préparés à l'avance : il donna à entendre aux provinces de l'Ouest qu'il pourrait accepter la formule d'amendement proposée par l'Alberta en déclarant que l'Ontario était prêt à renoncer à son traditionnel droit de veto sur de futurs amendements constitutionnels. Le lendemain, il fit le second en suggérant un échange de bons procédés : que les provinces acceptent la Charte des droits, et le gouvernement fédéral la formule d'amendement albertaine. Il fut surpris et alarmé d'entendre Trudeau rejeter l'idée d'un ton méprisant, comme si elle émanait non de son fidèle allié, le seigneur des bonnes terres de l'Ontario, mais d'un des brigands de la « bande des huit ».

Si la coalition de ces derniers ne s'effondrait pas encore, elle était au moins rongée par le malaise. Les sept premiers ministres anglophones ne s'accordaient pas sur le degré de souplesse dont il convenait de faire preuve avec les « fédéraux », mais ils se méfiaient tous de plus en plus des intentions du Québec. Les représentants de l'Ontario avaient répété tout l'automne aux membres de leurs délégations qu'ils étaient bien naïfs de faire confiance aux Québécois ; jamais Lévesque ne signerait un accord entériné par Trudeau. Dans l'atmosphère stagnante de cette conférence de novembre, les doutes se mirent à affluer dans l'esprit des Anglos. Si Robert Bourassa, en torpillant l'accord de Victoria en 1971, avait agi sur les conseils de Claude Morin, alors sous-ministre des Affaires intergouvernementales du Québec, comment René Lévesque et Morin, maintenant titulaire du même ministère, pourraient-ils signer un accord aux termes duquel l'exigeante Charte des droits de Trudeau aurait préséance sur leur principale réalisation, la loi instaurant l'unilinguisme français au Québec ?

La délégation du Québec, pour sa part, doutait dès avant

d'arriver à Ottawa de la volonté de ses alliés de maintenir leur opposition à Trudeau. Le changeant Lévesque et son flegmatique stratège vivaient sous pression depuis deux ans. D'abord soulagés quand Trudeau avait, selon toute apparence, dit adieu à la politique, ils avaient subi le choc de son triomphal retour au pouvoir, puis l'humiliation de le voir, sur la vague de sa victoire électorale, leur ravir le référendum. La défaite, apparamment définitive, de l'option souveraineté-association en mai 1980 avait terrassé le P.Q. « Il y avait du suicide politique dans l'air », dira Claude Charron, leader du gouvernement à l'Assemblée nationale. On envisagea tout à fait sérieusement une alliance avec Claude Ryan, la formation d'un front commun des indépendantistes et des néo-fédéralistes contre les fédéralistes à la Trudeau. On parla même de céder aux demandes répétées de Ryan et de déclencher immédiatement des élections, que les péquistes étaient presque assurés de perdre. Ces hypothèses furent bientôt rejetées lorsque Claude Morin entreprit de former une coalition avec les premiers ministres anglophones dans le cadre d'une stratégie de récupération politique à long terme. Outre sa longue expérience des relations fédérales-provinciales, Morin disposait d'une équipe aguerrie, la meilleure du pays sans doute ; elle comprenait des spécialistes comme Louis Bernard, secrétaire du conseil exécutif, et le sous-ministre des Finances, Robert Normand, qui étudiait les questions constitutionnelles depuis des décennies. Quand le « principicule » — c'est ainsi que Lévesque appelait Trudeau — décida en octobre 1980 qu'il en avait assez de jouer le jeu des premiers ministres provinciaux et déclara qu'il allait forcer « Nounou » Thatcher à donner au Canada la constitution qu'il voulait, l'équipe Morin avait son plan[13].

Ils avaient déjà annoncé que, ayant perdu la bataille de la souveraineté-association, leur objectif redevenait l'autonomie provinciale élargie que désiraient les autres provinces dissidentes. Pour fournir une preuve de sa conversion, l'équipe Morin présenta un projet de fédéralisme décentralisé si habilement conçu, qu'il répondait aux demandes particulières de chacune des provinces tout en s'harmonisant avec la nécessité historique de l'autodétermination pour le Québec. Afin de prouver leur bonne foi, les péquistes mirent ensuite les anglophones au courant de leur activité à Londres, et leur proposèrent de synchroniser leurs stratégies judiciaires. Le Québec reprenait sa place de joueur vedette dans les jeux pancanadiens et posait les bases d'une riposte exceptionnellement vigoureuse à l'offensive du gouvernement fédéral. Morin réussit en février 1981 un autre coup d'éclat : à la suite de plusieurs rencontres suavement diplomatiques au Ritz Carlton à Montréal, les gouvernements de la Nouvelle-Écosse et de la Saskatchewan succombèrent à ses avances et se joignirent aux six dissidents de la première heure — Colombie-Britannique, Alberta, Manitoba, Québec, Île-du-Prince-Édouard et Terre-Neuve — dont Peter Lougheed avait forgé la solidarité, pour former « la bande des huit ».

Claude Charron, collègue de cabinet de Claude Morin, devait plus tard écrire, reconnaissant le caractère ambigu de cette alliance : « Nous avons dû séduire, tout à fait provisoirement et sur la seule base de l'anti-trudeauisme, les éminents politiciens de Halifax et de Régina, pour qui s'allier avec nous était à peu près l'équivalent de passer un pacte avec le diable ». Les péquistes se rendaient bien compte qu'Allan Blakeney par exemple, seul social-démocrate parmi les premiers ministres anglophones, avait autant de raisons de soutenir le projet Trudeau que de s'y opposer ; une charte des droits enchâssée dans la constitution figurait au programme de son parti depuis des décennies. Ed Broadbent, chef du NPD fédéral, était sans équivoque du côté de Trudeau. Le mémoire de la Saskatchewan soumis à la Cour suprême soutenait qu'il fallait seulement « *un certain* accord des provinces pour amender la constitution » , Blakeney lui-même n'avait pas caché qu'à ses yeux l'unanimité des premiers ministres provinciaux ne pouvait plus être le fondement de la diplomatie fédérale-provinciale et que, la situation politique au Québec étant ce qu'elle était, le PQ ne serait probablement pas en mesure de souscrire à quelque entente constitutionnelle que ce soit. Comme il voulait en finir avec le rapatriement, il ne reprochait même pas son unilatéralisme à Trudeau ; tout au plus jugeait-il que, pour une initiative aussi audacieuse, le gouvernement fédéral aurait dû chercher dès le départ à obtenir l'approbation de la Cour suprême[14].

Le problème de Blakeney venait de ce que la Saskatchewan n'avait en fait pas besoin du pouvoir accru des provinces sur leurs richesses naturelles que Broadbent avait obtenu de Trudeau en échange du soutien du NPD fédéral ; elle avait utilisé avec succès son pouvoir de taxation des revenus pour récupérer ce que les arrêts de la Cour suprême lui avaient fait perdre au cours des années 70. Les succès universitaires et professionnels de Blakeney lui donnaient vis-à-vis de Trudeau une aisance intellectuelle que lui enviaient les autres premiers ministres. Il avait fait son droit à Oxford avec une bourse Rhodes et, devenu haut fonctionnaire puis ministre de la Saskatchewan dans les années 50, il avait été associé aux projets novateurs de Tommy Douglas, chef du premier gouvernement socialiste en Amérique du Nord qui était aussi celui qui avait eu le plus de succès. Mais Blakeney partageait la méfiance de l'ancien CCF-NPD envers Trudeau : on le considérait dans ce milieu comme un social-démocrate renégat. Blakeney était en outre d'une prudence maniaque ; on avait eu beau chercher à l'attirer dans le camp fédéraliste l'année précédente, mais il avait continué à se tracasser, à rager, à tourner en rond... Il se joignit finalement à la « bande des huit » par prudence (son électorat était viscéralement hostile à Trudeau à cause du Programme national sur l'énergie), par scrupule politique (il lui déplaisait qu'un Sénat non élu conserve le droit de veto sur les futurs amendements constitutionnels), par conviction personnelle (il désapprouvait le soutien accordé à la Charte par le NPD fédéral, craignant que la volonté du peuple, telle qu'elle s'exprime par la voix d'hommes politiques élus, ne se trouve subordonnée aux caprices réactionnaires de juges recrutés dans la riche profession juridique), et par solidarité géographique (il ne voulait pas rompre ouvertement avec ses voisins de l'Alberta et du Manitoba). « Blakeney, le cheval de Troie, était arrivé chez nous avec son sourire de marchand de blé. " Dernier arrivé, premier parti ", fis-je remarquer à son ministre Roy Romanow » se souviendra Claude Charron[15].

Malgré les pressentiments de Charron, les efforts, couronnés de succès, du PQ pour mettre sur pied la « bande des huit » afin de renforcer l'opposition à Trudeau, étaient largement approuvés au Québec y compris par les néo-fédéralistes, encore plus outrés que les péquistes par l'unilatéralisme de Trudeau. Ils estimaient en effet que Trudeau avait trahi la confiance qu'ils lui avaient témoignée en prenant parti pour le Non au référendum. Ils avaient présumé que sa promesse d'un fédéralisme renouvelé après le rapatriement de la constitution donnerait au Québec des pouvoirs élargis. Or la future

Charte des droits et libertés menaçait l'unilinguisme québécois. L'unilatéralisme, s'il l'emportait, réduirait à néant les espoirs du Québec d'obtenir de nouveaux pouvoirs en échange de son consentement au rapatriement. Bien des Québécois actifs dans le Parti libéral fédéral étaient découragés par la perspective d'une constitution qui allait, ils le savaient, rogner l'autonomie du Québec. Des intellectuels éminents comme Léon Dion, de l'Université Laval, et Michel Roy, directeur du *Devoir*, réclamèrent la constitution d'un front uni ou même l'organisation d'un nouveau référendum pour mobiliser l'opinion contre Trudeau[16].

De tous les fédéralistes et néo-fédéralistes qui avaient œuvré à la victoire du Non, le plus en colère était le chef du Parti libéral du Québec, Claude Ryan. Il avait déjà dit en privé à Trudeau et proclamé solennellement en public que l'unilatéralisme était inacceptable. En imposant, sans consulter Ryan ni faire aucune concession aux néo-fédéralistes, un projet constitutionnel strictement fédéraliste, Trudeau mettait les libéraux provinciaux dans une situation intenable. « Trudeau m'a eu » répétait Ryan à ses intimes dans sa rage impuissante, tandis que se jouait le drame constitutionnel. Ce fut pire quand Lévesque annonça une élection pour avril 1981, fit campagne sur le slogan « Faut rester forts au Québec ! » et remporta une victoire si écrasante sur les libéraux que la démission de Ryan n'était plus qu'une question de temps[17].

Immédiatement après les élections, Lévesque décida alors de courir un risque calculé. La stratégie post-référendaire, pancanadienne, mise au point par Morin, avait pour principal objectif d'arrêter Trudeau dans sa tentative de rapatriement unilatéral de la constitution, pour pouvoir continuer à jouer le jeu constitutionnel, cette lutte fédérale-provinciale pour le pouvoir qui se poursuivait depuis dix ans et qui avait si bien aidé les indépendantistes à résister à Ottawa. Mais pendant que les péquistes étaient en campagne électorale, les premiers ministres anglophones s'étaient entendus sur une « solution de rechange » aux propositions constitutionnelles de Trudeau et avaient fait pression sur Lévesque pour qu'il vienne à Ottawa la parapher trois jours après sa victoire. Cet accord comprenait une version modifiée de la formule d'amendement Lougheed, qui autorisait toute province à se soustraire à l'application de tout futur amendement constitutionnel conférant au gouvernement fédéral de nouveaux pouvoirs dans un domaine de juridiction provinciale, et qui lui donnait droit à une « compensation financière » d'Ottawa pour payer son propre programme dans ce domaine, mais seulement si le gouvernement de cette province appuyait une telle résolution par les deux tiers des voix. Encore épuisé par sa campagne, Lévesque débattit la question avec les sept autres premiers ministres tard dans la nuit, jusqu'à ce qu'ils consentent à laisser cette clause des deux tiers, qui rendait très problématique, à ses yeux, le recours de son gouvernement à l'*opting out*.

La proposition semblait à première vue tout à fait raisonnable. Si Ottawa demandait un amendement constitutionnel autorisant le Parlement fédéral à instaurer, par exemple, un programme national de garderies, et si le Québec ou toute autre province préférait mettre sur pied son propre programme, les coûts lui en seraient remboursés par le gouvernement fédéral. Bien que le « retrait facultatif » pût apparaître comme un gain appréciable, il présentait implicitement pour le Québec un problème que Lévesque avait sous-estimé. L'acceptation de la formule d'amendement proposée par l'Alberta, fondée comme elle l'était sur le principe de l'égalité des provinces, équivalait à l'abandon d'une revendication historique du Québec, celle du droit de veto sur tout amendement constitutionnel, et de sa demande fondamentale d'une complète redistribution des pouvoirs comme préalable au rapatriement de l'AANB. Ces concessions énormes, que Lévesque consentait sans en mesurer pleinement, semblait-il, la portée, furent interprétées au Québec comme l'abandon de la longue lutte pour un statut particulier et sévèrement critiquées. Lévesque avait commis une erreur tactique, dont, conformément à son caractère, il espérait cependant pouvoir se sortir élégamment. En effet, Trudeau continuait à refuser mordicus toute nouvelle négociation avec les provinces et la solution de rechange de la « bande des huit » était selon toute probabilité promise à un oubli rapide. Mais après que l'arrêt de septembre 1981 de la Cour suprême eut forcé Trudeau à rouvrir la négociation avec les premiers ministres, il s'avéra que l'erreur de Lévesque n'était pas simplement tactique[18].

Quand les premiers ministres se retrouvèrent à Ottawa en novembre, Lévesque et Morin savaient qu'ils se trouvaient dans une position quasi intenable. Ils n'avaient rien à espérer de cette conférence que son échec, et l'échec n'était possible que s'ils réussissaient, en maintenant la solidarité anti-Trudeau de la « bande des huit », à saboter toute entente envisageable entre fédéralistes et dissidents. Mais ils sentaient aussi qu'en acceptant la tenue d'une nouvelle conférence, Trudeau avait diminué le ressentiment collectif ; les dissidents anglophones étaient maintenant mal à l'aise et certains d'entre eux, notamment Bennett de la Colombie-Britannique et Blakeney de la Saskatchewan, étaient non seulement disposés à conclure une entente avec Ottawa, mais ardemment désireux de le faire par crainte de l'autre scénario : que Trudeau mette à exécution sa menace d'aller à Londres, où Thatcher finirait, ils le soupçonnaient, par lui céder. Ces tensions devinrent de plus en plus manifestes au cours des deux premières journées de la conférence, alors qu'à la tranquille assurance de Trudeau et de son équipe répondait la circonspection des délégations des provinces.

Bien concentré sur l'essentiel de sa stratégie — « briser le groupe des huit, en détacher un ou deux (ou plus) » — Trudeau se tint sur la réserve aux séances du lundi et du mardi ; il maniait le marteau de président, prêchait le compromis, mais écartait les propositions de ses adversaires comme illogiques, inacceptables, ou les deux à la fois, et se gardait de révéler s'il était prêt à envisager des concessions, et lesquelles.

Le mercredi matin, tout le monde ou presque pensait que la conférence allait à nouveau se terminer sur une impasse. Tandis que les premiers ministres ressassaient leur position, Trudeau intervint finalement avec vigueur. Laissant entendre que les réunions ne conduisaient nulle part, il proposa de nouveau de tenir un référendum national dans deux ans si une entente n'était pas conclue d'ici là avec les provinces. Le peuple canadien aurait la possibilité d'exercer sa souveraineté en choisissant entre le projet constitutionnel fédéral et celui de la « bande des huit ». Trudeau savait que parler de référendum devant les premiers ministres équivalait à agiter un chiffon rouge devant un taureau, pas seulement parce que l'opinion publique canadienne-anglaise était massivement favorable à sa charte, mais parce qu'un référendum d'initiative fédérale pouvait créer un précédent qui ébranlerait durablement leur autorité législative : les « fédéraux » s'avanceraient en territoire provincial, battant les premiers ministres sur leur propre terrain. Trudeau savait aussi que les élites québécoises étaient favorables au référendum. Quand il vit que sa suggestion hérissait les premiers ministres anglophones, Trudeau, bilingue et biculturel exemplaire, se tourna vers Lévesque : « Vous, le grand démocrate, attaqua-t-il, railleur, en français, le grand défenseur des référendums, vous ne pouvez pas être contre celui-ci — ou bien avez-vous peur de m'affronter[19] ? »

Même avant que Trudeau lui lance ce défi, Lévesque était nerveux ; en quittant la suite du Château Laurier où la « bande des huit » se retrouvait au petit déjeuner pour coordonner son action, il ne s'était pas senti bien. Il y avait toujours à ces réunions une certaine tension entre les péquistes, brillants, agités, stimulés par leur antagonisme envers Trudeau, et les anglophones, pragmatiques et évoquant la possibilité de « faire affaire » avec lui. L'universitaire Daniel Latouche, conseiller de Lévesque, disait que les sept autres membres de la bande étaient « une gang de présidents de clubs Kiwanis ». Lévesque n'était pas loin de penser la même chose, encore qu'il se fût découvert une forte sympathie pour Peter Lougheed, « le seul, disait-il, qui ait quelque chose dans le ventre. » Ce matin-là, le mépris habituel, à peine déguisé, des péquistes s'accrut quand Allan Blakeney, celui qu'ils trouvaient le plus pusillanime de la bande, décida de jouer les intermédiaires honnêtes et zélés. Blakeney présenta une nouvelle proposition assez complexe, à laquelle son équipe avait manifestement travaillé depuis quelque temps, qui comportait une formule d'amendement sans veto pour le Québec ni possibilité de « retrait facultatif ». Lévesque la rejeta immédiatement, irrité par la façon cavalière dont Blakeney ne tenait aucun compte de la position du Québec et troublé par l'indication qu'elle donnait que la « bande des huit » s'effondrait. D'ailleurs, il détestait ce genre de discussion tatillonne, qui demandait des talents juridiques qu'il n'avait jamais su acquérir. En fait, il avait horreur de toute cette mascarade constitutionnelle. « Je m'en foutais éperdument, avouera-t-il, une fois la partie perdue, je me fichais bien du changement constitutionnel. Comme démocrate, je n'ai jamais respecté la constitution canadienne ; elle n'est pas cohérente. C'est une maudite vache sacrée[20]. »

La mauvaise humeur de Lévesque ce matin-là n'avait pas pour seules causes sa méfiance envers en ses alliés et son aversion pour les questions constitutionnelles. Usé par les vingt années pendant lesquelles il avait tenu à bout de bras le rêve indépendantiste, il commençait à ressentir les prémices de ce qui allait être un long déclin. Il avait l'air minuscule, vieux, fatigué ; il portait les marques de millions de cigarettes, de milliers de verres de gin, d'innombrables nuits blanches ; on devinait la bouche pâteuse, la brume des petits matins brouillant le cerveau naguère si agile. Dans son extrême fatigue de cet automne-là, Lévesque était obsédé par Trudeau, sa Nemesis ; il ne l'appelait plus que « l'Enfant de chienne », comme si c'était réellement son nom, et faisait à son sujet des déclarations extravagantes du genre : « Je sais de source sûre que l'Enfant de chienne a fait ses valises ; il va bientôt emménager dans sa grande maison de Montréal. Il sera parti [d'Ottawa] à Noël, on en sera débarrassé. » Lévesque était une étoile qui s'éteignait, une sorte de Piaf de la scène politique, encore chérie du public, poussant toujours sa goualante, mais diminuée, triste[21].

À la table de la conférence, le matin du 4 novembre, Lévesque, presque sûr que le reniement désinvolte des besoins particuliers du Québec contenu dans la proposition de la Saskatchewan était le signe que les premiers ministres anglophones étaient en train de s'entendre entre eux sur le dos du Québec, se sentait isolé et vulnérable. Mais quand Trudeau lui eut lancé le défi du référendum, une pensée réconfortante lui vint à l'esprit : ce référendum, compte tenu de la fureur provoquée par l'unilatéralisme, il pouvait le gagner et effacer l'humiliation de la défaite du référendum sur la souveraineté-association l'année précédente. Retrouvant son panache, il surprit son adversaire et ses alliés d'un simple : « OK, j'aimerais ça me battre contre la Charte[22] ».

À peine l'eut-il entendu, Trudeau sut qu'il touchait au but : la « bande des huit » allait craquer. Sentant le malaise des premiers ministres anglophones — qui pour la plupart avaient eu beaucoup de mal à suivre le français rapide et familier du dialogue Trudeau-Lévesque —, Trudeau s'empressa d'ajourner la séance. Il se dirigea droit vers les micros des journalistes pour annoncer, imperturbable, « la nouvelle alliance Québec-Canada ». Mais quand les journalistes commencèrent à l'interroger sur le sens de cette alliance, il eut du mal à cacher sa jubilation : « Le chat est lâché, gare aux pigeons ! », dit-il, sibyllin, les yeux brillants, avant de s'éclipser. Lévesque prit aussitôt sa place et confirma sa déclaration : un référendum serait en effet pour le Québec « une porte de sortie honorable[23] ».

Un moment, les péquistes exultèrent ; ils téléphonaient à leurs collègues à Québec et entendaient à l'autre bout du fil des cris de joie. Il leur fallut une heure ou deux pour se rendre compte que leur champion, en répondant au défi de Trudeau, s'était empalé sur son épée. En acceptant sans les consulter une proposition que les premiers ministres anglophones allaient sûrement détester, Lévesque avait paru enfreindre la règle numéro un de la « bande des huit », que son propre conseiller Claude Morin leur avait fait accepter : aucun d'eux ne devait modifier sa position sans avoir d'abord consulté les sept autres.

Quand la séance reprit l'après-midi, et que Lévesque prit connaissance du règlement proposé par l'équipe fédérale pour son référendum, il cria au coup bas, mais il était trop tard. En passant, ne fut-ce que temporairement, dans le camp de Trudeau, il avait confirmé les craintes qui tenaillaient les Anglophones. Il y avait toujours eu dans sa position des ambiguïtés qui introduisaient dans l'alliance un élément d'incertitude. Lévesque ne s'y était-il joint que pour saboter le processus ? Pouvait-il, étant « séparatiste », signer quelque accord que ce fût ? Ils voyaient maintenant de leurs yeux — s'ils n'avaient pu tout à fait entendre de leurs oreilles — que la voix du sang était plus forte que les promesses : Trudeau et Lévesque appartenaient à la même génération de Canadiens français qui était allée à l'étranger élargir son horizon, puis était revenue pour « changer la maison », comme disait Gérard Pelletier — génération de gens qui s'intéressaient davantage les uns aux autres qu'à personne d'autre ou à rien d'autre. Les regarder, c'était voir dans un miroir les deux images séparées du Québec, « notre miroir à deux faces », comme disait d'eux Gérard Bergeron. Aux yeux des anglophones, la situation était maintenant que les deux Francophones ayant formé un axe, c'était eux maintenant qui risquaient de se trouver exclus de la négociation, eux et non le Québec qui allaient rester en plan.

En acceptant trop vite l'idée d'un référendum, Lévesque

laissait ses ex-alliés libres de pactiser eux aussi avec le diable fédéral. La solidarité morale de la « bande des huit » était brisée ; fonctionnaires et hommes politiques des délégations anglophones commencèrent à se réunir en petits groupes avec les « fédéraux », pour essayer de mettre sur pied un compromis viable. Cela se faisait facilement, car ils se retrouvaient dans des réunions semblables depuis des mois, voire des années, ils avaient partagé force repas et bouteilles de scotch, échangé résultats sportifs, plaisanteries douteuses et histoires de famille ; ils parlaient la même langue, vivaient la même vie. Ils constituaient une sous-culture : les constitutionnalistes de l'élite politique. En ce moment de crise collective, une sorte de déclic spontané les propulsait vers une solution. Comme le dirait amèrement Lévesque : « Les uns et les autres détestaient le maudit Enfant de chienne, chacun pour ses raisons ; mais pas un n'avait une vision politique qu'un ou deux cocktails n'auraient suffi à changer. Au bout du compte, ils ont rapaillé un marché et le Québec, une fois de plus, s'est retrouvé seul dans son coin[24]. »

Plus tard, beaucoup de gens allaient s'attribuer le mérite de la solution qui l'emporta finalement, mais c'est la bonne vieille équipe Big Roy-Little Roy-P'tit-Jean qui se montra la meilleure à ce jeu. Les médias félicitèrent McMurtry, Romanow et Chrétien d'avoir su transformer une simple conversation dans une cuisinnette désaffectée du Centre des congrès en l' « accord de cuisine » qui fut finalement accepté. C'était essentiellement une version modifiée du troc que Davis avait proposé le mardi : l'Alberta aurait sa formule d'amendement, avec « retrait facultatif » mais sans compensation financière. La Charte Trudeau inclurait le droit à l'éducation dans la langue de la minorité, mais son application serait limitée par la « clause nonobstant » proposée par Hatfield au début de la conférence, qui permettrait aux assemblées législatives provinciales d'en annuler les dispositions.

La proposition circula de délégation en délégation ; des membres de toutes les délégations, sauf celle du Québec, se rencontrèrent dans la suite de la Saskatchewan au Château Laurier pour une séance officieuse de marchandage. Au début de la soirée, Peter Lougheed, l'homme fort de la « bande des huit », ayant acquis la conviction que la situation évoluait dans la bonne direction, regagna sa suite à l'hôtel Skyline après avoir demandé à son sous-ministre, Peter Meekison, de l'informer à la première heure de ce qui aurait été décidé. Tandis que tout ceci se passait en ville, Trudeau s'était retiré au 24 Sussex avec ses principaux ministres et conseillers Jean Chrétien, Marc Lalonde, John Roberts, Mark MacGuigan, André Ouellet, Donald Johnston, Allan MacEachan et Lloyd Axworthy, membres du Cabinet, Michael Pitfield, Michael Kirby, Fred Gibson et Tom Axworthy, du BPM/BCP, et Roger Tassé, du ministère de la Justice. Entêté, Trudeau espérait encore à moitié que l'accord ne se ferait pas. En acceptant de convoquer la conférence, il pensait s'être montré ouvert à une dernière tentative politique. « Mais j'étais sûr qu'elle échouerait, et j'étais sûr que j'irais quand même à Londres » déclara-t-il, six ans après les faits, et son goût de la provocation éclatait encore[25].

Il était neuf heures, que Trudeau hésitait toujours à accepter le compromis ; il répétait à ses collègues qu'il voulait un référendum, que c'était la façon de donner au « peuple » la possibilité de s'exprimer. Mais informés par Michael Kirby, qui avait négocié, par l'entremise de son copain Hugh Segal, avec le groupe qui se tenait dans la suite de la Saskatchewan, que la plupart des délégations donnaient des signes non équivoques de leur disposition à accepter une version ou une autre de la proposition Davis, les lieutenants de Trudeau perdirent patience. Ni Jean Chrétien, son principal négociateur constitutionnel, ni Marc Lalonde, principal ministre québécois du cabinet, ne purent digérer la perspective d'institutionnaliser le référendum en l'enchâssant dans la constitution. Ils avaient vécu la saumâtre campagne de la souveraineté-association, et cette idée de référendum leur paraissait d'emblée dangereuse pour l'unité du pays ; ils n'en voulaient à aucun prix. Ils avaient là un argument de poids, et Trudeau devait d'autant plus en tenir compte que ses deux alliés provinciaux faisaient pression dans le même sens.

Richard Hatfield avait fidèlement appuyé la position constitutionnelle de Trudeau, mais quand le premier ministre avait soutenu avec force, le mercredi précédent, au Centre des congrès, que le référendum permettrait de dénouer l'impasse, Hatfield avait soulevé des objections. « Il s'y est opposé avec force », rapporta Trudeau, indiquant ainsi que les objections de Hatfield avaient pesé d'un poids important mais non décisif. L'opposition décisive fut celle du premier ministre de l'Ontario. Vers dix heures du matin, au cours d'une longue conversation téléphonique, Davis avait tranquillement posé un ultimatum : il serait dans l'impossibilité de continuer à soutenir Trudeau si celui-ci ne souscrivait pas à l'accord qui se dessinait. Sans le soutien de l'Ontario ou du Nouveau-Brunswick, Trudeau, s'il persistait à aller unilatéralement à Londres, serait repoussé par les parlementaires britanniques ; ils s'appuieraient sur le jugement de la Cour suprême, selon lequel le projet Trudeau, bien que légal au sens strict, était néanmoins inconstitutionnel parce qu'il n'avait pas obtenu un accord « substantiel » des provinces. De zélés députés d'arrière-ban à Westminster, que les représentants à Londres de la « bande des huit » avaient invités, courtisés, endoctrinés — des émissaires des premiers ministres dissidents avaient même été faire du lobbying, plus tôt en automne, au congrès annuel du Parti conservateur à Blackpool — voteraient contre l'amendement à l'AANB présenté par Ottawa pour rapatrier la constitution. Lord Carrington avait déjà dit à Mark MacGuigan en septembre qu'il ne pensait pas que le gouvernement de Sa Majesté pourrait diriger le vote des Communes sur la question canadienne et que l'amendement ne passerait pas. MacGuigan transmit ces nouvelles désastreuses à Trudeau, qui parut ébranlé[26].

En repensant à tout cela le soir du 4 novembre, Trudeau comprit que l'ultimatum de Davis le forçait à abandonner l'idée du référendum. Il allait falloir accepter la « clause nonobstant », qui limitait la portée de la Charte ; le retrait facultatif, qui pouvait mener à ce « fédéralisme en damier » qu'il avait si souvent fustigé. Mais on aurait — enfin ! — le rapatriement, et une charte des droits, meilleure que la plupart de celles qui existent ailleurs dans le monde ; c'était mieux que pas de charte du tout. La modération, le calme obstiné, le soutien loyal de Davis, avaient créé une obligation à laquelle Trudeau ne pouvait se dérober. « Je compris à ce moment-là qu'il faudrait peut-être consentir à un compromis, se rappelle Trudeau. Davis m'avait dit que si je n'acceptais pas l'accord, Hatfield et lui ne m'accompagneraient pas à Londres. Je devrais me présenter seul. Il disait qu'un référendum serait injuste, parce qu'il serait organisé par le seul gouvernement fédéral, qui poserait seul la question. J'ai dû y renoncer. Je le regretterai toujours[27] ».

En acceptant de ne pas être Cyrano montant tout seul vers les étoiles, Trudeau montrait sa maturité ; il considéra froidement et intelligemment le marché qu'on lui proposait — « J'ai pris ce qu'il y avait à prendre », dira-t-il. Il était prêt à accepter la « solution suffisante » pour la question de la constitution comme il l'avait fait dans sa vie personnelle. Ses ministres partirent satisfaits. alla se coucher afin d'être en forme le lendemain matin pour le dernier acte[28].

De l'autre côté de l'Outaouais, aux Terrasses de la Chaudière à Hull, où la délégation québécoise avait pris ses quartiers, René Lévesque but un verre avec Claude Morin et regagna sa chambre (contrairement aux rumeurs qui courront plus tard selon lesquelles il était reparti à Montréal). Ailleurs dans l'hôtel, les collaborateurs de Claude Morin, qui savaient que quelque chose se tramait sur la rive ontarienne, décidèrent de ne pas donner à leur premier ministre des conseils qui ne seraient pas suivis. Au point où en étaient les choses, il valait sans doute mieux pour lui ne pas participer aux marchandages, se laisser mettre hors-jeu, être l'homme seul, adopter la position, si québécoise, de celui qui a été trahi, lors de ce qu'on n'allait pas tarder à appeler la « nuit des longs couteaux », que de lutter en vain contre l'inéluctable désagrégation de la « bande des huit[29] ».

Tôt le lendemain, Meekison informa Lougheed, Kirby informa Davis, Mel Smith, du cabinet du premier ministre de la Colombie-Britannique, informa Bennett des plus récentes modifications à la proposition Davis. Et le manège continua à tourner : d'autres fonctionnaires informèrent d'autres hommes politiques de l'évolution de la situation. À l'habituel petit déjeuner des premiers ministres au Château Laurier, Lévesque, mal réveillé, arriva tard et d'un pas traînant. On lui montra le dernier état du texte. Furieux mais résigné, il ne réagit pas aux explications embarrassées que Lougheed voulut lui donner, en aparté. Une heure plus tard, à l'ouverture de la séance, Brian Peckford présenta la nouvelle proposition sur laquelle les provinces s'étaient mises d'accord. Trudeau la combattit brièvement, en partie par conviction mais surtout pour la galerie — c'est du moins ce que pensèrent ses conseillers. Puis il accepta l'ensemble de la proposition, à trois conditions : le droit à l'éducation dans la langue de la minorité garanti par la Charte ne pourrait être suspendu par les parlements provinciaux ; une « clause coucher de soleil » mettrait fin, après cinq ans, à tout recours à la « clause nonobstant » ; enfin, la question des droits des Autochtones, oubliée dans la bagarre, devrait figurer à l'ordre du jour de la prochaine conférence constitutionnelle.

Au soulagement de tous, les premiers ministres anglophones acceptèrent. Tandis que Lévesque refusait d'un air buté le rameau d'olivier tendu par Trudeau et que les larmes montaient aux yeux de Morin, l'accord fut conclu. Il réduisait à néant les espoirs des péquistes : une formule d'amendement sans veto pour le Québec, le « retrait facultatif », mais sans compensation financière, et une charte par laquelle le droit à l'éducation dans la langue de la minorité (qui allait consolider le fait anglais à Montréal) aurait préséance sur leur enfant chéri, la loi 101 (conçue pour donner au Québec un visage résolument français)[30].

Après trente ans d'une résistance farouche, menée par six premiers ministres — Duplessis, Lesage, Johnson et son successeur Jean-Jacques Bertrand, Bourassa et, finalement, Lévesque — l'Acte de l'Amérique du Nord britannique allait être rapatrié sans que le Québec y gagne aucun nouveau pouvoir. L'accord était pire que celui que Bourassa aurait pu signer en 1971 après Victoria. Trudeau l'avait emporté. « Il m'a fourré », sanglotait Lévesque dans l'avion officiel qui ramenait la délégation péquiste à Québec. « Trudeau m'a fourré », répéta-t-il à Pierre-Marc Johnson, ministre des Affaires sociales, venu lui offrir ses condoléances le lendemain[31].

Lévesque avait raison. Certes, ses anciens alliés n'avaient pas eu le courage de le prévenir qu'ils étaient en train de mettre au point les termes d'une entente, mais c'était bien Trudeau qui l'avait battu, grâce à la supériorité de son sens de la stratégie, à sa grande opiniâtreté et à sa volonté farouche. Comme le remarquera Denise Bombardier par la suite : « Si Trudeau était devenu séparatiste dans les années 60, le Québec serait déjà indépandent. » Mais c'était Lévesque qui avait opté pour l'indépendantisme. Et c'est Lévesque le séparatiste qui avait été vaincu ; et Trudeau le fédéraliste qui avait triomphé[13].

Au centre des conférences à Ottawa, le vainqueur fit quelques plaisanteries un peu contraintes, fit retentir une dernière fois son marteau avant de le jeter sur la table. Au zénith de sa carrière politique, Trudeau paraissait cependant, au milieu de la jubilation générale, étrangement contenu, presque comme s'il savait que sur ce front et sur d'autres, les ennuis ne faisaient que commencer, que sa victoire, sans être une victoire à la Pyrrhus, n'était pas décisive, et que la bataille pour une vision fédéraliste du Canada allait se poursuivre.

POSTFACE

Pendant que les événements rapportés dans ce volume occupaient Pierre Elliott Trudeau et son entourage, d'autres questions cruciales pour la survie du Canada réclamaient aussi leur part d'attention : partage des ressources naturelles, égalité des revenus, développement régional, affirmation nationale. Pour y répondre, Trudeau et son gouvernement prirent d'audacieuses initiatives sur de nombreux fronts : politique énergétique, réforme fiscale, modernisation de l'industrie, relations internationales, seulement pour voir les efforts anéantis par les forces de globalisation du marché mondial, l'antagonisme du secteur privé, la résistance obstinée des centres régionaux et la puissance des États-Unis.

Le second tome de cet ouvrage s'attachera à décrire quelques-unes de ces initiatives et le sort qu'elles connurent : le programme énergétique national et les frictions qu'il engendra avec les États-Unis de Reagan, la tentative d'instaurer une réforme générale de la taxation et la révolte des contribuables qui s'ensuivit, la bataille des frais de transport dans l'Ouest, les tentatives pour réorganiser les pêcheries dans les Maritimes. On y témoignera aussi de l'action continue de Trudeau dans le dossier constitutionnel et de la discorde qu'elle ne manqua pas de causer entre Québec et Ottawa. On y analysera les facteurs qui ont amené le gouvernement Trudeau à abandonner une à une les politiques visant à instaurer une société plus juste pour paver la voie — bien involontairement — à la montée de la droite, au déclin du libéralisme, et à l'inauguration d'une ère néo-conservatrice au Canada. On y retrouvera une évaluation du rôle de Trudeau, homme d'État, sur la scène internationale durant les dernières années de la guerre froide. En somme, le volume deux de Trudeau : l'*Homme*, l'*Utopie*, l'*Histoire* traitera de l'influence de Trudeau et des trudeauistes sur l'économie politique de la nation à une période cruciale de son histoire, quand des pressions inexorables s'exerçant de l'intérieur comme de l'extérieur donnèrent un relief frappant aux dilemmes inhérents au gouvernement du fragile royaume du Canada. À moins d'un désastre quelconque, l'ouvrage verra le jour en automne 1991.

APPENDICE

Le cabinet et les sous-ministres — 1980

Ministère (Département d'État)	Ministre	Sous-ministre/ Secrétaire
Affaires des anciens combattants	Daniel Macdonald	W.B. Brittain
Affaires extérieures	Mark MacGuigan	Allan Gotlieb
Affaires indiennes et du Nord	John Munro	Paul Tellier
Agriculture	Eugene Whelan	Gaétan Lussier
Approvisionnements et Services	Jean-Jacques Blais	Guy d'Avignon
Communications	Francis Fox	Pierre Juneau
Conseil du Trésor (prés.)	Donald Johnston	John Manion
Conseil privé (greffier)	Yvon Pinard	
Consommation et Corporations et ministère des Postes	André Ouellet	George Post
Défense nationale	Gilles Lamontagne	C.R. Nixon
Développement économique (Département d'État au)	Horace (Bud) Olson	Gordon Osbaldeston
Développement social (Département d'État au)	Jean Chrétien	Bruce Rawson

Emploi et Immigration	Lloyd Axworthy	J.D. Lowe
Énergie, Mines et Ressources	Marc Lalonde	Marshall Cohen
(Mines)	Judy Erola	
Environnement	John Roberts	Blair Seaborn
Expansion économique régionale	Pierre de Bané	R.C. Montreuil
Finances (Finances)	Allan MacEachen Pierre Bussières	Ian Stewart
Industrie et Commerce (Commerce) (Petites et moyennes entreprises — Département d'État aux)	Herbert Gray Edward Lumley Charles Lapointe	Robert Johnstone
Justice et Procureur général	Jean Chrétien	Roger Tassé
Pêches et Océans	Roméo Leblanc	Donald Tansley
Revenu national	William Rompkey	J.P. Connell
Santé et Bien-être social	Monique Bégin	P.A. McDougall
Sciences et Technologie	John Roberts	L.D. Hudon
Secrétariat d'État (Multiculturalisme)	Francis Fox James Fleming	Huguette Labelle
Sénat (président)	Raymond Perrault	
Solliciteur général	Robert Kaplan	P.A. Bissonnette
Transport (Commission canadienne du blé)	Jean-Luc Pépin Hazen Argue	Arthur Kroeger
Travail	Gerald Regan	Thomas Eberlee
Travaux publics	Paul Cosgrove	J.A.H. Mackay

NOTES

CHAPITRE PREMIER

L'année des miracles

1. Au sujet de l'importance cruciale du scrutin de 1979, John Meisel écrit : «... l'élection de 1979 sera considérée à long terme comme un changement de système, en ce sens que la politique canadienne prendrait après une victoire libérale une tout autre direction qu'après une victoire conservatrice. » L'élection de 1984 allait prouver qu'il avait vu juste. Meisel, « The Larger Context », p. 54.
2. Entrevue des auteurs avec Thomas Axworthy, 20 février 1980.
3. La répartition des sièges à la Chambre des communes après l'élection de 1979 était la suivante : Parti progressiste conservateur : 136, Parti libéral : 114, Nouveau Parti démocratique : 26, Crédit social : 6.
4. Extrait du *Desiderata* de Max Elormann, avocat de Terre-Haute dans l'Indiana, dont l'œuvre fut beaucoup utilisée sur des affiches diffusées par des camelots de la contre-culture au cours des années 60 et 70. Voir également : Robert Sheppard, « " Still a Beautiful World ", Trudeau Tells Faithful », *Globe and Mail*, 23 mai 1979, p. 9.
5. « L'année des miracles » ; ce titre s'inspire du poème « Annus Mirabilis » , écrit en 1667 par John Dryden pour commémorer les victoires anglaises remportées contre les Hollandais en 1665,

ainsi que l'incendie de Londres qui suivit peu après et débarrassa la ville de l'épidémie de peste qui avait décimé sa population.

6. Au sujet de l'appui accordé à Trudeau : en 1979, les libéraux avaient obtenu 40 % des suffrages de l'ensemble du pays contre 36 % pour les conservateurs ; au Québec même, l'écart était beaucoup plus prononcé : 62 % contre 14 %.

7. Biographie de Trudeau. Radwanski, *Trudeau*.

    Citation de Trudeau : conversation avec les auteurs, 11 décembre 1986.

8. De Gaulle, *Le Fil de l'épée*.

9. Trudeau le magicien : R. Gwynn, *Le Mage*.

    Trudeau le hors-la-loi solitaire : Powe, *The Solitary Outlaw*.

    Trudeau, émule de Machiavel : Ignatieff, « Longest Shadow ».

    Trudeau, la colombe aux griffes de faucon : Vastel, *Trudeau le Québécois*.

CHAPITRE DEUX

Les années d'apprentissage

1. Au sujet de la crise d'identité, voir : Erickson, *Identity, Youth and Crisis*, p. 15-19 ; et Singer, *Boundaries of the Soul*, p. 210.

    Citation de Trudeau : Fremon, « Margaret Trudeau », p. 104.

    Au sujet de l'activité de Margaret pendant cette période, voir : Margaret Trudeau, *À cœur ouvert*. La journaliste qui a recueilli ses propos était Caroline Moorehead, de l'*Observer* de Londres.

2. Les renseignements biographiques sur la famille Trudeau sont extraits d'entrevues que l'auteur a eues avec, entre autres personnes, Greta Chambers, Jean de Grandpré, Jean Le Moyne, Jean Marchand, Jeanne et Maurice Sauvé, Peter Scott et Charles Taylor, ainsi que de conversations avec Pierre Trudeau en 1985 et en 1986. Autres sources : des entrevues ayant trait aux familles Elliott et Trudeau, réalisées en 1969 par Catherine Breslin pour son article « The Other Trudeaus » ; Allan Elliott, Conrad Joron, un associé de Charlie Trudeau, son cousin issu de germain

Isidore Trudeau, sa nièce Germaine Tremblay, des voisins des grands-parents Trudeau à Saint-Rémi, ainsi que des contemporains du jeune Pierre. D'autres données sont tirées des chapitres 3 et 4 de *Trudeau*, par Radwanski, fondés sur huit heures d'entrevues avec Trudeau et sur des conversations que l'auteur a eues avec sa sœur, Suzette Rouleau.

3. Pour une description détaillée de la montée du nationalisme canadien-français et du rôle joué par le chanoine Groulx, voir : Wade, *Les Canadiens français de 1760 à nos jours*, vol. II, chap. XIII ; et Trofimenkoff, *Visions nationales*, p. 295-315.

4. Pour des précisions sur l'Outremont des années 20 et 30, voir : Robert Rumilly, *Histoire d'Outremont*, p. 469 : « Un citoyen d'Outremont, J.-C.-E. Trudeau, a formé l'Automobile Owners' Association qui tient de la coopérative et de l'entreprise privée et qui assurera sa fortune. »

   Les renseignements d'ordre sociologique sur l'académie Querbes et sur la rue Durocher proviennent d'entrevues effectuées par Jean-Marie Gaul avec des résidents d'Outremont et des contemporains de Trudeau : Donat Ducharme, inspecteur sanitaire d'Outremont ; Marc Harvey, architecte ; le frère Robert Hémond, archiviste des clercs de Saint-Viateur ; Guy Lalande, employé municipal d'Outremont ; Maurice Raymond, entrepreneur outremontais.

   Voir aussi une notice architecturale détaillée et accompagnée de photographies : « Inauguration de l'Académie Querbes à Outremont demain », *La Presse*, 21 octobre 1916, p. 17.

5. Au sujet du tempérament de Charlie Trudeau : selon un contemporain, « il était plein de verve et un sacré bon vivant ». Breslin, « The Other Trudeaus », p. 80.

6. Entrevue confidentielle.

7. Au sujet du comportement de Charlie Trudeau : Entrevue des auteurs avec Edith Iglauer, extraits d'entrevues inédites effectuées en 1968 et en 1969 par Mme Iglauer pour sa remarquable étude de Pierre Trudeau, « Prime Minister/Premier Ministre ».

8. Au sujet de la participation de Charlie Trudeau à la politique québécoise, voir : Robert McKenzie et Lotta Dempsey, « Pierre Trudeau : " I Became Accustomed Very Young to Rowing Against

the Current " » , *Toronto Star*, 8 avril 1968. Raymond Choquette, comptable employé par Charlie Trudeau, aurait confié à un journaliste du *Star* que Camillien Houde, le coloré maire de Montréal, s'arrêtait parfois à la station-service et déclarait à Trudeau : « J'ai besoin d'oxygène » , euphémisme pour indiquer qu'il était à court d'argent. Ce dernier envoyait alors Choquette chercher cent dollars dans le coffre-fort.

C'est Trudeau lui-même qui a raconté l'anecdote relative à la machine libérale, lors d'une fête donnée pour le comité organisateur de la campagne nationale des libéraux, après l'élection de 1974. Voir : Christina McCall, « The Big Red Machine Is the Daveymobile » , *Globe and Mail*, 7 juillet 1975, p. 7.

Au sujet de Duplessis et de Charlie Trudeau, voir : Black, *Duplessis*, p. 394, note 9.

9. Citation de Trudeau : entrevue des auteurs avec Edith Iglauer, 7 décembre 1988.

10. Au sujet du type de personne dont l'évolution se déroule hors des schèmes habituels : pendant des siècles, les poètes et les philosophes ont tenté de définir les différents « âges de l'homme » , employant pour ce faire des formules aussi bien simples que complexes. Quelques psychologues de l'époque moderne ont avancé la théorie que, tout comme le développement des enfants passe par des phases précises, les adultes traversent eux aussi des stades de développement, au rythme des défis identifiables qu'ils doivent relever dans leur interaction avec la société. Depuis 1969, à l'Université Yale, une équipe multidisciplinaire regroupant des spécialistes des sciences humaines et des psychologues, dirigée par Daniel Levinson et s'inspirant des théories de Sigmund Freud, d'Erik Erikson et de Carl Jung, a entrepris une importante recherche empirique sur les modèles de développement chez les personnes de sexe masculin. Ses nombreuses et surprenantes constatations ont amené l'équipe à énoncer l'hypothèse que l'évolution d'une personne normale passe par une série de stades clairement identifiables pendant lesquels son développement affectif et physique se précise. Ces stades, qui se chevauchent mutuellement et succèdent à l'enfance et à l'adolescence, sont les suivants : le passage à l'âge adulte (17-22 ans), le début de l'âge adulte (23-25 ans),

le cap de la trentaine, le milieu de la vie adulte (40-65 ans), la crise de la force de l'âge (40-45 ans), le cap de la cinquantaine, le passage au dernier stade de la vie adulte (60-65 ans) et le dernier stade de la vie adulte (60 ans jusqu'à la mort). L'équipe a également observé que si les aspects problématiques d'un stade donné ne sont pas résolus de façon satisfaisante, l'homme devra les régler plus tard s'il veut poursuivre son évolution et mener une vie pleinement épanouie ou « individuée », pour reprendre le terme jungien. Si l'on s'appuie sur cette théorie, il s'ensuit que le développement de Pierre Trudeau n'a pas suivi les schèmes habituels, et ce, à bien des égards dont nous parlerons plus loin dans ce chapitre. Levinson *et al.* ont publié leurs travaux sous le titre *Seasons of a Man's Life*.

11. Citation de Sauvé : Entrevue des auteurs avec Maurice Sauvé, 27 novembre 1986.

12. Au sujet des remarques de Grace Trudeau, voir : Radwanski, *Trudeau*, p. 550.

    Au sujet de la maison des Trudeau, avenue McCullough, voir : Margaret Trudeau, *À cœur ouvert*, p. 76-77.

    Citation de Trudeau : Radwanski, *Trudeau*, p. 56.

13. Au sujet de la colère et du chagrin : Kübler-Ross note que la colère d'une personne en proie au chagrin est parfois plus forte après le décès d'une « figure ambivalente ». *On Death and Dying*, p. 44, 243.

14. Portrait de Trudeau : Iglauer, « Prime Minister/Premier Ministre ».

    Citation de Lussier : entrevue des auteurs avec Edith Iglauer, 7 décembre 1988.

    Au sujet des mécanismes de défense, voir : Vaillant, *Adaptation to Life*, p. 83.

    Pour une description du concept de l' « ombre » dans la psychologie jungienne, voir : Singer, *Boundaries of the Soul*, p. 215-227.

15. Entrevue confidentielle.

16. Au sujet du camp de Taylor Statten : Entrevue des auteurs avec Ramsay Cook, 20 mars 1981.

17. Citation de Tip Trudeau : Entrevue des auteurs avec Edith Iglauer, 7 décembre 1988.

Au sujet de l'intellectualisation comme mécanisme d'adaptation, voir : Vaillant, *Adaptation to Life*, p. 385.

18. Pour une analyse du développement normal lors du passage à l'âge adulte, voir : Levinson *et al.*, *Seasons of a Man's Life*, p. 56-57.

    Il existe, à bien des égards, un parallèle frappant entre le comportement de Trudeau à la fin des années 30 et celui du célèbre sociologue, Max Weber, qui avait grandi en Allemagne, un demi-siècle plus tôt. Dans sa remarquable introduction à *From Max Weber : Essays in Sociology*, C. Wright Mills fait du contraste entre ses parents le principal facteur de la vie troublée que connut le sociologue à l'âge adulte. Hobereau de tendance droitiste, le père de Weber, était également profondément chauviniste, trait de caractère que son fils essaya d'imiter pendant ses études à l'université en se battant fréquemment en duel et en vidant force chopes de bière ; sa mère était une humaniste libérale, une femme d'une grande culture, dont il fut toujours très proche, affectivement et intellectuellement. Weber fut incapable de résoudre le conflit entre son père et sa mère et en resta marqué, sa vie durant, multipliant les dépressions. Selon Mills, « les deux modèles [conflictuels] d'identification et leurs valeurs concomitantes, enracinées dans la mère et le père, ne s'effacèrent jamais de la vie intérieure de Weber ». Pendant des années, Trudeau fut soumis au même genre de conflits, mais il réussit finalement à les transcender.

19. Citation de Trudeau : Entretien des auteurs avec Pierre Trudeau, le 11 décembre 1986.

20. Au sujet de l'incident du CEOC, voir : Charles Lussier (tel qu'il a été cité par Bill Trent), « I Remember Pierre », *Toronto Star*, 12 octobre 1982, p. F-1.

21. Au sujet des conséquences de la crise de la conscription sur les Anglais du Québec, voir : Djwa, *The Politics of the Imagination*, p. 200-205.

    Au sujet de la phrase « Finie la flèche du conquérant, vive le drapeau de la liberté ! » : Trudeau employait un langage à la fois nationaliste et radical : « Voici un gouvernement qui veut imposer la conscription et un peuple qui ne l'acceptera jamais. (...) Si nous ne sommes pas en démocratie, nous devrons déclencher une révolution sans retard. (...) Ils demandent à notre peuple de se suicider. Citoyens du Québec, ne restez pas là à pleurer sur votre sort. Vive le drapeau de la liberté ! » Les autres orateurs cités dans l'article étaient Michel Chartrand et D'Iberville Fortier. *Le Devoir*, 26 novembre 1942.

C'est à Toronto, pendant la campagne à la direction du Parti libéral que Trudeau s'est expliqué sur son refus de se battre pendant la Seconde Guerre mondiale. Jack Cahill, « Trudeau Tells Why He Wasn't in War », *Toronto Star*, 30 mars 1968, p. 1.

22. Citation de Trudeau : Radwanski, *Trudeau*, p. 35.

23. Rostand, *Cyrano de Bergerac*.

24. Au sujet du développement de l'adulte : Levinson *et al.* soutiennent que les principales composantes de la vie de l'homme adulte sont le travail, le mariage, la famille, les amis, l'appartenance ethnique et la religion, ainsi que les loisirs. Chez la plupart des hommes, les deux premiers éléments — soit le travail et le mariage — revêtent une importance primordiale pendant la vingtaine et la trentaine. Trudeau attendit d'avoir presque atteint la cinquantaine pour se préoccuper de l'un et de l'autre. Il préféra consacrer la première moitié de sa vie adulte à s'interroger sur la signification de l'existence et à rechercher des valeurs durables, processus qui est généralement vécu après quarante ou même cinquante ans. Autrement dit, il procéda en sens contraire du schéma habituel. Levinson *et al.*, *Seasons of a Man's Life*, p. 43.

Au sujet du rêve d'une vie : Levinson voit dans la formulation de ce rêve la première tâche du jeune adulte. Même s'il est flou et n'a qu'un lien ténu avec la réalité, le rêve présente toutes les qualités d'une vision, d'une possibilité née de l'imagination, et devient alors une source de dynamisme et de vitalité. Levinson *et al.*, *Seasons of a Man's Life*, p. 91-96.

25. Citation de de Grandpré : Entrevue des auteurs avec Jean de Grandpré, 30 janvier 1987.

26. Au sujet de la négation de la mort : la contribution d'Ernest Becker, anthropologue culturel américain et titulaire du prix Pulitzer, à la psychologie des profondeurs consiste à avoir élaboré le concept suivant : le fait de surmonter la crainte universelle de la mort devient pour les humains une source vitale d'énergie

psychique. Certaines observations de Becker s'avèrent particulièrement pertinentes dans le cas de Trudeau : par exemple, la « négation de la mort » est plus marquée chez l'enfant qui appartient à une famille aisée parce que « la victoire triomphale remportée par ses parents sur la mort devient automatiquement la sienne » ; celui qui a fait très tôt l'expérience de la mort « sera fixé d'une façon extrêmement morbide sur l'angoisse [qu'elle engendre] » ; et l'acharnement à vouloir mener une vie héroïque est une réaction réflexe naturelle, face à « la peur terrifiante de la mort ». Becker, *Denial of Death*, p. 11, 14-15, 23.

27. Au sujet de l'image de Trudeau, jeune homme : entrevue des auteurs avec Alison Ignatieff, citant Gaby Léger, 22 janvier 1982.

    Au sujet de la remarque sarcastique de Trudeau à l'endroit de sa fiancée, Thérèse Gouin, voir : S. Fraser, « The Private Trudeau », p. 2.

28. En poursuivant interminablement ses études, Trudeau échappait en grande partie aux responsabilités qui étaient le lot de la plupart de ses contemporains — opter pour une profession, établir des relations avec un mentor, nouer des liens avec une femme importante pour lui et fonder une famille. En ce sens, il faisait figure de précurseur : un développement aussi tardif est devenue monnaie courante en cette fin du XXe siècle. Voir : Levinson *et al.*, *Seasons of a Man's Life*, p. 91.

29. Citation de Vidal : Vidal, *At Home*, p. vii.

    Au sujet de Parkin, voir : Adele Freedman, « Parkin, a " White Knight " of the Modern Movement », *Globe and Mail*, 26 novembre 1988, p. C-13.

30. Les précisions relatives aux études et aux professeurs de Trudeau sont tirées d'une lettre adressée aux auteurs par le bureau du doyen, Harvard University Graduate School of Arts and Sciences, 11 août 1989. Nous remercions M. le professeur Peter Russell de nous avoir fait part des impressions de Louis Hartz sur l'adhésion enthousiaste de Trudeau au libéralisme à l'époque où ils étaient confrères à Harvard.

31. Au sujet des études de Trudeau à Paris : Lettre adressée aux auteurs par la Fondation nationale des sciences politiques, 30 janvier 1989.

32. Au sujet de Laski et de Clement Attlee, voir : Herbert A. Deane, « Harold J. Laski », in David Sills (dir.), *International Encyclopedia of the Social Sciences*, vol.9 (New York, Macmillan, The Free Press, 1968), p. 30-31.

    Au sujet des études de Trudeau à la LSE : Lettre adressée par le Academic Registrar, London School of Economics and Political Science, 4 octobre 1988.

    Au sujet du virage à gauche de Trudeau pendant ses études à la LSE, voir : Jeffrey Simpson, « Card-Carrying Canadian Is a British Institution », *Globe and Mail*, 20 juillet 1981, p. 7. « À l'époque de leurs études, [Robert] McKenzie était un sympathisant de la Cooperative Commonwealth Federation, (...) mais il se souvient que Pierre Trudeau était encore plus à gauche et qu'il éprouvait un certain mépris pour le réformisme laborieux du CCF. »

33. Citation de Trudeau : Entretien des auteurs avec Pierre Trudeau, 11 décembre 1986.

CHAPITRE TROIS

En quête d'une cause à défendre

1. Grâce à ce raisonnement contradictoire, Duplessis avait réussi l'exploit de devenir un nationaliste continentaliste, une attitude annonciatrice de celle qu'adopterait le Parti québécois au cours des années 70 et 80.

2. L'Union nationale obtint 36 sièges et 53 % des suffrages en 1944, puis 51 sièges et 48 % des voix en 1948 ; en 1952, elle recueillit 74 % des voix et fit élire 52 députés, tout comme en 1956 d'ailleurs, mais en augmentant sa proportion des suffrages à 77 %. Voir : Bernier, Boily et Salée, *Le Québec en chiffres*.

3. Trudeau, « Épilogue », *La Grève de l'amiante*.

4. Pour mieux illustrer l'ampleur de l'appui dont jouissait Duplessis, Black écrit : « L'Union nationale formait une coalition peu ordinaire, une sorte d'Arche de Noé au service de son chef-fondateur. Presque tous les éléments de la société l'appuyaient : l'entrepreneur local, le travailleur, le fermier, le financier qui brassait de grosses affaires et la plus grande partie du clergé. Habilement dirigé, solidement financé et bien organisé, ce parti

alliait remarquablement bien les aspects idéologique et pratique. l'Union nationale en vint à incarner le Québec traditionnel et Maurice Duplessis incarnait l'Union nationale. » *Duplessis*, p. 9. Voir également : Quinn, *Union nationale*, p. 61 : « [L'UN] jouissait de l'appui officieux, mais néanmoins efficace, de toutes les nombreuses organisations patriotiques et affiliées à l'Action catholique, réparties à travers la province : les syndicats catholiques, les organisations de cultivateurs, les coopératives et les caisses populaires, les mouvements de jeunes, les associations d'hommes d'affaires et de commerçants canadiens-français. »

5. Au sujet de Trudeau pendant son affectation au Conseil privé, 1949-1951, voir : Gzowski, « Portrait », p. 29 ; entrevue des auteurs avec Gordon Robertson, 27 novembre 1986 ; et conversation avec Pierre Trudeau, 6 juin 1985.

   Pickersgill au sujet de Trudeau : Entrevue avec les auteurs, 30 novembre 1986.

   Les Grecs : par cette expression, ces intellectuels imprégnés d'une formation classique voulaient exprimer leur supériorité intellectuelle sur les Romains (les Canadiens anglais), détenteurs du pouvoir.

6. « Les ânes savants », voir : Trudeau, « De quelques obstacles à la démocratie au Québec », *Le fédéralisme et la société canadienne-française*, p. 112-113.

7. Citation de Trudeau sur le personnalisme : « Frost Over Canada », entrevue télévisée réalisée par David Frost et diffusée sur les ondes de CTV, le 23 février 1982.

8. Au sujet de l'Église québécoise, voir : Pelletier, *Les Années d'impatience*.

9. Cette citation est tirée de *Convergences*, publié par Jean Le Moyne en 1961 et qui a remporté le prix du Gouverneur général, l'année suivante. Des précisions supplémentaires nous ont été fournies par Jean Le Moyne, lors d'une entrevue réalisée le 26 novembre 1986. Profondément religieux, Le Moyne avait vécu le conservatisme déshumanisant du Québec comme un obstacle pénible à son propre développement en tant qu'homme et en tant qu'écrivain. Denise Bombardier, écrivain et animatrice à la télé-

vision, a décrit avec force la répression sexuelle exercée par l'Église à l'endroit des femmes dans son roman autobiographique, *Une enfance à l'eau bénite*.

10. « Un nombre remarquablement impressionnant d'historiens français et d'autres personnalités influentes étaient personnalistes (...) après la guerre. » Hellman, *Emmanuel Mounier*, p. 10. On trouve, dans cet ouvrage, de brèves références aux relations de Trudeau et de Pelletier avec Mounier et à leur adhésion à ses idées : p. 282, 323, 328. Dire du personnalisme que c'était une doctrine de gauche n'en fait pas pour autant une doctrine marxiste. Elle était plutôt *marxisante* ; la plupart de ses analyses s'appuyaient sur des concepts socialistes, même si elle rejetait le marxisme à cause de son athéisme.

11. Au sujet de la culpabilité ressentie par Trudeau à cause de sa fortune : Trudeau, alors étudiant à Harvard, avait adressé à son ancien condisciple Pierre Vadeboncœur une lettre angoissée dans laquelle il lui faisait part de son désir de se départir de sa fortune, tout comme l'aurait fait un moine. Voir : Charney, « Growing Up Private ».

12. En janvier 1954, les syndicats s'unirent à l'Alliance des professeurs des écoles catholiques de Montréal et organisèrent une manifestation monstre à Québec pour protester contre les lois 19 et 20. La première autorisait la Commission des relations de travail du Québec à retirer son accréditation à tout syndicat dont l'un ou l'autre des dirigeants aurait été reconnu coupable d'adhérer à la doctrine communiste, le terme « communiste » n'étant pas défini. La seconde autorisait la Commission à faire de même dans le cas d'un syndicat du secteur public dont des membres auraient débrayé ; elle était rétroactive jusqu'en 1944 et supprimait toute possibilité d'appel quant aux causes pendantes devant les tribunaux. Wiseman et Scott, « March on Quebec ».

Pour plus de détails sur les réformistes des années 50, voir le chapitre écrit par Gérard Bergeron, « Les transformations socio-économiques entre 1945 et 1960 », dans Bergeron et Pelletier, dir., *L'État du Québec en devenir* ; Djwa, *The Politics of the Imagination*, chap. 19 ; Lévesque, *Attendez que je me rappelle*, chap. 23 ; Pelletier, *Les Années d'impatience*.

13. Au sujet de Georges-Émile Lapalme, voir : Whitaker, *Government Party*, p. 269-306.

14. Pour une description de l'épanouissement culturel du Québec de l'après-guerre, voir : Bourassa, *Surréalisme et littérature québécoise* ; Monière, *Le Développement des idéologies au Québec* ; Trofimenkoff, *Visions nationales*, chap. XVIII.

15. Pelletier avait d'abord parlé de la possibilité de publier une revue d'obédience personnaliste avec d'anciens camarades de la JEC : Guy Cormier, Réginald Boisvert, Pauline Lamy, Jean-Paul Geoffroy, Renée Desmarais, Pierre Juneau, Fernande Martin et Alec Leduc, sa propre femme. De tout ce groupe, seuls Cormier, Boisvert, Geoffroy, Juneau et Pelletier firent parti du premier comité de rédaction de *Cité libre*. Par la suite, Maurice Blain, Charles Lussier, Pierre Vadeboncœur, Roger Rolland et Pierre Trudeau se joignirent à eux. Voir : Pelletier, *Les Années d'impatience*, p. 137-175 ; et *Cité libre*, vol. I, n° 1-4.

    Quoique daté de juin, le premier numéro parut en réalité le 14 juillet ; c'est pourquoi les citélibristes célébraient toujours leur anniversaire le jour de la prise de la Bastille, afin de souligner tacitement leur forte parenté intellectuelle avec la culture française.

16. Entrevue des auteurs avec Jeanne Sauvé, 27 novembre 1986. Voir également : Woods, *Une femme au sommet : Son Excellence Jeanne Sauvé*, chap. 30.

17. Entrevue des auteurs avec Maurice Sauvé, 26 novembre 1986.

    Le sociologue montréalais Hubert Guindon éprouvait la même aversion : « Même au pensionnat, (...) je combattais l'Action catholique que j'assimilais à une sorte de cinquième colonne, à une hiérarchie de pharisiens. » Guindon, *Quebec Society*, p. xviii.

    Même si elle était l'amie et la collègue de plusieurs citélibristes, Jeanne Benoît ne faisait pas partie du comité de rédaction de la revue, au moment de sa création. Elle était partie travailler et étudier en Europe en 1948, peu après son mariage avec Maurice Sauvé.

18. La méfiance des jécistes à l'endroit des jésuites était d'autant plus vive que ces derniers soutenaient l'Association catholique de la jeunesse canadienne-française, mouvement étudiant rival

qui était élitiste, nationaliste et conservateur. Eux-mêmes bénéficiaient de l'appui des dominicains, des oblats et des pères de Sainte-Croix, pour qui le pouvoir importait moins que le ministère auprès du peuple.

19. Au sujet de son amitié avec Trudeau, voir : Pelletier, *Les Années d'impatience*, p. 34 ; et l'entrevue réalisée par les auteurs avec Madeleine Gobeil, 23 décembre 1988.
20. Entrevue des auteurs avec Gordon Robertson, 26 novembre 1986. Robertson avait été le supérieur de Trudeau au Conseil privé, de 1949 à 1951 ; il occupa les postes de greffier du Conseil privé et de secrétaire du Cabinet, de 1963 à 1975.
21. Entrevue des auteurs avec Jean Le Moyne, 26 novembre 1986.
22. Gérard Pelletier, cité dans Iglauer, « Prime Minister/Premier Ministre ».

    Dans *Duplessis*, Conrad Black fait fréquemment allusion aux réactions du premier ministre du Québec à l'endroit du communisme.
23. À son retour d'Ottawa, en 1952, Trudeau avait vainement sollicité un poste de professeur à la faculté de droit de l'Université de Montréal. D'autres tentatives similaires connurent le même sort. Ses amis réformistes en rejetèrent le blâme sur Duplessis luimême qui, disait-on, aurait menacé de couper leurs subventions aux institutions qui engageraient des adversaires de son régime, sur Marcel Faribault, éminent professeur de droit, d'allégeance conservatrice, et sur Mgr Léger, alors chancelier de l'université, que l'on considérait comme inféodé à Duplessis. Voir : Peacock, *Journey to Power*, p. 135 ; et Pelletier, *Les Années d'impatience*, p. 60. Les détracteurs de Trudeau soutenaient que s'il avait vraiment voulu enseigner, il aurait pu obtenir un poste à la faculté des sciences sociales de Laval, dirigée par le père Lévesque, ou à l'Université Queen's, à Kingston en Ontario, pas trop loin de Montréal.

    « Par la virulence, la fréquence et la cohérence de ses attaques contre Duplessis, *Cité libre* était perçue, au cours des années 50, comme le principal porte-parole de l'opposition. » Carrier, « L'idéologie politique », p. 427. De juin 1950 à juillet 1966, la revue parut 88 fois : deux fois par année jusqu'en 1954, quatre fois en 1955, une fois en 1956, trois en 1957, quatre en 1958 et une seule fois en 1959. Une « nouvelle série » fut lancée en janvier 1960 et, à partir de ce moment, la revue parut régulièrement dix fois par année jusqu'en 1966.

La position commune des citélibristes s'appuyait sur quatre prémisses clairement formulées et qui, elles-mêmes, reflétaient la diversité du comité de rédaction composé de catholiques personnalistes et de gauchistes anticléricaux. La première était *la personne*. Contrairement aux catholiques traditionnels, les citélibristes privilégiaient les besoins de la personne canadienne-française plutôt que la collectivité canadienne-française. Il s'ensuivait que la *liberté*, et non la survie ethnique, constituait une priorité vers laquelle il fallait tendre, parce que c'était seulement dans un contexte de liberté maximale que les personnes pouvaient s'épanouir pleinement. La *justice sociale* était nécessaire pour permettre à tous les membres de la collectivité d'accéder aux mêmes avantages matériels et intellectuels, indispensables au développement de leur potentiel en tant qu'individus. Finalement, la *démocratie* représentait le régime politique qui permettrait à la personne d'agir et de participer à l'exercice du pouvoir. Carrier, « L'idéologie politique », p. 427.

Au sujet du rôle de *Cité libre*, voir : Bélanger, *Ruptures et constantes*, p. 70.

24. Pelletier, *Les Années d'impatience*, p. 162.
25. Black, *Duplessis*, p. 394, 542.
26. Alec Pelletier, citée dans S. Fraser, « The Private Trudeau ».
27. Dès que Trudeau devint premier ministre, ses amis dotèrent, dans leurs souvenirs, ses activités de l'époque d'une dimension mythique. L'éditeur Jacques Hébert, qui l'avait accompagné en Chine en 1960, disait de lui qu'il vivait au centre du tourbillon créé par le mouvement réformiste : « Chaque fois qu'un comité était formé pour défendre des libertés individuelles menacées, pour réclamer la libération d'un obscur citoyen détenu illégalement, ou pour dénoncer la prolifération des armes nucléaires, chaque fois Pierre Trudeau était présent ; il se révélait toujours le membre le plus efficace du comité. » Hébert, « Note préliminaire », dans Trudeau, *Les Cheminements de la politique*.

28. Au sujet de *La Grève de l'amiante*, voir : Djwa, *The Politics of the Imagination*, p. 318-321.

    Les articles de Trudeau parus dans *Vrai* furent repris par la suite dans *Les Cheminements de la politique*.

    Trudeau reçut ce prix pour « Some Obstacles to Democracy in Quebec », *Canadian Journal of Economics and Political Science*, août 1958, repris plus tard dans *Le fédéralisme et la société canadienne-française*.

29. Au sujet du besoin d'évasion de Trudeau, voir : Casgrain, *Une femme chez les hommes*, p. 211 ; et entrevue des auteurs avec Charles Taylor, 28 janvier 1990.

30. Entrevue des auteurs avec Jean Marchand, juin 1978 et 10 avril 1985.

31. Au sujet du *puer* comme type psychologique, voir : von Franz, *Puer Aeternus*, p. 1-2.

    Au sujet des vacances de Grace Trudeau, voir : Casgrain, *Une femme chez les hommes*, p. 211.

32. Entrevue des auteurs avec Bernard Ostry, 8 avril 1981.

33. Entrevue confidentielle obtenue par les auteurs.

34. Au sujet du *puer æternus* et des femmes, voir : von Franz, *Puer Æternus*, p. 1-2.

35. Au sujet de Trudeau et de l'homosexualité : conversation des auteurs avec Pierre Trudeau, le 6 juin 1985 ; et entrevue des auteurs avec Madeleine Gobeil, 5 octobre 1975.

36. Au sujet du *puer* et de l'engagement : « En général, [le *puer aeternus*] éprouve de grandes difficultés à s'adapter à son contexte social. Dans certains cas, il s'agit d'une sorte d'individualisme asocial : en étant quelqu'un de spécial, on n'a plus besoin de s'adapter, puisque c'est là une tâche impossible pour un génie méconnu. (...) En outre, on voit se préciser une attitude arrogante envers les autres, attitude fondée à la fois sur un complexe d'infériorité et sur un sentiment injustifié de supériorité. Ces personnes ont généralement énormément de mal à trouver une profession qui leur convienne [ainsi qu'une femme qui leur convienne] (...) et ce qu'ils trouvent ne correspond jamais tout à fait à ce qu'ils recherchent. (...) Il y a toujours un " mais " qui

fait obstacle au mariage ou à toute autre forme d'engagement. (...)

« L'illusion persiste qu'à un moment donné, plus tard, le rêve deviendra réalité. (...) Cette névrose s'accompagne souvent, de façon plus ou moins prononcée, du complexe du sauveur ou du messie, doublée de la conviction secrète qu'un jour on sera capable de sauver le monde. » von Franz, *Puer Aeternus*, p. 2.

37. Sharp, *Secret Raven*, p. 82. Voir également Jung et von Franz, *L'Homme et ses symboles*.
38. Cook, *Maple Leaf Forever*, p. 41.

CHAPITRE QUATRE

Le fédéralisme, une fois pour toutes

1. Pour une description des circonstances qui ont entouré la mort de Duplessis, voir : Black, *Duplessis*, p. 590-593.
2. Les libéraux n'obtinrent que cinq sièges et 4 % des suffrages de plus que l'Union nationale. Une différence de 95 voix dans les cinq circonscriptions où leur majorité était la plus faible les aurait empêchés de remporter la victoire. Trudeau, « L'élection du 22 juin 1960 », p. 4, note 1.

   Également : Trudeau, « De l'inconvénient d'être catholique », p. 20-21 ; « Note sur le parti cléricaliste », p. 23 ; et « Les progrès d'illusion », p. 1-2.
3. Trudeau à Edith Iglauer, cité dans « Prime Minister/Premier Ministre ».
4. Au sujet du développement tardif de Trudeau : Entrevue des auteurs avec Carl Goldenberg, 12 décembre 1986.

   Au sujet de son escapade à Cuba : Don Newlands, *Morningside*, réseau radiophonique de CBC, 2 mars 1984.

   Au sujet des commentaires sur la Sardaigne : Entrevue des auteurs avec Ramsay Cook, 20 mars 1981.

   Au sujet des « blondes » enlevées à leurs amis : Entrevue des auteurs avec François Lebrun, 4 juin 1985.
5. Pour une analyse circonstanciée de la politique pendant la Révolution tranquille, voir : McRoberts, *Quebec*, p. 132-162.

Au sujet du rôle des grands commis de l'État, voir : Thomson, *Jean Lesage*, p. 199.

Au sujet de la réforme du Code du travail, voir : Boivin, « Labour Relations in Quebec », p. 438 ; et Tremblay, « L'évolution du syndicalisme ».

Au sujet de la participation des groupes d'intérêts associations, voir : Clinton Archibald, « Corporatist Tendencies in Quebec. »

Au sujet de la réforme électorale : « La législation réglementant le financement des partis politiques était l'une des plus avant-gardistes du monde occidental. » Thomson, *Jean Lesage*, p. 174.

Au sujet de la naissance de la politique linguistique au Québec, voir : Coleman, « Class Bases of Language Policy ».

6. Au sujet d'Hydro-Québec, voir : Desbarats, *René*, chap. 5 ; et Gaudet, « Forces Underlying the Evolution ».

Au sujet de la laïcisation du système d'éducation, voir : Milner, « Quebec Educational Reform ».

7. Entrevue des auteurs avec Charles Taylor, 21 janvier 1990.

8. Au sujet de Trudeau dans la force de l'âge : c'est après avoir franchi le cap de la quarantaine que Trudeau a semblé atteindre le stade de développement auquel la plupart des hommes parviennent au début de la trentaine, l'assagissement. Voir Levinson *et al.*, *Seasons of a Man's Life*, p. 139-143.

Au sujet de Frank Scott, doyen de la faculté de droit à McGill, voir : Djwa, *The Politics of the Imagination*, chap. 21, « Committing Deanery », p. 359-370.

9. C'est dans le plus volumineux de ses essais, *La Grève de l'amiante*, dans le chapitre d'introduction, que Trudeau aborde « le nationalisme théorique » qui constitue la plus poussée de ses analyses politico-économiques des élites québécoises.

10. Trudeau connaissait déjà les travaux du sociologue John Porter sur la domination de l'élite par le biais de ses réseaux WASP, qui furent finalement publiés sous le titre *The Vertical Mosaic*.

Ce concept de la nouvelle classe moyenne a été avancé d'abord par Hubert Guindon, dans « Social Unrest, Social Class and Quebec's Bureaucratic Revolution », *Quebec Society*, p. 27-37.

Guindon explique comment les élites économiques et politiques avaient réussi à mobiliser la classe ouvrière pour mieux servir les intérêts de la classe moyenne. D'autres analyses ont succédé à la sienne, dont : Gagnon, « The Evolution of Political Forces in Quebec » ; Renaud, « New Middle Class in Search of Social Hegemony » ; Pinard et Hamilton, « The Class Bases of the Quebec Independence Movement » ; McRoberts, *Quebec*, p. 90 et ss. Pour une analyse détaillée des fondements sociaux du nationalisme québécois, voir : Coleman, *The Independence Movement in Quebec*.

11. McWhinney, *Quebec and the Constitution*, chap. 3 et 4.
12. Au sujet des attaques de Trudeau contre le nouveau nationalisme québécois, voir : Trudeau, « L'aliénation nationaliste » ; « La pratique et la théorie du fédéralisme » ; « Les séparatistes : des contre-révolutionnaires » ; et « La nouvelle trahison des clercs ». Ce dernier titre fait allusion à l'ouvrage polémique de l'écrivain français Julien Benda, paru en 1927 : *La Trahison des clercs*. Celui-ci s'y livre à une dénonciation radicale des « clercs » de la France, c'est-à-dire de l'intelligentsia qui, selon lui, aurait dû « défendre les valeurs éternelles », mais avait plutôt « trahi ce rôle » en adoptant un mode de pensée intuitif et sentimental, hautement coté à l'époque. Anticonformiste méfiant, célibataire impénitent et rationaliste rigoureux, Benda ne craignait pas la controverse. Il est fort possible que Trudeau l'ait pris pour modèle et ait décidé d'adopter dans ses écrits des positions impopulaires, susceptibles de provoquer la colère des nouveaux clercs québécois, de son intelligentsia nationaliste. Voir : Beaumarchais, Couty et Rey, *Dictionnaire des littératures de langue française*, A-F (Paris, Bordas, 1984), p. 233.

    Voir également les autres écrits de Trudeau, au ton moins incisif, sur les vertus du fédéralisme : « Federalism, Nationalism and Reason » et « Le Québec et le problème constitutionnel ».
13. C'est chez deux frères fransaskois, Albert et Raymond Breton, que Trudeau a puisé les fondements intellectuels de son attaque contre le nationalisme. Voir : Breton et Breton, « Le séparatisme » ; et A. Breton, « The Economics of Nationalism ».
14. Lors de ce congrès, Trudeau ne lut qu'une partie de « Federalism,

Nationalism and Reason ». Après avoir résumé l'essentiel de sa théorie, il laissa son auditoire sans voix en interrompant brusquement son allocution savante et en déclarant ingénument : « Je regrette, mais je n'ai pas été plus loin dans mon analyse. » Se remémorant cet incident une vingtaine d'années plus tard, le constitutionnaliste Peter Russell se souvient avoir alors pensé : « Si ce type a le cran d'admettre devant tous ces professeurs qu'il n'a pas terminé son texte, il a probablement ce qu'il faut pour devenir politicien. » (Entrevue de Russell avec les auteurs, 30 septembre 1987.) En fin de compte, Trudeau réussit à terminer son texte qui fut publié dans P.A. Crepeau et C.B. Macpherson, dir., *The Future of Canadian Federalism*, et repris dans *Le fédéralisme et la société canadienne-française*.

15. Au sujet de l'antinationalisme dogmatique de Trudeau, André Laurendeau avait fait part de ses préoccupations à Gérard Pelletier, en ces termes : « ... je redoute, en politique, un homme de haute intelligence dont la logique ne dévie jamais. J'ai peur que l'antinationalisme de Pierre ne soit devenu un dogmatisme. » Voir : Pelletier, *Les Années d'impatience*, p. 135.

    Au sujet des relations de Duplessis avec le gouvernement fédéral et avec l'Église québécoise, voir : Black, *Duplessis*, p. 119-184 et 305-376.

    Au sujet des répercussions du nationalisme sur la mobilisation sociale pendant la Révolution tranquille, voir : Louis Balthazar, « La dynamique du nationalisme québécois », dans Bergeron et Pelletier, dir., *L'État du Québec en devenir*, p. 37-58.

16. Pour une description de l'élaboration des politiques par les libéraux, entre 1958 et 1963, et au sujet du rôle de Kent et de Gordon, voir : Kent, *Public Purpose*, p. 45-133.

17. Entrevue des auteurs avec Marc Lalonde, 11 avril 1979.

18. Non seulement il a été cité par les quotidiens dans de nombreux articles sur la Révolution tranquille, mais Trudeau a fait l'objet d'une longue analyse signée par Peter Gzowski, « Portrait of an Intellectual in Action » ; en 1964, le réseau de télévision CBC lui avait également demandé de passer une audition pour coanimer son émission du dimanche soir, *This Hour Has Seven Days*. Voir : Koch, *Inside This Hour*, p. 45.

19. Outre Trudeau et Lalonde, le comité était officiellement composé d'Albert Breton, Raymond Breton, Claude Bruneau, Yvon Gauthier et Maurice Pinard. Des extraits de leur manifeste ont été publiés dans le *Montreal Star* et *La Presse*, ainsi que dans « Manifeste pour une politique fonctionnelle », *Cité libre*, mai 1964, p. 11-17, et dans « An Appeal for Realism in Politics », *The Canadian Forum*, mai 1964, p. 29-33. Michael Pitfield, qui entretenait des liens étroits avec le comité, se chargea de traduire le manifeste en anglais, mais n'ajouta pas son nom à la liste des signataires parce qu'il faisait partie de la fonction publique.

20. Au sujet de son intention de replonger dans la mêlée, entrevue de Trudeau avec Patrick Watson, citée dans Koch, *Inside This Hour*, p. 45.

    Commentaires de Charles Taylor sur Trudeau : Entrevue avec les auteurs, 28 janvier 1990.

21. Entrevue des auteurs avec Peter Scott, 18 novembre 1988 et 29 novembre 1989.

    À l'époque où, à Paris, Trudeau rédigeait son introduction à *La Grève de l'amiante*, il se rendit à Margate pour assister au congrès annuel du Parti travailliste ; il était porteur d'une lettre de présentation de Frank Scott à qui il déclarera plus tard : « Dans tous les pays (y compris au Canada), on dirait que la gauche est en train de procéder à une " révision déchirante ". C'est là quelque chose dont nous pourrons parler, une fois que nous en aurons terminé avec ce livre. » Voir : Djwa, *The Politics of the Imagination*, p. 322.

22. Casgrain, *Une femme chez les hommes*, p. 211.

23. Au sujet des lieutenants québécois, voir : English, « The " French Lieutenant " in Ottawa ».

24. Au sujet de Marchand et du Parti libéral : Entrevue des auteurs avec Jean Marchand, 6 juin 1978.

25. Trudeau, « Pearson ou l'abdication de l'esprit », p. 7, 10.

26. Voir : Gordon, *A Political Memoir*, p. 219-233.

27. Entretien des auteurs avec Pierre Trudeau, 11 décembre 1986.

Trudeau et Pelletier, « Pelletier et Trudeau s'expliquent »,
p. 3, 5.

28. Entrevue des auteurs avec Jean Marchand, 6 juin 1978.

CHAPITRE CINQ

La montée du charisme

1. Au sujet des élites dirigeantes, voir : Granatstein, *Ottawa Men* ; McCall-Newman, *Grits*.
2. Au sujet du rôle du Canada au Viêt-nam, voir : Eayrs, *Indochina : Roots of Complicity* ; Levant, *Quiet Complicity* ; Ross, *In the Interests of Peace* ; Taylor, *Snow Job*.
3. Au sujet de l'opinion de Walter Gordon sur les relations économiques canado-américaines, voir : Smith, *Gentle Patriot* ; Gordon, *A Political Memoir*.

    La University League for Social Reform, qui regroupait de jeunes universitaires du Centre du Canada œuvrant dans les sphères les plus diverses, s'est penchée sur le nouveau nationalisme économique dans *Nationalism in Canada* (1966), paru sous la direction de Peter Russell ; elle s'est ensuite intéressée à la politique extérieure canadienne dans *An Independent Foreign Policy for Canada ?* (1968), paru sous la direction de Stephen Clarkson.
4. Citation de Peter Desbarats, à la fin des années 60 : confirmée par une lettre adressée par l'intéressé aux auteurs, 17 mai 1990.

    Au sujet de *Seven Days*, voir : Koch, *Inside This Hour* ; et S. Stewart, *Here's Looking at Us*.
5. Au sujet du Canada pendant les années 60, voir : Granatstein, *Canada 1957-1967*.
6. Pour une analyse du « potentiel d'aliénation » d'une société, voir : Schiffer, *Charisma*, p. 8. Le concept selon lequel les sociétés deviennent un terrain propice à l'apparition de chefs charismatiques est étudié sous un autre angle par William Sargent dans *Battle for the Mind*.
7. Au sujet du premier mandat de Trudeau aux Communes : entrevue des auteurs avec Jean Marchand, 6 juin 1978. Voir également : Pelletier, *Les Années d'impatience*, p. 101-136.

8. Au sujet du Canada et de la mésentente à propos du Régime de pensions du Canada, voir : Granatstein, *Canada 1957-1967*, p. 26.
9. Pour un compte rendu plus poussé du rôle joué par Trudeau dans le mouvement d'opposition à la campagne du Québec en faveur d'une politique étrangère indépendante, voir : Clarkson, « Vive le Québec libre ! », p. 55-69.
10. Au sujet des ambitions de Trudeau : entrevues des auteurs avec Jean Marchand, 6 juin 1978 et avec Madeleine Gobeil, 5 octobre 1975.

    Au sujet de la libération du *puer* par le travail, voir : von Franz, *Puer Aeternus*, p. 5.
11. L'un des premiers membres de la tribune de la presse, à Ottawa, qui sut déceler la force politique de Trudeau fut Norman DePœ, journaliste d'expérience attaché à CBC. Celui-ci présenta un portrait de l'homme dans le cadre de l'émission de télévision *Newsmagazine*, diffusée le 16 mai 1967 sur les ondes de CBC. D'autres articles approfondis furent consacrés à Trudeau par Anthony Westell dans le *Toronto Star*, Richard Gwyn dans la revue *Time*, Harry Crowe et Douglas Fisher dans le *Toronto Telegram* et Peter Newman dans le *Toronto Star*.

    Au sujet de ce que pensaient les hauts fonctionnaires et les ministres de Trudeau : Entrevues des auteurs avec A.W. Johnson, mai 1979, et avec Allan Gotlieb, avril 1974.
12. Pour une analyse des relations entre l'émergence de personnalités dominantes et leur époque, voir : Boschette, *Sartre and Les Temps Modernes*.

    Chez Weber, le concept de charisme — emprunté à Rudolf Sohm, spécialiste allemand de l'histoire ecclésiastique et qui signifie en grec « don de la grâce » — revêt une dimension beaucoup plus complexe : il plonge ses racines dans la philosophie de l'histoire, dérivée du positivisme du XIXe siècle. Weber voyait dans le charisme une force historique susceptible de freiner la tendance à une rationalisation excessive et à l'apparition au sein des gouvernements de bureaucraties intransigeantes, composées d'élites soucieuses uniquement de défendre leurs intérêts et de se maintenir en place. Selon lui, les chefs charismatiques constituaient à la fois un phénomène cyclique et un indispensable agent de changement dans une démocratie. Il considérait le prophète religieux comme le prototype du politicien charismatique, comme un homme doté d'une qualité particulière qui lui confère la faculté presque magique de réunir des disciples et de leur faire approuver ses actions. Toujours selon le schéma établi par Weber, le chef charismatique prend sur lui d'annoncer la rupture de l'ordre établi et d'affirmer son opposition explicite à cet ordre. Son adhésion à ses idées n'est pas seulement d'ordre intellectuel, comme ce pourrait être le cas pour un législateur ou un professeur, mais également d'ordre affectif. Simultanément, il semble être altruiste, en ce sens qu'il ne risque pas de retirer le moindre avantage pécuniaire de la concrétisation de ses idées. Ce qu'il recherche, c'est le bien de la société et non le sien propre. Voir : Weber, *From Max Weber*, p. 245-520.

13. Au sujet de la position du président de Gaulle en matière de politique extérieure, voir : Grosser, *Affaires extérieures*, p. 209-211.

14. Cette intervention avait été manifestement préparée puisque l'un des adjoints du président de Gaulle s'était assuré qu'un micro serait en place et qu'on avait pu voir le général répéter sa tirade, tandis qu'il gesticulait sur le pont du *Colbert*, balayé par le vent. Voir : Clarkson, « Vive le Québec libre ! », p. 58-59.

15. Au sujet de l'attitude plus conciliante de Paul Martin, ministre des Affaires extérieures, voir : Martin, *A Very Public Life*, vol. II, p. 595.

16. Quelques reporters bilingues expliquèrent à leurs confrères anglophones que l'expression française était beaucoup moins choquante que sa traduction littérale et qu'elle signifiait à peu près « une énorme bêtise ». C'est là une intéressante manifestation de sexisme transculturel.

17. Outre Marc Lalonde et Michael Pitfield, les premiers à soutenir Trudeau furent Jean-Pierre Goyer, Fernand Cadieux, Ed Rubin, Jim Davey, Gordon Gibson et Donald Macdonald. Voir : Peacock, *Journey to Power*, p. 167.

18. « President Charles de Gaulle's News Conference », p. 615.

19. Au sujet de l'État et des chambres à coucher de la nation, voir : « Unlocking the Locked Step of Law and Morality », *Globe and Mail*, 12 décembre 1967, p. 6.
20. Au sujet du concept de la Fortune et des hommes d'État, voir : Machiavel, *Le Prince*.

    Au sujet de l'appui de Pearson : Entrevues des auteurs avec Marc Lalonde, 11 avril 1979 ; avec Maryon Pearson, Mary Macdonald, Sheila Zimmerman, Claude Frenette et Maurice Sauvé, avril 1968 ; et avec Walter Gordon, août 1977. Voir également : Pearson, *Mike*, vol. III, p. 325-326.
21. *Canadian Annual Review* : 1968, p. 71.
22. Au sujet de Trudeau au congrès de Montréal, voir : Peacock, *Journey to Power*, p. 199.
23. Roy, *Le choix d'un pays*, p. 163, cité dans Brunelle, *Les trois colombes*, p. 272.
24. Bernard Dubé, « Trudeau — Pratfall and All », *Montreal Gazette*, 9 avril 1968, p. 19.
25. Au sujet des caractéristiques du charisme, voir : Weber, *Sociology of Religion*, p. xxxiii et 46-51 ; Schiffer, *Charisma*, p. 24-53 ; et Sennett, *Authority*, p. 22.
26. Saywell, « Introduction », dans Trudeau, *Federalism and the French Canadians*, p. vii. Saywell et Cook avaient rejoint leur collègue William Kilbourn au sein du « Toronto Committee for Trudeau » mis sur pied par Ethel Teitelbaum. Voir : Peter Newman, « Opinion-makers Pick Their Man, Pierre Trudeau », *Toronto Star*, 13 janvier 1968, p. 7.

    McLuhan, « The Story of the Man in the Mask », p. 7.
27. Entrevue des auteurs avec Jean de Grandpré, 30 janvier 1987.
28. Trudeau arriva en tête lors de chacun des quatre tours de scrutin dont le résultat final fut le suivant : Pierre Trudeau, 1203 voix ; Robert Winters, 954 voix ; John Turner, 195 ; Joe Green, 29. Voir « How Voting Went Ballot by Ballot », *Toronto Star*, 8 avril 1968, p. 12.

    Au sujet d'une manifestation de scepticisme face au charisme de Trudeau, voir : P.A. Dufil, « Trudeau 20 Years On : Time to

Reconsider the Legends », *Globe and Mail*, 24 juin 1988, p. A7.
29. Au sujet de l'intérêt de Frank Scott pour la notion de « société juste », voir : Djwa, *The Politics of the Imagination*, p. 183.

CHAPITRE SIX

Le pouvoir gonfle, l'orgueil détruit

1. À l'élection de 1968, les libéraux gagnèrent 155 sièges, les conservateurs 72, le NPD 22 ; les 15 sièges restants allèrent en majorité au Crédit social. Les libéraux étaient forts en Ontario (64 sièges) et au Québec (56 sièges), ils obtinrent des résultats surprenants dans l'ouest (27 sièges contre 25 aux conservateurs), mais furent surclassés dans les Maritimes (7 sièges contre 25 aux conservateurs), où le leader conservateur Robert Stanfield, ex-premier ministre de Nouvelle-Écosse, faisait figure de candidat local.
2. Westell, *Paradox*, p. 24-27.
3. Parmi les Juifs promus à des postes importants au début des années Trudeau, citons Allan Gotlieb, sous-ministre des Communications ; Bernard Ostry, au CRTC puis adjoint au Secrétariat d'État ; Sylvia Ostry, directrice du Conseil Économique puis staticienne en chef ; Simon Reisman, secrétaire du Conseil du Trésor puis sous-ministre des Finances ; David Golden, président de Telesat Canada ; Bora Laskin, juge à la Cour suprême ; Herb Gray, ministre sans portefeuille ; Barnett Danson, secrétaire parlementaire du premier ministre. Ces nominations sont d'autant plus significatives quand on sait que les premiers ministres Saint-Laurent et King avaient refusé un poste dans leur cabinet au dynamique David Croll, ministre dans le cabinet de Mitch Hepburn dans les années 30 en Ontario puis plusieurs fois député à la Chambre des communes après la guerre, parce qu'il était juif. Saint-Laurent trancha ce problème gênant en nommant Croll au Sénat en 1955. Louis Rasminsky, nommé gouverneur de la Banque du Canada en 1961, et David Golden, sous-ministre de 1954 à 1964, avaient ouvert la voie aux nominations de Trudeau. Zolf : *Just watch me*, p. 61-81.
4. Breslin : *The Other Trudeau*, p. 87.

Parmi les jeunes femmes amies et partisanes de Trudeau de la fin des années 60, citons : Joyce Fairbairn, fille d'un juge de l'Alberta, Jennifer Rae, fille d'ambassadeur, Alison Gordon, fille du professeur et ancien diplomate John King Gordon, Gail Cook, fille d'un ministre de l'Île-du-Prince-Édouard, et bien sûr Margaret Sinclair, fille de l'ex-ministre fédéral James Sinclair.

5. Sur les effets du pouvoir, voir C.J. Jung : « L'archétype du sage, également appelé le "mana", tend à être projeté sur les personnes qui se présentent comme des chefs, séculiers ou spirituels. Les résultats peuvent être désastreux, lorsque des fous ou des charlatans se retrouvent à la tête de sectes religieuses ou de mouvements politiques, ou lorsque le sujet s'identifie à l'archétype et se croit détenteur d'une sagesse supérieure. Les analystes, les prêtres comme les politiciens, succombent parfois à ce danger, que Jung appelle l' "enflure". *Essential Jung*, p. 122.

D'autres psychanalystes, tel le docteur Judd Marmor, disent que les chefs politiques acquièrent « l'arrogance du pouvoir, le sentiment que les règles s'appliquent aux autres, pas à eux... Il se produit, lorsqu'on est entouré de foules admiratives, lorsqu'on déroule pour vous le tapis rouge, un extraordinaire détournement de l'esprit. À moins d'être conscient de l'aveuglement que peut provoquer l'adulation, on peut perdre le sens commun et se mettre à croire qu'on échappe aux contraintes et aux sanctions morales ». Daniel Goleman, « Sex, Power, Failure : Patterns Emerge », *New York Times*, 19 mai 1987, p. 17.

6. « ...plus personne » : « Quand ils rentrent chez eux, quand ils sortent du Parlement, à cinquante mètre de la colline parlementaire, ils ne sont plus les Honorables Députés, ils ne sont plus personne, M. le Président. » Canada, Chambre des communes, *Débats*, 25 juillet 1969, p. 11635.

Quand Harold Laski, président de l'exécutif national du Parti travailliste, faisait des déclarations « gauchistes » comme s'il représentait le gouvernement, Clement Attlee se mit en colère. Affirmant la primauté de la souveraineté du Parlement sur la démocratie du parti, il signifia au professeur de la London School of Economics qu'il n'avait « absolument aucun droit à parler au nom du gouvernement ». Cité d'après Kingsley

Martin : *Harold Laski*, London 1953, par McKenzie : *British Political Parties*, p. 333, note 2.

7. Le rapport sur la politique étrangère, intitulé U*ne politique étrangère pour les Canadiens*, comportait six brochures : «l'Europe», «le Développement international», «les Nations Unies», «l'Amérique latine», «le Pacifique» et «Une politique étrangère pour les Canadiens». La seule référence aux rapports canado-américains tenait en 600 mots, dans la sixième brochure, sur l'influence probable des États Unis sur l'économie canadienne dans les années 70.

    Sur l'arrogance des trudeauistes, voir Walter Stewart : *Shrug : Trudeau in Power*.

8. Denis Smith : *Bleeding Hearts, Bleeding Country* ; Haggart et Golden : *Rumours of War*.

9. Citation de Trudeau : Shain, « Settling Up Sober ». Pour un autre témoignage sur l' « enflure » politique de Trudeau et son influence sur l'élection fédérale de 1972, voir P. Newman : « Reflections on a Fall from Grace ».

    À l'élection de 1972, les libéraux obtinrent 109 sièges et 39 % des voix, les conservateurs 107 sièges et 35%, le NPD 31 sièges et 18 %, le Crédit Social 15 sièges et 8 %, autres 2 sièges (1 %).

10. Sur les entrevues de Margaret Trudeau, voir Fremon : « Margaret Trudeau » ; S. Cameron : « Maggie : Happy at Last » ; également les volumes autobiographiques À *cœur ouvert* et *Consequences*, en collaboration avec Caroline Moorehead.

    Citation de Margaret Trudeau : À *cœur ouvert*, p. 106.

11. Citation de Kathleen Sinclair : « So Much in Love... Can't Take Eyes Off Each Other », *Ottawa Citizen*, 6 mars 1971, p. 39.

12. Le bureau de Trudeau avait organisé le rendez-vous par le biais de la mère de Margaret. Le dénouement heureux de la soirée amènera cette dernière à écrire : « J'avais déjà décidé que je voulais que cet homme soit le mien. » À *cœur ouvert*, p. 16, 49.

13. Trudeau remarquait, après avoir écouté Margaret lui raconter ses liaisons, qu'elle le quitterait sûrement un jour. « De temps à autre, il devenait triste et disait : " Je sais que tu vas me quitter

un jour. " Et moi de répliquer avec passion : " Jamais, jamais ! " Et j'étais furieuse qu'il puisse penser une telle chose. » À cœur ouvert, p. 62.

14. À propos des déclarations de Margaret sur la liberté, etc. La meilleure description de ses idées dans les années 60 est fournie par Dan Turner : « Margaret : Mythical, Motherly — Her Own Woman », *Toronto Star*, 23 juin 1973, p. 56

Citation de Margaret Trudeau : *Consequences*, p. 38.

15. Citation de Margaret Trudeau : À *cœur ouvert*, p. 22-23. Citation de Trudeau : Entrevue avec Maurice Sauvé, 27 novembre 1986.

16. Entrevue confidentielle.

17. Citation de Margaret Trudeau : À *cœur ouvert*, p. 198.

18. Citation de Margaret Trudeau : À *cœur ouvert*, p. 137.

19. Margaret, à propos de Trudeau « playboy » : À *cœur ouvert*, p. 132.

20. Citation de Margaret sur « notre mère la terre » : Paterson et McEwan, « Margaret Trudeau's Struggle for Identity ». Margaret sur l'attirance physique et mutuelle entre elle et Pierre : À *cœur ouvert*, p. 132.

21. Rôle de Margaret dans la campagne électorale de 1974 : Callwood, « Margaret's First Hurrah ».

22. Sur la campagne libérale de 1974, voir Clarkson : « Pierre Trudeau and the liberal Party » et C. Newman : « Politicizing Pierre ». Sur les ambitions politiques de Margaret : À *cœur ouvert*, p. 206.

23. Citation de Margaret Trudeau sur l'élection de 1974 : À *cœur ouvert*, p. 207.

24. Margaret Trudeau sur sa propre responsabilité dans l'échec de son mariage : *Consequences*, p. 192

25. Sur l'incident japonais : À *cœur ouvert*, p. 230.

« ...pas pour m'embrasser mais pour me sentir » : À *cœur ouvert*, p. 260.

26. Résultat des élections partielles : le décompte des voix indique l'étendue de la défaite des libéraux : ils reçurent 31 % des suffrages contre 49 % aux conservateurs et 16 % au NPD.

27. Citation de Max Weber : *From Max Weber*, p. 38.
28. Sur la tournée de promotion du livre de Margaret : *Consequences*, p. 85-102.
29. *Must Canada Fail* ? sous la direction de Simeon ; *Entering the Eighties*, sous la direction de Carty et Ward.
30. Sur l'organisation, la stratégie et la tactique des libéraux, voir Clarkson : « The Defeat of the Government ».
31. Les libéraux gagnèrent 67 sièges au Québec (contre 60 en 1974), en conservèrent 12 dans les Maritimes (contre 13 en 1974), mais tombèrent de 55 en 1974 à 33, en Ontario, et de 13 à 3 dans l'Ouest. Plus de 12 ministres perdirent leur siège, dont Iona Campagnolo (Sports) et Léonard Marchand (Environnement) en Colombie-Britannique ; Jack Horner (Commerce et Industrie) en Alberta ; Otto Lang (Transports) arrivé troisième à Saskatoon-Est ; Tony Abbott (Revenu), Bud Cullen (Emploi et Immigration), Norman Cafik (Multiculturalisme), Barney Danson (Défense), Hugh Faulkner (Affaires Indiennes), Alastair Gillespie (Énergie), Martin O'Connell (Travail), John Reid (Relations fédérales-provinciales) et John Roberts (Secrétariat d'État) en Ontario. Daniel MacDonald (Anciens combattants) perdit son siège dans l'Île-du-Prince-Édouard. Les pertes en pourcentage des libéraux étaient moindres : passant de 42 à 40 %, ils obtenaient plus de voix que les conservateurs, dont le pourcentage n'était passé que de 35 à 36 %, mais dont les voix à l'extérieur du Québec étaient mieux réparties.

CHAPITRE SEPT

Défaite, humiliation, démission

1. Citation de Margaret Trudeau : Fremon « Margaret Trudeau », p. 116.
2. Incident de la piscine : Entretien confidentiel.
3. Quand Trudeau passa, de ministre à chef de l'opposition, son cabinet passa de 85 à 25 personnes, dont James Coutts (premier secrétaire), Cécile Viau (secrétaire privée), Joyce Fairbairn (secrétaire parlementaire), Tom Axworthy (conseiller politique),

Jim Moore et André Burelle (rédacteurs anglais et français), Patrick Gossage et Suzanne Perry (attachés de presse). Andrew Szende : « Whither Trudeau's Top Aides ? », *Toronto Star*, 16 juillet 1979, p. A4. Voir aussi David Humphrey's : « The Changing of the Guard », *Globe and Mail*, 11 juin 1979, p.7.

Citation de Trudeau : S. Gwyn, « Inside the Trudeau Takeover ».

4. Citation de Trudeau : « Trudeau reste à son poste : " Je suis encore le meilleur " », *Le Devoir*, 20 juillet 1979, p.1. et Andrew Szende et David Blaikie : « Pierre Won't Step Down : "I'm the Best " », *Toronto Star*, 20 juillet 1979, p. A1-2.

Sur l'expédition en canoë, voir Jean Pelletier : « Through White Water with Trudeau », *Sunday Star*, 28 octobre 1979, p. D5.

5. Sur les nouvelles révélations de Margaret Trudeau : *Consequences*, p. 37-99 ; et Fremon : « Margaret Trudeau ».

Sur la photo dans *High Society*, voir O'Hara : « Bedtime Story ».

6. Commentaires sur la situation de Trudeau : « Pierre Trudeau ne sera plus jamais premier ministre. Il n'a plus vraiment d'avenir politique. C'est un chef de l'opposition provisoire, il ne fait qu'occuper le poste en attendant d'être remplacé par un libéral dont les chances à long terme sont meilleures ». Richard Gwyn : « Will Trudeau Ever Be the P.M. again ? I Think Not ». *Toronto Star*, 21 juillet 1979, p. B5.

7. Détails sur le « congrès Grindstone » : Lettre d'invitation au congrès.

Pendant deux jours à Winnipeg, dans les ateliers, les sessions plénières, les cafétérias, les libéraux se défoulèrent en une orgie d'autocritique collective. Ils parlèrent du déphasage du parti (« Les gens sont moins naïfs aujourd'hui (dans l'Ouest) ; on pouvait les avoir avec la machine de Jimmy Gardiner, mais pas avec celle d'Otto Lang »), des incohérences de son programme (« Notre position est à peu près aussi convaincante qu'une bassine de salive tiède »), de sa fatigue (« Nous avons épuisé nos réserves intellectuelles »), d'arrogance (« Le cabinet n'a aucun respect pour les opinions divergentes »), de confusion (« Certains qui veulent attacher le grelot au cou des gros bonnets du parti sont eux-mêmes d'anciens gros bonnets »). Remarques de Hu Harries, Tony Merchant, John Reid, Michel Rochon, Gary Wilson, notées par les auteurs.

8. Sur la notion de camarilla : Michels, *Political Parties*, p. 24, 104. « Il se développe chez les dirigeants une tendance à s'isoler, à former une sorte de cartel, à s'entourer d'un mur en quelque sorte, à l'intérieur duquel ils ne laissent entrer que ceux qui sont de leur avis. »

9. Sur la réaction de Trudeau aux doléances du parti : Conversation avec Pierre Trudeau, 21 juillet 1979 ; entrevue avec James Coutts, 19 décembre 1985.

10. Sur la démission de Trudeau en 1979 : Entrevue avec Tom Axworthy, 4 novembre 1984 ; Davey, *Rainmaker*, P.258.

11. Sur les « notices nécrologiques » : mis au défi défi d'évaluer l'œuvre politique de l'homme qui avait dirigé le pays pendant onze ans, les éditorialistes répondirent par les clichés et la confusion ; ils se reconnurent incapables de dégager le sens du passage de Trudeau au pouvoir. Walter Stewart parlait d'échec : « Aucun homme politique ne promettait autant et n'a si peu tenu... La Société juste fut un slogan et rien de plus... Les disparités régionales se sont aggravées... Il n'a pas réformé le Parlement, il l'a ignoré... Le chômage a doublé, l'inflation s'est envolée, les dépenses de l'État ont quadruplé, le déficit fédéral a été multiplié par quatorze... Trudeau, avec l'appétit du pouvoir, n'avait pas de sens politique... Il contrôlait les images, mais pas la réalité. » *Winnipeg Free Press*, 22 novembre 1979, p. A1.

12. Sur les citations d'Axworthy et de Coutts : Tom Axworthy raconta plus tard : « En septembre, quatre ou cinq membres du bureau du chef de l'opposition se réunirent et décidèrent a) de travailler à renverser le gouvernement ; b) d'essayer de tenir Trudeau d'aplomb, parce que nous le croyions capable de reprendre le pouvoir. » C'était là le noyau des fidèles, relié, par l'intermédiaire de Keith Davey, à Martin Goldfarb et Jerry Grafstein à Toronto. Entrevues avec Tom Axworthy, 4 novembre 1984, 22 juillet 1990, et avec James Coutts, 19 décembre 1985.

13 On trouvera un récit plus complet des activités de James Coutts

dans les années 70 dans McCall-Newman : *Grits*, p.135-174.

14. Sur la stratégie de Coutts : Entrevues avec Tom Axworthy, 4 novembre 1984, et avec James Coutts, 19 décembre 1985.

15. Sur les nominations de conservateurs par les libéraux : Claude Wagner, la seule « vedette » des conservateurs au Québec, fut nommé au Sénat ; Gordon Fairweather, loyal député du Nouveau-Brunswick, commissaire aux droits de la personne ; Jack Horner, personnalité conservatrice de l'Alberta, fut incité à changer d'allégeance aux Communes par la promesse d'un siège au cabinet.

16. « les conservateurs au pouvoir jusqu'à la fin du siècle » : Entrevue avec Sylvia Ostry, 26 novembre 1979.

    Sur le « syndrome conservateur » : Perlin : *Tory Syndrome*, p.190-201.

    Sur la campagne conservatrice de 1979 : Courtney, « Campaign Strategy and Electoral Victory ».

    Sur l'arrogance des libéraux, depuis trop longtemps au pouvoir : Meisel : « Howe, Hubris and '72 ».

17. Renvoi de Pitfield : Le seul autre haut fonctionnaire démis par Clark fut le sous-ministre des Finances William Hoyd, en désaccord avec sa politique. À ces deux exceptions près, Clark observa la tradition canadienne de respecter la neutralité politique de la fonction publique fédérale. Bourgault et Dion : « Governments Come and Go », p. 15.

18. Sur la question de l'ambassade du Canada en Israël, on trouvera dans Adelman : « Clark and the Canadian Embassy in Israel », une analyse serrée des diverses forces ayant conduit Clark à prendre cette fâcheuse décision, puis à l'annuler.

CHAPITRE HUIT

Restauration, transformation et résurrection

1. Sur Coutts et la démission de Trudeau : Entrevue des auteurs avec James Coutts, le 23 novembre 1979.

2. Sur les candidats à la direction du Parti libéral : « Turner,

Macdonald Close to Touching Off " A Battle of Eagles " », *Globe and Mail*, 1er décembre 1979, p. 11.

3. Sur les données de sondage : Entrevue des auteurs avec Martin Goldfarb, le 8 mars 1980 ; et l'article sur le sondage Gallup, « Tory Popularity Plunges », *Toronto Star*, 3 décembre 1979. En réponse à la question : « Pierre Trudeau est-il un bon chef pour les libéraux ? », 65 % des personnes interrogées ont répondu oui, et 28 %, non.

4. Sur les raisons de Turner de ne pas être candidat et sur les réactions de Coutts au budget : Entrevue des auteurs avec Keith Davey, 10 mars 1980, et avec Tom Axworthy, 20 février 1980.

5. Pour la description du point de vue au sein du ministère des Finances sur cette mesure et du débat dans le cabinet Clark : Simpson, *Discipline of Power*, p. 227-231.

6. Sur la réaction de Fabien Roy : Roy avait téléphoné à René Lévesque en quête d'un conseil tactique, mais le premier ministre québécois ne fut pas en mesure de le rappeler, et Claude Morin était en Afrique. Roy dut donc se rabattre sur Jacques Parizeau, ministre des Finances du PQ, qui avait déjà dénoncé l'impôt sur l'essence proposé par Crosbie comme étant une violation des compétences du Québec. Conversation des auteurs avec Daniel Latouche, alors conseiller en matière d'orientation au bureau de Lévesque.

7. Sur la réaction des libéraux à propos du compte des députés conservateurs présents : Entrevue des auteurs avec Tom Axworthy, 20 février 1980.

8. Serge Joyal était le seul libéral absent au cours du vote sur le budget ; il s'était pairé avec le conservateur Alvin Hamilton, et tenait à se conformer à cet engagement.

9. Sur le refus de Trudeau de poser des questions tendancieuses : Finalement, ce fut Allan MacEachen qui demanda au premier ministre s'il écrirait « au chef du groupe créditiste avant le vote, afin de lui donner les raisons pour lesquelles ce groupe devrait voter en faveur du budget et, le cas échéant, s'il remettrait copie de cette correspondance au reste des députés, pour les aider à évaluer l'extraordinaire document ». Canada,

Chambre des communes, *Débats*, 12 décembre 1979, p. 2275.

10. Sur la réunion de l'exécutif national : Entrevues des auteurs avec Gordon Dryden, 3 mars 1980, et avec Lorna Marsden, 3 mars 1980.

11. Citations de Trudeau : Conversation des auteurs avec Pierre Trudeau, 6 juin 1985.

12. La « solution passable », c'est, selon les théoriciens du développement des adultes, la solution que peuvent espérer atteindre les hommes à la fin de la cinquantaine. C'est le compromis, accepté de bonne grâce, entre leur rêve et la réalité que les circonstances leur imposent. Levinson *et al.*, *Seasons of a Man's Life*, p. 217-220.

13. Citation de Marchand : Entrevue des auteurs avec Jean Marchand, 10 avril 1985.

14. Citation de Trudeau : « J'ai réfléchi...et j'ai compris... », *Le Devoir*, 26 novembre 1979, p. 5.

15. Sur la consultation de Trudeau avec David Owen : Entrevue des auteurs avec David Owen, 23 novembre 1987. Sur la consultation aves Stuart Smith : *Consequences*, p. 148-149.

16. Margaret Trudeau, *Consequences*, p. 133-134.

17. Sur les gestes ultérieurs de Margaret : *Consequences*, p. 185 ; sur les conseils donnés à la famille Trudeau : *Consequences*, p. 175.

18. Citations de Grafstein : Entrevue des auteurs, 26 février 1980. Le tailleur était Harry Rosen.

19. Pour un important point de vue sur l'intégration et sur la spiritualité nécessaire pour l'atteindre : Jung, *Essential Jung*, p. 229-297.

20. Sur la stratégie de l'élection : Trudeau lui-même se méfiait un peu — comme cela avait été le cas au plus fort de la trudeaumanie — de faire des promesses qu'il aurait peine à tenir. Il accepta volontiers la suppression par Coutts de la plupart des mesures politiques qui avaient fait l'objet d'une négociation frénétique au sein d'un comité d'orientation de la campagne formé d'activistes du Parti libéral et de membres du caucus, comité mis sur pied à la hâte durant les vacances de Noël.

21. Les résultats de l'élection de 1980 furent les suivants : 146 libéraux élus (44 % des voix), 103 conservateurs (33 %) et 32 néo-démocrates (20 %). C'était la plus forte majorité de Trudeau depuis 1968 et sa plus grande victoire au Québec. En effet, il reçut 68 % des votes québécois et — après une élection partielle rapide dans la circonscription de Frontenac, où un candidat créditiste était décédé au milieu de la campagne — gagna 74 des 75 sièges appartenant au Québec.

CHAPITRE NEUF

Les rênes du pouvoir

1. Citation de Trudeau : Entrevue avec Madeleine Gobeil, 8 avril 1985.
2. Citation de Gobeil : Entrevue avec les auteurs, 8 avril 1985.
3. Citation de Trudeau : Conversation avec les auteurs, 6 juin 1985. Sur la remarquable capacité de Trudeau d'évoluer : Le psychosociologue Daniel Levinson fait remarquer que la capacité de l'individu de continuer à évoluer dans sa créativité et dans sa vie personnelle fait partie du mode inhabituel de développement qui est la marque des hommes qui ont du génie ou qui aspirent à l'héroïsme. Il cite le cas du philosophe britannique Bertrand Russell, que son amitié passionnée avec Lady Ottoline Morrel délivra de la stérilité émotionnelle et rendit apte à renouveler sa créativité jusque dans sa vieillesse. Il est tentant de faire un parallèle entre le duo Russell-Morel et le ménage Trudeau-Sinclair, bien que ce dernier fût plus un catalyseur de changement qu'une relation permettant à Trudeau de grandir. Levinson *et al.*, *Seasons of a Man's Life*, p. 30-32.
4. Sur les réactions de Trudeau le soir de l'élection : Entrevue de l'auteur avec Keith Davey, 10 mars 1980.

   Sur la décision de ne pas redécorer la résidence du 24 Sussex Drive : La résidence du premier ministre avait été redécorée en 1979 par Maureen McTeer, femme de Joe Clark. Margaret Trudeau avait décrit les efforts de McTeer comme étant une tentative délibérée pour « ramener la maison au niveau de la classe moyenne », de remplacer le style élégant de Margaret par « tout ce qu'il y avait de médiocre ». Margaret avait ajouté : « Il devrait y avoir un ministre du Goût, ou quelque chose de semblable, pour empêcher que ces choses se produisent. » Ces remarques incitèrent le journaliste Roy MacGregor à suggérer que Margaret elle-même soit nommée ministre du Goût, puisque « des photographies publiées prouvaient qu'il était impossible qu'elle se fasse prendre les culottes baissées ». C'était là un rappel ironique d'une photo de Margaret prise sur le vif dans une discothèque de New York en 1979 et qui la montrait les jambes écartées, sans culotte. MacGregor, « Maggie, the " T " That Dares to be Known by Taste Alone ».

5. Sur la colère des gens de l'Ouest envers les libéraux : En 1980, les libéraux n'arrivèrent à faire élire que deux députés à l'ouest de l'Ontario, tous deux dans des circonscriptions urbaines du Manitoba : Lloyd Axworthy, dans Winnipeg-Fort Garry, et Robert Bockstael, dans Saint-Boniface. À cette époque, le Parti libéral était devenu le troisième dans l'Ouest (27 % des votes), derrière le NPD (29 %) et le Parti progressiste conservateur (43 %). Pour ce qui est de chacune des provinces, les libéraux reçurent 22 % des votes en Colombie-Britannique, 22 % en Alberta, 24 % en Saskatchewan, 28 % au Manitoba, et 37 % dans les Territoires du Nord-Ouest. Pour une analyse du déclin du libéralisme dans l'Ouest du Canada : David Smith, *Regional Decline of a National Party*. Sur l'état d'incertitude économique : Le second tome du présent ouvrage explorera en détail le contexte politico-économique du dernier mandat de Trudeau.

6. Sur le « mandat stratégique » du premier ministre : Axworthy, « Of Secretaries to Princes ».

   Sur les objectifs du nouveau gouvernement Trudeau : Entrevues des auteurs avec Tom Axworthy, 18 mai et 11 juillet 1984 et 23 janvier 1986 et avec Michael Pitfield, 9 décembre 1989 et 13 janvier 1990.

   Citation de Trudeau : Conversation avec les auteurs, 6 juin 1985.

7. Citation de Lise Bissonnette : « Dans de vieilles artères », *Le Devoir*, 4 mars 1980, p. 10.

CHAPITRE DIX

Le référendum : les généraux forment leurs bataillons

1. Ce compte rendu de même que l'analyse du référendum sur la souveraineté-association sont la synthèse de douzaines d'entrevues et d'entretiens qui se sont déroulés entre 1980 et 1990. Les nombreux observateurs et militants ainsi rencontrés furent, entre autres : Warren Allmand, Pierre Bastien, Louise Beaudoin, Monique Bégin, Pauline Bergeron, Louis Bernard, Yves Bérubé, Lise Bissonnette, Denise Bombardier, Bernard Bonin, Rémi Bujold, Pierre Bussières, Gretta Chambers, Jean Chrétien, Dennis Dawson, Pierre Deniger, Alain Dubuc, Louis Duclos, André Dufour, Patricia Dumas, Claude Forget, Yves Fortier, Francis Fox, Graham Fraser, Joan Fraser, Richard French, Lysiane Gagnon, Jean Garon, Gérald Godin, Eddie Goldenberg, Céline Hervieux-Payette, Pierre-Marc Johnson, Don Johnston, Serge Joyal, Jean-Paul L'Allier, Marc Lalonde, Daniel Latouche, François Lebrun, Paule Leduc, Claude Lemelin, Gérard D. Lévesque, René Lévesque, Storrs McCall, Eric Maldoff, Jean-Claude Malépart, Jean Marchand, Alain Marcoux, Paul Martin fils, Claude Morin, Michel Nadeau, Robert Normand, Jean Paré, Alex Paterson, John Payne, Normand Plante, Jean Riley, James Robb, Claude Roquet, Jean-K. Samson, Roger Tassé, Charles Taylor, Paul Tellier, Pierre Trudeau et Gérard Veilleux. De tous ceux qui ont été approchés, seul Claude Ryan a refusé de collaborer. Cette lacune a été comblée par la longue analyse de ses premières années en politique, publiée par MacDonald sous le titre *From Bourassa to Bourassa*, chap. 7-16. En outre, nous devons beaucoup aux auteurs suivants : Bergeron, *Notre miroir à deux faces* ; Charron, *Désobéir !* ; G. Fraser, *PQ : René Lévesque and the Parti Québécois in Power*, chap. 12-14 ; McWhinney, *Canada and the Constitution*, chapitre 3 ; Payette, *Le pouvoir ? Connais pas !* ; Sheppard et Valpy, *National Deal*, chap. 2.

2. Bergeron et Pelletier, dir., *L'État du Québec en devenir*. Cet ouvrage rassemble une imposante série d'essais sur l'évolution du Québec vers le statut d' « État ». Pour l'analyse la mieux fondée et la plus accessible des forces socio-économiques et des conséquences politiques de la Révolution tranquille, voir : McRoberts, *Quebec*, troisième édition, chap. 5 et 6.

3. Au sujet des antécédents de Lévesque : Voir : G. Fraser, PQ, p. 14-18 ; Desbarats, René ; et Lévesque, Attendez que je me rappelle, p. 65-104.

   Au sujet de la première rencontre entre Trudeau et Lévesque, le meilleur récit qui en est fait se trouve dans Pelletier, Les Années d'impatience, p. 48-49.

   Au sujet des éloges de Trudeau à l'endroit de Lévesque : Voir : Trudeau, « L'homme de gauche et les élections provinciales ».

4. La progression du Parti québécois, sur le plan électoral, est impressionnante. Après un début remarquable lors de l'élection d'avril 1970 qui lui accordait 23 % du vote (et 7 sièges), le PQ a continué sur sa lancée pour recueillir 30 % des suffrages (mais seulement 6 sièges) et a finalement été élu en 1976 avec 41 % des voix et un total de 71 sièges qui lui assuraient la majorité à l'Assemblée nationale. Voir : *Canadian Annual Review* : 1970, p. 22 ; *Canadian Annual Review* : 1973, p. 78 ; et *Canadian Annual Review* : 1976, p. 121.

5. Au sujet de l'aversion de Lévesque pour Trudeau : Entrevues des auteurs avec René Lévesque, 21 octobre 1981 et 12 décembre 1986.

6. Le débat sur la question référendaire avait déjà une longue histoire au sein du Parti québécois. Lévesque avait systématiquement réussi à couper l'herbe sous le pied des militants qui voulaient déclarer l'indépendance d'abord et, ensuite seulement, négocier une association avec le Canada. Même si Morin n'est pas l'auteur du terme « étapisme », il a été si étroitement identifié à cette stratégie qu'on a généralement fini par lui en accorder la paternité. Voir : G. Fraser, PQ, p. 170-171, 191.

7. Au sujet de l'attitude de Ryan face à Trudeau : Voir : Macdonald, *From Bourassa to Bourassa*, p. 183-184 ; et G. Fraser, PQ, p. 143.

8. Pour une analyse plus détaillée des réactions des trudeauistes pendant la crise d'Octobre : Voir : Haggart et Golden, *Rumours of War* ; McCall-Newman, *Grits*, p. 181-186 ; Pelletier, *La crise d'octobre* ; Rotstein, dir., *Power Corrupted* ; Denis Smith, *Bleeding Hearts, Bleeding Country* ; Vallières, *La Mort de Pierre Laporte*.

9. Voir les éditoriaux de Ryan dans *Le Devoir*. Au sujet de l'ultimatum : « L'inacceptable échéance du 28 juin », 18 juin 1971 ; sur le fond : « Le dilemme de M. Bourassa », 22 juin 1971 ; sur le processus : « La réforme fiscale et la réforme constitutionnelle : deux méthodes différentes », 23 juin 1971 ; au sujet du résultat : « Le " non " d'un gouvernement et d'un peuple », 25 juin 1971.

10. Au sujet des relations historiques entre le Parti libéral fédéral et le Parti libéral provincial du Québec : Voir : Rayside, « Federalism and the Party System : Provincial and Federal Liberals in the Province of Quebec » ; Wearing, *L-shaped Party*, p. 96-108 ; et Whitaker, *Government Party*, p. 269-306.

11. Au sujet de la réaction excessive de Ryan à l'endroit de Michel Robert : Entrevue des auteurs avec Alex Paterson, 9 décembre 1986 ; voir également : MacDonald, *From Bourassa to Bourassa*, p. 104-109. Selon des personnes proches de Ryan, celui-ci craignait que le Comité Pro-Canada ne tombe sous la coupe de l'Union nationale pourtant moribonde et aurait donc exigé la démission de Robert afin d'avoir une totale mainmise sur la campagne du Non.

12. Livre blanc du Parti québécois sur la souveraineté-association : *Québec-Canada, A New Deal*, p. 51, 53.

    Au sujet de la rédaction du document : Voir : Fraser, PQ, p. 195-199.

    Citation de Ryan : « Ryan Calls PQ's Position Paper on Sovereignty a " House of Cards " », *Globe and Mail*, 3 novembre 1979, p. 11.

13. Au sujet du Livre beige : Dans « Our Other National Sport », Gordon Robertson le salua comme « le document le plus important pour les futures discussions sur la constitution ».

14. Au sujet des débats à l'Assemblée nationale : Voir : G. Fraser, PQ, p. 218-219 ; Bergeron, *Notre miroir*, p. 220-221.

15. Mettant à profit leur maîtrise des sciences sociales, les péquistes avaient commandé un vaste sondage afin de déterminer le libellé qui serait le mieux accueilli par la population. Ainsi que Claude Morin l'a confié au professeur J. Stefan Dupré, de l'Université de

Toronto, ils optèrent pour la formule qui avait obtenu les meilleurs résultats dans les sondages. La question référendraire se lisait comme suit :

« Le gouvernement du Québec a fait connaître sa proposition d'en arriver, avec le reste du Canada, à une nouvelle entente fondée sur le principe de l'égalité des peuples ;

« Cette entente permettrait au Québec d'acquérir le pouvoir exclusif de faire ses lois, de percevoir ses impôts et d'établir ses relations extérieures, ce qui est la souveraineté — et, en même temps, de maintenir avec le Canada une association économique comportant l'utilisation de la même monnaie ;

« Tout changement de statut politique résultant de ces négociations sera soumis à la population par référendum.

« EN CONSÉQUENCE, ACCORDEZ-VOUS AU GOUVERNEMENT DU QUÉBEC LE MANDAT DE NÉGOCIER L'ENTENTE PROPOSÉE ENTRE LE QUÉBEC ET LE CANADA ? ___ Oui ___ Non. »

16. Au sujet de l'appui des centrales syndicales : La Fédération des travailleurs du Québec se prononça en faveur du Oui le 15 mars, la Confédération des syndicats nationaux suivit, le 11 avril ; et même la centrale fédérale, le Congrès du travail du Canada, donna son aval le 5 mai, en reconnaissant le droit du Québec à l'autodétermination. Pendant cette période, Lévesque visitait diverses localités pour y recevoir des regroupements ou délégations, soigneusement organisés, de médecins, comptables et autres citoyens qui déclaraient spontanément, semble-t-il, leur foi à la souveraineté-association. Puis Lévesque les récompensait avec des parchemins commémorant l'heureux événement.

17. Citation de Ryan, voir : MacDonald, *From Bourassa to Bourassa*, p. 192.

18. Au sujet de la réaction de Claude Forget à propos du déjeuner Trudeau-Ryan : Entrevue des auteurs avec Claude Forget, 27 janvier 1987.

19. Citations de Chrétien : Entrevue des auteurs avec Douglas Fisher, 23 novembre 1979.

20. Au sujet des difficultés de Chrétien quand il détenait le portefeuille des Finances et de la façon dont Jacques Parizeau,

ministre péquiste des Finances, lui avait rivé son clou au printemps de 1978, voir : McCall-Newman, *Grits*, p. 235-236.

21. C'est après avoir procédé à un remaniement ministériel, le 28 janvier 1972, que Trudeau se laissa aller à cette réflexion révélatrice de sa conception de l'administration, devant les journalistes réunis dans son bureau. Voir : *Canadian Annual Review*, 1972, p. 4.

    Au sujet des doutes de Trudeau à propos de Chrétien : Ce n'est pas avant le 26 novembre 1976 que Charles (« Bud ») Drury, qui avait précédé Chrétien à la présidence du Conseil du Trésor, déclara à l'un des auteurs que Trudeau s'interrogeait sur la capacité de Chrétien à administrer des portefeuilles à vocation économique. Entrevue des auteurs avec Bud Drury, 26 novembre 1976.

22. Au sujet de l'échange petit frère/grand frère, voir : Chrétien, *Dans la fosse aux lions*, p. 143.

CHAPITRE ONZE

Le référendum II : la grande bataille

1. L'équipe de gestion de crise formée par Chrétien au BRFP : Claude Lemelin faisait partie du BRFP ; Paul Tellier était sous-ministre des Affaires indiennes et du Nord canadien et pouvait faire profiter l'équipe de son expérience d'anti-séparatiste de la fin des années 70 ; Robert Rabinovitch participait aux réunions au nom du Conseil privé ; Gérard Veilleux et Tommy Shoyama donnaient le point de vue du ministère des Finances, George Anderson, celui des Affaires extérieures, et Michel Robert, celui du Parti libéral.

    Sur le budget du Centre d'information sur l'unité canadienne : MacDonald, *From Bourassa to Bourassa*, p. 177.

2. Sur l'entretien de Chrétien avec Ryan : *Dans la fosse aux lions*, p. 139.

    L'objection de Ryan à l'importance de Chrétien dans la planification référendaire des libéraux fédéraux avait déjà été formulée à une réunion du comité du Non à l'automne de 1979, quand les libéraux étaient encore dans l'opposition.

3. Sur les réactions des provinces anglophones : Sheppard et Valpy, *The National Deal*, p. 33.

4. En plus du Positive Action Committee, il existait d'autres groupes de citoyens anti-séparatistes dont Rally Canada, Décision Canada, le comité Québec-Canada (qui comptait 200 000 membres dont beaucoup de francophones) et le Conseil pour l'unité canadienne, qui chapeautait le tout, y compris des partis comme l'Union nationale et les créditistes, ainsi que des groupes de citoyens.

5. Citations de Paterson : Conversation des auteurs avec A.K. Paterson, le 9 décembre 1986.

6. Citations de Chrétien : Fraser, PQ, p. 229.

7. Observation de Vastel : « La Réforme en question », *Le Devoir*, 2 juin 1980, p. 1.

   Sur le rôle extraordinairement puissant des intellectuels dans le PQ et sur leur influence sur le radicalisme constitutionnel du parti : Maurice Pinard et Richard Hamilton, « Le Référendum québécois », *Options*, septembre-octobre 1981, p. 39-44.

8. Des sous-ministres francophones comme Pierre Juneau, des Communications, et Roger Tassé, de la Justice, se joignirent aux ministres fédéraux.

9. Marchand évoqua l'idée maîtresse de son discours durant une entrevue avec les auteurs, le 10 avril 1985.

10. Sur le débat sur le discours du trône : Canada, Chambre des communes, *Débats*, première session, 32e Parlement, vol. 1, 16 avril, p. 75 (Ouellet) et p. 81 (Lalonde), 17 avril, p. 107 (Bégin).

11. Sur le discours à la Chambre de commerce : Entrevue des auteurs avec Pierre Trudeau, le 6 juin 1985.

    Dans son discours, il a dit : « Le choix doit être définitif et final. Si le référendum est perdu, il ne doit pas y en avoir d'autre avant 15 ans. » William Johnson, « PM Dares Levesque to Risk All », *The Globe and Mail*, 29 janvier 1977, p.1.

    Sur l'ambiguïté de la question référendaire : Le professeur Louis Balthazar, de l'Université Laval, s'adressant aux étudiants de l'Université de Colombie-Britannique, avant que Trudeau intervienne dans la campagne, dit que « le résultat du référendum ne sera pas " oui " ni "non", mais plutôt " oui mais " ou " non mais " ». « Quebec at the Hour of Choice » dans R. Kenneth Carty et W. Peter Ward, ed., *Entering the Eighties : Canada in Crisis*, University Press, Toronto, 1980, p. 60.

12. Trudeau dans le débat sur le discours du trône : Canada, Chambre des communes, *Débats*, première session, 32ᵉ Parlement, vol. 1, 15 avril 1980, p. 31-37.

13. Trudeau sur Henri Bourassa : Entrevue avec les auteurs, le 6 juin 1985.

14. Canada, Chambre des communes, *Débats*, 2 mai 1980, p. 4, 10.

15. Ce manuel décrivait Guy comme étant un garçon qui « pratique les sports, la natation, la gymnastique, le tennis, la boxe, le plongeon. Son ambition est de devenir champion et de remporter beaucoup de trophées ». Par contraste, « Yvette, sa petite sœur, est joyeuse et gentille. Elle trouve toujours le moyen de faire plaisir à ses parents. Hier, à l'heure du repas, elle a tranché le pain, versé l'eau sur le thé dans la théière, apporté le sucrier, le beurrier et le pot de lait... C'est avec plaisir qu'elle a essuyé la vaisselle et balayé le tapis. » Lise Payette, *Le Pouvoir ? Connais pas !*, p. 79.

16. Citations de Bissonnette : « Dire Non à ce courage-là », *Le Devoir*, 11 mars 1980, p. 8.

17. Sur le rôle des femmes dans le Parti libéral : « Une fois de plus les femmes sont étiquetées, utilisées, voire manipulées », écrit Lysiane Gagnon, le 10 avril. « Après avoir fait durant des années au sein du PLQ les tâches les plus humbles et les plus nécessaires, le porte-à-porte, le pointage, le téléphone, le collage de timbres, le travail de poll, elles ont eu l'idée politiquement géniale de tirer parti de la gaffe de Mme Payette, et cela à un moment où le parti, encore traumatisé par la piètre performance de ses dirigeants lors du débat parlementaire, était à court d'idées... Elles retourneront bientôt dans l'ombre où se tiennent, toujours prêtes à servir, les femmes des partis politiques. Le lendemain de ce gros succès du Forum, le " Regroupement des Québécois pour le Non " présentait à la presse son comité

exécutif : treize hommes et deux femmes au bout de la table. Comme d'habitude. » Lysiane Gagnon, « Ni Lisette, ni Yvette », réimprimé dans ses *Chroniques politiques*, Boréal Express, Montréal, 1985, p. 16, 19.

18. Daniel Latouche, « La Désinvolture chronique du Parti Québécois : autopsie d'une crise », *Le Devoir*, 4 décembre 1981, p. 11.

19. Sur la réponse de Trudeau à Lévesque : MacDonald, *From Bourassa to Bourassa*, p. 221.

20. Citation de Lévesque : Julia Turner, « Revived Levesque Aims Pitch at Crucial Francophone Voters », *The Globe and Mail*, 12 mai 1980, p. 15.

21. Trudeau, « Discours au Centre Paul-Sauvé, le 14 mai 1980 », p. 1, 10-11.

22. Sur l'impact du discours de Trudeau : Entrevue des auteurs avec Alain Marcoux, 20 mars 1986.

    Jean Chrétien croyait que la stratégie péquiste était fondée sur une contradiction interne. « Avec le recul, le référendum apparaît comme la plus grave erreur du Parti québécois. Jusque-là, sa stratégie avait été extrêmement efficace pour le Québec et extrêmement dangereuse pour le Canada. Claude Morin me l'avait décrite il y a longtemps :... " Nous couperons les liens un par un, nous obtiendrons une petite concession ici, une petite concession là et, finalement, il ne restera plus rien " ... Mais le référendum cristallisa le débat et, en dépit de l'ambiguïté extrême de la question posée... la population fut forcée de faire un choix. Elle dit *Non* à l'indépendance. » Jean Chrétien, *Dans la fosse aux lions*, p. 152.

23. Sur les leaders du référendum : Sheppard et Valpy, *The National Deal*, p. 36.

    Au sujet du vote francophone : Puisque certains néo-fédéralistes comme l'ancien ministre libéral québécois Jean-Paul L'Allier et l'expert en sciences politiques Léon Dion avaient soutenu la cause du Oui pour renforcer la position du Québec dans les négociations avec le fédéral, ce chiffre exagère le soutien réel accordé ce soir-là à l'indépendance. Voir Maurice Pinard, « Les

Francophones et le référendum : 52 % contre 48 % », *Le Devoir*, 25 juillet 1980, p. 9, et Daniel Latouche, « Après son échec du 20 mai, le PQ doit cesser de juger le peuple avec mépris », *Le Devoir*, 14 juin 1980, p.1.

24. Discours de Lévesque à l'Empire Club : notes des auteurs, 24 janvier 1980.

25. Ryan comparé à la Faucheuse : Doug Small, « We the People : the Constitutional Dilemma », Global Television Network, 9 février 1981.

   Sur l'appel aux élections de Ryan : MacDonald, *From Bourassa to Bourassa*, p. 238.

26. La magnanimité de Trudeau s'accorde parfaitement avec la générosité de sa réaction à l'élection du Parti québécois du 15 novembre 1976, quand il accepta la volonté démocratique des votants et rendit hommage à l'intelligence et au dévouement de ses adversaires. Fraser, PQ, p. 79.

27. Trudeau sur la perte occasionnée par le référendum : *Statement by the Prime Minister*, p. 1.

   Bergeron : « Une si mauvaise question... », *Le Devoir*, 24 mai 1980, p. 14.

CHAPITRE DOUZE

La fiancée récalcitrante

1. Conférence de Scott : Sandra Djwa, *The Politics of the Imagination : A Life of F.R. Scott*, p. 236.

   Citations de Trudeau : Conversation avec les auteurs, 11 décembre 1986.

2. Sur l'idéologie des élites occidentales de l'après-guerre, voir Paul Fussell, *Wartime : Understanding and Behavior in the Second World War*, Oxford University Press, New York, 1989, chap. 12.

   McIlwain embrassa le « principe médiéval selon lequel il existe des droits individuels que même le gouvernement du peuple ne peut toucher ». Tiré de *Constitutionalism and the Changing World : Collected Papers*, Cambridge University Press, Cambridge, 1939,

p. 263, par Peter Bachrach, « Charles H. McIlwain » dans David Sills, (dir.), *International Encyclopedia of the Social Sciences*, The Macmillan Company & The Free Press, New York, 1968, vol. 9, p. 512.

Sur Carl Friedrich : Margot Levy, éd., *The Annual Obituary*, 1984, St. James' Press, Chicago, 1985, p. 473.

3. La meilleure formulation publiée de la théorie politique de Trudeau se trouve dans *Les Cheminements de la politique*.
4. Citation de Trudeau sur Saint-Laurent : Conversation avec les auteurs, 11 décembre 1986.
5. Description de ces conférences constitutionnelles et des enjeux : W.E.C. Harrison, *Canada in World Affairs 1949 to 1950*, Oxford University Press, Toronto, 1957, p. 177-178 ; J.W. Pickersgill, *My Years with Louis St-Laurent : a Political Memoir*, University of Toronto Press, Toronto, 1975, p. 111-121 ; Dale C. Thompson, *Louis St-Laurent, Canadian*, Macmillan of Canada, Toronto, 1967, p. 277-300. D'autres détails furent fournis aux auteurs, au cours d'entrevues, par Jack Pickersgill, Gordon Robertson et Pierre Elliott Trudeau.
6. Sur Duplessis : Conversation des auteurs avec Pierre Trudeau, 11 décembre 1986.
7. Djwa, *The Politics of the Imagination*, p. 265-266.
8. Sur le manque d'intérêt pour les affaires constitutionnelles après 1950 : Interview des auteurs avec Jack Pickersgill, 30 novembre 1986.
9. Le terme « rapatriement », pour désigner le transfert de la souveraineté constitutionnelle de la Grande-Bretagne au Canada, n'entra dans l'usage courant que vers la fin des années 70.
10. Sur les vues antérieures de Trudeau sur la constitution : Conversation avec les auteurs, 11 décembre 1986.

Mémoire de Trudeau : *Mémoire de la Fédération des Unions industrielles du Québec (Congrès canadien du Travail) à la Commission royale d'enquête sur les problèmes constitutionnels (Province de Québec)*, Fédération des Unions industrielles du Québec, deuxième édition, Montréal, 1955, p. 11, 32-42. Trudeau reconnut la contribution de Frank Scott et d'Eugene Forsey à la thèse de son mémoire.

11. Sur Trudeau, peu enclin au changement en matière constitutionnelle dans les années 50 : Pierre Elliott Trudeau, « Politique fonctionnelle — II », *Cité Libre* 2, 1951, p. 25-29 ; « *De libro, tributo... et quibusdam aliis* » [D'un livre, des impôts et de certains autres sujets], *Cité Libre* 10, octobre 1954, p. 1-16.

    Sur Trudeau en tant que fédéraliste strict défendant l'autonomie des provinces à l'intérieur de leur juridiction : Pierre Elliott Trudeau, « Les Octrois fédéraux aux universités », *Cité Libre* 16, février 1957, p. 9-31.

12. Paul Gérin-Lajoie, *The Process of Constitutional Amendment in Canada*, dissertation à l'Université Oxford, 1948.

    Daniel Johnson, *Égalité ou indépendance*, Éditions de l'Homme, Montréal, 1965.

13. Sur Trudeau et la loi : Djwa, *The Politics of the Imagination*, p. 336.

14. Citation de *Maclean's* : Pierre Elliott Trudeau, « We Need a Bill of Rights, Not a New Version fo the BNA Act », *Maclean's*, vol. 77, 8 février 1964, p. 24.

    La hâte... qu'il n'a pas : Pierre Elliott Trudeau, « Le Québec et le problème constitutionnel », dans *Le Fédéralisme et la société canadienne-française*, p. 50.

15. Citations de Trudeau : Conversation avec les auteurs, 11 décembre 1986.

16. Sur l'adhésion au Parti libéral : Pierre Trudeau et Gérard Pelletier, « Pelletier et Trudeau s'expliquent », *Cité Libre* 80, octobre 1965, p. 3-5.

    Pierre Elliott Trudeau, « Le Réalisme constitutionnel », discours prononcé le 26 mars 1966, à Québec, traduit en partie sous le titre « In Defence of Federalism » par Paul Fox, pour son *Politics : Canada*, McGraw-Hill, Toronto, 2ᵉ éd., 1966, p. 112.

17. Sur la réaction de Pearson à l'initiative de Robarts : Conversation des auteurs avec Pierre Trudeau, 6 juin 1985.

18. Trudeau a exprimé aux auteurs le souvenir qu'il conserve de ces attitudes, le 12 décembre 1986.

19. Sur l'enchaînement des trois événements importants : André Laurendeau, *Journal*, VLB Éditeur, Montréal, 1990, p. 380.

Laurendeau y raconte avec une certaine stupéfaction que, en tant que nationaliste, comme Trudeau, il avait défendu après la guerre le fédéralisme contre les centralisateurs ; il n'était donc « pas illogique » qu'il le défende maintenant contre les séparatistes.

Sur la réaction de Lévesque : *Canadian Annual Review*, 1967, p. 93.

20. Entrevue des auteurs avec Carl Goldenberg, 12 décembre 1986.
21. Trudeau, « Fédéralisme, nationalisme et raison », dans son ouvrage *Le Fédéralisme et la société canadienne-française*.
22. Citations de Trudeau : « A Constitutional Declaration of Rights », *Federalism*, p. 50.

    William Mathie explique et attaque l'intention de bâtir une nation que reflète la Charte des droits et libertés mise de l'avant par Trudeau dans « Political Community and the Canadian Experience : Reflections on Nationalism, Federalism, and Unity », *Canadian Journal of Political Science*, vol. XII, n° 1, mars 1979, p. 11. Russel explique le raisonnement unité-nationale de la charte dans « Political purposes of the Canadian Charter » p.33-36.

23. Au cours du débat parlementaire qui avait entouré la création des provinces de l'Alberta et de la Saskatchewan, Henri Bourassa avait exposé son point de vue selon lequel l'Acte de l'Amérique du Nord britannique de 1867 constituait une convention qui garantissait les droits de la langue française. Cette convention avait par la suite été respectée dans la loi de 1870 qui créait la constitution de la province du Manitoba, mais avait été violée en 1890, par la majorité anglophone manitobaine qui avait alors aboli l'usage du français à l'Assemblée législative. « Et si nous souhaitons rester nous-mêmes fidèles au principe [de l'AANB], nous devons suivre l'exemple de notre Parlement d'alors et faire en sorte que les langues française et anglaise soient à jamais sur un pied d'égalité en Alberta et en Saskatchewan, deux provinces découpées, comme le Manitoba, dans de vastes territoires qui sont la propriété de l'ensemble du peuple canadien. Ce que je réclame, c'est l'application du même principe qui a présidé à la création du Dominion. C'est le principe que Sir John

Macdonald défendait quand il déclara qu'il n'y avait plus au Canada de vainqueurs et de vaincus, mais plutôt deux alliés dont les droits, égaux en vertu de la constitution, ne se mesurent pas en fonction du nombre ou des richesses des divers groupes. » Canada, Chambre des communes, *Débats*, 5 juillet 1905, p. 8847-8852, cités dans Joseph Levitt, *Henri Bourassa on Imperialism and Bi-Culturalism*, 1900-1918, Copp Clark, Toronto, 1970, p. 122.

24. Les documents publiés par Ottawa à la conférence portaient la marque de Trudeau. Le Très Honorable L.B. Pearson, *Federalism for the Future : A Statement of Policy by the Government of Canada. The Constitutional Conference*, 1968, Imprimeur de la Reine, Ottawa, 1968, utilisait le langage trudeauesque du fonctionnalisme pour parler des droits individuels, des dangers du séparatisme, de la souplesse du fédéralisme et de la nécessité de protéger les droits linguistiques dans la constitution. Un second document, *A Canadian Charter of Human Rights*, Imprimeur de la Reine, Ottawa, janvier 1968, justement attribué celui-là à Trudeau, réitère les grands thèmes des textes qu'il écrivit avant son entrée en politique.

    Citations de Trudeau tirées d'une entrevue avec Peter Newman, *Montreal Star*, 2 février 1968, et citées dans *Canadian Annual Review for 1968*, p. 71.

25. Sur les soupçons des premiers ministres anglophones : La veille de l'ouverture de la conférence de février 1968, le premier ministre de Colombie-Britannique, W.C. Bennett, avait à contrecœur autorisé son vice-premier ministre à l'accompagner, après lui avoir enjoint d'être extrêmement prudent : il ne fallait rien dire aux réunions et il fallait même se surveiller durant les pauses café, puisque ce serait à ce moment-là que les hommes d'Ottawa essayeraient de le faire changer d'idée et de le convaincre de l'importance d'un changement constitutionnel. Entrevue des auteurs avec Melville Smith, 28 mai 1986.

26. Analyse de Henri Bourassa tirée de *Les Écoles du nord-ouest*, Montréal, 1905, citée par Joseph Levitt, *Henri Bourassa on Imperialism and Bi-Culturalism*, 1900-1918, Copp Clark, Toronto, 1970, p. 115-118.

27. Le fonctionnalisme, exposé dans le premier manifeste *Cité Libre* de Trudeau en 1950 (« Politique fonctionnelle I » , juin 1950, p. 20-24) ou dans son dernier appel analogue en 1964 (« Manifeste pour une politique fonctionnelle » , *Cité Libre*, mai 1964, p. 11-17), restait un moyen d'attaquer la revendication nationaliste selon laquelle le Québec devait exercer certains pouvoirs parce qu'il en avait besoin pour défendre le caractère ethnique des Canadiens français. Dans les discussions du Bureau du Conseil privé lancées par Michael Pitfield, il avait été décidé que la politique militaire et la politique étrangère devaient revenir au gouvernement central, parce que leur efficacité dépendait de leur application à la nation entière. L'éducation et la politique sociale, elles, devaient revenir aux autorités provinciales, les mieux placées pour mettre au point les programmes adaptés à leur propre population et souhaités par elle.

28. Entre la conférence des premiers ministres de février 1968 et celle de Victoria, en juin 1971, le comité ministériel permanent sur la constitution se réunit dix-huit fois, et sept autres conférences de premiers ministres eurent lieu. Entre temps, Trudeau avait cédé aux pressions du Québec et avait ajouté à l'ordre du jour, déjà chargé, le partage des pouvoirs. Entrevue des auteurs avec Melville Smith, 28 mai 1986.

    Sur les buts du Québec quant à la constitution et sur sa stratégie de négociation avec Ottawa pendant les premières années Trudeau : Morin, *Le pouvoir québécois... en négociation*, chap. 8.

    La charte de Victoria : *Canadian Annual Review*, 1971, p. 50-59.

29. Conversation avec Pierre Trudeau, 6 juin 1985.

30. Sur Bourassa, Trudeau et la visite de la reine : Gwyn, *The Northern Magus*, p. 266. La visite précédente de la reine à Québec, le 24 octobre 1964, avait été marquée par le matraquage et l'arrestation de quelques manifestants indépendantistes. Les médias avaient fait entrer l'incident dans le folklore québécois, outrage au peuple par la suite appelé le « samedi de la matraque ».

    Sur l'attaque ultérieure de Trudeau contre Bourassa : Michel Roy, « En attendant la réplique de Bourassa » , *Le Devoir*, 8 mars 1976, p. 4 ; « Le discours de M. Trudeau » , *La Presse*, 8 mars 1976, p. A6 ; Bergeron, *Notre miroir*, p. 149.

31. *Canadian Annual Review* : 1978, p. 68.
32. Sur le groupe de travail Pépin-Robarts : Entrevue des auteurs avec Jean-Luc Pépin, 28 novembre 1986.
   Citations de Forsey : *Canadian Annual Review* : 1978, p. 445.
33. Citations de Trudeau : Richard Gwyn, *The Northern Magus*, p. 169.
   Détails sur les conférences : *Canadian Annual Review* : 1978, p. 59-69.
34. Trudeau : « Discours du premier ministre au Mapel Leaf Gardens de Toronto », Ottawa, 9 mai 1979, p. 7.
35. Trudeau : « Discours du premier ministre à l'hôtel Sheraton Mont-Royal à Montréal », Ottawa, 10 mai 1979, p. 16-19, texte ronéotypé ; « Prime Minister's Remarks at Confederation Luncheon », Toronto, Ontario, 11 mai 1979, p. 9-26.

CHAPITRE TREIZE

Trudeau s'attaque aux premiers ministres

1. Sur la question que Trudeau posa à Marchand : Entrevue des auteurs avec Jean Marchand, 10 avril 1985.
2. Trudeau sur la constitution : Entrevue des auteurs avec Pierre Trudeau, 6 juin 1985.
3. Sur Trudeau « vilain bonhomme » : Entrevue des auteurs avec Pierre Trudeau, 6 juin 1985.
4. Citation de Trudeau : Entrevue des auteurs avec Pierre Trudeau, 6 juin 1985.
5. Trudeau sur les provinces et la constitution : Entrevue des auteurs avec Pierre Trudeau, 6 juin 1985.
6. Canada, Chambre des communes, *Débats*, 21 mai 1980, p. 1263-1264.
7. Sur les consultations de Jean Chrétien : Entrevue des auteurs avec Michael Kirby, 26 novembre 1986 ; Jean Chrétien, *Dans la fosse aux lions*, p. 166-168.
8. Sur Gordon Robertson : Entrevue des auteurs avec Pierre Trudeau, 11 décembre 1986.

9. Citation de Kirby : Entretien confidentiel.
10. Sur Kirby : Entrevue des auteurs avec Pierre Trudeau, 11 décembre 1986.
11. *Ibid.*
12. Sur l'accroissement du pouvoir fédéral par la constitution : Notes des pages Raymond Hudon, « Québec, the Economy and the Constitution », dans Keith Banting et Richard Simeon, *And No One Cheered*, Methuen, Toronto, 1983, p. 138.
13. Sur la fonction publique et la constitution : Sheppard et Valpy, *The National Deal*, p. 73.

Au ministère de la Justice, les principaux acteurs étaient Roger Tassé, qui tenait le rôle de principal conseiller juridique en matière de constitution, et Barry Strayer, avocat conseil chevronné, qui a rédigé et révisé les innombrables propositions et contre-propositions durant les négociations. Au BRFP, l'équipe réunie par Kirby comprenait Fred Gibson, un avocat expérimenté de la fonction publique, détaché du ministère de la Justice ; Reeves Haggan, que Pitfield avait recruté au BRFP et qui avait mis au point la position fédérale face au jugement de la Cour suprême ; David Cameron, ci-devant directeur de recherche pour la Commission Pepin-Robarts ; Gérard Veilleux, qui venait des Finances, et qui prit en charge les dossiers à caractère économique traitant de la répartition des pouvoirs ; Claude Lemelin, un ancien journaliste au *Devoir* ; Jim Hurley, politologue et Linda Geller-Schwartz, elle aussi ancienne analyste politique recrutée à la Commission Pepin-Robarts. On fit aussi appel, pour des points particuliers, à Ron Watts, recteur de l'Université Queen's et autorité sur les systèmes fédéraux, qui fut sollicité dans les questions se rapportant au Sénat. La petite équipe au Bureau d'information sur l'unité canadienne était dirigée par l'ancien diplomate Hershell Ezrin, qui dépendait à la fois du ministère de la Justice et de James Flemming, ministre du Multiculturalisme, qui avait présidé le comité du cabinet sur les communications politiques. Ezrin se chargeait, en fait, pour le BRFP, de superviser les sondages et de mettre sur pied des campagnes de publicité.

14. Sur les pouvoirs faisant l'objet de négociations durant l'été 1980 : Milne, *The New Canadian Constitution*, p. 47-53. Romanow, Whyte et Leeson, *Canada... Notwithstanding*, p. 64-76.

15. Sur la stratégie constitutionnelle du gouvernement fédéral : Milne, *The New Canadian Constitution*, p. 52-66.

16. Sur la menace à peine voilée de Trudeau d'agir unilatéralement : il déclara à la Chambre des communes, le lendemain de la réunion du 9 juin, qu'il était « convaincu que la situation risquait d'être désastreuse pour le Canada, si on ne pouvait en arriver à une entente de fond en septembre. Dans ce cas, le gouvernement fédéral devrait examiner sérieusement les avenues qui s'ouvrent à lui et recommander au Parlement un plan d'action qui lui permette de respecter ses obligations envers le peuple canadien ». Canada, Chambre des communes, *Débats*, 10 juin 1980, p. 1936.

17. Comparaison avec Napoléon : Entretien confidentiel.

18. « Deux nations » : Sheppard et Valpy, *The National Deal*, p. 3.

    Commentaire de Hatfield : entrevue des auteurs avec Richard Hatfield, 3 mai 1986.

    « Principicule » : « The Search for a Constitutional Accord — A Personal Memoir », Hon. R. Roy McMurtry, *Queen's Law Journal*, vol. 8, numéros 1 et 2, automne 1982/printemps 1983, p. 43.

19. Sur la fuite du document fédéral : Sheppard et Valpy, *The National Deal*, p. 54, et entrevue des auteurs avec Richard Hatfield, 3 mai 1986.

20. Sur l'attitude des premiers ministres : Jeffrey Simpson, « The Constitution : Vital Elements to End the Hang-up were Missing », *The Globe and Mail*, 16 septembre 1980, p. 7.

    Citations de Lougheed et de Blakeney : Lenard Cohen, Patrick Smith et Paul Warwick, *The Vision and the Game : Making the Canadian Constitution*, 1986, p. 23.

21. Citations de Trudeau : Entrevue des auteurs avec Pierre Trudeau, 11 décembre 1986.

    « Le grand coup. » : Lettre du premier ministre Trudeau à Gérard Bergeron, *Notre miroir*, p. 96.

22. Sur la position du cabinet : Milne, *The Canadian Constitution*, p. 77. Sur la loi 101 : McRoberts, *Québec : Social Change*, p. 275-282 ; *Canadian Annual Review* : 1977, p. 85-87.

    Il y avait quatre ministres dissidents : Jean-Luc Pepin, coauteur du rapport sur l'unité canadienne de la Commission Pepin-Robarts, qui avait mis de l'avant une formule de statut particulier pour le Québec ; Jean-Jacques Blais, député de North Bay, qui redoutait une flambée d'hostilité des anglophones envers les droits des francophones ; Charles Lapointe, qui s'opposait au fait que la charte entre en conflit avec la politique linguistique du Québec ; et Ray Perreault, le sénateur de Colombie-Britannique, qui ne se réjouissait guère à la perspective d'un autre round d'affrontements encore plus intenses entre le fédéral et les provinces.

23. Citations de Trudeau : Entrevue des auteurs avec Pierre Trudeau, 6 juin 1985.

24. Sur un référendum constitutionnel : Sheppard et Valpy, *The National Deal*, p. 74-75.

25. C'est dans la note de Kirby, p. 43-50, que la stratégie fédérale est le mieux définie.

26. Incident mettant en cause Joyal : Entrevue des auteurs avec Serge Joyal, 4 juin 1985.

27. Sur la participation des citoyens : Svend Robinson, député du NDP qui faisait partie du comité mixte, se souvient « de la dignité et de la force de la délégation de handicapés qui assistèrent aux réunions, jour après jour, et qui, en leur faisant honte, obligea le comité et le gouvernement à agir. » Howard Leeson, membre de la délégation de Saskatchewan, fit ressortir le constraste entre la participation du peuple à laquelle le comité mixte donna lieu et le reste de la démarche entourant la constitution, à laquelle ne pouvaient participer que « les politiciens du plus haut échelon ». Cohen, Smith et Warwick, *Vision and the Game*, p. 34-35.

CHAPITRE QUATORZE

Les premiers ministres s'en prennent à Trudeau

1. Entrevue des auteurs avec Peter Lougheed, 4 juin 1986.

   Les rapports de Sir James Lougheed avec l'industrie du pétrole : Shaffer, *Canada's Oil*, p. 61-62.

2. Sur les antécédents de Peter Lougheed : Hustak, *Peter Lougheed*, chap. 3, et Wood, *The Lougheed Legacy*, chap. 1, 2, 3.

3. Sur la réaction de Lougheed face au capital américain : Elle était largement partagée par son électorat, en partie parce que l'Alberta possède la plus grande proportion d'immigrants américains parmi toutes les provinces. « Les Américains, et leurs idées, ont joué un rôle très influent en Alberta, inégalé ailleurs au Canada. » Wiseman, « The Pattern of Prairie Politics », *Queen's Quarterly*, été 1981, p. 311-315.

   Sur le rôle joué par les sociétés américaines dans la formulation de la politique pétrolière de l'Alberta : durant les années 40 et 50, les gouvernements créditistes s'étaient fiés aux conseils de sociétés de l'Oklahoma et du Texas pour ce qui est de réglementer leur industrie pétrolière et gazière naissante. Richards et Pratt, *Prairie Capitalism*, chap. 4.

   Sur l'absence de courants nationalistes anti-américains en Alberta : Shaffer, *Canada's Oil and the American Empire* ; Dœrn et Toner, *The Politics of Energy*, chap. 5 ; Laxer, *Oil and Gas*, chap. 6.

4. Entrevue des auteurs avec Peter Lougheed, 4 juin 1986.

5. Sur la politique nationale : Brown, « The Nationalism of the National Policy », dans Russell, éd., *Nationalism in Canada* ; Craven et Traves, « The Class Politics of the National Policy, 1872-1933 », *Journal of Canadian Studies*, automne 1979 ; Dales, *The Protective Tariff* ; Laker, « The Political Economy of Aborted Development : The Canadian Case », dans Brym, éd., *The Structure of the Canadian Capitalist Class* ; Phillips, « The National Policy Revisited », *Journal of Canadian Studies*, 1979-1980, p. 3-13.

6. Sur les répercussions de la politique nationale sur l'économie de l'Ouest : « Forms of State Economy and the Development of Western Canada », *Canadian Journal of Sociology*, 1979, p. 287-312 ;

Fowke, *The National Policy and the Wheat Economy*.

C'est le gouvernement de King qui concéda la juridiction sur leurs ressources naturelles à l'Alberta et à la Saskatchewan, mais l'amendement n'est entré en vigueur qu'après l'arrivée au pouvoir de Bennett. La Forest, *Natural Resources*, p. 42.

7. Sur le Parti libéral de l'Alberta : Thomas, *The Liberal Party in Alberta*, chap. 2.

   Sur la politique résultant de la domination d'un seul parti : Lipset, « Democracy in Alberta », dans Courtney, éd., *Voting in Canada*, p. 182-185 ; Finkel, *The Social Credit Phenomenon in Alberta* ; Laycock, *Populism and Democratic Thought in the Canadian Prairies, 1910-1945* ; Long et Quo, « Alberta. One Party Dominance », dans Robin, éd., *Canadian Provincial Politics*, p. 1-26 ; Macpherson, *Democracy in Alberta*.

8. Sur le renforcement de l'Alberta et l'incompatibilité croissante du provincialisme économique de Lougheed et du transnationalisme : Larry Pratt, « The State and Province-Building : Alberta's Development Strategy », dans Panitch, éd., *The Canadian State*, p. 133-162.

   Sur le ministère des Affaires fédérales et intergouvernementales et sur la structure du gouvernement de l'Alberta : Entrevue des auteurs avec Wayne V. Clifford, 29 septembre 1981 ; A.F. « Chip » Collins, 3 juin 1986 ; Lou Hyndman, 29 septembre 1981 et 4 juin 1986 ; Merv Leitch, 30 septembre 1981 et 2 juin 1986 ; Helmut Mach, 30 septembre 1986 ; Peter Meekison, 29 septembre 1981 et 4 juin 1986 ; R.J. « Randy » Palivoda, 30 septembre 1981.

9. Sur la nouvelle politique nationale du pétrole des libéraux : Dœrn et Toner, *The Politics of Energy*, chap. 3 ; Dœrn et Phidd, *Canadian Public Policy : Ideas, Structure, Process*, chap. 16 ; Ilkenberry, « The Irony of State Strength : Comparative Responses to the Oil Shocks in the 1970s », *International Organization*, hiver 1986, p. 105-137 ; Jenkins, « Reexamining the 'Obsolescing Bargain' : a Study of Canada's National Energy Program », *International Organization*, hiver 1986 ; Toner et Bregha, « The Political Economy of Energy », dans Whittington et Williams, éd., *Canadian Politics in the 1980s*, p. 105-136.

10. Sur la réaction des Albertains à la politique du pétrole des libéraux : Entrevues des auteurs avec Don Getty, 13 février 1975 ; Lou Hyndman, 29 septembre 1981 et 4 juin 1986 ; Merv Leitch, 30 septembre 1981 et 2 juin 1986 ; et Peter Lougheed, 4 juin 1986.

11. Christina Newman, « The New Power in the New West », *Saturday Night*, septembre 1976, p. 23.

    Un bon indice de la popularité de l'Alberta, c'est que le taux d'immigration dans la province a presque décuplé. L'immigration annuelle moyenne était de 3800 entre 1971-1972 et 1973-1974. Elle sauta à 34 000, jusqu'à 1981-1982. Source : Statistique Canada.

12. Sur le boom des exportations de matières premières : Donner, *Financing the Future*, p. 83-84 ; et Létourneau, *Inflation*, p. 70-76.

13. Sur le renforcement des provinces dans les années 70 : Cairns « The Governments and Societies of Canadian Federalism », *Canadian Journal of Political Science*, décembre 1977, p. 695-726 ; Chandler et Chandler, *Public Policy and Provincial Politics*, chap. 2-4 ; Milne, *Tug of War*.

    Dès 1973, à l'occasion de la Western Economic Opportunities Conference organisée par les libéraux fédéraux, Lougheed veilla à ce que l'Ouest livre un message vigoureux à Pierre Elliott Trudeau qu'il trouvait condescendant. Quand Trudeau arriva dans l'Ouest pour voir de quoi se plaignaient les habitants de ces provinces éloignées, il eut à faire face à un front commun résolu. CAR 1973, p. 44-50.

    À ce moment-là, Lougheed était le seul premier ministre conservateur de l'Ouest. Les trois autres étaient néo-démocrates (Dave Barrett, de Colombie-Britannique, Allan Blakeney, de la Saskatchewan et Ed Schreyer, du Manitoba).

14. Sur les préoccupations constitutionnelles de la Saskatchewan dans les années 70 : Romanow *et al*, *Canada... Notwithstanding*, p. 15-16 et 24-28.

    Citation de Lougheed : Cohen *et al*, *The Vision and the Game*, p. 18.

15. Sur l'expansion des pêcheries atlantiques durant les années

70 : Pross et McCorquodale, *Economic Resurgence and the Constitutional Agenda*, chap. 2.

Les prix du poisson ont augmenté de 360 % de 1971 à 1981 : Wilkinson, « Canada's Resource Industries », p. 68.

16. Entrevue des auteurs avec Peter Lougheed, 4 juin 1986.
17. Les prêts consentis aux provinces pauvres le furent au taux d'intérêt dont jouissait la société emprunteuse la mieux cotée, Hydro-Ontario. On commença modestement par un prêt de 47 millions à Terre-Neuve, en 1976-1977. L'octroi de prêts s'accéléra jusqu'à atteindre une moyenne annuelle de 372 millions et un total, en mars 1982, de 1,86 milliard de dollars. Source : Alberta Heritage Savings Fund, *Annual Report*, de 1976-1977 à 1983-1984. Le recours par Lougheed à sa puissance financière rendait presque paranoïaques les stratèges constitutionnels de William Davis. Mais dans la seule province de l'arrière-pays à ne pas se joindre à la coalition anti-Ottawa, le premier ministre et son vice-premier ministre nièrent tous deux que l'Alberta avait tenté d'exploiter ses prêts pour influencer la position constitutionnelle du Nouveau-Brunswick. C'est néanmoins une étrange coïncidence que, sitôt réglée la querelle sur la constitution, la Canada Investment Division du Heritage Fund cessa d'accorder des prêts. Entrevues des auteurs avec Richard Hatfield, 3 mai 1986 ; Hugh Segal, 7 janvier 1986 ; et Barry Toole, 11 juin 1990. Les auteurs sont redevables à Allan A. Warrack, pour son document « The Alberta Heritage Fund : A Force for Canadian Unity », qu'il présenta à l'Université d'Édimbourg, en avril 1985 (p. 17-23).
18. Sur les objectifs constitutionnels des provinces dans les années 70 : *Canadian Annual Review* : 1978, p. 59-69.
19. Au sujet de la citation de Camp : « We're Free at last... Eh ? », *Toronto Sun*, 16 avril 1982, p. 11.

    Sur la position constitutionnelle de Clark (ou l'absence de position) : McWhinney, *Canada and the Constitution, 1979-1982*, p. 13.
20. Sur le programme national d'énergie : la lutte de l'Alberta contre Ottawa pour la juridiction sur les revenus du pétrole est décrite en détail dans *Trudeau : l'Homme, l'Utopie, l'Histoire*, vol. II.

21. Sur la réaction des chefs provinciaux aux propositions de Trudeau : Romanow *et al, Canada... Notwithstanding,* p. 108.
22. Méditant sur son coup de force, une fois à la retraite, Trudeau se souvint d'avoir envisagé d'inclure dans ses propositions une redistribution des pouvoirs qui aurait augmenté celui d'Ottawa au détriment de celui des provinces. Mais il se ravisa, de crainte que son geste ne provoque une *vraie* révolution. Conversation des auteurs avec Pierre Trudeau, 11 décembre 1986.
23. Au sujet de le rencontre des premiers ministres le 14 octobre 1980 : Entrevue des auteurs avec Peter Lougheed, le 4 juin 1986.

CHAPITRE QUINZE

Le cirque de passage à Londres

1. La controverse sur ce qui s'est vraiment passé au déjeuner de juin 1980 ne s'est jamais tout à fait apaisée. Le premier ministre Trudeau fut accusé d'avoir trompé les journalistes en prétendant que le soutien de Mme Thatcher irait jusqu'à lancer un *three-line whip* (convocation impérative). Il devait donner à entendre plus tard qu'il n'avait peut-être pas été parfaitement véridique. Mais plus tard encore, Trudeau fit remarquer qu'il n'aurait certainement pas utilisé l'expression *three-line whip* si Mme Thatcher ne l'avait pas fait elle-même, car elle ne fait pas partie du vocabulaire politique canadien. À l'accusation supplémentaire d'avoir caché à son homologue britannique l'étendue véritable de son projet constitutionnel et la probabilité d'une opposition des provinces, Trudeau répondit qu'il avait évoqué ces deux éléments et que Mme Thatcher avait continué à le soutenir pendant toute cette période. Il demeurait persuadé que ses plus fidèles soutiens à Londres avaient été « les trois femmes : la reine, Jean Wadds (la haut-commissaire canadienne et Mme Thatcher) ». Entrevues des auteurs avec David Halton (CBC), 23 et 24 avril 1990, Andrew Szende (alors du *Toronto Star*), 23 avril 1990, et James McKibbon à Alberta House à Londres, 22 avril 1986 ; entretien avec Pierre Trudeau, 11 décembre 1986.
2. Sur Justin Trudeau : Iron Lady Melts for Young Justin, *Toronto Star*, 26 juin 1980, p. l.

3. Trudeau sur le Parlement britannique et la constitution : Sheppard et Valpy, *The National Deal*, p. 201.
4. Sheppard et Valpy, *The National Deal*, p. 188-189.
5. Mémorandum Kirby, p. 50.
6. Entrevue des auteurs avec Kevin McNamara, MP, Londres, 23 avril 1986.
7. Entrevue des auteurs avec Kevin McNamara, MP, Londres, 23 avril 1986.
8. Entrevues des auteurs avec John Roberts, 14 juin 1990 et avec Mark MacGuigan, 12 juillet 1990.
9. Sur les réactions de Mme Thatcher : Entrevue confidentielle des auteurs. Au sujet de la citation de Thatcher : Entrevue des auteurs avec James McKibbon, 22 avril 1986.
10. Sur les articles « inspirés » aux journaux : Jane Armstrong et Ron Lowman : « Keep Patriation Simple or Risk Delay, U.K. Says », *Toronto Star*, 1er novembre 1980, p. A1, A14.
11. La visite de Pym et Trudeau : Entrevue des auteurs avec Sir Francis Pym, 22 avril 1986.

    Sur l'audience de la reine à Balmoral : Sa Majesté était selon John Roberts mieux au fait du fonds et des aspects politiques du dossier constitutionnel canadien qu'aucun des hommes politiques et des fonctionnaires. Entrevues des auteurs avec John Roberts, 14 juin 1990 et avec Mark MacGuigan, 12 juin 1990.
12. « Du côté des indigènes » : Entretien confidentiel.
13. Le *Globe and Mail* protégea l'anonymat de Ford en donnant Londres comme lieu d'origine de la fuite afin que la source ne puisse en être retracée à son bureau d'Ottawa. Entrevue avec Geoff Stevens, 28 mai 1990.

    L'unilatéralisme de Trudeau avait mis Roy Megarry, le directeur du *Globe*, dans une colère telle qu'il était allé à Londres dénoncer publiquement « la duplicité, la déloyauté et la traîtrise des manœuvres tortueuses » du « tyran » Trudeau. Leslie Plommer : « P.M.'s Style an Issue, Publisher Says », *Globe and Mail*, 4 février 1981, p. 9.

14. Sur la conversation entre Ford et Hatfield : Entrevues avec Richard Hatfield, 5 mai 1986 ; Michael Kirby, 26 février 1986 ; Barry Tool, 12 juillet 1990 et Mark MacGuigan, 12 juin 1990.
15. Conversation avec P.E. Trudeau, 11 décembre 1986.
16. Sur les relations juridiques entre le Canada et la Grande-Bretagne : McWhinney, *Canada and the Constitution*, p. 66-68. Le rapport Kershaw : London, House of Commons, First Report from The Foreign Affairs Committee, Session 1980-81. *British North America Acts : the Role of Parliament*, Vol. I. London : Her Majesty's Stationery Office, 21 janvier 1981, p. l.

CHAPITRE SEIZE

Joe qui ? à la rescousse

1. Joe Clark et les Communes. Les réunions du comité conjoint, le premier dont toutes les audiences fussent télévisées, durèrent 267 heures réparties sur 56 jours. Sheppard & Valpy, *The National Deal*, p. 137.
2. Sur l'appui de Broadbent : Il avait demandé des modifications renforçant la Charte des droits et libertée et, pour répondre aux demandes du gouvernement de la Saskatchewan, la reconnaissance du droit des provinces à la propriété de leurs ressources naturelles et au contrôle de leur utilisation, afin de satisfaire le nouveau gouvernement NPD de la Saskatchewan. Sheppard & Valpy, *The National Deal*, p. 114 et Steed, *Ed Broadbent*, p. 242-530.
3. Sur les difficultés politiques de Clark : Entrevues avec Lowell Murray, 23 mai 1984, 11, 12, et 14 juin 1985 ; avec Joe Clark, 26 novembre 1986.

Le sobriquet « Joe Who » fut attribué à Clark le lendemain de son élection à la direction du Parti conservateur par le *Toronto Sun* estomaqué, qui titrait : « Joe Who ? » *Toronto Sun*, 23 février 1976. Le surprise fut aussi forte chez les conservateurs : on croyait son accession à la direction du parti (ou au poste de premier ministre !) aussi invraisemblable que l'élection d'un garde suisse à la papauté. Camp, *Points of Departure*, p. 28. On trouvera une chronique soigneusement documentée des neuf mois au pouvoir de Joe Clark dans : Simpson, *Discipline of Power*.

4. Sur le congrès à la direction du Parti conservateur : Clark était le second choix d'une majorité des délégués régulièrement inscrits. Krause et Leduc, « Voting Behaviour and Electoral Strategies in the Progressive Conservative Leadership Convention of 1976 ».

   Les partisans de Clark démentent la version généralement admise selon laquelle il avait été contraint de déclencher les élections en 1980 parce qu'il avait demandé un vote de confiance à la Chambre alors qu'il n'avait pas de majorité. Selon eux, son ministre des Finances, John Crosbie, avait menacé de démissionner s'il concluait une entente avec Fabien Roy : « Si vous écoutez Roy (sur la taxe d'accise sur l'essence), vous pourrez le prendre comme ministre des Finances ! » Entrevue avec Lowell Murray, 23 mai 1984.

5. Sur le malin plaisir des médias à monter en épingle les maladresses de Clark : On en trouve un exemple typique dans le *Globe and Mail* du 9 février 1981, qui écrivait, à propos de la façon dont le chef de l'opposition avait parlé de Mme Thatcher : « Invité la semaine dernière à l'émission *As it happens*, M. Clark appela d'abord la dame de fer M. Thatcher, puis Mme Trudeau ; ensuite, chaque fois qu'il était sur le point de nommer la première ministre, il marquait un temps d'hésitation tandis que l'animatrice Barbara Frum avait peine à cacher son hilarité ».

6. Sur le factionalisme au sein du Parti conservateur : Perlin, *The Tory Syndrome*. Sur les idées et le leadership de Robert Stanfield : Stevens, *Stanfield*.

7. À propos de l'antagonisme entre Lougheed et Davis, d'une part et envers Clark de l'autre : Entrevues avec Hugh Segal, 7 janvier 1986 ; Kevin Peterson, 15 juin 1986 ; Eddie Goldenberg, février 1986 ; Peter Lougheed, 4 juin 1986 ; et Hoy, *Bill Davis*, p. 147-148 ; Goodman, *Life of the Party*, p. 217-219 ; Nurgitz & Segal, *No Small Measure*, p. 17-20 ; Spears, *Out of the Blue*, p. 12.

8. Propos de Mulroney : Entrevue avec Brian Mulroney, 18 avril 1978.

9. Sur l'activité de Mulroney au début des années 80 : Entrevues

avec William Bennett, 6 juin 1985 ; Denise Bombardier, 2 juin 1985 ; Joan Fraser, 5 juin 1985 ; Lysiane Gagnon, 2 juin 1985. Voir également : Martin, Gregg et Perlin, *Contenders*, chap. 3 ; MacDonald, *Mulroney* ; Murphy, Chodos et Auf der Maur, *Brian Mulroney*.

Propos et comportement de Mulroney : Entrevues avec Brian Mulroney, 18 avril 1978 et 10 avril 1979.

10. Sur Duplessis, Diefenbaker et le Québec : Conrad Black, *Duplessis* ; entrevue avec Alvin Hamilton, 29 avril 1979.
11. Propos de Clark : Entrevue avec Joe Clark, 29 novembre 1986.

    Sur les hauts et les bas du vote conservateur au Québec : Pendant le leadership de Diefenbaker, il passa de 31 % pour 9 sièges en 1957 à 50 % et 50 sièges en 1958 pour retomber à 30 % et 14 sièges en 1962, 20 % et 8 sièges en 1963 et 21 % et 8 sièges en 1965. Stanfield maintint le suffrage conservateur à 21 % mais perdit des sièges, n'en conservant que 4 en 1968, 2 en 1972 et 3 en 1974. En 1979 et 1980, Clark ne rassembla que 13 % des suffrages, et le caucus québécois ne compta plus que deux députés, puis un seul, l'inusable Roch Lasalle.
12. Discours électoral de Clark sur le fédéralisme : « Nous devons voir lucidement que le gouvernement fédéral ne peut comme autrefois diriger l'économie nationale, aider à surmonter les disparités régionales et mettre en œuvre de grandes politiques nationales. » Simpson, *Discipline of Power*, p. 240-241.
13. Propos de Clark : Entrevue avec Joe Clark, 26 novembre 1986. On trouvera un compte rendu des difficultés de Clark à élaborer une politique constitutionnelle distincte dans Sheppard & Valpy, *The National Deal*, p. 78-109.
14. Propos de Clark : « Leader's Comments on Patriation Plan », *Globe and Mail*, 3 octobre 1980, p. 11 et Canada, Chambre des communes, *Débats*, (2 oct. 1980), p. 3292-3293. Hansard, 1980, p. 3292-3293.

    En prenant cette position, Clark espérait aussi profiter de l'impopularité personnelle de Trudeau : « (Trudeau) prétend que son projet... signifie la fin du statut colonial, puis il utilise ce statut colonial qu'il déplore pour faire approuver sa liste personnelle d'amendements. Madame la Présidente, le premier ministre est le dernier des grands coloniaux. Il ne fait pas confiance au Canada pour approuver ses amendements, alors il essaie de les faire passer en douce à Westminster avant de changer les règles du jeu. »

15. Sur l'approbation de l'unilatéralisme par l'Ontario : Hoy, *Bill Davis*, p. 356 ; Romanow Whyte et Leeson, *Canada... Notwithstanding*, p. 107-108 ; Sheppard et Valpy, *The National Deal*, p. 99-100.

16. À propos des amendements conservateurs : Membre conservateur du comité, Jake Epp déposa plusieurs amendements visant à assurer la protection des handicapés, des propriétaires, et un plus large accès à l'information. Nurgitz et Segal, *No Small Measure*, p. 65.

17. Sur les renseignements fournis par Ford au *Globe and Mail* : « British deny Trudeau's Assertions of Blanket Approval on Patriation », *Globe and Mail*, 31 janvier 1981 ; entrevue avec Geoff Stevens, 28 mai 1990.

18. Sur le Ah Hoc Committee of Canadian Women on the Constitution : Kome, « Anatomy of A Lobby ».

19. Sur l'obstruction pratiquée par les conservateurs : Entre le 24 mars et le 8 avril 1981, les conservateurs intervinrent plus de 120 fois sur 60 points de procédure et de privilège. Robert Sheppard, « Tories Strike Deal in BNA Debate », *Globe and Mail*, 9 avril 1981, p. 2.

20. Sur Jeanne Sauvé et le débat constitutionnel : Entrevue avec Jeanne Sauvé, 27 novembre 1986 ; Woods, *Une femme au sommet : Son Excellence Jeanne Sauvé* ; John Gray, « Tory Weapons are Dirty Words to Grits », *Globe and Mail*, 4 avril 1981, p. 11. : « Au cœur de la tempête, Mme Sauvé restait apparemment calme et de bonne humeur, alors qu'elle était il y a seulement quelques mois hésitante, incertaine et manifestement peu à l'aise dans l'exercice de ses fonctions. »

Sauvé a aussi gagné le respect de beaucoup de ses collègues (et l'hostilité tenace de certains autres) en réussissant à assainir la gestion scandaleusement relâchée de la Chambre, et à supprimer les à-côtés extravagants dont députés et employés avaient

tranquillement profité pendant des années. Cameron, *Ottawa Inside Out*, p. 105-108.
21. Citation de Clark sur le jugement de la Cour suprême de Terre-Neuve : Cohen *et al.*, *Vision and the Game*, p. 40.
22. Propos de Whyte : Cohen *et al.*, *Vision and the Game*, p. 41.

CHAPITRE DIX-SEPT

Devant les tribunaux

1. Sur la stratégie juridique des provinces : Entrevue avec Richard Vogel, ex-procureur général adjoint de Colombie-Britannique, 10 septembre 1986. Romanow, Whyte & Leeson, *Canada... Notwithstanding*, chap. 6.
2. Michael Kirby sur l'aspect juridique des négociations constitutionnelles : Entrevue avec Michael Kirby, 26 février 1986.

   Trudeau expliqua son opposition au renvoi devant la Cour suprême de ce qu'il considérait comme un conflit politique et non une dispute juridique à la Chambre des communes le 15 octobre 1980 : « Je pense qu'il ne faut pas amener les tribunaux à juger non de disputes juridiques découlant de la constitution, mais de visions opposées du Canada ». Canada, Chambre des commune, *Débats*, 15 octobre 1980, p. 3680.
3. Sur Kirby et l'arrêt de la cour du Manitoba : Entretien confidentiel.
4. Sur l'arrêt de la cour du Manitoba : Sheppard & Valpy, *The National Deal*, p. 232, et McWhinney, *Canada and the Constitution*, p. 74-76.
5. Sur l'exposé de Wells devant la Cour suprême : Barbara Yaffe, « Provinces' Appeal Called Speculative, Political », *Globe and Mail*, 12 février 1981, p. 8.

   Sur l'arrêt de la cour de Terre-Neuve : McWhinney, *Canada and the Constitution*, p. 77-78.
6. À propos de l'argumentation douteuse de l'arrêt de la cour du Manitoba, John Whyte pensait-il qu' « il y avait toute raison de croire qu'il ne serait pas confirmé » en appel. Cohen *et al.*, *The Vision and the Game*, p. 40.

7. Laskin fut aussi le premier Israélite nommé à la cour suprême. Au cours des années où il fut premier ministre, Trudeau nomma six juges à la Cour suprême, dont la première femme, Bertha Wilson, en 1982.

8. Sur les rapports entre Robinette et Trudeau : Entrevue avec John J. Robinette, 19 juin 1990.

    Sur l'argumentation développée par Robinette : John Hay, « Final Justice Seen To Be Done », *Maclean's*, 11 mai 1981, p. 21-22 ; et Batten, *Robinette*, p. 234-235.

9. Citation de Willard Estey : « "Forget U.K. View", Manitoba Lawyer Says », par Robert Sheppard, *Globe and Mail*, 29 avril 1981, p. 1-2.

10. Propos de Trudeau : Conversation avec Pierre Trudeau, 11 décembre 1986.

11. Citation d'un discours de Laskin en 1978 : Sheppard & Valpy, *The National Deal*, p. 224.

    Durant les premières décennies de son existence, la cour fut, pour citer Laskin, « une cour captive » qui fonctionnait dans l'ombre du comité judiciaire du Conseil privé de Londres. Même après l'abolition en 1949 de la procédure d'appel à Londres, la Cour canadienne demeura timide et déférente, respectueuse des précédents britanniques. C'était, du jugement de Peter Russell, « une institution de seconde classe ». Elle ne reçut qu'en 1975 la faculté d'établir son propre ordre du jour. Peter H. Russell, *The Judiciary in Canada : The Third Branch of Government*. Toronto, McGraw-Hill, 1987, p. 336-337.

    Sur l'arrivée à maturité de la cour sous la présidence de Laskin à la fin des années 70 : David Lancashire, « The Last Word-Legally », *Globe and Mail*, 6 juin 1981, p. 7 et Russell, *The Judiciary*, p. 354-356.

12. Milne, *The New Canadian Constitution*, p. 107.

13. Relation de la journée de l'arrêt de la Cour suprême : Notes des auteurs.

14. « The Constitution : Day of Decision », *Globe and Mail*, 29 septembre 1981, Cahier spécial, p. D 1-6, et McWhinney, *Canada and the Constitution*, p. 81-83.

NOTES

15. « La moitié du gâteau » : Russell, *The Judiciary in Canada*, p. 355.
16. Sur la rencontre Trudeau-Bennett : Entrevue avec James Matkin, 30 mai 1986, et Norman Spector, 27 mai 1986. Nous remercions également James G. Matkin pour nous avoir donné accès à son article inédit : « The Negociation of The Charter of Rights : The Provincial Perspective ».
17. « Trudeau Responds from Seoul », *Globe and Mail*, 29 septembre 1981, p. D 7.

CHAPITRE DIX-HUIT

Du jugement dernier, à l'accord final

1. Sur les rapports adressés à Trudeau par Goldfarb : Entrevues avec Martin Goldfarb, octobre 1977, avril 1972, 12 novembre 1984, et *The Goldfarb Report*, 1980 et 1981.
2. Hatfield sur la reine : Entrevue des auteurs avec Richard Hatfield, 3 mai 1986.

   Citation du député britannique : Entretien confidentiel, avril 1986.
3. Citation de Hatfield : Entrevue des auteurs avec Richard Hatfield, 3 mai 1986.
4. Population et richesse de l'Ontario : avec une population de 8,6 millions d'habitants et un PNB de 132 milliards en 1981, l'Ontario dépassant le Québec de 134% en population et de 162% en richesse (Statistique Canada).

   D'Oliver Mowat à John Robarts, en passant par Howard Ferguson et Mitch Hepburn, il y eut de nombreuses occasions de tension entre Queen's Park et Ottawa, mais la politique nationale protectionniste avait toujours favorisé l'Ontario, province la plus industrialisée.
5. Citation de Kirby : Entrevue des auteurs avec Michael Kirby, 26 février 1986.
6. Sur les antécédents familiaux de Davis, voir Hoy : *Davis*, p.11-23.
7. Citation de Lougheed : Entrevue des auteurs avec Harold Millican, 3 octobre 1975.

8. Sur les positions constitutionnelles de Davis, v. McMurtry : « Search for a Constitutional Accord », p. 40.

9. «... un grand homme » : Entretien confidentiel.

10 Sur la position de l'Ontario en faveur du renforcement de l'unité économique canadienne, voir Hudon : « Quebec, the Economy and the Constitution », p. 141. Sheppard et Valpy : *The National Deal*, p.106.

   Sur le problème posé à Davis par le bilinguisme : Entrevue des auteurs avec Roy McMurtry, 13 juillet 1990.

11. Sur l'effet que faisait Trudeau à Davis : Entretien avec Roy McMurtry, 25 avril 1986.

12. Citation de Chrétien : Entretien avec Roy McMurtry, 25 avril 1986.

13. Citation de Claude Charron sur le suicide politique : *The Champions*, Part III : *The Final Battle* (film) de Donald Brittain, Montréal, ONF, 1986. Sur la stratégie postréférendaire de récupération de Morin, voir Sheppard et Valpy : *National Deal*, p. 33. et Morin : *Lendemains piégés*, chap. 1 à 10. Sur la possibilité d'un front commun Parti Québécois-Parti libéral, voir Léon Dion : « Faute de consensus, le Québec ne sera pas entendu : le rendez-vous constitutionnel de septembre », *Le Devoir*, 30 juin 1980, p.13.

14. Charron : *Désobéir !*, p. 46.

    Sur le mémoire de la Saskatchewan, voir Romanow, Whyte et Leeson : *Canada... Notwithstanding*, p.179

    Sur les vues de Blakeney : Entrevue avec Allan Blakeney, 5 juin 1986.

15. Charron : *Désobéir !*, p. 46.

16. Sur la réponse néo-fédéraliste à Trudeau, voir Léon Dion : « Pour sortir de l'impasse constitutionnelle », *Le Devoir*, 24 septembre 1980, p.1 ; Michel Roy : « Pourquoi pas des élections, M. Trudeau ? », *Le Devoir*, 16 octobre 1980, p.14.

17. Sur la perte de crédibilité de Ryan comme défenseur des intérêts du Québec face à Ottawa : Michel Roy le fustige dans *Le Devoir* : « L'unanimité nécessaire », 10 novembre 1980, p. 6 et « Un

compromis acceptable », 15 novembre 1980. Dix jours plus tard, Léon Dion déplore que Ryan désire tellement le pouvoir qu'il va jusqu'à défendre la position fédérale, qui pourtant mine la sienne : « Une triste journée pour le Québec et pour le Canada », *Le Devoir*, 25 novembre 1980.

Sur l'élection de 1981 au Québec et l'auto-immolation de Ryan, voir Bergeron : *Notre Miroir*, p. 261. Le Parti québécois recueillit 49% des voix, son plus haut pourcentage, et gagna 80 des 112 sièges à l'Assemblée nationale.

18. Sur les réactions québécoises aux concessions consenties par Lévesque à la « bande des huit », voir Jean-Pierre Proulx : « Les virages du PQ », *Le Devoir*, 15 juin 1981, p. 12. Louis O'Neil, député péquiste à l'Assemblée nationale : « Les abracadabra de l'étapisme et l'avenir du pays », *Le Devoir*, 10 juillet 1981, p. 7 et Jean-Louis Roy : « Un risque historique », *Le Devoir*, 22 août 1981, p. 10. L'apologie de Morin pour le troc du retrait avec compensation financière pour le veto constitutionnel : *Lendemains piégés*, p. 200-240.

19. Sur le fond de la stratégie de Trudeau : La citation provient de la transcription d'une entrevue avec Jack Webster sur CHAN-TV, Vancouver, 24 novembre 1981, p. 8. Le dialogue entre Trudeau et Lévesque : Entrevue avec Michael Kirby, 26 février 1986 ; G. Fraser : P.Q. p.295.

20. Daniel Latouche sur les premiers ministres anglophones : Daniel Latouche, *The Champions*, Part III.

    Citation de Lévesque : Entrevue avec René Lévesque, 12 décembre 1986.

21. Déclaration de Lévesque sur Trudeau : Entrevue avec René Lévesque, 21 octobre 1981.

22. Rémillard : *Le Rapatriement*, p. 158.

23. Citation de Trudeau : *The Champions*, Part III.

24. Citation de Lévesque : Entrevue, 12 décembre 1986.

25. Liste des ministres et adjoints : Sheppard et Valpy, *National Deal*, p. 292.

    Citation de Trudeau : Entrevue, 11 décembre 1986.

26. Rapport de Lord Carrington : Entrevue avec Mark MacGuigan, 10 juillet 1990.
27. Citation de Trudeau : Entrevue, 11 décembre 1986
28. Citation de Trudeau : Entrevue, 6 juin 1985.
29. « On voyant bien qu'il se passait de quoi, mais ça ne servait à rien de lui en parler », dit un haut fonctionnaire québécois, exprimant également l'opinion de ses collègues cette nuit-là. Entretien confidentiel.
30. Peter Lougheed avait rejoint le matin Sterling Lyon, retourné au Manitoba faire campagne dans l'espoir — qui se révéla vain —, de conserver sa majorité, et l'avait convaincu de signer, pour ne pas se retrouver, seul dissident anglophone, dans une « bande de deux » avec Lévesque.

    Le document final, qui devint l'Acte constitutionnel de 1982, reconnaissait de nouveaux droits à l'égalité des femmes, de nouveaux droits en vertu des Traités aux aborigènes ; offrait au Québec une compensation financière au cas où il se retirerait de futurs amendements touchant à la culture ou à l'éducation ; et soumettait l'application au Québec de certaines dispositions du droit à l'éducation dans la langue de la minorité à l'approbation de l'Assemblée nationale.
31. Deux autres premiers ministres, Paul Sauvé (1959-1960) et Antonio Barrette (1960) ne restèrent pas assez longtemps au pouvoir pour jouer un rôle significatif dans les jeux constitutionnels entre Québec et Ottawa.

    Dialogue Lévesque-Johnson : Entrevue avec Pierre-Marc Johnson, 18 mars 1986.
32. Citation de Bombardier : Entrevue avec Denise Bombardier, 2 juin 1985

BIBLIOGRAPHIE

Adelman, Howard, « Clark and the Canadian Embassy in Israel », *Middle East Focus* 2, n° 6, mars 1980, p. 6-18.

Archibald, Clinton, « Corporatist Tendencies in Quebec », in Alain G. Gagnon, *Quebec : State and Society*, Toronto, Methuen, 1984, p. 353-364.

Arnopoulos, Sheila McLeod et Clift, Dominique, *The English Fact in Quebec*, Montréal, McGill-Queen's University Press, 1980.

Axworthy, Thomas S., « Of Secretaries to Princes », *Canadian Public Administration* 31, n° 2, été 1988, p. 247-264.

Axworthy, Thomas S., « Renewal of the Liberal Party : Suggestions for a Program », publié par le bureau du chef de l'opposition, Ottawa, 12 novembre 1979.

Axworthy, Thomas S. et Trudeau, Pierre Elliott, *Vers une société juste : Les années Trudeau*, Montréal, Éditions du Jour, 1990.

Bakvis, H. et Chandler, W.A., *Federalism and the Role of the State*, Toronto, University of Toronto Press, 1987

Banting, Keith, *State and Society : Canada in Comparative Perspective*, Toronto, University of Toronto Press, 1986.

Batten, Jack, *Robinette : The Dean of Canadian Lawers*, Toronto, Macmillan of Canada, 1984.

Becker, Ernest, *The Denial of Death*, New York, Free Press, 1973.

Bélanger, André-J., *Ruptures et constantes : quatre idéologies du Québec en éclatement : La Relève, la JEC, Cité libre, Parti pris*, Montréal, Hurtubise HMH, 1977.

Bergeron, Gérard, *Notre miroir à deux faces*, Montréal, Québec/Amérique, 1985.

Bergeron, Gérard et Pelletier, Réjean, L'État du Québec en devenir, Montréal, Boréal Express, 1980.

Berkowitz, S.D., « Forms of State Economy and the Development of Western Canada », Canadian Journal of Sociology 4, n° 3, été 1979, p. 287-312.

Bernier, Gérard, Boily, Robert et Salée, Daniel, Le Québec en chiffres de 1850 à nos jours, Montréal, La Grétsé, 1986.

Black, Conrad, Duplessis, Toronto, McClelland and Stewart, 1977 ; paru en français sous le titre Duplessis : l'ascension et le pouvoir, 2 vol. Montréal, Éditions de l'Homme, 1977.

Boivin, Jean, « Labour Relations in Quebec », in John Anderson et Morley Gunderson, Union-Management Relations in Canada, Don Mills, Ont., Addison-Wesley, 1982, p. 422-454.

Bombardier, Denise, Une enfance à l'eau bénite, Paris, Éditions du Seuil, 1985.

Boschette, Anna, Sartre and Les Temps Modernes, Evanston, Ill., Northwestern University Press, 1988.

Bourassa, André G., Surréalisme et Littérature québécoise, Montréal, Éditions de l'Étincelle, 1977.

Bourassa, André-G. et Lapointe, Gilles, Refus global et ses environs, Montréal, L'Hexagone, 1988.

Bourgeault, Jacques et Dion, Stéphane, « Governments Come and Go, But What of Senior Civil Servants ? Canadian Deputy Ministers and Transitions in Power (1967-1987) ». Conférence présentée devant la Canadian Political Science Association, juin 1988.

Breslin, Catherine, « The Other Trudeaus », Chatelaine, septembre 1969, p. 32-33, 108-111 ; octobre 1969, p. 42, 78-87.

Breton, Albert, « The Economics of Nationalism », Journal of Political Economy 72, n° 4, août 1964, p. 376-386.

Breton, Raymond, « The Production and Allocation of Symbolic Resources : An Analysis of the Linguistic and Ethnocultural Fields in Canada », Canadian Review of Sociology and Anthropology 21, n° 2, mai 1984, p. 123-144.

Breton, Raymond et Breton, Albert, « Le séparatisme ou respect du statu quo », Cité Libre 46, avril 1962, p. 17-28.

Brimelow, Peter, The Patriot Game : National Dreams and Political Realities, Toronto, Key Porter, 1986.

Brodie, Janine, *The Political Economy of Canadian Regionalism*, Toronto, Harcourt, Brace, Jovanovich, 1990.

Brown, Craig, « The Nationalism of the National Policy », in Peter Russell, *Nationalism in Canada*, Toronto, McGraw-Hill, 1966, p. 155-163.

Brunelle, Dorval, *Les trois colombes : Essai*, Montréal, VLB, 1985.

Cahill, Jack, *John Turner : The Long Run*, Toronto, McClelland and Stewart, 1984.

Cairns, Alan, *From Interstate to Intrastate Federalism*, Kingston, Ont., Institute of Intergovernmental Relations, Queen's University, 1979.

Cairns, Alan, « The Governments and Societies of Canadian Federalism », *Canadian Journal of Political Science* 10, n° 4, décembre 1977, p. 695-726.

Cairns, Alan, « The Other Crisis of Canadian Federalism », *Canadian Public Administration* 22, été 1979, p. 175-195.

Cairns, Alan, « Recent Federalist Constitutional Proposals : A Review Essay », *Canadian Public Policy*, n° 5, été 1979, p. 348-365.

Cairns, Alan et Williams, Cynthia, *Constitutionalism, Citizenship and Society in Canada*, Toronto, University of Toronto Press, 1985.

Callwood, June, « Margaret's Firts Hurrah », *Maclean's*, août 1974, p. 4, 6-7.

Callwood, David, *Regionalism and Supranationalism*, Montréal, Institute for Research on Public Policy, 1981.

Cameron, Stevie, « Maggie : Happy at Last », *Chatelaine*, juin 1985, p. 56-57, 98, 106-110.

Cameron, Stevie, *Ottawa Inside Out*, Toronto, Key Porter, 1989.

Camp, Dalton, *Points of Departure*, Toronto, Deneau and Greenberg, 1979.

Canada, Department of External Affairs, *Foreign Policy for Canadians*, Ottawa, Imprimeur de la Reine, 1970.

Canada, Task Force on National Unity, *A Future Together*, Hull, Qué., Approvisionnements et Services, 1979.

Canadian Annual Review of Politics and Public Affairs, John Saywell, (1972-1978), R.B. Byers, (1978-1986), Toronto, University of Toronto Press.

Carrier, André, « L'idéologie politique de la revue *Cité libre* », *Canadian Journal of Political Science* 1, n° 4, décembre 1968, p. 414-428.

Carty, R. Kenneth et W. Peter Ward, *Entering the Eighties* : *Canada in Crisis*, Toronto, Oxford University Press, 1980.

Casgrain, Thérèse F., *Une femme chez les hommes*, Montréal, Éditions du Jour, 1971.

Chandler, Marsha A., « State Enterprise and Partisanship in Provincial Politics », in K. J. Rea et Nelson Wiseman, *Government and Enterprise in Canada*, Toronto, Methuen, 1985, p. 266-280.

Chandler, Marsha A. et Chandler, William M., *Public Policy and Provincial Politics*, Toronto, McGraw-Hill, 1979.

Charney, Ann, « Growing Up Private », *Maclean's*, février 1972, p. 26.

Charron, Claude, *Désobéir*, Montréal, VLB, 1983.

Chrétien, Jean, *Dans la fosse aux lions*, Montréal, Éditions de l'Homme, 1985.

Clarkson, Stephen, « The Defeat of the Government, the Decline of the Liberal Party, and the (Temporary) Fall of Pierre Trudeau », in Howard R. Penniman, *Canada at the Polls, 1979 and 1980 : A Study of the General Elections*, Washington, D.C., American Enterprise Institute, 1981, p. 152-189.

Clarkson, Stephen, *An Independent Foreign Policy for Canada* ? , Toronto, McClelland and Stewart, 1968.

Clarkson, Stephen, « Pierre Trudeau and the Liberal Party : the Jockey and the Horse », in Howard R. Penniman, *Canada at the Polls : The General Election of 1974*, Washington, D.C. : American Enterprise Institute, 1975, p. 57-89.

Cohen, Leonard, Smith, Patrick et Warwick, Paul, *The Vision and the Game* : *Making the Canadian Constitution*, Calgary, Detselig 1987.

Coleman, William D., « The Class Bases of Language Policy in Quebec, 1949-1983 », in Alain Gagnon, *Quebec* : *State and Society*, Toronto, Methuen, 1984, p. 388-409.

Coleman, Willian D., *The Independence Movement in Quebec, 1945-1980*, Toronto, University of Toronto Press, 1984.

« The Constitution : Day of Decision », *Globe and Mail* », septembre 1981, cahier spécial, p. D1-6.

Cook, Ramsay, *The Maple Leaf Forever*, Toronto, Mcmillan of Canada, 1966.

Copps, Sheila, *Nobody's Baby*, Toronto, Deneau, 1986.

Courchene, Thomas, *Ottawa and the Provinces* : *The Distribution of Money and Power*, Toronto, Ontario Economic Council, 1985.

Courtney, John C., « Campaign Strategy and Electoral Victory : The Progressive Conservatives and the 1979 Election », in Howard R. Penniman, *Canada at the Polls, 1979 and 1980 : A Study of the General Elections*, Washington, D.C., American Enterprise Institute, 1981, p. 121-151.

Craven, Paul et Traves, Tom, « The Class Politics of the National Policy, 1872-1933 », *Journal of Canadian Studies* 14, n° 3, automne 1979, p. 14-38.

Dales, J.H. *The Protective Tariff in Canada's Development*, Toronto, University of Toronto Press, 1966.

Davey, Keith, *The Rainmaker : A PAssion for Politics*, Toronto, Stoddart, 1986.

De Gaulle, Charles, *Le Fil de l'épée*, Paris, Berger-Leurault, 1944.

Desbarats, Peter, *René : A Canadian in Search of a Country*, Toronto, McClelland and Stewart, 1976.

Djwa, Sandra, *The Politics of the Imagination : A Life of F.R. Scott*, Toronto, McClelland and Stewart, 1986.

Doern, Bruce et Phidd, Richard, *Canadian Public Policy : Ideas, Structure, Process*, Toronto, Methuen, 1983.

Doern, Bruce et Toner, Glen, *The Politics of Energy : The Development and Implementation of the NEP*, Toronto, Methuen, 1985.

Donner, Arthur W., *Financing the Future : Canada's Capital Markets in the Eighties*, Ottawa, Canadian Institute for Economic Policy, 1982.

Dufour, Christian, *Le Défi québécois*, Montréal, Hexagone, 1989.

Dupont, Pierre, *15 novembre 1976*, Montréal, Quinze, 1976.

Dupré, Stefan, « Reflections on the Workability of Executive Federalism », in Simeon, Richard *Intergovernmental Relations*, Toronto, University of Toronto Press, 1985, p. 1-32.

Eayrs, James, *Indochina : Roots of Complicity*, Toronto, University of Toronto Press, 1983. *In Defense of Canada*, vol. 5.

Elkins, David et Simeon, Richard, *Small Worlds : Provinces and Parties in Canadian Political Life*, Toronto, Methuen, 1980.

English, John, « The " French Lieutenant " in Ottawa », in R. Kenneth Carty et W. Peter Ward, *National Politics and Community in Canada*, Vancouver, University of British Columbia Press, 1986, p. 184-200.

Erikson, Erik H., *Identity, Youth and Crisis*, New York, Norton, 1968.

Finkel, Alvin, *The Social Credit Phenomenon in Alberta*, Toronto, University of Toronto Press, 1989.

Fotheringham, Allan, *Malice in Blunderland*, Toronto, Key Porter, 1982.
Fowke, V.C., *The National Policy and the Wheat Economy*, Toronto, University of Toronto Press, 1957.
Fraser, Graham, *PQ : René Lévesque and the Parti Québécois in Power*, Toronto, Macmillan of Canada, 1984.
Fraser, Sylvia, « The Private Trudeau », *Star Weekly*, 29 juin 1968, p. 2-7.
Fremon, Celeste, « Margaret Trudeau », *Playgirl*, septembre 1979, p. 34-37, 88-91, 104, 115-120, 124.
Fussell, Paul, *Wartime : Understanding and Behavior in the Second World War*, New York, Oxford University Press, 1989.
Gagnon, Alain, « The Evolution of Political Forces in Quebec : The Struggle for Supremacy », in Alain Gagnon, *Quebec : State and Society*, Toronto, Methuen, 1984, p. 262-284.
Gagnon, Lysiane, *Chroniques politiques*, Montréal, Boréal Express, 1985.
Gaudet, Gérard, « Forces Underlying the Evoluation of Natural Resource Policies in Quebec », in Carl E. Beigie and Alfred O. Hero, Jr., *Natural Resources in U.S. — Canadian Relations*, vol. 1. Boulder, Col, Westview Press, 1980, p. 247-265.
Gérin-Lajoie, Paul, *Constitutional Amendment in Canada*, Toronto, University of Toronto Press, 1950.
The Goldfarb Report : An Annual Canadian Marketplace Analysis, Toronto, Goldfarb Consultants, rapport annuel.
Goodman, Eddie, *Life of the Party*, Toronto, Key Porter, 1988.
Gordon, Walter, *A Political Memoir*, Toronto, McClelland and Stewart. 1977.
Gossage, Patrick, *Close to the Charisma : My Years Between the Press and Pierre Elliot Trudeau*, Toronto, McClelland and Stewart, 1986.
Graham, Ron, *One-Eyed Kings : Promise and Illusion in Canadian Politics*, Toronto, Collins, 1986.
Granatstein, J.L., *Canada 1957-1967 : The Years of Uncertainty and Innovation*, Toronto, McClelland and Stewart, 1986.
Granatstein, J.L., *The Ottawa Men*, Toronto, Oxford University Press, 1982.
Great Britain, House of Commons, Foreign Affairs Committee, *Bristish North America Acts : The Role of Parliament*, vol. 1, London, Her Majesty's Stationery Office, 1981.
Greene, Ian, *The Charter of Rights*, Toronto, Lorimer, 1989.

Grosser, Alfred, *Affaires extérieures : La politique de la France 1944-1984*, Paris, Flammarion, 1984.

Grube, John, *Bâtisseur de pays : Étude sur le nationalisme au Québec*, Montréal, Éditions de l'Action Nationale, 1981.

Guindon, Hubert, *Quebec Society : Tradition, Modernity, and Nationhood*, Toronto, University of Toronto Press, 1988.

Gwyn, Richard, *The Northern Magus*, Toronto, McClelland and Stewart, 1980 ; paru en français sous le titre *Le Mage*, Montréal, Éditions France-Amérique, 1981.

Gwyn, Sandra, « Inside the Tory Takeover », *Saturday Night*, septembre 1979, p. 17-24.

Gzowski, Peter, « Portrait of an Intellectual in Action », *Maclean's*, 24 février 1962, p. 23, 29-30.

Haggart, Ron et Aubrey Golden, *Rumours of War*, Toronto, New Press, 1971.

Harrison, W.E.C., *Canada in World Affairs 1949 to 1950*, Toronto, Oxford University Press, 1957.

Hay, John, « Final Justice, Seen to be Done », *Maclean's*, 11 mai 1981, p. 21-22.

Hellman, John, *Emmanuel Mounier and the New Catholic Left : 1930-1950*, Toronto, University of Toronto Press, 1981.

Hockin, Thomas, *Apex of Power*, Scarborough, Ont., Prentice-Hall, 1971.

Houle, François, « Economic Strategy and the Restructuring of the Fordist Wage-Labour Relationship in Canada », *Studies in Political Economy* n° 11, été 1983, p. 127-148.

Hoy, Claire, *Bills Davis*, Toronto, Methuen, 1985.

Hudon, Raymond, « Quebec, the Economy and the Constitution », in Keith Banting et Richard Simeon, *And No One Cheered*, Toronto, Methuen, 1983, p. 133-153.

Hustak, Allan, *Peter Lougheed*, Toronto, McClelland and Stewart, 1979.

Iglauer, Edith, « Prime Minister/Premier Ministre », *The New Yorker*, 5 juillet 1969, p. 36-60.

Ignatieff, Michael, « The Longest Shadow », *Saturday Night*, octobre 1987, p. 25-32.

Ilkenberry, G. John, « The Irony of State Strength : Comparative Responses to the Oil Shocks in the 1970s », *International Organization*, 40, n° 1, hiver 1986, p. 105-137.

Jenkins, Barbara, « Reexamining the " Obsolescing Bargain " : A Study of Canada's National Energy Program », *International Organization* 40, n°1, hiver 1986, p. 139-165.

Johnson, Daniel, *Égalité ou indépendance*, Montréal, Éditions de l'Homme, 1965.

Johnston, Donald, *Up the Hill*, Montréal, Optimum, 1986.

Johnston, Donald, *With a Bang, Not a Whimper : Pierre Trudeau Speaks Out*, Toronto, Stoddart, 1988.

Jung, Carl, *The Essential Jung*, texte choisi et présenté par Storr, Princeton, N.J., Princeton University Press, 1983.

Jung, Carl et von Franz, Marie-Louise, *L'Homme et ses symboles*, Paris, Port Royal, 1964.

Keating, Tom et Munton, Don, *The Provinces and Canadian Foreign Policy*, Toronto, Canadian Institute of International Affairs, 1985.

Kent, Tom, *A Public Purpose*, Kingston et Montréal, McGill-Queen's University Press, 1988.

Kirby memorandum, *voir* : « Report to Cabinet on Constitutional Discussions ».

Koch, Eric, *Inside This Hour Has Seven Days*, Toronto, Prentice-Hall, 1986.

Kome, Penney, « Anatomy of a Lobby », *Saturday Night*, janvier 1983. p. 9-11.

Krause, Robert et Leduc, Lawrence, « Voting Behaviour and Electoral Strategies in the Progressive Conservative Leadership Convention of 1976 », *Canadian Journal of Political Science* 12, n° 1, mars 1979, p. 97-135.

Kübler-Ross, Elisabeth, *On Death and Dying*, New York, Macmillan, 1969.

La Forest, Gerard V., *Natural Resources and Public Property Under the Canadian Constitution*, Toronto, University of Toronto Press, 1977.

Latouche, Daniel, *Canada and Quebec, Past and Future : An Essay*, Toronto, University of Toronto Press, 1986.

Laurendeau, André, *Journal*, Montréal, VLB, 1990.

Laxer, Gordon, « The Political Economy of Aborted Development : The Canadian Case », in Robert Brym, *The Structure of the Canadian Capitalist Class*, Toronto, Garamond, 1985, p. 67-102.

Laxer, James, *Oil and Gas*, Toronto, Lorimer, 1983.

Laycock, David, *Populism and Democratic Thought in the Canadian Prairies, 1910-1945*, Toronto, University of Toronto Press, 1990.

Le Moyne, Jean, *Convergences : essais*, Montréal, HMH, 1961.
Letourneau, Reginald S., *Inflation : The Canadian Experience*, Ottawa, The Conference Board, 1980.
Levant, Victor, *Quiet Complicity : Canadian Involvement in the Vietnam War*, Toronto, Between the Lines, 1986.
Lévesque, René, *Attendez que je me rappelle...*, Montréal, Québec/ Amérique, 1986.
Lévesque, René, *Option Québec*, Montréal, Éditions de l'Homme, 1968.
Levinson, Daniel J., et al., *The Seasons of a Man's Life*, New York, Ballantine Books, 1978.
Levitt, Joseph, *Henri Bourassa on Imperialism and Bi-Culturalism, 1900-1918*, Toronto, Copp Clark, 1970.
Lipset, Seymour, « Democracy in Alberta », in John Courtney, *Voting in Canada*, Toronto, Prentice-Hall, 1967, p. 182-185.
Long, J.A. et Quo, P.Q., « Alberta : One Party Dominance », in Martin Robin, *Canadian Provincial Politics : The Party System of the Ten Provinces*, Scaborough, Ont., Prentice-Hall, 1972, p. 1-26.
McCall-Newman, Christina, *Grits : An Intimate Portrait of the Liberal Party*, Toronto, Macmillan of Canada, 1982 ; paru en français sous le titre *Les Rouges : Un portrait intime du Parti Libéral*, Montréal, Éditions de l'Homme, 1983.
MacDonald, L. Ian, *From Bourassa to Bourassa : A Pivotal Decade in Canadian History*, Montréal, Harvest House, 1984.
MacDonald, L. Ian, *Mulroney : The Making of the Prime Minister*, Toronto, McClelland and Stewart, 1984.
MacGregor, Roy, « Maggie, the " T " That Dares to be Known by Taste Alone », *Today*, 10 avril 1982, p. 7.
Machiavel, Nicolas, *Le Prince*, Paris, Librairie de la Bibliothèque nationale, 1873.
McKenzie, R.T., *British Political Parties : The Distribution of Power Within the Conservative and Labour Parties*, London, Heinemann, 1955.
MacLare, Roy, *Honourable Mentions : The Uncommon Diary of an M.P.*, Toronto, Deneau, 1986.
McLuhan, Marshall, « The Story of the Man in the Mask », in *New York Times Book Review*, 17 novembre 1968, p. 36-38.
MacMillan, C. Michael, « Language Rights, Human Rights and Bill 101 », *Queen's Quarterly* 90, n° 2, été 1983, p. 343-361.

McMurtry, Roy, « The Search for a Constitutional Accord — A Personnal Memoir », *Queen's Law Journal* 8, n°s 1-2, automne 1982/ printemps 1983, p. 28-73.

Macpherson, C.B., *Democracy in Alberta : Social Credit and the Party System*, Toronto, University of Toronto Press, 1962.

McRoberts, Kenneth, *Quebec : Social Change and Political Crisis*, 3e édition, Toronto, McClelland and Stewart, 1988.

McRoberts, Kenneth, « Unilateralism, Bilateralism and Multilateralism : Approaches to Canadian Federalis », in Richard Simeon, *Intergovernmental Relations*, Toronto, University of Toronto Press, 1985, p. 71-129.

McWhinney, Edward, *Canada and the Constitution, 1979-1982 : Patriation and the Charter of Rights*, Toronto, University of Toronto Press, 1982.

McWhinney, Edward, *Quebec and the Constitution : 1960-1978*, Toronto, Lorimer, 1978.

Martin, Patrick, Gregg, Allan et Perlin, George, *Contenders : The Tory Quest for Power*, Scarborough, Ont., Prentice-Hall, 1983.

Martin, Paul, *A Very Public Life*, vol. II, Toronto, Deneau, 1985.

Maslove, Allan M., Prince, Michael J. et Doern, G. Bruce, *Federal and Provincial Budgeting*, Toronto, University of Toronto Press, 1986.

Mathie, William, « Political Community and the Canadian Experience Reflections on Nationalism, Federalism, and Unity », *Canadian Journal of Political Science* 12, n°1, mars 1979, p. 3-20.

Meekison, J.P., « The Amending Formula », *Queen's Law Journal* 8, n°s 1-2, automne 1982/printemps 1983, p. 99-122.

Meekison, J. P., Romanow, R. J. et Moull, W. D., *Origins and Meaning of Section 92A : The 1982 Constitutional Amendment on Resources*, Montréal, Institute for Research on Public Policy, 1985.

Meisel, John, « Howe, Hubris and '72 : An Essay on Political Elitism », in his *Working Papers on Canadian Politics*, Montréal, McGill-Queen's University Press, 1973.

Meisel, John, « The Larger Context : The Period Preceding the 1979 Election », in Howard R. Penniman, *Canada at the Polls, 1979 and 1980 : A Study of the General Elections*, Washington, D. C., American Enterprise Institute, 1981, p. 24-54.

Michels, Robert, *Political Parties : A Sociological Study of the Oligarchical Tendencies of Modern Democracy*, New York, Dover, 1959.

Milne, David, *The New Canadian Constitution*, Toronto, Lorimer, 1982.

Milne, David, *Tug of War : Ottawa and the Provinces Under Trudeau and Mulroney*, Toronto, Lorimer, 1986.

Milner, Henry, « Quebec Educational Reform and the Protestant School Establishment », in Alain Gagnon, *Quebec : State and Society*, Toronto, Methuen, 1984, p. 410-425.

Minifie, James, *Peacemaker or Powder-Monkey : Canada's Role in a Revolutionary World*, Toronto, McClelland and Stewart, 1960.

Monière, Denis, *Le Développement des idéologies au Québec des origines à nos jours*, Montréal, Québec/Amérique, 1977.

Morin, Claude, *L'Art de l'impossible : La diplomatie québécoise depuis 1960*, Montréal, Boréal, 1987.

Morin, Claude, *Lendemains piégés : Du référendum à la « nuit des longs couteaux »*, Montréal, Boréal, 1988.

Morin, Claude, *Le pouvoir québécois... en négociation*, Montréal, Boréal Express, 1972.

Mounier, Emmanuel, « Christian Faith and Civilization », *Cross Currents* 1, n°s 1-4, 1950-1951, p. 3-23. Traduction de Erwin W. Geissman.

Murphy, Rae, *et al.*, *Brian Mulroney : The Boy from Baie-Comeau*, Toronto, Lorimer, 1984 ; paru en français sous le titre *Brian Mulroney*, Montréal, Boréal, 1984.

Nardocchio, Elaine F., *Theatre and Politics in Modern Quebec*, Edmonton, University of Alberta Press, 1986.

Naylor, R. T., *The History of Canadian Business, 1867-1914*, Toronto, Lorimer, 1975.

Newman, Christina, « The New Power in the New West », *Saturday Night*, septembre 1976, p. 17-25.

Newman, Christina, « Politicizing Pierre », *Maclean's*, octobre 1974, p. 36-42.

Newman, Peter, « Reflections on a Fall from Grace », *Maclean's*, janvier 1973, p. 21-23, 64-67.

Norrie, Kenneth, Simeon, Richard et Krasnick, Mark, *Federalism and the Economic Union in Canada*, Toronto, University of Toronto Press, 1986.

Nurgitz, Nathan et Hugh Segal, *No Small Measure : The Progressive Conservatives and the Constitution*, Ottawa, Deneau, 1983.

O'Hara, Jane, « Bedtime Story », *Maclean's*, 3 décembre 1979, p. 26-28.

Parti libéral du Québec, Commission constitutionnelle, *Une nouvelle fédération canadienne*, Montréal, Parti libéral du Québec, 1980. [Livre beige].

Paterson, Sheena et McEwan, Mary C., « Margaret Trudeau's Struggle for Identity », *Chatelaine*, août 1977, p. 91.

Payette, Lise, *Le pouvoir ? Connais pas !*, Montréal, Québec/Amérique, 1982.

Peacock, Donald, *Journey to Power*, Toronto, Ryerson, 1968.

Pearson, Lester B., *Federalism for the Future : A Statement of Policy the Government of Canada*, Ottawa, Imprimeur de la Reine, 1968.

Pearson, Lester B., *Mike : The Memoirs of Lester B. Pearson*, vol. 3, Toronto, University of Toronto Press, 1975.

Pelletier, Gérard, *La Crise d'octobre*, Montréal, Éditions du Jour, 1971.

Pelletier, Gérard, *Les Années d'impatience (1950-1960)*, Montréal, Éditions Stanké, 1983.

Pelletier, Gérard, *Le Temps des choix*, Montréal, Éditions Stanké, 1986.

Perlin, Goerge C., *The Tory Syndrome : Leadership Politics in the Progressive Conservative Party*, Montréal, McGill-Queen's University Press, 1980.

Phillips, Paul, « The National Policy Revisited », *Journal of Canadian Studies* 14, n° 3, automne 1979, p. 3-13.

Pickersgill, J.W., *My Years with Louis St. Laurent : A Political Memoir*, Toronto, University of Toronto Press, 1975.

Pinard, Maurice et Hamilton, Richard, « The Class Bases of the Quebec Independence Movement », *Ethnic and Racial Studies* 7, n°1, janvier 1984, p. 19-24.

Pinard, Maurice et Hamilton, Richard, « Le référendum québécois », *Policy Options/Options Politiques* 2, n° 4, septembre-octobre 1981, p. 39-44.

Porter, John, *The Vertical Mosaic*, Toronto, University of Toronto Press, 1965.

Powe, B.W., *The Solitary Outlaw*, Toronto, Lester and Orpen Dennys, 1987.

Pratt, Larry, « The State and Province-Building : Alberta's Development Strategy », in Leo Panitch, *The Canadian State : Political Economy and Political Power*, Toronto, University of Toronto Press, 1977, p. 133-162.

« President Charles de Gaulle's News Conference, Nov. 27, 1967 », *Atlantic Community Quarterly* 5, n° 4, hiver 1967-1968, p. 613-618.

Pross, Paul, *Group Politics and Public Policy*, Toronto, Oxford University Press, 1986.

Pross, Paul et McCorquodale, Susan, *Economic Resurgence and the Constitutional Agenda : The Case ot the East Coast Fisheries*, Kingston, Ont., Institute of Intergovernmental Relations, Queen's University, 1987.

Québec, Gouvernement du Québec, *Quebec-Canada : A New Deal*, Québec, Éditeur officiel, 1979.

Quinn, Herbert F., *The Union Nationale : A Study in Quebec Nationalism*, Toronto, University of Toronto Press, 1963.

Radwanski, George, *Trudeau*, Montréal, Fides, 1976.

Rayside, David, « Federalism and the Party System : Provincial and Federal Liberals in the Province of Quebec », *Canadian Journal of Political Science* 11, n° 3, septembre 1978, p. 499-528.

Rémillard, Gil, *Le Rapatriement de la constitution*, Montréal, Québec/Amérique, 1985, *Le Fédéralisme canadien*, vol. II.

Renaud, Marc, « New Middle Class in Search of Social Hegemony », in Alain Gagnon, *Quebec : State and Society*, Toronto, Methuen, 1984, p. 150-185.

« Report to Cabinet on Constitutional Discussions, Summer 1980, and the Outlook for the First Ministers Conference and Beyond ». [Kirby memorandum] Sous la direction du FPRO et du ministère de la Justice, Ottawa, Bibliothèque du Parlement, 30 août 1980.

Resnick, Philip, *Letters to a Québécois Friend*, Montréal, McGill-Queen's University Press, 1990 ; paru en français [en collaboration avec Daniel Latouche] sous le titre *Réponse à un ami canadien* précédé de *Lettres à un ami québécois*, Montréal, Boréal, 1990.

Richards, John et Pratt, Larry, *Prairie Capitalism : Power and Influence in the New West*, Toronto, McClelland and Stewart, 1979.

Riley, Susan, *Political Wives : The Lives of the Saints*, Toronto, Deneau, 1987.

Roberts, John, *Agenda for Canada : Towards a New Liberalism*, Toronto, Lester and Orpen Dennys, 1985.

Robertson, Gordon, « Our Other National Sport », *Policy Options/Options Politiques* 1, n° 3, juin-juillet 1980, p. 8.

Romanow, Roy, Whyte, John et Leeson, Howard, *Canada . . . Notwithstanding : The Making of the Constitution 1976-1982*, Toronto, Carswell/Methuen, 1984.

Ross, Douglas A., *In the Interests of Peace* : *Canada and Vietnam*, Toronto, University of Toronto Press, 1984.

Rostand, Edmond, *Cyrano de Bergerac*, Paris, GF-Flammarion, 1989.

Rostein, Abraham, *Power Corrupted* : *The October Crisis and the Repression of Quebec*, Toronto, New Press, 1971.

Roy, Jean-Louis, *Le Choix d'un pays* : *Le débat constitutionnel Québec-Canada 1960-1967*, Montréal, Leméac, 1978.

Rumilly, Robert, *Histoire d'Outremont 1885-1975*, Montréal, Leméac, 1975.

Russell, Peter, *The Judiciary in Canada* : *The Third Branch of Government*, Toronto, McGraw-Hill, 1987.

Russell, Peter, « The Political Purposes of the Canadian Charter of Rights and Freedoms », *Canadian Bar Review* 61, n° 1, mars 1983, p. 30-54.

Russell, Peter, « The Supreme Court Decision : Bold Statescraft Based on Questionable Jurisprudence », in Peter Russell *et al.*, *The Court and the Constitution*, Kingston, Ont., Institute of Intergovernmental Relations, Queen's University, 1982.

Sargent, William, *Battle for the Mind*, London, Pan Books, 1970.

Saywell, John, « Introduction », dans Pierre Elliott Trudeau, *Federalism and the French Canadians*, Toronto, Macmillan of Canada, 1968.

Schiffer, Irvine, *Charisma* : *A Psychoanalytic Look at Mass Society*, New York, Free Press, 1973.

Sennet, Richard, *Authority*, New York, Knopf, 1980.

Shaffer, Ed, *Canada's Oil and the American Empire*, Edmonton, Hurtig, 1983.

Shain, Merle, « Settling Up Sober », *Maclean's*, février 1972, p. 29.

Sharp, Daryl, *The Secret Raven*, Toronto, Inner City, 1980.

Sheppard, Robert et Valpy, Michael, *The National Deal* : *The Fight for a Canadian Constitution*, Toronto, Fleet, 1982.

Shugarman, David P. et Whitaker, Reg, *Federalism and Political Community* : *Essays in Honour of Donald Smiley*, Peterborough, Ont., Broadview Press, 1989.

Simeon, Richard, *Federal-Provincial Diplomacy*, Toronto, University of Toronto Press, 1972.

Simeon, Richard, « Regionalism and Canadian Political Institutions », in J. Meekison, *Canadian Federalism* : *Myth or Reality*, Toronto, Methuen, 1977, p. 292-304.

Simeon, Richard, *Must Canada Fail ?*, Montréal, McGill-Queen's University Press, 1977.

Simeon, Richard et Robinson, Ian, *State, Society, and the Development of Canadian Federalism*, Toronto, University of Toronto Press, 1990.

Simpson, Jeffrey, *Discipline of Power : The Conservative Interlude and the Liberal Restoration*, Toronto, Macmillan of Canada, 1980.

Singer, June, *Boundaries of the Soul : The Practice of Jung's Psychology*, Garden City, N. Y., Anchor, 1972.

Smiley, Donald, *Canada in Question : Federalism in the Eighties*, Toronto, McGraw-Hill, 1980.

Smiley, Donald, *The Canadian Political Nationality*, Toronto, Methuen, 1967.

Smiley, Donald, *The Federal Condition in Canada*, Toronto, McGraw-Hill Ryerson, 1987.

Smiley, Donald et Watts, R., of Canada *Intrastate Federalism in Canada*, Toronto, University of Toronto Press, 1985.

Smith, David, *The Regional Decline of a National Party : Liberals on the Prairies*, Toronto, University of Toronto Press, 1981.

Smith, Denis, *Bleeding Hearts, Bleeding Country*, Edmonton, Hurtig, 1971.

Smith, Denis, *Gentle Patriot*, Edmonton, Hurtig, 1973.

Snider, Norman, *The Changign of the Guard : How the Liberals Fell from Grace and the Tories Rose to Power*, Toronto, Lester and Orpen Dennys, 1985.

Speirs, Rosemary, *Out of the Blue : The Fall of the Tory Dynasty in Ontario*, Toronto, Macmillan of Canada, 1986.

Steed, Judy, *Ed Broadbent : The Pursuit of Power*, Markham, Ont., Viking, 1988.

Stevens, Geoffrey, *Stanfield*, Toronto, McClelland and Stewart, 1973.

Stevenson, Garth, « Canadian Regionalism in Continental Perspective », *Journal of Canadian Studies* 15, n° 2, été 1980, p. 16-28.

Stevenson, Garth, *Unfulfilled Union : Canadian Federalism and National Unity*, 3e édition, Toronto, Gage, 1989.

Stewart, Sandy, *Here's Looking at Us : A Personal History of Television in Canada*, Toronto, CBC Entreprises, 1986.

Stewart, Walter, *Shrug : Trudeau in Power*, Toronto, New Press, 1971.

Sullivan, Martin, *Mandate '68*, Toronto, Doubleday, 1968.

Swift, Jamie, *Odd Man Out : The Life and Times of Eric Kierans*, Vancouver, Douglas & McIntyre, 1988.

Taylor, Charles, *Snow Job : Canada, the United States and Vietnam (1954 to 1973)*, Toronto, Anansi, 1974.

Thomas, L. G., *The Liberal Party in Alberta : A History of Politics in the Province of Alberta, 1905-1921*, Toronto, University of Toronto Press, 1959.

Thomson, Dale C., *Jean Lesage and the Quiet Revolution*, Toronto, Macmillan of Canada, 1984 ; paru en français sous le titre *Jean Lesage et la Révolution tranquille*, Saint-Laurent, Éditions du Trécarré, 1984.

Thomson, Dale C., *Louis St. Laurent, Canadian*, Toronto, Macmillan of Canada, 1967.

Thomson, Dale C., *Vive le Québec libre*, Toronto, Deneau, 1988.

Toner, Glen et Bregha, François, « The Political Economy of Energy », in Michael Whittington et Glen Williams, *Canadian Politics in the 1980s*, Toronto, Methuen, 1981, p. 105-136.

Tremblay, Louis-Marie, « L'évolution du syndicalisme dans la révolution tranquille », *Relations industrielles* 22, n° 1, janvier 1967, p. 86-97.

Trofimenkoff, Susan Mann, *The Dream of Nation : A Social and Intellectual History of Quebec*, Toronto, Gage, 1983 ; paru en français sous le titre *Visions nationales, une histoire du Québec*, Saint-Laurent, Éditions du Trécarré, 1986.

Trudeau, Margaret, *Beyond Reason*, New York, Paddington Press, 1979 ; paru en français sous le titre *À cœur ouvert*, Montréal, Éditions Optimum, 1979.

Trudeau, Margaret, *Consequences*, Toronto, Seal Books, 1982.

Vaillant, George E., *Adaptation to Life*, Boston, Little, Brown, 1977.

Vallières, Pierre, *L'Exécution de Pierre Laporte*, Montréal, Québec/Amérique, 1977.

Vastel, Michel, *Trudeau le Québécois*, Montréal, Éditions de l'Homme, 1989.

Veilleux, Gérard, *Les Relations intergouvernementales au Canada 1867-1967*, Montréal, Presses de l'Université du Québec, 1971.

Vidal, Gore, *At Home : Essays 1982-1988*, New York, Vintage Books, 1990.

Von Franz, Marie-Louise, *Puer Æternus*, 2e édition, New York, Sigo Press, 1981.

Von Riekhoff, Harald, *NATO : Issues and Prospects*, Toronto, Canadian Institute of International Affairs, 1967.

Wade, Mason, *The French Canadians, Volume II : 1911-1967*, Toronto, Macmillan of Canada, édition revue et corrigée, 1968, chapitre XIII ; paru en français sous le titre *Les Canadiens français de 1760 à nos jours*, vol II, 1911-1963, Montréal, Le Cercle du livre de France, 1966.

Wearing, Joseph, *The L-Shaped Party : The Liberal Party of Canada : 1958-1980*, Toronto, McGraw-Hill, 1981.

Weber, Max, *From Max Weber : Essays in Sociology*, sous la direction de H. H. Gerth et C. Wright Mills, New York, Oxford University Press, 1946.

Weber, Max, *The Sociology of Religion*, Boston, Beacon Press, 1964.

Westell, Anthony, *Paradox : Trudeau as Prime Minister*, Scarborough, Ont., Prentice-Hall, 1972.

Whelan, Eugene, en collaboration avec Archbold, Rick, *Whelan*, Toronto, Irwin, 1986.

Whitaker, Reginald, *The Government Party : Organizing and Financing the Liberal Party of Canada, 1930-1958*, Toronto, University of Toronto Press, 1977.

Wilkinson, Bruce, « Canada's Resource Industries : A Survey », in John Whalley, *Canada's Resource Industries and Water Export Policy*, Toronto, University of Toronto Press, 1986, p.1-59.

Wiseman, Nelson, « The Pattern of Prairie Politics », *Queen's Quarterly* 88, n° 2, été 1981, p. 298-315.

Wiseman, Sylvia et Peter Scott, « March on Quebec », *The Nation*, 13 mars 1954, p. 217-218.

Wood, David G., *The Lougheed Legacy*, Toronto, Key Porter, 1985.

Woods, Shirley E., *Her Excellency Jeanne Sauvé*, Toronto, Macmillan of Canada, 1986 ; paru en français sous le titre *Une femme au sommet : Son Excellence Jeanne Sauvé*, Montréal, Éditions de l'Homme, 1986.

Zolf, Larry, *Dance of the Dialectic*, Toronto, James Lewis and Samuel, 1973.

Zolf, Larry, *Just Watch Me*, Toronto, Lorimer, 1984.

Articles et ouvrages de Pierre Elliott Trudeau

« Politique fonctionnelle », *Cité libre* 1, juin 1950, p. 20-24.

« Politique fonctionnelle – II », *Cité libre* 2, 1951, p. 25-29.

« De libro, tributo... et quibusdam aliis », *Cité libre*, 10 octobre 1954, p. 1-16.

Mémoire... à la Commission royale d'enquête sur les problèmes constitutionnels, 2e édition, Montréal, Fédération des Unions industrielles du Québec, 1955.

« Les octrois fédéraux aux universités », *Cité libre* 16, février 1957, p. 9-31.

« Some Obstacles to Democracy in Quebec », *Canadian Journal of Economics and Political Science* 24, n° 3, août 1958, p. 297-311.

« L'élection du 22 juin 1960 », *Cité libre* 29, août-septembre 1960, p. 4.

« L'aliénation nationaliste », *Cité libre* 35, mars 1961, p. 3-5.

« De l'inconvénient d'être catholique », *Cité libre* 35, mars 1961, p. 20-21.

« Note sur le parti cléricaliste », *Cité libre* 38, juin-juillet 1961, p. 23.

« The Practice and Theory of Federalism » in Michael Oliver, *Social Purpose for Canada*, Toronto, University of Toronto Press, 1961, p. 371-393.

« La nouvelle trahison des clercs », *Cité libre* 46, avril 1962, p. 3-16.

« Les progrès d'illusion », *Cité libre* 47, mai 1962, p. 1-2.

« L'homme de gauche et les élections provinciales », *Cité libre* 51, novembre 1962, p. 3-5.

« Pearson ou l'abdication de l'esprit », *Cité libre* 56, avril 1963, p. 7-12.

« We Need a Bill of Rights, Not a New Version of the BNA Act », *Maclean's*, 8 février 1964, p. 24.

« Les séparatistes : des contre-révolutionnaires », *Cité libre* 67, mai 1964, p. 2-6.

[En collaboration] « Manifeste pour une politique fonctionnelle », *Cité libre* 67, mai 1964, p.11-17.

[En collaboration] « An Appeal for Realism in Politics », *The Canadian Forum*, mai 1964, p. 29-33.

[En collaboration avec Gérard Pelletier] « Pelletier et Trudeau s'expliquent », *Cité libre* 80, octobre 1965, p. 3-5.

« Federalism, Nationalism and Reason », in P. A. Crepeau et C. B. Macpherson, *The Future of Canadian Federalism*, Toronto, University of Toronto Press 1965, p. 16-35.

« Le réalisme constitutionnel », discours présenté à Québec le 26 mars 1966.

BIBLIOGRAPHIE

« A Constitutional Declaration of Rights » (discours du 4 septembre 1967).

A *Canadian Charter of Human Rights*, Ottawa, Imprimeur de la Reine, janvier 1968.

« Quebec and the Constitutional Problem », in *Le Fédéralisme et la Société canadienne-française*, Montréal, HMH, 1967.

Les Cheminements de la politique, Montréal, Éditions du Jour, 1970. Préface de Jacques Hébert.

Conversations with Canadians, Toronto, University of Toronto Press, 1972.

La Grève de l'amiante, Montréal, Éditions du Jour, 1970.

[En collaboration avec Thomas S. Axworthy] *Towards a Just Society : The Trudeau Years*, Markham, Ont., Viking, 1990.

Discours

« Allocution présentée devant la Chambre de commerce à Montréal le 2 mai 1980. »

« Discours du premier ministre au Maple Leaf Gardens de Toronto », le 9 mai 1979.

« Discours du premier ministre à l'hôtel Sheraton Mont-Royal à Montréal », le 10 mai 1979.

« Discours du premier ministre à Toronto », le 11 mai 1979.

« Transcription du discours présenté par le très honorable Pierre Elliott Trudeau au Centre Paul-Sauvé de Montréal, le 14 mai 1980. »

« Déclaration du premier ministre à la suite du vote référendaire québécois », le 20 mai 1980.

ENTREVUES

Au cours de nos recherches, de nombreuses personnes ont bien voulu s'entretenir avec nous sur les faits rapportés dans les deux volumes de notre ouvrage sur Pierre Elliott Trudeau, et, dans certains cas, il a fallu plus d'une rencontre, voire une douzaine. Nous avons aussi puisé dans d'autres interviews que nous avions déjà réalisées au cours de nos deux carrières consacrées à l'observation de la vie politique canadienne, en particulier dans le matériel amassé par Christina McCall pour *Grits, an Intimate Portrait of the Liberal Party*, et par Stephen Clarkson, pour *Canada and the Reagan Challenge*. En plus, nous avons trouvé notre profit dans de nombreux séminaires ou dans de nombreuses conférences données par des analystes ou des protagonistes des événements dont nous faisions état dans ces livres.

La figure principale de cet ouvrage, Pierre Elliott Trudeau, a décidé, après mûre réflexion, en quittant la politique, de refuser toute interview formelle portant sur les années où il exerçait le pouvoir. Il a eu l'obligeance, néanmoins, de bien vouloir se prêter à quelques conversations avec nous, et par égard au souhait qu'il a formulé, nous citons parcimonieusement ses propos dans le texte, en indiquant la source dans les notes. La demi-douzaine d'entrevues officielles qu'il a accordées aux auteurs, à titre personnel, quand il était premier ministre, se sont révélées, elles aussi, vitales pour la compréhension des années Trudeau.

Quelques personnes interrogées, surtout des fonctionnaires, ont demandé l'anonymat, et leur nom ne se retrouve ni dans le texte ni dans les notes. La liste ci-dessous regroupe, selon les régions, les noms de tous les autres. Nous leur sommes profondément reconnaissants de leur aide.

Provinces de l'Atlantique

Cyril J. Abery
Hermann Bakvis
Leo Barry
Coline Campbell
Richard Cashin
Jim Cowan
Leslie Dean
Brian Flemming
Dale Godsoe
Gerry Godsoe
Richard Hatfield
Tom Kent
Eric Kierans
Susan McCorquodale
Alexa McDonagh
D.A. (Sandy) MacLean
David Mann
David Milne
Jim Morgan
William Morrow
Paul Pross
William Rompkey
Gordon Slade
Barry Toole
Clyde Wells
Williams Wells
Rick Williams

Ontario

Michael J. Adams
Alan Alexandroff
Rick Alway
Doris Anderson
Ronald Anderson
Gordon Ashworth
Paul Audley
Carl Beigie
Joel Bell
Claude Bissell
Conrad Black
Vince Borg
Sanford Borins
Albert Breton
Raymond Breton
Libby Burnham
Rod Byers
Milli Caccia
David Cameron
Tony Clement
Geoff Conway
Ramsay Cook
James Coombs
Jim Coutts
David Crane
Jonh Crossley
Joe Cruden
Barney Danson
Donna Dasko
Dorothy Davey
William Davis
Wendy Dobson
Gorden Dryen
J. Stefan Dupré
Mary Eberts
Hershell Ezrin
Susan Fish
Douglas Fisher
Gordon Floyd
Jim Foulds
Ursula Franklin
Royce Firth
Northrop Frye
Alastair Gillespie

John Godfrey
Martin Goldfarb
Myron Gordon
Walter Gordon
Patrick Gossage
Charlotte Gray
Nigel Gray
Allan Gregg
Krystyne Griffin
Jonh Grube
Anthony Hampson
Jonh Harbron
Kenneth Hare
Jack Hart
Doug Hartle
Freda Hawkins
Jack Heath
Peter Herrndorf
David Hilton
John Holmes
Beland Honderich
Chaviva Hosek
Alison Ignatieff
George Ignatieff
Hal Jackman
Al Johnson
Patrick Johnston
Richard Johnston
Bruce Kidd
Tom Kierans
Brian King
Michael Kirby
John Kirton
Robert Laxer
Fred Lazar
Larry Leduc
Douglas LePan
Stephen Lewis

Seymour Martin Lipset
James Lorimer
Theodore Lowi
Donald C. MacDonald
Donald S. MacDonald
William MacDonald
Kenneth McRoberts
Michael Mandel
Patrick Martin
John Meisel
Stanley Meisler
Ross Milne
Edward Neufeld
Peter Nicholson
Martin O'Connell
Bernard Ostry
Sylvia Ostry
Frank Peers
Norman Penner
Michael Perley
George Perlin
Heather Peterson
James Peterson
Bob Rae
James Reed
Peter Regenstreif
Patrick Reid
Grant Reuber
John Robarts
John Roberts
John J. Robinette
Kathryn Robinson
Malka Rosenberg
Abraham Rotstein
Diana Royce
Janice Rubin
Peter Russell
Gordon Ryan

Ed Safarian
Rick Salutin
Stephen Schrybman
Ian Scott
Robin Sears
Gordon Sedgwick
Hugh Segal
John Sewell
John Shepherd
Robert Sheppard
David Shugarman
Richard Simeon
Sonja Sinclair
Donald Smiley
Mark Starowicz
Geoffrey Stevens
E.E. Stewart
Norman Stewart
Barbara Sullivan
Ethel Teitelbaum
Ann Tomlinson
John Turner
Boyd Upper
Peter Van Loan
Peter Warrian
Mel Watkins
Lorraine Weinrib
Reg Whitaker
David Wolfe
Donnie Wright
Christine Yankou

Ottawa — Hull et la région de la Capitale nationale

David Ablett
Rick Anderson
Hazen Argue

Norm Atkins
Jack Austin
Lloyd Axworthy
Tom Axworthy
Maude Barlow
Louis Berlinguet
Robert Bertrand
Jean-Jacques Blais
Jean Sutherland Boggs
David Bond
Gerald Bouey
Herb Breau
François Bregha
James Bruce
Robert Bryce
Ron Bulmer
Charles Caccia
Kenneth Calder
Iona Campagnolo
Duncan Cameron
Gerry Caplan
Margaret Catley-Carlson
Alf Chaiton
Denise Chong
Edmund Clark
Ian D. Clark
Joseph Clark
M.A. (Mickey) Cohen
David Collenette
Arthur Collin
J.P. Connell
David Crenna
Marshall Crowe
Mark R. Daniels
Keith Davey
Pierre De Bané
D.B. Dewar
G.H. Dewhirst

ENTREVUES

Jim de Wilde
Linda Diebel
Peter Dobell
David Dodge
Bernard Drabble
Kenneth Dye
Percy Eastham
C.G. Edge
David Elder
Judy Erola
Gordon Fairweather
James Fleming
Eugene Forsey
Robert Fowler
Ross Francis
Alastair Fraser
Claude Frenette
Daniel Gagnier
Rose Gagnier
Linda Geller-Schwartz
Jacques Gérin
Fred Gibson
Philip Dean Gigantes
Audrey Gill
Eddie Goldenberg
Len Good
Allan Gotlieb
Joseph Gough
Alain Gourd
John Grace
Jerry Grafstein
Herbert Gray
Roberto Gualtieri
Reeves Haggan
A.L. Halliday
David Halton
James Harlick
Michael Harris

Michael Hatfield
Ivan Head
Paul Heinbecker
Jane Heintzman
Ralph Heintzman
Paul Henry
Raymond Hession
Abby Hoffman
Lawson Hunter
James Hurley
Glenn Jenkins
Pauline Jewett
Ted Johnson
Donald Johnston
Pierre Juneau
Naïm Kattan
Michael Kelly
Colin Kenny
Jeremy Kinsman
David Kirkwood
Bill Knight
Arthur Kroeger
Huguette Labelle
Robert Latimer
Nate Laurie
Jeanne Laux
Roméo LeBlanc
William Lee
Claude Lemelin
Jean Le Moyne
Peter Lesaux
George Lindsey
Bruce Lister
Gaétan Lussier
David MacDonald
Flora MacDonald
Mary MacDonald
Allan J. MacEachen

Mark MacGuigan
Roy MacLaren
Norman McLeod
Charles McMillan
David Malone
J.L. Manion
Jean Marchand
Lorna Marsden
Robert Martin
Marcel Massé
Tim Maxwell
A.W. May
David Miller
Reid Morden
Nicole Morgan
Lowell Murray
Geoff O'Brian
Richard O'Hagan
Maureen O'Neil
Gordon Osbaldeston
James Page
Geoffrey Pearson
Maryon Pearson
Jean-Luc Pépin
Jack Pickersgill
Michael Pitfield
Timothy Porteous
George Post
Robert Rabinovitch
Victor Rabinovitch
Gerald Reagan
Robert Richardson
Sean Riley
Gordon Robertson
Guy Rocher
Michel Rochon
Edward Rubin
James Rusk

Jeanne Sauvé
Anne Scotton
Blair Seaborn
Gerry Shannon
Mitchell Sharp
Leonard Shifrin
Jeffrey Simpson
Robert Slater
David Smith
Gordon Smith
Janet Smith
Stuart Smith
J.S. Stanford
Lloyd Stanford
Ian Stewart
John Stewart
Barbara Sulzenko
Harry Swain
John Swift
Andrew Szende
Donald Tansley
Roger Tassé
J.H. (Si) Taylor
Paul Tellier
John Terry
William Teschke
G.C.E. Thériault
Tamra Thomson
George Tough
Collette Trent
John Trent
Rick Van Loon
Michel Vastel
Gérard Veilleux
Manfred von Nostitz
Roger Voyer
Jean Wadds
Peter White

ENTREVUES

Barry Wilson
Helen Wilson
Ramsey Withers
Bernard Wood
Stephen Woolcombe
Torrance Wylie
Georgina Wyman
Maxwell Yalden

Québec

Warren Allmand
Pierre Bastien
Louise Beaudoin
Monique Bégin
William Bennett
Pauline Bergeron
Louis Bernard
Yves Bérubé
Lise Bissonnette
Denise Bombardier
Bernard Bonin
Rémi Bujold
Sheila Burke
Pierre Buissières
Greta Chambers
Micheline Côté
Denis Dawson
Jean de Grandpré
Pierre Deniger
Peter Donolo
Louis Duclos
André Dufour
Claude Forget
Yves Fortier
Francis Fox
Graham Fraser
Joan Fraser

Richard French
Lysiane Gagnon
Jean Garon
Jean-Marie Gaul
Gérald Godin
Carl Goldenberg
Harold Gordon
Céline Hervieux-Payette
Raymond Hudon
Pierre-Marc Johnson
William Johnson
Serge Joyal
Jean-Paul L'Allier
Marc Lalonde
Gilles Lamontagne
Daniel Latouche
François Lebrun
Paule Leduc
Pierre Levasseur
Gérard D. Lévesque
René Lévesque
Edward Lumley
Eric Maldoff
Jean-Claude Malépart
Alain Marcoux
Louis Martin
Paul Martin, fils
Jean Meloche
Denis Monière
Claude Morin
Brian Mulroney
Michel Nadeau
Robert Norman
Jean Paré
Alec Paterson
John Payne
Gérard Pelletier
Normand Plante

James Robb
Jean-K. Samson
Charles Taylor
Dale Thomson
Monique Vallerand
Betty Zimmerman

Ouest canadien

Geoff Andrew
Jim August
Cam Avery
David Barrett
Robert Blair
Allan Blakeney
Doug Campbell
Wayne Clifford
A.F. (Chip) Collins
J.M. Cormack
Michael Decter
Louis Desrochers
Grant Devine
John Donner
Gary Duke
Jean Edmunds
Mark Eliesen
Leroy Fjordbotten
Robert Foulkes
Garde Gardom
Gordon Gibson
Clay Gilson
David Godfrey
Ellen Godfrey
Ralph Goodale
John Helliwell
Lou Hyndman
Dick Johnston
Myron Kanik

Howard Leeson
Merv Leitch
Peter Lougheed
Patrick McGeer
Helmut Mach
Norman Macmurchy
Allan Macpherson
Edward McWhinney
James Matkin
Peter Meekison
G.B. (Barry) Mellon
Michael Mendelson
Gerry Mercier
Harold Millican
Chris Mills
Grant Mitchell
Keith Mitchell
Don Munton
R.J. (Randy) Palivoda
Wilson Parasiuk
Lorne Parker
Howard Pawley
Kevin Peterson
Art Phillips
Hugh Planche
Larry Pratt
Doug Radke
Phil Resnick
Clarence Roth
Frances Russell
E.G. (Ed) Shaske
Melvin Smith
Norman Spector
William Stanbury
Lauris Talmey
Nick Taylor
Paul Thomas
Allan Tupper

Richard Vogel
Art Wakabayashi
David Walker
Michael Weeb
Bruce Wilkinson
Robert Williams

Angleterre

Jonathan Aitken
Derek Day
Louis Delvoie
Roy Faibish
John Ford
Georges Foulkes
John Freeland
Ian Gilmour
Vivien Hughes
Bernard Ingham
Jonathan Manthorpe
James McKibbon
Roy McMurtry
Kevin McNamara
David Owen
Anthony Parry
Francis Pym
Nicholas Ridley
Gordon Wasserman
Tom Wells
Baroness Young

États-Unis

Willis Armstrong
Roger J. Beland
Derek H. Burney
Stanton Cook
William Diebold
Barbara Ehrenreich
Max Field
David Gergen
Gary Hufbauer
Edith Iglauer
George Jaeger
Darel Johnson
Robert Johnstone
James Medas
Robert Montgomery
Frank Morgan
Peter Morici
Edward Nef
Thomas Nile
Myer Rashish
George Rejhon
Paul Heron Robinson, Jr.
John Rouse
Jacques Roy
Peter Scott
Bhabani Sen Gupta
Robert Shelley
Max Stucker
Peter Towe
Philip Trezise
Sandy Volgelgesang
Clayton Yeutter

France

Fred Bild
Maurice Couve de Murville
Martial de la Fournière
Xavier Deniau
Gilles Duguay
Bernard Garcia
Madeleine Gobeil
Alfred Grosser

TRUDEAU : L'HOMME, L'UTOPIE, L'HISTOIRE

Claude Julien
François de Laboulaye
Jean Lacouture
François Leduc
Jean de Lipkowski
Pierre Maillard

Pierre-Louis Mallen
Georges Many
Michel Prada
Claude Roquet
Maurice Schuman
Jean-Marie Soutou

REMERCIEMENTS

Ceux et celles sans l'aide de qui ce livre n'aurait jamais vu le jour sont trop nombreux pour que nous puissions en citer ici tous les noms.

Nous tenons néanmoins à exprimer notre gratitude aux professeurs Kenneth McRoberts, James Reed et Peter Russell qui ont bien voulu passer à la loupe les chapitres de cet ouvrage qui touchaient à leur champ de spécialisation : respectivement la politique québécoise, la théorie psychanalytique et l'histoire constitutionnelle.

Nous nous reconnaissons aussi une dette toute particulière envers M. Jean-Marie Gaul et Mme Suzette Trudeau Rouleau, le premier pour les recherches exhaustives auxquelles il s'est livré à Outremont, et la seconde pour nous avoir si aimablement permis de reproduire les photographies de famille inédites qui embellissent ce volume.

Nous voulons aussi remercier le Conseil de recherches en sciences humaines du Canada, le Conseil des Arts du Canada et le Ontario Arts Council.

Nous tenons en fin de compte à remercier les traducteurs de notre texte et l'équipe des Éditions du Boréal pour la haute qualité de leur travail.

Toronto, le 8 octobre 1990

Stephen Clarkson et
Christina McCall

INDEX

Abbott, Douglas, 202
Abbott, Tony, 385
Acton, Lord, 53, 189
Aitken, Jonathan, 293
Anderson, George, 398
Argue, Hazen, 267
Armstrong, Jane, 416
Aron, Raymond, 45,
Attlee, Clement, 46,115, 227, 293, 382
Axworthy, Lloyd, 155, 176, 267, 347
Axworthy, Tom, 131, 140, 143, 145, 157, 158, 159, 174, 175, 177, 347, 385, 386

Ballem, John, 275
Balthazar, Louis, 399
Barrett Dave, 414
Barrette, Antonio, 426
Becker, Ernest, 364
Beetz, Jean, 238, 323
Bégin, Monique, 176, 209, 210, 215
Benda, Julien, 374
Bennett, R.B., 277
Bennett, W.A.C., 405
Bennett, William,265, 284, 324, 325, 343, 350, 412
Benoit, Jeanne, 59, 60, 368
(voir aussi Jeanne Sauvé)
Benson, Edgar, 113
Bergeron, Gérard, 223,266,346,401
Bernard, Louis, 336
Bernier, Robert, 337
Bertrand, Jean-Jacques, 351
Bissonnette, Lise, 178, 214, 215, 400
Black, Conrad, 31, 64
Blaikie, David, 386
Blain, Maurice, 368
Blais, Jean-Jacques,
Blakeney, Allan, 207 265, 285, 286, 309, 339-341, 343, 344, 414, 425
Bockstael, Robert, 392
Boisvert, Reginald, 368
Bombardier, Denise, 351, 366, 419, 426
Borduas, Paul-Emile, 56-57

Bourassa, Henri, 38, 81, 213, 240, 242, 405, 406
Bourassa, Robert, 118, 128, 185, 190, 191, 213, 244-245, 246-247, 337, 351
Boyd, Liona, 139
Braque, George, 46
Breslin, Catherine, 358
Breton, Albert, 83, 374, 376
Breton, Raymond, 374, 376
Brittain, Donald, 424
Broadbent, Ed, 298, 301, 310, 339, 417
Bruneau, Claude, 376
Buchanan, John, 282, 285
Burelle, André, 386
Burns, Robert, 218

Cadieux, Fernand, 380
Cadieux, Marcel, 96
Cahill, Jack, 363
Cameron, David, 264, 408
Camp, Dalton, 283, 334
Campagnolo, Iona, 385
Caplan, Gerald, 332
Carrington, Lord, 295, 349
Cartier, George-Etienne, 185
Casgrain, Thérèse, 68, 84-85, 215
Castonguay, Claude, 245
Castro, Fidel, 74, 125
Chaput-Rolland, Solange, 215
Charles, Prince de Galles, 125
Charron, Claude, 194, 338, 339, 340, 425
Chartrand, Michel, 363
Chevrier, Lionel, 87
Choquette, Raymond, 360

Chouinard, Julien, 320, 323
Chrétien, François, 199
Chrétien, Jean, 176, 199-206, 208, 209, 222, 225, 236, 263, 301, 307, 322, 331, 336, 347, 348, 398, 400-401
Chrétien, Wellie, 199
Clark, Joe, 133, 139, 145, 146, 148, 151-154, 161, 173, 186, 249, 253, 255, 262, 284, 297, 301-312, 316, 322, 334, 418-420
Clay, Lucius, 227
Clippingdale, Richard, 307
Cohen, Mickey, 177
Cook, Gail, 382
Cook, Ramsay, 106, 372
Cormier, Guy, 368
Côté, Corinne, 221
Coutts, James (Jim), 112, 118, 130, 131, 142-146, 149-151, 153, 158, 159, 166, 175, 177, 386, 391
Creighton, Donald, 68
Croll, David, 382
Crosbie, John, 147, 151, 417
Crowe, Harry, 378
Cullen, Bud, 385

Danson, Barnett, 382
Davey, Jim, 380
Davey, Keith, 112, 118, 131-132, 158, 161, 166, 175, 388, 386
Davis, Grenville, 332
Davis, William, 147, 207, 265, 269, 284, 285, 303, 309, 329, 331-337, 348-350, 414

Day, Sir Derek, 296
de Bellefeuille, Pierre, 23
de Gaulle, Charles, 20, 96, 99-100, 102, 109, 380
de Grandpré, Jean, 42-43, 107
Dempsey Lotta, 360
DePoe, Norman, 378
Desbarats, Peter, 93
Desmarais, Paul, 150
Desmarais, Renée, 368
Dickson, Brian, 323
Diefenbaker, John, 81, 87, 94, 97, 153, 239, 277, 303, 306, 419
Dion, Léon, 341, 401, 425
Douglas, Tommy, 340
Drapeau, Jean, 40, 190
Drury, Charles, 129, 397
Dryden, Gordon, 156
Dryden, John, 357
Duclos, Louis, 309
Dufil, P.A., 381
Dunton, Davidson, 82, 237
Duplessis, Maurice, 38, 51, 52, 58-59, 63-67, 73, 77, 80, 84, 185, 230, 231, 233, 306, 351, 365, 366, 369

Élisabeth II, 251, 290 296, 330, 406, 415, 416, 417
Elliot, Allan, 26
Elliott, Gordon, 26, 46, 48
Elliott, Grace, 25-27, 217
Elliott, Philip Armstrong, 25
Elormann, Max, 357
Enders, Thomas, 138
Epp, Jake, 307, 310, 419
Erickson, Arthur, 139

Erikson, Erik, 24, 360
Estey, Willard, 320, 323
Ezrin, Hershell, 408, 409

Fainsod, Merle, 226
Fairbairn, Joyce, 154, 175, 382, 386
Fairweather, Gordon, 388
Faribault, Marcel, 369
Faulkner, Hugh, 385
Favreau, Guy, 87, 234
Filion, Gérard, 58
Finestone, Sheila, 215
Fisher, Doug, 200, 378
Fleming, James, 176
Ford, Sir John, 297-299, 309, 416
Forget, Claude, 198
Forsey, Eugene, 248, 259, 322, 403
Fortier, D'Iberville, 363
Fox, Francis, 176
Fraser, Graham, 194
Freedman, Adele, 364
Freedman, Samuel, 317
Freeland, Sir John, 297
Freud, Sigmund, 360
Friedrich, Carl, 44, 45, 117, 227
Frost, David, 366
Frum, Barbara, 417
Frum, Murray, 149, 419
Fulton, Davie, 234

Gagnon, Lysiane, 215, 400
Galbraith, J.K., 114
Gardiner, Jimmy, 387
Gardom, Garde, 315
Garneau, Raymond, 191

Gaul, Jean-Marie, 359
Gauthier, Yvon, 376
Geller-Schwartz, Linda, 409
Geoffroy, Jean-Paul, 368
Gérin-Lajoie, Paul, 74, 234
Gibson, Fred, 408
Gibson, Gordon, 112, 380
Gillespie, Alastair, 385
Gobeil, Madeleine, 70, 171
Golden, David, 382
Goldenberg, Carl, 112, 202, 238, 239, 259
Goldenberg, Eddie, 202, 419
Goldfarb, Martin, 131, 150, 155, 157, 166, 175, 328, 386, 388
Goleman, Daniel, 383
Goodman, Eddie, 334
Gordon, Alison, 382
Gordon, John King, 382
Gordon, Walter, 81, 87, 92, 112, 376, 377
Gossage, Patrick, 175, 386
Gotlieb, Allan, 96, 177, 238, 298, 381
Gouin, Sir Lomer, 28
Gouin, Thérèse, 364
Goyer, Jean-Pierre, 380
Grafstein, Jerry, 131, 165, 175, 386, 388
Graham, Alasdair, 142, 157
Gray, Herb, 166, 176, 177, 382
Gray, John, 421
Green, Joe, 381
Gregg, Allan, 153, 308
Grenier, (chauffeur), 30
Gropius, Walter, 44

Groulx, Abbé Lionel, 28, 38, 185
Guilbault, Jacques, 156, 157
Guindon, Hubert, 368, 373, 374
Gwyn, Richard, 378, 386
Gwyn, Sandra, 138

Haggan, Reeves, 408
Hamilton, Alvin, 389
Hansen, Alvin, 45
Harries, Hu, 387
Hartz, Louis, 45
Hatfield, Heber, 333
Hatfield, Richard, 263, 265, 285, 298, 329, 330, 334, 335, 347, 348, 349, 409, 410, 423
Hays, Harry, 270, 271, 301, 309
Head, Ivan, 112, 238
Hébert, Jacques, 65, 157, 161, 371
Hellyer, Paul, 189
Hepburn, Mitch, 382, 424
Hobbes, Thomas, 66
Hood, William, 388
Horner, Jack, 385, 388
Houde, Camillien, 31, 40, 360
Howe, C.D., 130, 202
Hurley, Jim, 409

Iglauer, Edith, 35, 359, 360, 361, 369, 373

Johnson, A.W., 238
Johnson, Daniel, 96, 98, 99, 104, 105, 234, 241, 351
Johnson, Pierre-Marc, 218, 351

INDEX

Johnson, Ted, 175
Johnson, William, 399
Johnston, Donald, 158, 176
Johnstone, Robert, 177
Joron, Conrad, 359
Joyal, Serge, 273, 276, 301, 309, 389, 411
Juneau, Pierre, 177, 368, 398
Jung, Carl, 71, 360, 382

Kennedy, Edward, 127
Kenny, Colin, 131
Kent, Tom, 81, 95, 113, 376
Kershaw, Sir Anthony, 293, 297, 299, 309
Keynes, John Maynard, 44
Kilbourn, William, 381
King, William Lyon Mackenzie, 38, 40, 167, 229, 382
Kirby, Michael, 175, 257, 258, 259, 260, 264, 298, 317, 332, 336, 347, 348, 350, 408, 422, 424
Kissinger, Henry, 114
Kroeger, Arthur, 177
Kübler-Ross, Elisabeth, 361

Labelle, Huguette, 177
LaFlèche, Léo, 40
Lafontaine, Louis-Hippolyte, 185
La Forest, Gerard, 238
L'Allier, Jean-Paul, 245, 401
Lalonde, Marc, 81, 82, 83, 86, 95, 96, 103, 111, 134, 151, 155, 161, 175, 176, 177, 189, 190, 197, 209, 210, 247, 248, 270, 347, 348

Lamer, Antonio, 323
Lamontagne, Gilles, 177
Lamontagne, Maurice, 83-87
Lamy, Pauline, 368
Lancashire, David, 423
Lang, Otto, 385, 387
Lapalme, Georges-Émile, 59-63
Lapointe, Charles, 410
Lapointe, Ernest, 185
Laporte, Pierre, 74
LaSalle, Roch, 418
Laski, Harold, 46, 115, 365, 383
Laskin, Bora, 320, 321, 322, 382, 423
Latouche, Daniel, 344, 400, 401, 426
Laurendeau, André, 58, 75, 82, 182, 187, 237, 375
Laurier, Wilfrid, 85, 185, 199, 212, 218, 277
LeBlanc, Roméo, 176
LeDain, Gerald, 238
Leduc, Alec, 368
Leeson, Howard, 411
Léger, Paul-Émile, 64, 369
Lemelin, Claude, 398, 409
Le Moyne, Jean, 55, 56, 61, 62, 112, 367, 366, 369
Lennon, John, 114
Leontief, Wassily, 45
Lesage, Jean, 59, 73, 74, 75, 77, 95, 182, 213, 234, 241, 351
Levasseur, Pierre, 112
Lévesque, Dominique, 184
Lévesque, Georges-Henri, 58, 370
Lévesque, René, 18, 58, 74, 75, 85, 94, 100, 129, 159, 160,

Lévesque, René (suite), 181, 182, 183, 184, 185, 186, 187, 190, 191, 192, 193, 194, 195, 201, 205, 211, 213, 214, 215, 216, 217, 218, 220, 221, 222, 237, 244, 246, 247, 249, 256, 264, 268, 269, 285, 315, 329, 336, 337, 338, 341, 342, 343, 344, 345, 346, 347, 349, 350, 351, 389, 394, 396
Levinson, Daniel, 360-364, 390, 391
Lewis, David, 118
Locke, John, 66, 227
Loiselle, Gilles, 291, 292, 293, 294
Lougheed, Donald, 275
Lougheed, Peter, 147, 207, 264, 265, 274, 275, 276, 278, 279, 280, 281, 282, 283, 284, 294, 303, 313, 333, 336, 339, 341, 344, 347, 350, 412, 413, 414, 415, 419, 424
Lougheed, Sir James, 275
Lowman, Ron, 416
Lumley, Ed, 154, 158, 176
Lussier, André, 35
Lussier, Charles, 39, 40, 62, 226, 368
Lussier, Gaétan, 177
Lyon, Sterling, 254, 264, 285, 336, 426

McCall, Christina, 10, 360
McCall, Storrs, 207, 208
MacDonald, Daniel, 385
Macdonald, Donald, 129, 149, 155, 380
Macdonald, John A., 167, 276, 331, 405
MacEachen, Allan, 129, 151, 154, 155, 156, 157, 158, 161, 176, 177, 347, 390
MacGregor, Roy, 392
MacGuigan, Mark, 177, 238, 294, 296, 298, 347, 349, 417
McIlwain, Charles, 45, 227, 402
McIntyre, William, 323
McKenzie, Robert, 46-48, 365
McKibbon, James, 295
McLuhan, Marshall, 106, 114, 120
McMurtry, Roy, 320, 331, 334, 336, 347, 410
McNally, Ed, 280
McNamara, Kevin, 293
McTeer, Maureen, 392
Maloney, Ron, 218
Malraux, André, 114
Manion, John, 177
Marchand, Jean, 52, 58, 61, 67, 75, 78, 84, 85, 86, 87, 88, 89, 95, 96, 103, 104, 107, 113, 129, 134, 140, 155, 161, 162, 172, 175, 182, 209, 234, 252, 377, 399
Marchand, Leonard, 385
Marsden, Lorna, 156
Martin, Fernande, 368
Martin, Paul, 100, 379-380
Martland, Ronald, 323

INDEX

Matkin, James G., 422
Meekison, Peter, 278, 347, 350, 413
Megarry, Roy, 417
Meisel, John, 357
Merchant, Tony, 387
Mercier, Léonce, 209
Michels, Robert, 141, 387
Millican, Harold, 274, 424
Mills, C. Wright, 362
Molgat, Gil, 157
Moore, Jim, 386
Moorehead, Caroline, 358, 384
Morin, Claude, 186, 195, 201, 264, 290, 338, 341-342, 346, 350, 389, 393, 396, 400
Morin, Jacques-Yvan, 337, 338, 350
Morrell, Lady Ottoline, 391
Mounier, Emmanuel, 57, 60, 61, 189
Mulroney, Brian, 254, 265, 302, 304
Murray, Lowell, 146, 152, 304, 305, 418

Nasser, Gamal Abdal, 92
Newlands, Don, 373
Newman, Cardinal John Henry, 189
Newman, Peter, 377, 378, 381, 405
Nixon, Richard, 116

O'Connell, Martin, 385
O'Malley, Martin, 102
O'Neill, Louis, 218, 425
Ono, Yoko, 114

Osbaldeston, Gordon, 177
Ostry, Bernard, 381
Ostry, Sylvia, 149, 381
O'Sullivan, J.P., 317
Ouellet, André, 176, 210, 347
Owen, David, 163

Papineau, Louis-Joseph, 185
Parizeau, Jacques, 201, 389
Parkin, Joch C., 44
Paterson, Alex, 207
Payette, Lise, 214, 222
Pearson, Lester, 10, 81, 82, 85, 87, 88, 94, 95, 96, 100, 105, 144, 200, 234, 236, 237, 241
Pearson, Maryon, 103
Peckford, Brian, 285, 315, 336, 350
Pelletier, Alec, 58, 367
Pelletier, Gérard, 52, 60, 61, 62, 64, 75, 87, 88, 95, 113, 129, 157, 161, 175, 182, 235, 245, 346, 367
Pepin, Jean-Luc, 176, 268
Perrault, Ray, 410
Perroux, François, 45
Perry, Suzanne, 386
Peterson, Kevin, 313
Picard, Gérard, 58
Pickersgill, Jack, 54, 229, 402
Pinard, Maurice, 374, 401
Pitfield, Michael, 83, 95, 96, 111, 128, 147, 157, 175, 177, 210, 238, 243, 258, 259, 263, 299, 325, 347, 376
Plommer, Leslie, 415
Porteous, Tim, 112
Porter, John, 106, 374

Proulx, Jean-Pierre, 425
Pym, Sir Francis, 295, 296, 416

Rabinovitch, Robert, 211
Radwanski, George, 20
Rae, Jennifer, 382
Rae, John, 202
Rae, Saul, 202, 382
Rasminsky, Louis, 382
Reagan, Ronald, 328
Regan, Gerald, 177, 257
Reid, John, 387
Reisman, Simon, 382
Reuber, Grant, 177
Ridley, Nicholas, 297
Riel, Louis, 306
Ritchie, Roland, 323
Robarts, John, 236, 237, 248, 424
Robert, Michel, 192, 319, 395, 398
Roberts, John, 177, 294, 296, 347, 385, 417
Robertson, Gordon, 53, 95, 157, 158, 228, 230, 232, 244, 248, 256-257, 258, 259, 369, 396
Robinette, John J., 319, 320
Robinson, Svend, 411
Rochon, Michel, 387
Rolland, Roger, 46, 56, 112, 368
Romanow, Roy, 332, 340, 347
Rosen, Harry, 390
Rostand, Edmond, 41
Rouleau, Suzette, 114, 122
   (voir aussi Suzette *Trudeau*)

Rousseau, Jean-Jacques, 66, 227
Roy, Fabien, 152, 389, 418
Roy, Jean-Louis, 105, 425
Roy, Michel, 314, 407, 425
Rubin, Ed, 380
Rubin, Eddie, 112
Russell, Bertrand, 392
Russell, Peter, 324, 375, 423
Ryan, Claude, 187, 188, 189, 190, 191, 192, 193, 194, 196, 197, 198, 205, 206, 208, 211, 213, 214, 216, 220, 222, 237, 307, 338, 341, 394, 395, 398, 423
Ryan, Madeleine, 214

St. Laurent, Louis, 54, 63, 85, 130, 185, 229, 230, 231, 232, 382
Sartre, Jean-Paul, 45, 171
Sauvé, Jeanne, 59, 215, 311, 368, 421 (voir aussi *Jeanne Benoit*)
Sauvé, Maurice, 33, 60, 83, 368-369
Sauvé, Paul, 73, 426
Sauvé, Sarah, 26
Saywell, Jonh, 106
Schreyer, Ed, 414
Schumpeter, Joseph, 45
Scott, F.R. (Frank), 59, 65, 66, 76, 84, 109, 225, 226, 231, 234, 239, 259, 376, 403
Scott, Peter, 84
Segal, Hugh, 332, 334, 336, 348
Sharp, Daryl, 71

Sharp, Mitchell, 95, 129, 200, 202
Sheppard, Robert, 357, 420-421, 422
Shoyama, Tommy, 397
Simpson, Jeffrey, 365, 410
Sinclair, James, 120, 121, 384
Sinclair, Kathleen, 120, 384
Sinclair, Margaret, 119, 120, 121, 122, 123, 124, 125, 126, 127, 171, 382, 384 (voir aussi *Margaret Sinclair Trudeau*)
Small, Doug, 222
Smith, Mel, 350
Smith, Stuart, 163
Stanfield, Robert, 118, 128, 131, 145, 189, 303, 381, 419
Stewart, Ian, 177, 317
Stewart, Walter, 116
Strayer, Barry, 112, 238, 317, 408
Streisand, Barbra, 114
Szende, Andrew, 386, 416

Taschereau, Louis-Alexandre, 185
Tassé, Roger, 177, 318, 347, 398
Taylor, Charles, 76, 83, 86, 88
Teitelbaum, Ethel, 106
Teitelbaum, Mashel, 106
Tellier, Paul, 177, 247, 397
Thatcher, Margaret, 288-291, 293-295, 297, 298, 309, 324, 416
Toole, Barry, 298, 415
Tremblay, Arthur, 308
Tremblay, Germaine, 359
Trudeau, Charles Elliott (Tip), 27, 32, 33, 37, 44, 68, 122
Trudeau, Charles-Émile (Charlie), 25, 26, 27, 40, 42, 358
Trudeau, Grace Elliott, 25-29, 33, 42, 67-69, 122, 383
Trudeau, Isidore, 359
Trudeau, Joseph, 25
Trudeau, Justin, 289
Trudeau, Malvina, 25
Trudeau, Margaret Sinclair, 24, 70, 119-127, 129, 132-133, 137, 139, 162-165 (voir aussi *Margaret Sinclair*)
Trudeau, Micha, 165
Trudeau, Sacha, 164
Trudeau, Suzette, 27, 31, 33, 42, 60 (voir aussi *Suzette Rouleau*)
Turner, John, 105, 129, 149, 150, 155, 201, 265, 381
Turner, Julia, 400
Twaddle, Kerr, 320

Vadeboncoeur, Pierre, 367, 368
Vastel, Michel, 208, 398
Veilleux, Gérard, 397, 409
Viau, Cécile, 386
Vidal, Gore, 44
Vogel, Richard, 315
von Franz, Marie-Louise, 69-70

Wadds, Jean, 298, 332, 416
Wagner, Claude, 302, 388
Warrack, Allan A., 415

Watson, Patrick, 376
Watt, Charlie, 218
Watts, Ron, 409
Weber, Max, 94, 98, 131, 362, 379
Webster, Jack, 425
Wells, Clyde, 318, 422
Wells, Tom, 334
Westell, Anthony, 378

Whealan, Eugene, 176
Whyte, John, 311, 420, 421
Wilson, Bertha, 422
Wilson, Gary, 387
Winters, Robert, 111, 381
Woodsworth, J.S., 239
Wylie, Torrance, 157

Yaffe, Barbara, 422

TABLE DES MATIÈRES

AVANT-PROPOS 9

Première partie
La crise et le triomphe

CHAPITRE PREMIER
L'année des miracles 15

CHAPITRE DEUX
Les années d'apprentissage 23

CHAPITRE TROIS
En quête d'une cause à défendre 51

CHAPITRE QUATRE
Le fédéralisme, une fois pour toutes 73

CHAPITRE CINQ
La montée du charisme 91

CHAPITRE SIX
Le pouvoir gonfle, l'orgueil détruit 111

CHAPITRE SEPT
Défaite, humiliation, démission 137

CHAPITRE HUIT
Restauration, transformation et résurrection 149

TABLE DES MATIÈRES

DEUXIÈME PARTIE
Trudeau et la constitution : l'obsession magnifique

CHAPITRE NEUF
Les rênes du pouvoir 171

CHAPITRE DIX
Le référendum : les généraux forment leurs bataillons 179

CHAPITRE ONZE
Le référendum II : la grande bataille 205

CHAPITRE DOUZE
La fiancée récalcitrante 225

CHAPITRE TREIZE
Trudeau s'attaque aux premiers ministres 251

CHAPITRE QUATORZE
Les premiers ministres s'en prennent à Trudeau 273

CHAPITRE QUINZE
Le cirque de passage à Londres 287

CHAPITRE SEIZE
Joe qui ? à la rescousse 301

CHAPITRE DIX-SEPT
Devant les tribunaux 313

CHAPITRE DIX-HUIT
Du jugement dernier à l'accord final 327

Postface 353
Appendice 355
Notes 357
Bibliographie 427
Entrevues 447
Remerciements 457
Index 459

Autres titres au catalogue du Boréal

Marc-F. Archambault
Jos-Phydime Michaud, Kamouraska de mémoire

Geneviève Auger et Raymonde Lamothe
De la poêle à frire à la ligne de feu
La vie quotidienne des Québécoises pendant la Guerre de '39-'45

Normand R. Ball, directeur,
et l'Association canadienne des travaux publics
Bâtir un pays. Histoire des travaux publics au Canada

Claude Beauchamp
Agropur
Cinquante ans de rêves et de réalisations depuis la
Société coopérative agricole du canton de Granby, 1938-1988

Bertrand Bellon et Jorge Niosi
L'industrie américaine. Fin de siècle.

Jean-Paul Bernard
Les idéologies québécoises au 19e siècle

Jean-Paul Bernard
Les rébellions de 1837-1838
Les Patriotes dans la mémoire collective et chez les historiens

Gérard Boismenu, Laurent Mailhot, Jacques Rouillard
Le Québec en textes
Anthologie 1940-1986

L'Équipe du Boréal Express
Journal d'histoire du Canada
Album I : 1524-1760 / Album II : 1760-1810 / Album III : 1810-1841

Russel Bouchard
Les Armes de traite

Sous la direction de Craig Brown,
édition française établie par Paul-André Linteau
Histoire générale du Canada

Hubert Charbonneau
La population du Québec : études rétrospectives

Luc Chartrand, Raymond Duchesne, Yves Gingras
Histoire des sciences au Québec

Louis-P. Cormier
Jean-Baptiste Perrault, marchand voyageur parti de Montréal le 28ᵉ de mai 1783

Marta Danylewycz
Profession : religieuse. Un choix pour les Québécoises, 1840-1920

Denys Delâge
Le pays renversé. Amérindiens et Européens en Amérique du Nord-Est, 1600-1664

Danielle Dion-McKinnon
Sillery. Au carrefour de l'histoire

Micheline Dumont et Nadia Fahmy-Eid
Les couventines
L'éducation des filles au Québec dans les congrégations religieuses enseignantes, 1840-1960

Micheline Dumont-Johnson
Apôtres ou agitateurs. La France missionnaire en Acadie

René Durocher et Paul-André Linteau
Le Retard du Québec et l'Infériorité économique des Canadiens français

André Duval
Québec romantique

André Duval
La Capitale

Nadia Fahmy-Eid et Micheline Dumont
Maîtresses de maison, maîtresses d'école

Yvan Fortier
Menuisier-charpentier. Un artisan du bois à l'ère industrielle

François-Marc Gagnon, Denise Petel
Hommes effarables et Bestes sauvaiges
Images du Nouveau Monde d'après les voyages de Jacques Cartier

Jean Gérin-Lajoie
Les Métallos, 1936-1981

Pierre Godin
La Poudrière linguistique

Jean-Yves Gravel
L'Armée au Québec (1868-1900). Un portrait social

Lucienne Gravel
Les Gravel

Jean Hamelin et Jean Provencher
Brève Histoire du Québec

René Hardy
Les Zouaves. Une stratégie du clergé québécois au XIXe siècle

René Hardy et Normand Séguin
Forêt et Société en Mauricie
La formation de la région des Trois-Rivières, 1830-1930

René Hardy, Guy Trépanier et Jacques Belleau
La Mauricie et les Bois-Francs
Inventaire bibliographique, 1760-1975

John Hare, Marc Lafrance et David-Thiery Ruddel
Histoire de la ville de Québec (1608-1871)

Fernand Harvey
Le Mouvement ouvrier au Québec

Fernand Harvey
Révolution industrielle et travailleurs.
Une enquête sur les rapports entre le capital et le travail
au Québec à la fin du XIXe siècle

Micheline Johnson
L'Histoire apprivoisée

André Lachance
Crimes et Criminels en Nouvelle-France

André Lachance
La Vie urbaine en Nouvelle-France

Yvan Lamonde
Guide d'histoire du Québec

Huguette Lapointe-Roy
Charité bien ordonnée
Le premier réseau de lutte contre la pauvreté
à Montréal au XIXe siècle

Daniel Latouche
Le Bazar

Marc Laurendeau
Les Québécois violents

Marie Lavigne et Yolande Pinard
Travailleuses et Féministes
Les femmes dans la société québécoise

Vincent Lemieux
Personnel et Partis politiques au Québec. Aspects historiques

Yves Lever
Histoire générale du cinéma au Québec

Andrée Lévesque
Virage à gauche interdit. Les communistes,
les socialistes et leurs ennemis au Québec, 1929-1939

Paul-André Linteau
Maisonneuve ou comment des promoteurs
fabriquent une ville, 1883-1918

Paul-André Linteau, René Durocher et Jean-Claude Robert
Histoire du Québec contemporain (tome 1)
De la Confédération à la Crise

Paul-André Linteau, René Durocher, Jean-Claude Robert et François Ricard
Le Québec depuis 1930
Histoire du Québec contemporain (tome 2)

Jean-François Lisée
Dans l'œil de l'Aigle

Paul-Louis Martin
La Berçante québécoise

Paul-Louis Martin
La Chasse au Québec

Paul-Louis Martin
Tolfrey. Un aristocrate au Bas-Canada

Claude Morin
Lendemains piégés

Marcel Moussette
La Pêche sur le Saint-Laurent
Répertoire des méthodes et des engins de capture

Jorge Niosi
La Bourgeoisie canadienne
La formation et le développement d'une classe dominante

Jorge Niosi
Les Multinationales canadiennes

Danielle Ouellet
Adrien Pouliot. Un homme en avance sur son temps

Hélène Pelletier-Baillargeon
Marie Gérin-Lajoie. De mère en fille, la cause des femmes

Jean Provencher
Les Quatre Saisons dans la vallée du Saint-Laurent

Jean Provencher
Québec sous la loi des mesures de guerre – 1918

Bruno Ramirez
Les Premiers Italiens de Montréal
L'origine de la Petite Italie du Québec

Philip Resnick et Daniel Latouche
Réponse à un ami canadien, suivi de Lettres à un ami québécois

Marcel Rioux
Un peuple dans le siècle

Jacques Rouillard
Ah les États !
Les travailleurs canadiens-français
dans l'industrie textile de la Nouvelle-Angleterre
d'après le témoignage des derniers migrants

Jacques Rouillard
Histoire du syndicalisme québécois

Fernande Roy
Progrès, Harmonie et Liberté
Le libéralisme des milieux d'affaires francophones
à Montréal au tournant du siècle

Ronald Rudin
Banking en français
Les banques canadiennes-françaises, 1835-1925

Émile Salone
La Colonisation de la Nouvelle-France
Étude sur les origines de la nation canadienne-française

Maurice Séguin
L'Idée d'indépendance au Québec. Genèse et historique

Normand Séguin
Agriculture et Colonisation au Québec. Aspects historiques

Normand Séguin
La conquête du sol au 19ᵉ siècle

Mgr Albert Tessier
Les Forges du Saint-Maurice (1729-1883)

Françoise Tétu de Labsade
Le Québec, un pays, une culture

Louise Trottier
Les Forges. Historiographie des Forges du Saint-Maurice